伟大的世界文明

（远古～1911）

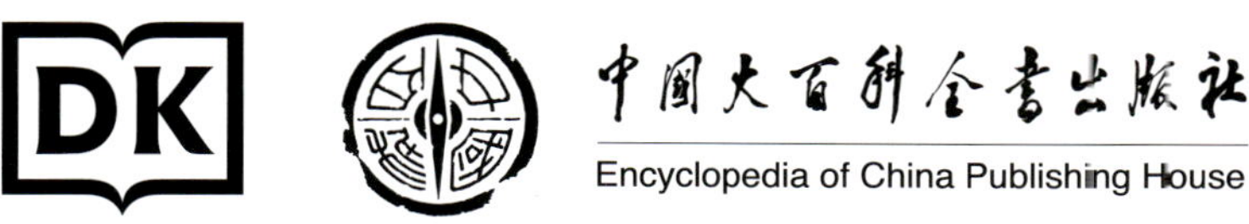

兵马俑
大约7000个真人大小的武士俑、100多辆驷马战车和600多匹战马，守卫着中国的第一位皇帝秦始皇。他希望在陵墓里继续他的统治，直到永远。

前言

本书是英国多林金德斯利公司（以下简称 DK）和中国大百科全书出版社合作的成果。本书力求通过中西合璧的独特视角，为读者展开一部厚重的视觉编年史长卷。从远古时期的神话人物，到见证帝制黄昏的末代皇帝溥仪，悠久的中国历史被熔铸成大气恢宏又细节丰富的图景。当你打开这本书时，一定会为来自中国古代社会的那遥远而深沉的回响而震撼。

中华文明是世界上最古老、最辉煌的文明之一。古代中国人在科技、哲学和艺术等领域为世界留下了宝贵的财富，这对人类文明来说至关重要。长期以来，DK 在图解参考书的出版领域居于领航位置，十分荣幸能与同为该领域翘楚的中国大百科全书出版社进行本次的特别合作。为了让世界各地的读者了解古代中国，我们联合了学者和设计专家，以中西合璧的独特视角编写并推出了这本书。

《伟大的世界文明 中国（远古 ~1911）》一书，得到了中西方学者的共同认可。这本书讲述了中国悠久而恢宏的历史；无论是唐宋时期的治国之道、文字和钱币的发展变迁、绵延万里的长城的文化内涵，还是中国人的天命观、载入史册的重要战争，都值得读者去了解和铭记。当然，还有一些非凡的壮举——在 15 世纪远航去非洲的郑和，他所乘坐的船只之大令当时的其他文明望尘莫及。

《伟大的世界文明 中国（远古 ~1911）》是一座集人物肖像、绘画、照片和文物于一体的视觉宝库。翻开每一页，读者都能观赏到独特的内容，如气势宏伟的秦兵马俑、紫禁城，还有美轮美奂的陶瓷、金饰、丝绸等物品。跟随文字的叙述，你还能欣赏到古代中国人那巧夺天工的精妙技艺，如丝绸织造、印刷术、炼铁术，以及改变历史进程的指南针、火药的制造技术等。

中国古代的历史和文化无与伦比。我们希望，合作双方在这本书中付出的努力，能够帮助全球读者更深刻地了解中国。

DK 原总编辑 乔纳森·梅特考夫

中国是世界上最早诞生文明的国家之一，史前时期生活在中原黄河流域的炎黄二帝被尊奉为中国人文始祖。在漫长的历史长河中，中华民族孕育出灿烂的文明，如种植粟和稻等农作物，发明养蚕和丝织，创造出独具特色的玉器文化、青铜文化、丝绸文化和陶瓷文化等，影响深远，为世界文明史涂上了浓墨重彩的一笔。特别是汉字起源之后，充满故事与美感的方块象形字走向世界，逐渐把中国古代的制度、法律、宗教、文化带到世界各地，使更多人关注这个东方古老的国度和她辉煌的文明。

中国大百科全书出版社是以出版百科全书为主的国家级大型出版社，此次与著名的英国 DK 公司进行合作，出版了《伟大的世界文明 中国（远古 ~1911）》一书。2017 年，双方达成共同出版一本适合全世界读者阅读的中国古代历史书的意向，力图在政治、经济、文化、艺术和科技等方面，以世界的眼光来探寻中国古代历史发展的脉络，展示中华文明悠久的历史进程。

《伟大的世界文明 中国（远古 ~1911）》运用图文并茂的美学风格，使用大量独特的文物图片，结合专业的历史知识，呈现出农耕文明下浓厚的东方色彩，视角新颖，特色鲜明，获得专家学者的首肯。

《伟大的世界文明 中国（远古 ~1911）》不仅记录历史重要事件，彰显历史人物风貌，还侧重表现平民的衣食住行，读者从中可以感受古代中国人的生活百态乃至喜怒哀乐，倾听古人的声音，观照今人的行为，让尘封的历史与今天的生活息息相通。

衷心希望这部多元视角展示中国历史的图书，能够让读者感受并触摸独特的中华文明，在享受阅读乐趣的同时，得到更多启迪和收获。

中国大百科全书出版社原社长 刘国辉

△ 得月楼

这座清代的楼阁矗立在风景秀丽的云南丽江黑龙潭旁，后面就是玉龙雪山。

◁ **良渚玉璧**

这件玉璧的历史可追溯到约公元前 3000 多年。它是从良渚文化的遗存中发掘出的文物。良渚文化主要分布于长江流域的下游地区，也就是今天的江苏、浙江、上海一带。

从传说到信史

约公元前2070年之前

开篇介绍

在史前时代，中国地区的文明发展进程与世界其他地区大体相似。关于人类祖先的起源位置，有“非洲起源说”“亚洲起源说”“多地区进化说”三种主流的假说理论。而早期的人类也有一个漫长的演化过程，先是距今 180 万年左右的直立人，然后是距今 20 万 ~10 万年的早期智人，随后是晚期智人，最后演化成现代人。史前人类留下了很多能证明他们存在的考古证据，比如工具和遗骸，这些痕迹在中国境内已经得到了较多的发现和研究。但中国地区出现考古意义上的“文化”，是在距今 10000 年左右，世界上其他地区的文化基本上也是从这时开始的。公元前 7500 年前后，随着气候变暖，中国地区的农业开始发展，人们在南方种植水稻，在北方种植粟，还驯养了猪、牛、羊。

中国的早期文明

地理条件在中国的发展过程中发挥了巨大的作用。某些历史上的边界是由自然屏障划定的，如高山、沙漠和森林等。中国的内陆相对平坦，河流(见 20~21 页)纵横交错。就像古埃及文明和美索不达米亚文明在尼罗河两岸和两河流域发展农业一样，早期的中国农民也将他们的聚居区建在了黄河和长江两岸（位于中国的中部），他们引水灌溉农田，后来又利用河流发展水上交通。

在新石器时代（冶金术发明之前），区域文化开始逐渐出现。仰韶文化（约出现于公元前 4900 年）是其中重要的案例之一，主要分布在河南和陕西的黄河两岸。仰韶先民种植谷子，还制造精美的彩陶，生产丝织品。仰韶文化大约与长江下游以种植水稻闻名的河姆渡文化同期。仰韶文化的陶器极具特色，视觉效果十分丰富，描绘了鱼、花和巫师等各种纹饰。

中国的新石器时代约开始于距今10000年前，约5000年后冶金术出现。

距今180万年前 早期人类的祖先直立人抵达中国。

约公元前8000年 黄河沿岸的村民开始种植谷子。

约公元前7500年 中国南方已有水稻种植的考古证据。

距今约8000~7000年 中国南方出现顶蛳山文化。

约公元前5000~前3300年 长江下游出现河姆渡文化。

在世界上其他地区也有与中国新石器时代类似的文化，如美索不达米亚的欧贝德文化，古埃及的拜达里文化和涅迦达文化。在古埃及，由这些史前文化逐渐发展出一些早期的国家，然后在公元前3000年左右成为一个统一的国家；在美索不达米亚，约公元前4000年时出现了多个并存的城邦。而在中国，由部落联盟向国家的演变则经历了更漫长的时间。其部分原因在于中国地区的地域广阔，在没有出现更为复杂的政府组织结构之前，想要建成统一的国家十分困难。

逐渐发展壮大的文明

约公元前4900年，中国出现了更加复杂的文化。属于仰韶文化的半坡遗址位于今西安市灞桥区的半坡村，当时约有人口600人。很快，这里和其他的一些大型村庄开始发展出城镇。约公元前2000年，龙山人在聚落周围修筑了起防御作用的夯土墙。这一时期的墓葬显示出了社会阶层分化加剧的趋势，上层人士的墓葬中有丰富的随葬品，如玉饰。

随着一些村庄逐渐变得富有，他们招来了外部族群的敌意，需要修筑防御工事、组建军队。后世将公元前2000年初期部落联盟混战的年代称作“万国时期”，这一说法已经部分得到考古证实。中国学者将这个时期视为中华文化和帝制的重要成形期。三皇五帝（见28~29页）是古代传说人物，传说他们发明了农业、陶器和历法。舜是五帝中的最后一位。在他之后，统治者的权力交接从禅让制变成了世袭制。舜之后出现了夏朝，人们普遍认为这是中国古代第一个王朝，而位于黄河流域的二里头文化遗址，可能就是其存在的证据。公元前1600年左右，夏朝灭亡，商朝建立。

约公元前6500~5500年 在今福建出现壳丘头文化。

约公元前4900年 仰韶文化在黄河流域出现。

约公元前4500~前2900年 中国北方出现赵宝沟文化和红山文化。

距今4000多年 新石器时代最先进的龙山文化出现。

约公元前2070年 夏朝的第一位君王禹继位。

约公元前1750~前1530年 二里头文化出现，这是夏朝可能存在的证据。

中国的土地和人口

多样地形造就的伟大文明

中国幅员辽阔，地形多样。起伏的山脉、壮观的河流、荒凉的沙漠和多变的气候，塑造了这个国家的政治与文化的特性。

中国领土面积辽阔，从北到南大约 5500 千米，从西到东大约 5200 千米。古代的统治者把疆土称为“天下”，也就是普天之下。

中国与其他早期文明中心之间相对隔绝，比较独立自主，这是地理屏障所造成的。中国的西部有青藏高原，山脉绵延不绝，有多座海拔超过 8000 米的山峰；西部还有干旱的塔克拉玛干沙漠和荒凉的戈壁，这些也都是令人望而却步的屏障。中国北部和西北部的大草原是游牧民族的牧场，古时他们曾多次南下劫掠，但他们自己没能形成独立而稳定的定居文化。尽管中国西南部的森林、山地和高原可以小范围通行，但仍是中国与南亚、东南亚交流的重要屏障。古代印度文化的影响断断续续地越过山脉进入中国，但双方更多的经常性接触主要依赖于丝绸之路和河西走廊上的绿洲，比如青藏高原北部边缘的敦煌。

气候与农作物

地形和气候将中国的中心地带分成两个区域。北纬 33° 及淮河以北的地区气候寒冷干燥，年平均降水量小于 500 毫米。自公元前 7500 年前后，中国地区开始了农业种植，这里的生长季节每年持续不到 6 个月，小麦和谷子适宜在这样干燥的环境中生长。这里的土壤源于蒙古的沙漠，由风力搬运来的细沙（黄土）覆盖，需要水分灌溉来维持土地的肥沃。

▽ **龙的脊柱**
龙脊梯田位于中国广西壮族自治区的龙胜各族自治县。它因所在的山脉状如龙脊而得名。

▽ **完美共存**
这是西北城市敦煌西南边的月牙泉。这个小小的半月形湖泊被周围巨大的流沙丘包围着。著名的流沙丘“鸣沙山”最高可达 250 米。

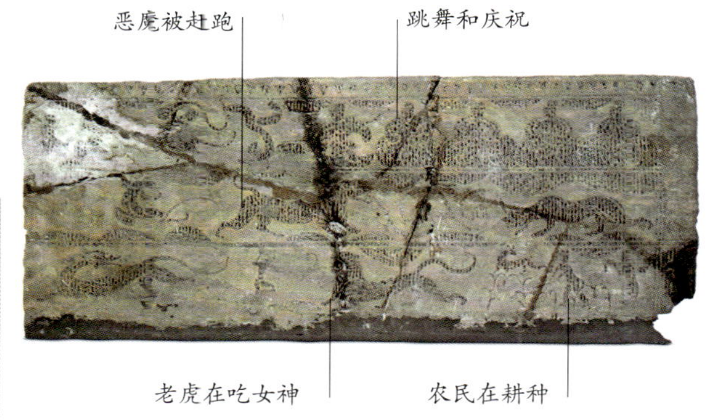

▷ **生活记录**
这块汉代的画像石用于装饰一位贵族的陵墓，上面刻有人物、动物和神像，还描绘了耕作、庆典和宗教仪式的场景。

这一需求促进了群体的凝聚力，使得公元前 5000 年左右黄河沿岸出现了最早的农业定居点。

南方的气候更加潮湿，夏季的降水量可达 1500 毫米。这样的气候条件适合水稻生长，每年可收获两至三季。虽然黄河有些河段在秋、冬季无法通航，但南方的主要河流长江，其大部分河道是可以四季通航的。长江的众多支流为南方提供了一个水路网，使南方的交通比北方更加便利。再加上南方的稻田一年四季需要劳动人口进行密集性耕作，因此长江流域成为了中华文明的主要发源地之一。

中国的土地十分富饶，这片四周环绕着山脉、草原、沙漠和丛林的地域总体上地势平坦，易于开发。尽管历史上有不少战乱时期，但中国的王朝一旦能完成统一，并进行有效治理，这片辽阔的土地就会提供巨大的发展机遇和潜力。

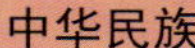

中华民族

随着版图的扩大，汉族成为了中国的主体民族，他们也是人口最多的群体。但汉族也有很多方言，如南方的粤语方言和客家方言，北方的北京官话、东北官话等。除了汉族之外，中国还有其他 55 个民族，如藏族、满族、维吾尔族、苗族和彝族等。

▽ **世界屋脊**
这是位于中国西北部新疆的慕士塔格峰鸟瞰图，它形成了青藏高原的北部边缘。

△ **黄河**
黄河的名字来源于河水的颜色。它曾被称为“黄患”，是因为过去黄河流域经常发生可怕的洪水。

两条大河

文明的摇篮

中国有许多河流，其中黄河和长江最为著名。这两条河流对中国早期文化的形成和王朝的发展起到了重要作用。

黄河全长 5464 千米，是世界上第五长的河流。它起源于青藏高原的巴颜喀拉山脉，一路蜿蜒向东，到达天津的渤海湾。黄河自源头起，几经急转，流经北方的沙漠和山西、陕西间的山地，到达河南、河北和山东的平原地区。从这之后，其河道相对平直，河宽约为 1.5 千米。最后，黄河流入大海。平原地区降水量少，因此灌溉对农业十分重要。这片肥沃的土地使得黄河成为了中华文明的摇篮之一。在她的哺育之下，出现了约公元前 4900 年的仰韶文化（新石器文化之一）。从那时起，许多朝代都将都城建在黄河附近，如周朝的镐京（在今陕西西安），汉朝和唐朝的长安（在今陕西西安）。但肥沃的黄土

“历史如同一条源远流长的河，河在某处转弯，在某处汇入新的支流，在某处突然中断形成瀑布，在某处突然停滞形成大湖，然而却依然是同一条河。”

曹锦清，《黄河边的中国：一个学者对乡村社会的观察与思考》，2003

▷ **深峡中的美景**

右图是湖北省境内的西陵峡的风景照，它是长江三峡中最长的一段，水流十分湍急。

也给黄河带来了淤泥，容易造成河道堵塞，因此黄河流域洪水频发。为了抵御洪水，人们修筑了堤坝，但堤坝一旦决堤，洪水带来的破坏会更大。1887 年，一场洪水夺走了 90 多万人的生命。淤泥甚至会改变河道的走向，对沿线的居住区和人口造成极大影响。

长江

长江全长 6300 余千米，是世界上第三长的河流。长江在古代简称为“江”。长江各段都有各自的名称，人们习惯将四川宜宾以下河段称作“长江”。长江发源于青藏高原，之后流经山地、峡谷与平原地带，最终从上海北部注入东海。与黄河不同，长江流域有着丰富的降水。长江的干流有很多支流汇入，从而使它成为水路运输的枢纽。与陆路相比，水路运输更加便捷，成本也更低。这里的主要农作物是水稻。长江是中国南方的财富之源。虽然它不像黄河那样经常泛滥，但也造成过可怕的灾难。1931 年，长江发生溃堤，造成了数十万人死亡。不过与北边的黄河相比，长江改道并不那么频繁。

▽ **乾隆南巡**

《乾隆南巡图》绘制于 1770 年。此图为十二卷画卷中的一幅，呈现的是乾隆帝第一次南巡时所到的黄河与淮河的交汇处的场景。1751~1784 年间，乾隆帝曾六次下江南巡视。

富饶的南方土地

在很久以前，就有人类在长江流域定居，这里土地肥沃，但开发程度不够高，建立在南方的政权也很少给中原政权造成过巨大的威胁。但在东晋（317~420 年）和南宋（1127~1279 年）这样的朝代，中原王朝的统治者迁都南方，为南方带来了人口、技术和文化，大大增加了南方的开发程度，于是使长江流域成为了经济发展超过北方的富饶之地。

张家界国家森林公园
位于湖南省张家界的砂岩峰林高耸入云，是中国最令人叹为观止的景观之一。经过数十万年的水蚀和风化，该地地表形成了从几十米到数百米高的石柱。森林公园内遍布悬崖与深沟，降水十分丰富。这些条件创造了一个良好的生物栖息地，有超过 500 种树木生长于此，甚至包括曾经被认为已经灭绝的水杉。生物学家在森林公园内找到了 146 种脊椎动物，其中包括猕猴和大鲵等。1992 年，该森林公园被联合国教科文组织列入《世界自然遗产名录》。

史前时期的中国

早期人类和农业起源

100多万年前，中国地区出现了直立人。经过漫长的发展，早期人类由直立人进化成智人，他们从使用简单的石器发展到使用各种工具进行农耕，并在黄河和长江沿岸建立了许多部落。

△ **文明的摇篮**
这是位于中国中北部的黄土高原。它曾经是地球上土地最肥沃的高原之一。学者们认为，至少在 20 万年前就有智人生活在这里。

最早出现于中国地区的早期人类很可能是直立人。直立人的化石在非洲、亚洲和欧洲均有发现，他们的身高大约 1.6 米，平均脑容量 1000 毫升左右。关于直立人出现在中国地区的原因有多种说法，目前发现的中国地区最早的直立人是距今 170 万年的元谋人，而距离北京 200 多千米的泥河湾盆地出土的粗糙的石制工具也证实了该时期直立人的存在。1929 年，在北京西南方的周口店首次发掘出了直立人的头盖骨化石；而目前发现的最古老的头骨化石则出土于陕西省蓝田县的公王岭，距今约 115 万年。近来甚至有学者提出公王岭直立人的年代在距今 163 万年前。

中国地区的直立人发展出一种独特的文化。他

◁ **水牛**
水牛是中国南方最早被驯化的大型动物之一。人们驯养水牛用于犁地，水牛还可以产出牛肉、牛奶、皮革和牛角等食物和制品。图中的水牛玉饰可追溯到约公元前 1100 年。

直立人可以直立行走，制造各种形状的石器，可能还会用火烹饪食物。

们从石核上敲下石片，制作成锋利的工具，但他们并没有像同一时期的非洲直立人一样制作手斧这样的石器。他们的主要猎物是鹿，但人们也在遗迹附近发现了少量其他动物的骨头化石，如豹、熊、虎、鬣狗、骆驼和野猪。

公元前 20 万年左右，从直立人进化而来的早期智人进入了中国地区，并定居在黄河流域、陕西的黄土高原和华北平原的西部边缘地区。由于接连几次严寒的冰期，他们的生活方式在数万年间基本没有发生进一步改变。

农业的发展

公元前 11000 年，冰期的结束给人类社会带来了新的发展机遇。小规模的农业村落出现，人们开始种植农作物。

公元前 9000 年左右，人类文明发生农业革命，更大规模的农业村落出现在了黄河流域、渭河与淮河流域以及河北平原地区。大约在公元前 5500 年，渭河流域的人们建造出了半地穴式房屋，和用于储存谷子与油菜籽的窖穴。这些居住于北方的居民在公元前 5500 年（新石器时代）左右就驯化了狗和猪，到了公元前 3000 年左右，他们的牧群中又增加了山羊和牛。在这一过程中，北方的人类聚落逐渐扩大。例如，陕西西安附近的半坡遗址，在公元前 4000 年左右就聚居着约 600 人。他们的房屋以血缘关系为单位集中在一起。

▽ **古代陶器**
这件红色的双耳陶壶来自新石器时代的裴李岗文化。该文化活跃在公元前 6000 年至公元前 5500 年的河南中北部伊洛河流域。他们是中国最早的制陶者之一。

南方的村落

在更湿润的中国南方地区，人类对野生稻子的驯化比北方的粟要成功得多，因为这种作物对于降水量的要求很高。水稻的种植大约在公元前 8000~前 6000 年间始于长江流域。

周口店和北京人

周口店遗址位于北京西南 48 千米处。约 50 万年前，曾有古人类生活在这里的山洞中。而在之后约 20 万年的时间里，这些山洞也或多或少地被人类使用过。1921 年，考古学家在这里发现了牙齿化石，最初它们被认为属于一个新物种，即“北京猿人”，后来这一物种被归入直立人中。在这个山洞中人们还发现了许多动物的化石，以及约 10 万件石制品，同时也找到了北京猿人广泛使用火的证据。

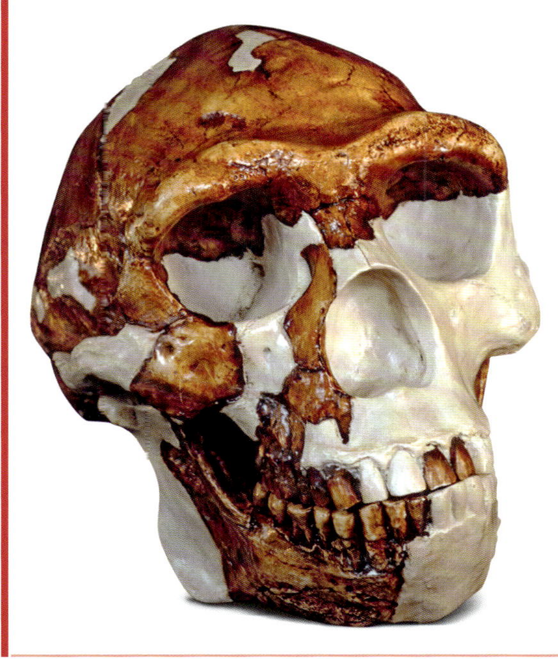

逐渐地，长江中游地区也出现了带有房屋群、窖穴和墓地的农业村落。其中湖南八十垱遗址是一片面积较大的村落遗址，也是最早采用防御围墙和沟壕系统来保护村落的遗址之一。这里的人们还使用木铲种植水稻，遗址中出土了大量的稻谷壳。

农业和畜牧业的发展孕育出了一系列新石器文化，这些文化的社会复杂度、建筑和丧葬风俗各有不同，所使用的各种陶器、玉器类的手工制品，也各具特色。

新石器时代陶器

中国最早的史前古器物

大约在公元前 6000 年，日趋成熟的农业文明催生出各种各样的新石器文化（见 24~25 页），这些文化是以它们的出土器物和社会的复杂程度加以区分的。其中最早的是彩陶文化，又称仰韶文化，仰韶文化在黄河流域的中原地区十分繁荣，现存有数千处遗址。仰韶先民以谷子为主要粮食作物，并饲养猪、狗、牛、羊和鸡。他们还烧制红褐色的陶器，上面绘有几何图案。在仰韶文化最著名的半坡遗址（在今陕西西安），考古学家发现了半地穴式的房屋，四周环绕着防御性的壕沟。这表明这些较富裕的聚落已经引来了入侵者。

随后出现的文化

随后兴起的文化之一是红山文化，它主要分布在内蒙古自治区东南部西拉木伦河流域和辽宁省西部、河北省东北部，约从公元前 4500 年发展起来。红山文化的工匠技术娴熟，擅长用玉制作如乌龟、鸟和玉猪龙等各种玉制品，还会做红色的带有条纹的平底陶器。红山文化似乎已出现了聚落中心，人们在牛河梁遗址发现了东亚地区已知最早的祭祀神庙。这座神庙是建有泥墙的半地穴式建筑，部分墙面绘有壁画。神庙内还出土有女神像，其中一个彩绘泥塑女神头像上镶嵌玉片做成的眼睛。

公元前 3300 年前左右，中国东部又出现了良渚文化。良渚先民以种植水稻为主。他们在靠近水道的地方建立居所，并且能够使用船和桨。这一时期的工匠还会织造丝绸和制作漆器。他们也能用非常坚硬的玉石制作出漂亮的器物。这些器物包括一些像玉琮这样的礼器，一直到商朝及以后的时代，中国人还在制作这样的礼器。

龙山文化

新石器文化中最先进的是龙山文化。龙山文化出现在约公元前 2000 年的黄河中下游。龙山文化生产出过精美的薄壁黑陶。从墓葬中的陶制礼器可以看出，当时先民们日渐富裕，并逐渐出现社会阶层分化。龙山文化处在中国朝代历史的起点，这一时代氏族部落开始融合成更大的部落联盟，这是夏朝和商朝的前身。

▷ **仰韶文化陶器**
这件陶盖来自仰韶文化的半坡遗址。陶盖上有红褐色条纹，人们认为这是一个巫师的形象。这是最早的刻画、表现人类形象的器物之一。

绘有几何图案的陶盖

◁ **青铜器**

这种广口青铜器叫作簋，可用于盛放食物。左图的簋大约制作于春秋时期。古代的人们会在祖先祭祀等特定礼仪活动场合使用簋。

2 文明的成型

约公元前2070~前221年

开篇介绍

中国历史上最早出现的世袭王朝是夏朝，继而是商朝和周朝。这三个进入帝制时代之前的王朝起始于大约公元前 2070 年，终止于公元前 256 年。在这一时期，中国社会发生了巨大的变革，中国从青铜时代走向了铁器时代。按照史书记载，夏朝的创立者是禹，他曾成功治理黄河的洪水，又经过舜的禅让成为了部落联盟的首领。而禹的继承者是他的儿子启，启的继位开创了世袭制的先河。夏朝一直存续到约公元前 1600 年，在鸣条之战中，夏朝军队被汤率领的商部落军队击败，随后夏朝灭亡，商朝建立。大约同一时期，希腊地区出现了迈锡尼文明，埃及地区进入了新王国时代。

商朝

虽然商朝的领土范围比夏朝扩大了不少，但其统治范围在今日中国的疆域中仍然只占一小部分，主要在今河南一带。商朝曾多次迁都，其中最有名的一次是商王盘庚迁至殷（见 42~43 页），殷地在今河南安阳境内。在这里，考古学家发现了甲骨文（见 44~45 页），这种文字是迄今为止中国境内发现的最早的成熟文字。甲骨文的内容主要是商朝后期统治者占卜的记录。商朝后期与周边方国频繁发生冲突，这些冲突削弱了商朝的实力，其西部的方国周在此时崛起。商朝的最后一位君王帝辛骄奢淫逸，周武王于公元前 1046 年击败了他，失去天命的商朝从此灭亡。

周朝

周朝统治的第一阶段史称西周，因当时国都镐京（在今陕西西安）在西部而得名。周武王建立周朝仅三年就去世了，其子姬诵即位，即为周成王。因成王年幼，周武王之弟周公代为执政。周公完善宗法制和礼乐制，多次平定国内叛乱，稳固了周朝基业。然而，周朝的统治者将土地和头衔分封给古代帝王后裔、王室子弟和功臣，导致国内出现众多相对独立的诸侯国，周王室对诸侯的控制力不断下降，诸侯之间也为争夺利益而相互开战。公元前 771 年，西申国因不满周幽王废立继承人而联合犬戎等势力进攻镐

约公元前2070年 夏朝建立。

约公元前1600年 商汤在鸣条之战中获得胜利，推翻了夏朝。

约公元前1300年 商朝将国都迁到殷。

约公元前1250年 武丁成为商朝国君。

公元前1046年 周武王推翻商朝，开启了西周时代。

公元前1042年 周成王继位，周公辅政七年。

公元前977年 周昭王死于楚地。

京，杀死了周幽王。继位的周平王迁都至东边的洛阳，开启了东周时代。这一时期，诸侯国的力量变得更加强大了。

东周政权的统治跨越了两个时期，即春秋时期（见56~59页）和战国时期（见68~69页）。公元前7世纪～前5世纪间，先后有五家最有实力的诸侯国成为霸主，以尊奉天子为名，建立霸权、号令四方诸侯，周天子事实上已经有名无实。公元前5世纪，中国进入战国时期，这一时期出现了众多强国吞并弱国的战争，最后主要剩下齐、楚、秦、燕、赵、魏、韩七大强国。周王室于公元前256年被秦国灭亡，之后秦国又通过战争兼并了另外六国，于公元前221年统一中国，建立起中国历史上第一个大一统王朝——秦朝。

春秋战国时期出现了100多个诸侯国。

虽然春秋战国时期充满了动荡和混战，但这一时期却是中国在技术和思想上取得大发展的时期。春秋战国时期，中国进入铁器时代，并开始在战争中使用铁制武器；儒家的“五经”（五部经典著作）也出现于这一时期。诸子（知识分子）之间相互辩论治理国家和社会最有效的方法，产生了诸多学派，史称“百家争鸣”。春秋时期的思想家孔子的学说对中国社会产生了重要而恒久的影响。在大致同一时期，西方社会出现了苏格拉底、柏拉图和亚里士多德三位思想家，他们的学说奠定了西方哲学的基础；迦毗罗卫国（在今尼泊尔境内）的王子乔达摩·悉达多也在大致同一时期创立了佛教。这一时期被德国哲学家卡尔·雅斯贝尔斯称为“轴心时代”，而春秋战国时期诞生的先秦文明正是三大轴心文明之一。

公元前771年 周幽王被犬戎所杀。

公元前770年 春秋时期开始。

公元前770年 周朝将国都迁到了洛邑（在今河南洛阳），开启了东周时代。

公元前643年 第一大霸主齐桓公去世。

公元前632年 楚国在城濮之战中被击败。

公元前551年 孔子出生，公元前479年去世。

公元前476年 春秋时期结束。

公元前475年 战国时期开始。

约公元前300年 战国七雄分别是秦、齐、楚、赵、魏、韩、燕。

公元前221年 秦国击败其他国家建立秦朝。

青铜时代

中国物质文明的巨大飞跃

青铜器的出现是社会发展的重要标志。在中国古代，人们用青铜制成武器和工具等实用器具，也用青铜制成各种用于特定场合的华丽礼器。

中国出土最早的青铜器可追溯到公元前 3000 年左右，是一把出土于甘肃省林家遗址的青铜刀。然而，青铜取代石头成为广泛使用的材料经历了一个漫长的过程。因此，历史学家将中国进入青铜时代的时间推迟了千年左右，而这一时期恰逢夏朝时期。青铜器的制作与使用在商朝和周朝达到了鼎盛，但在战国时期，青铜器逐渐被铁器所取代，因为铁更适合大规模生产武器和工具。

▽ **后母戊鼎**
这件巨大的青铜器由商王祖庚（或祖甲）委人铸造，以祭祀他的母亲。

青铜是由红铜与锡、铅等材料混合而成的合金。这种合金比其中任何一种元素制成的金属都要坚硬。这意味着人们可以用青铜制成耐用的物品。在夏朝和商朝，工匠将熔化的铜液倒入事先设计好形状的陶范中，铜液冷却后青铜器就成型了。若制作较为复杂的器物，如带有手柄或足的青铜器，就需要单独制作各个部件，最后再把它们合铸在一起。到了周朝中期，匠人们发明了一种新的工艺，叫作“失蜡法”。这种工艺的流程是先用蜂蜡制作要铸造的物品模型，再用泥浆等耐火材料覆盖模型，形成“外范”并晾干。之后，匠人对外范进行加热，蜡膜融化后会流走，形成空腔，再向外范的空腔里浇灌铜液，铜液冷却后，铸造的青铜器就成型了。失蜡法可以做出更复杂、细节更丰富的青铜器。

△ **鄂尔多斯青铜饰牌**
鄂尔多斯出土的小型青铜器，通常以动物样式为主。这个镀金的青铜腰带饰牌描绘了老虎撕咬马匹的场景。

礼器

起初，人们制作青铜器的成本很高，因此青铜一般被用来铸造重要的物品。复杂而精美的青铜器通常会被用于祭祀、宴会和葬礼这种重要场合。一个家庭所拥有的这类青

> **后母戊鼎重832.84千克，是中国现存最大的古代青铜器。**

铜器的数量和质量，往往反映了家庭的社会等级与地位。青铜器有很多种类，而鼎是其中一种非常重要的青铜器。鼎有三足的圆鼎和四足的方鼎两类，通常用于盛放献给上天和祖先的肉食，也可以用于烹煮食物。鼎上通常刻有动物花纹和饕餮纹（见下栏）。另一种重要的青铜器叫作簋，通常用于盛放谷类食物。青铜也可以制作成演奏音乐的编钟。这种乐器将大小各异的铜钟按音调高低挂在钟架上，演奏者使用木槌和长棒敲击铜钟来进行演奏。

具有地域特色的青铜器

商周时期，在中原以外的地区也存在着一些发达的青铜铸造中心。在这些地区出土了很多重要的青铜器群，而且不同地域的青铜器各具特色。四川省三星堆遗址出土了铜树和青铜立人像，立人像有真人大小，面部特征夸张；江西省新干县大洋洲镇商墓遗址出土过老虎造型且带有纹饰的青铜器；内蒙古自治区鄂尔多斯市发现的青铜器则更加简单实用，多为在造型中融入动物元素的首饰、饰品和马具。

青铜头像上的金面罩

▷ 三星堆金面铜人头像

这件风格特别的青铜像出土于四川省广汉市三星堆遗址二号祭祀坑。它通宽 22.4 厘米，通高 45.8 厘米。

饕餮纹

饕餮是传说中的一种贪婪的野兽，其形象是中国古代青铜器的重要装饰图案。下图是西周时期的一件饕餮纹青铜器。饕餮长有动物的眼睛、耳朵和嘴巴，头上长有角，但通常没有身子。饕餮纹通常采用对称设计，周围常刻有华丽的装饰花纹，被用于各种各样的器物上。这种花纹的确切含义还不是很清楚，有些观点认为它代表着吞噬一切的自然之力。

古代青铜器

早期王朝的金属工艺

在中国的先秦时期，青铜是用来制造武器和礼器的重要金属材料。这些古老的器物中有些镶嵌有贵金属，有些采用错金工艺，有些刻有铭文和象征祥瑞的花纹。即使过了几千年，这些精致的细节仍然能保留在青铜器上。

△ **戈**
这件戈头的历史可追溯到战国时期。它长22厘米，上面饰有错金花纹。

◁ **鼎**
这件三足鼎的历史可追溯到商代。鼎上面的倒三角图案可能代表山。

△ **青铜带钩**
春秋战国时期的贵族常使用带钩扣接束腰的革带或悬挂其他装饰物品。这件带钩上饰有错金图案。

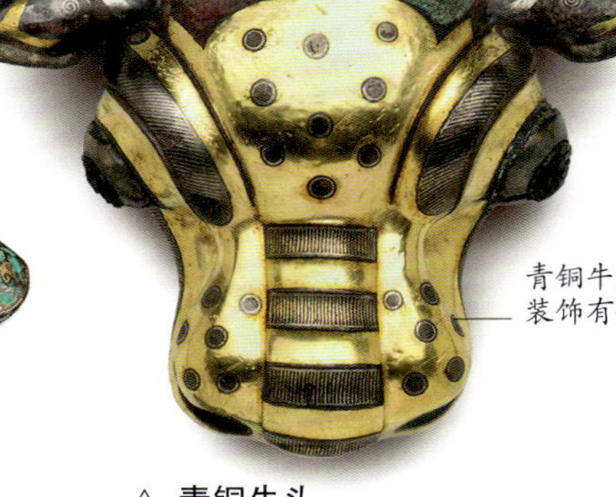

△ **青铜牛头**
这件青铜牛头可追溯到东周时期，用于装饰战车。

▽ **酒尊**
这件鸟形酒尊的历史可追溯到西周早期。

▷ **礼乐用钟**
这件用于仪式音乐演奏的钟高38厘米，是一套编钟中的一个，其历史可追溯到公元前5世纪。这些钟的内部没有铃锤，因此需要用木槌敲击才能演奏。

抬起的双手摆出握着缰绳的姿势

△ **战车驭者**
这件青铜人像塑造的是战国时期北部边疆的战车驭者形象。

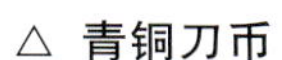

△ **青铜刀币**

这种刀币名为金错刀，铸造于新朝，中间的孔可以用来将多枚钱币用绳子串在一起。

△ **官员冠饰**

这件青铜饰品叫作附蝉，使用了鎏金工艺，并嵌有宝石。汉晋时期官员的冠帽上会使用这样的装饰。

◁ **天马**

这件汉代青铜器塑造了“天马”的形象。传说汉朝使节张骞在出使西域的途中见到的就是这种马。

▷ **青铜凤凰**

这只镀金的凤凰是出土于四川的 26 个东汉饰件中的一个。它由薄薄的青铜片制成，可能用于装饰墓穴。

△ **华丽的方壶**

这是 1923 年出土于河南新郑李家楼郑国国君大墓的一对莲鹤方壶的其中一只，其历史可以追溯到春秋时期。这件文物的壶盖顶部有一只鹤，壶体四周环绕着龙和神兽。学术界认为这件文物是春秋时期精神的象征。

▷ **牛车与车夫**

这件牛车与车夫一体的青铜器，其器形在出土的汉代青铜器中十分罕见。这件青铜器出土于一个贵族的墓中。

商朝

中国第一个有同时期的文字记载的朝代

商族在鸣条之战中击败夏朝，并取而代之。比起夏朝，商朝的君王们留下了大量能证明其存在的遗迹。商朝在统治中国5个多世纪后，被后起的方国周所灭亡。

商朝最早的领地大致以今日的河南为中心，并包括山东、河北、陕西的一部分。司马迁（见106~107页）在《史记》中记载了商朝起始的神话传说。根据传说，帝喾的妃子简狄吞下一个玄鸟的鸟蛋后就神奇地怀孕了，然后生下了契。契后来帮助禹（见30~31页）治水有功，受封于商（在今河南商丘），他也因此成为商部落的始祖。

商汤

历史学家认为，商最初是受控于夏朝的一个方国。建立起商王朝的人叫作汤。公元前1600年，汤带领商族在鸣条之战中击败了夏的统治者桀，并在大臣伊尹的帮助下建立了商朝。在此之前，商就已经吞并了很多小方国，并获得了其他方国的支持。有传说称，伊尹是一个奴隶；还有传说称，一名采桑女在桑树洞里发现了还是婴儿的伊尹。在伊尹的辅佐下，汤对商朝治理有方，并且扩展了商朝的领土。汤去世后，伊尹继续辅佐他的继任者，并且曾经代为执政了一段时间。

▷ **青铜武器**
商朝的武器有弓箭、青铜剑和青铜匕首。军队使用的斧头和矛头也是用青铜制作的。

汤是一位仁慈的统治者。传说商灭夏后，国内发生了7年大旱。为了向上天祈求降雨，汤甚至在祭祀仪式上将自己献祭。但仪式还未完成，上天就降下了大雨，天下大旱终于解除了。

商朝的多次迁都

从公元前16世纪到公元前14世纪，商朝的势力逐渐扩大，并经历了多次迁都。商朝的一个都城可能位于今天的河南省郑州市的二里岗遗址所在地。考古学家对遗址的研究始于1952年，发掘出的文物表明，该城在公元前1600年至公元前1400年之间曾十分繁荣，当时城中的人口大约有10万。二里岗遗址的考古挖掘显示，这座都城被大型的城墙保护着，这里出土的青铜器的规模和品种的多样性也证明了当时商朝的富庶。人们在盘龙城遗址（见下栏）也发现了二里岗样式的青铜器，这证明商朝的影响力在扩大，已经传播到了南方。

商朝盘龙城遗址

湖北省盘龙城遗址发现于1954年，并于20世纪70年代开始发掘。它距离其北方的二里岗遗址大约500千米。两个遗址中有很多相似的特点，有观点认为，商朝在公元前15世纪向南扩展领土时攻下了盘龙城。盘龙城地区储藏着大量的铜，因而引来了商朝人的关注，商朝人在这里建立了一个带有城墙的定居点。公元前1300年，商朝的统治重心转移至北方，因而放弃了盘龙城。

△ **商汤**
据说商汤进攻夏朝前，占卜（见44~45页）的结果显示他会获胜。这是13世纪时的绢本商汤画像。

“惟皇上帝，降衷于下民。”

《尚书·汤诰》

大约在公元前 1300 年时，盘庚迁都至殷（在今河南安阳）。商朝士兵从国都出发去征讨四方之敌，他们将战利品带回以充实国库，并将战俘变为奴隶。许多奴隶都因成为献给祖先或天神的祭品而被斩首，商朝人认为这样可以使自身得到庇护，躲避侵略或干旱这样的灾难。除此以外，商朝的奴隶主阶层会在主人去世后用奴隶殉葬。这种做法在春秋战国时期备受批评，进入汉朝以后逐渐消失。

商朝的衰落与终结

约公元前 1250 年，武丁继位。他是第一位在同时代历史文献（出土于安阳的甲骨文）中有记载的商朝君王。文献中称他有 64 位配偶，不过他也留下了很多勤政的记录。约公元前 1192 年，武丁去世。此后，商朝与邻国战事不断，也常常遭到北方游牧民族的侵略，领土不断被侵犯，商朝的国力开始衰落。

约公元前 1100 年，商朝的情况变得更加糟糕。整个中亚和中国北方地区的气温降低，降水量减少。气候变化使得农作物减产，动物资源变少，导致北方的游牧民族向南迁移到农民定居的地方，并以武力占领他们的土地。气候变化还引发了饥荒与社会的混乱，再加上最后一位君王帝辛的荒淫和施政失当，最终商朝于公元前 1046 年被推翻。推翻商朝的是曾经商朝西部的一个方国——周。

▷ **青铜礼器**
商朝铸造了许多精美的青铜器，形象以鸟、龙、牛等为主，器身刻有复杂的几何图案。这件青铜礼器叫作卣，是一种盛酒的器皿，它刻画的是老虎与人相抱的姿态，背上载有其他动物。

商代城市——殷

古都中的宫殿与陵墓

河南省安阳市西北的一处考古遗址，改变了人们对古代中国的认识。这里是著名的殷墟所在地，殷作为商朝的都城有250多年。

约公元前1300年，商朝君主盘庚将国都迁到洹河附近，这座新都城位于今天的河南安阳，靠近商朝当时的北部边境。盘庚在继位第15年时开始营造新都，又对迁都之事进行了占卜。

商朝的新国都名为“殷”，因此商朝也被称为殷朝。在殷成为国都之前，商朝曾多次迁都。而迁都至殷后，这里就成为了商朝最后一座都城，直到公元前1046年商朝灭亡，也未再迁移过。周朝建立后，这座城市被遗弃，后逐渐衰落，最终成为了众所周知的殷墟。

城市的重现

当甲骨（见44~45页）被发现后，人们追踪其出土地点，进而在安阳发现了殷墟。1917年，人们通过研究甲骨上的文字，得出殷墟是重要的商代遗址的结论。1928年，考古学家开始在洹河附近展开发掘工作。经过多年考古发掘，人们发掘出了有序的聚落、作坊和墓群。它们在布局上围绕着由宗庙、宫殿组成的政治与祭祀中心而建。许多建筑都建于夯土平台之上。人们根据废墟的规模，推断出这座城市在鼎盛时期人口可能超过10万。

1933年末，考古学家首次在殷墟发现大墓，后又陆续发掘出十余座。发掘结果表明，这些大墓呈“中”字形、“甲”字形等结构，为竖穴墓，并有坡道可以进入。墓穴中央有一个木椁，里面是王室贵族成员的棺材。在棺椁周围及其内部，有殉葬的人的尸骨和随葬物品。在殷墟王陵区，考古学家还发现了2500多个陪葬墓和祭祀坑。祭祀坑中，少数坑只埋一二人，大多是排列整齐的多人合葬的墓坑。这些祭祀坑是商王祭祀祖先的遗迹，祭祀时被杀的人牲大多数是战俘。殷商时期，至少有1万人死于这种献祭。祭祀坑中还有许多动物的遗骸，如马、狗，甚至有大象的遗骸。

◁ **殷墟玉矛**
这件华丽的青铜柄玉矛出土于安阳殷墟，柄上镶嵌着绿松石。这柄矛用玉制成，说明它不是在实际作战中使用的兵器，而是一种礼器。

妇好墓

也许在殷墟的所有墓葬中，最令人惊叹的莫过于妇好墓。妇好是商王武丁众多配偶中的一位，去世于约公元前1245年。她曾带领1.3万名士兵攻打西北的羌方。妇好墓幸运地躲过了盗墓者的黑手，并于1975年被发现。考古人员在发掘中发现，妇好墓中有16名殉葬

“天其永我命于兹新邑。”

《尚书·盘庚上》

的兴替提供了合理性。“天命”指的是至高无上的上天赋予君王统治国家的权力，但如果君王不实行德政或不顺应民意，就会“失天命”，丧失其统治的正当性，世间便会产生一个新的王朝取而代之。天命观产生于周朝早期，周朝政权以此来证明自己推翻商朝的正当性。正是因为商王帝辛的无道暴行，所以周朝要将其推翻，取而代之。这样一来，周武王在牧野之战的胜利就可以被视为上天将天命从商朝转到了周朝。此后，天命观就被用来论证王朝统治权变更的合理性，这种思想一直持续到 19 世纪。

为了稳固周朝的统治，周公建立起一套监察制度，派出受王室信任的官员（很多都是王室成员）担任“监国”，负责监督地方的诸侯国；周公还是一位颇有思想的政治家，《尚书》中记录了很多他的言论。孔子（见 62 页）认为，周公是无私奉献的国家公仆的典范，并呼吁所有官员都学习他无私奉献的品质。

当周武王之子周成王成年后，周公还政于成王，回到臣子的位置上，对成王十分恭敬。周成王也证明了自己是一位出色的统治者，他的儿子周康王也是如此。两代周王都曾征伐边远地区，扩大了周朝的领土。

妲己

妲己是帝辛身边的宠妃。有些观点认为，她是商朝末期造成君王道德沦丧的罪魁祸首。妲己来自有苏氏，帝辛纳妲己为妃，并完全沉迷于妲己的美貌。妲己纵容他放荡挥霍的行为，怂恿他采用酷刑折磨臣民，并以此为乐。牧野之战后，妲己被周武王处死。

◁ **利簋**

利簋出土于今陕西省西安市临潼区，是目前出土的已知最早的周朝时期青铜器。制作这件簋的人名为“利”，因此它被称为利簋。上面的铭文共 32 个字，记录了牧野之战商朝被周朝推翻这一重大历史事件。

西周

从和谐有序到动荡混乱

通过实行封建制度，周朝在统治的前半期成功地开拓了大片疆土。然而，周天子对诸侯的控制力不断下降，最终导致了内乱的爆发。

公元前 1046~ 前 771 年间，周朝的社会总体上较为和平有序。因为这一时期周朝的国都镐京（在今陕西西安）在中原地带的西部，所以这一时期史称西周。与这一时期相对的，是公元前 770~ 前 256 年间的东周时期。在该时期，周朝的国都从西边的镐京迁到了东边的洛邑（在今河南洛阳）。

西周依靠分封制来实现国家的统治，这是一种以宗法关系为基础的政治制度。周天子赐予亲属和信任的大臣封地，而这些土地通常都是周朝建立后向东部扩张时并入疆域的新领土；而周天子也通过授予世袭头衔的方式，承认一些归附周朝的小国统治者的地位。这些诸侯在封地建立起有军队驻守的城池，从而控制该区域的土地和人口。同时，他们要效忠周天子，前往都城进行朝贡，并在战时服从调遣，为周天子作战。这使得周朝的势力范围迅速扩大，但也意味着周天子难以直接控制分封出去的土地。整个周朝更像是多个半独立的小国拼凑成的“联邦”，这些小国在承认周天子最高统治地位的前提下联合在一起。

随着时间的推移，分封制的弊端开始显现。周天子能够直接控制的领土越来越少，诸侯更加重视自己领地的利益，不再全心全意忠于周王室。各地诸侯之间也开始发生冲突，并且相互争权夺利，最终导致周朝的统治走向衰落，国家陷入动荡和混乱。

“周之德，其可谓至德也已矣。”

《论语 · 泰伯》

◁ **西周时期的青铜器**
这组青铜器出土于陕西省一座西周时期的贵族墓中。它体现了公元前 11 世纪西周工匠精湛的工艺水平。

◁ **穆王西征**
这幅17世纪的绢画描绘了周穆王西征的场景。周穆王正坐在自己喜欢的"八骏"驾挽的战车里，向西征伐犬戎。据说，他在获胜后到达西方的昆仑山并面见了西王母。这一传说成为后世许多诗人和艺术家创作的主题。

△ **周朝盔甲**
周朝军队装备着青铜制的头盔和又厚又硬的皮甲。这件头盔的顶部有一个凸起的部分，上面可以用来插羽毛等装饰物。

西周统治秩序的失控

西周国运的转折点出现在公元前977年。周昭王曾两次带领军队南征位于长江流域的荆楚之地，但他在第二次南征时溺水而亡，周军大败，损失惨重。这一结果迫使周朝停下了扩张领土的步伐，也让继位的周昭王之子周穆王将施政的重心转向国内的治理。周穆王试图改进封建制度、整顿官僚体制，但这些举措仍然无法掩盖周朝面临的众多问题。到公元前8世纪，虽然周王室名义上统治着上百个诸侯，但其中一些诸侯自恃实力强大，便开始挑战王室权威。最终，在公元前771年的周幽王时代，周朝的统治发生了危机。当时，地震和日食等自然现象频频发生，人们认为这是上天对周幽王的统治不满，因而显现出周朝将失去天命（见49页）的征兆。

而西周灭亡的真正导火索，是周朝的王位继承问题。周幽王废黜了自己与王后申后之子姬宜臼的太子身份，改立自己与宠妃褒姒所生的儿子姬伯服为太子。这一举动触怒了申后之父申侯。身为申国之君的申侯于公元前771年联合缯侯、犬戎进攻周朝的国都镐京（在今陕西西安）。镐京沦陷，周幽王被杀，而褒姒被犬戎掳走。之后姬宜臼继承了王位，史称周平王。公元前770年，他将国都迁到了东部的洛邑。这标志着西周的结束，以及新的时代——东周的开始。

“铭者,论撰其先祖之有德善、功烈、勋劳、庆赏、声名，列于天下，而酌之祭器，自成其名焉，以祀其先祖者也。”

《礼记·祭统》

△ **平定叛乱的记录**
康侯簋上的铭文印证了成王平定“三监之乱”的史实。

康侯簋的双耳为模仿兽首的抽象造型

△ **康侯簋**
康侯簋以周武王的弟弟姬封的封号命名，“康侯”之名出现在该器皿的铭文中。

▷ **六国会盟**
这幅清朝的画作描绘了战国时期六国会盟的情形。这一时期的特点是各国间充满了争权夺利的斗争，而且经常在外交领域展开较量。

军事力量的增长

为了在诸侯国的争斗中处于有利位置，各国不断招募士兵扩充军队，组成庞大的常备军。战国早期的军队开始以步兵为主，后来骑兵的地位变得重要起来。能够大量快速生产的铁兵器（如剑、弩）开始逐渐取代青铜兵器，但这也导致战争的伤亡人数比以往任何一个时期都要多。各国都修建了新的城池和防御工事，战争规模也急剧扩大。各国能派出的军队人数至少可达 10 万人，而西周时期通常只有 1 万人左右。

“耕”与“战”

战国时期，各国军费的主要来源是税收，其主要形式是土地拥有者缴纳的粮食。这意味着那些治理高效、土地肥沃、农业发达的国家往往拥有强大的军力。

法家倡导的“变法”

战国时期的哲学思想得到了极大的发展，学者们努力寻找解决社会问题、结束乱世的最好方法。其中最成功的学派之一是法家（见 65 页），这一学派主要专注于寻找最有效、实用的强国方针。

法家的学者们认为，政府应该通过中央集权下的官僚机构来运转，并长期施行强有力的法令来维持秩序。法家中最具影响力的思想家是公元前 4 世纪的商鞅。他实行奖励耕战的政策，使秦国得以富国强兵，从一个西部边陲的国家成为了战国七雄中最强大的国家。

后来，商鞅因变法伤及上层利益而触怒了秦国的贵族，并被诬陷谋反，最终被处死，但他的改革确保了秦国在国力上的优势地位。秦国最终击败所有对手，结束了战国时代，建立了中国首个帝制王朝（见 78~81 页）。

“民胜法，国乱；法胜民，兵强。”

《商君书 · 说民》

山岳的文化象征

在中国古代，山被看作大地上离神界最近的地方，并且有着强大而神圣的力量。图中的山是位于陕西省的华山，它是中国的五岳之一。古代帝王会在五岳中的泰山举行封禅仪式。封禅仪式的意义源于一种信仰，即认为山连接着天地，拥有“天命”（见 48~49 页）的帝王是天地之间的媒介。而证明帝王拥有天命的一个重要步骤，就是帝王到山顶举行神圣的仪式，以加强天地之间的联系，并表达自己对上天的感恩。

◁ **佛坐像**

这尊彩绘佛坐像是北魏时期塑造的。北魏时期 佛教盛行于中国北方地区。

3 大一统国家的建立

公元前221～公元589年

开篇介绍

从公元前 221 年至公元 589 年的 8 个世纪间，尽管中国的土地上也有过长时间的割据和混战，但大一统越来越成为历史上的政权所追求的目标。西汉史学家司马迁（见 106~107 页）将秦始皇描述成一位暴君，“诚使秦王得志于天下，天下皆为虏矣”。不过，秦始皇确实为中国之后 2000 多年的帝制社会打下了基础。在这个漫长的时期中，有夺目的光辉，也有幽深的阴影。

从秦朝到汉朝

秦始皇一统天下之后，在大臣李斯的辅佐下，以严厉的法家思想治理秦朝。在严刑峻法下，秦朝取得了一系列成就：废分封、立郡县、修建道路、开凿运河，并修筑起保卫国境的万里长城。秦始皇还在全国推行统一的标准文字形式，因此直到今天，即使中国各地的方言语音有差异，不同地区的中国人仍能无障碍地理解汉字写成的书面信息。称帝后的秦始皇只在帝位上统治了 11 年，他在公元前 210 年去世。由于他制定的法律过于严酷，给民众带来了深重的苦难，反而导致秦朝在他死后很快灭亡。继位的秦二世诛杀了大量秦朝宗室成员，国内的起义也开始此起彼伏地爆发。出身平民的刘邦成为了各路义军中最后的赢家，他建立的汉朝统治中国长达 4 个世纪（除中间短暂出现的新朝外）。汉朝统治的前半段史称“西汉”，统治时间为公元前 202~ 公元 8 年。

汉朝时期，儒家思想取代了秦朝统治时期的法家思想，成为国家的官方意识形态。这一思想强调的是在行为上遵从礼法，并恪守社会等级关系，不像法家那样强调使用严刑峻法维护社会秩序。在其他方面，汉朝统治者不仅维持住了秦朝建立的制度基础和国土范围，而且还在进一步扩张领土。在统治时间较长的汉武帝时代，汉朝向西延长了长城的范围以抵御匈奴，巩固边防；比起秦朝时，汉朝的疆域也更加广阔，甚至东及朝鲜半岛，南达中南半岛。公元前 139 年，张骞出使西域的壮举使中国与中亚各国建立了联系，为建立丝绸之路这条连接中西方的贸易通道奠定了基础。

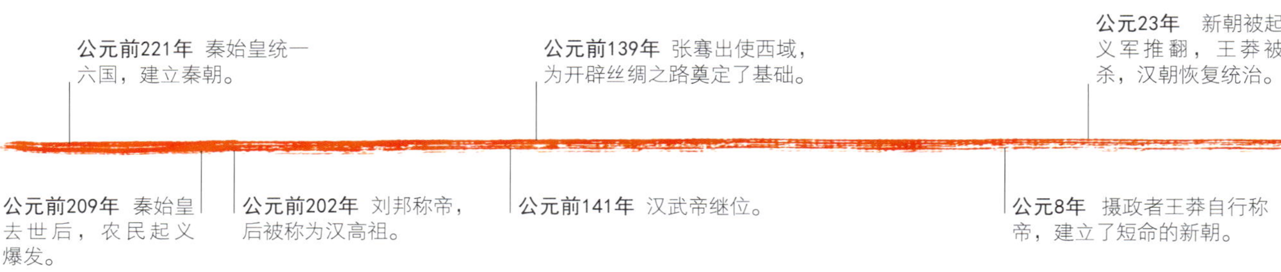

动荡与混乱的时期

汉朝的统治在公元 8 年开始陷入一段短暂的中断期，起因是统治阶层的内部权力斗争。摄政者王莽趁皇帝年幼篡夺了政权，宣布建立新朝。但新朝只存在了 15 年，就因为改革失败，连年灾荒等原因灭亡了。汉朝重新恢复统治并进入东汉时期，再次统治了中国约两个世纪之久。尽管这一时期的早期，汉朝恢复了中央集权的统治，但它最终还是在愈演愈烈的外戚与宦官之争、地方豪强混战中崩溃了。

之后，维持了长期大一统局面的汉朝灭亡，历史进入了三方割据的三国时期。在接下来的 60 年里，三个国家为争夺统治权而交战不休。265 年，司马炎篡夺魏国并建立晋朝，于 280 年通过战争结束了三国时期，重新统一了中国。但是这一政权未能延续多久，西晋的灭亡开启了长达几个世纪的南北对立局面。北方先后出现了多个不同民族建立的割据政权，史称“十六国”时期。随后鲜卑族政权北魏统一北方，进入北朝时期。

与此同时，晋朝宗室与士族在中国南方重建了政权，史称“东晋”。东晋在南方继续统治了一个世纪的时间，之后南方又继续经历了四个存续时间更为短暂的朝代，即宋、齐、梁、陈，史称南朝。这四个王朝都是由在中央执掌兵权的将军或地方军政长官建立的。6 世纪末，权臣杨坚篡夺北周建立隋朝，并南下灭陈结束南北朝对峙局面，为开创下一个大一统之下的伟大时期奠定了基础。

这一时期结束时，摆脱动荡、恢复秩序的中国也发生了诸多改变。国家的经济重心南移，从盛产小麦的北方转移到盛产水稻的长江以南地区。在文化方面，中国也吸收了不少外来文化，佛教在民间尤其兴盛。大一统王朝的传统得以存续，历史从一个伟大时代的废墟中，迎来了另一个伟大时代的曙光。

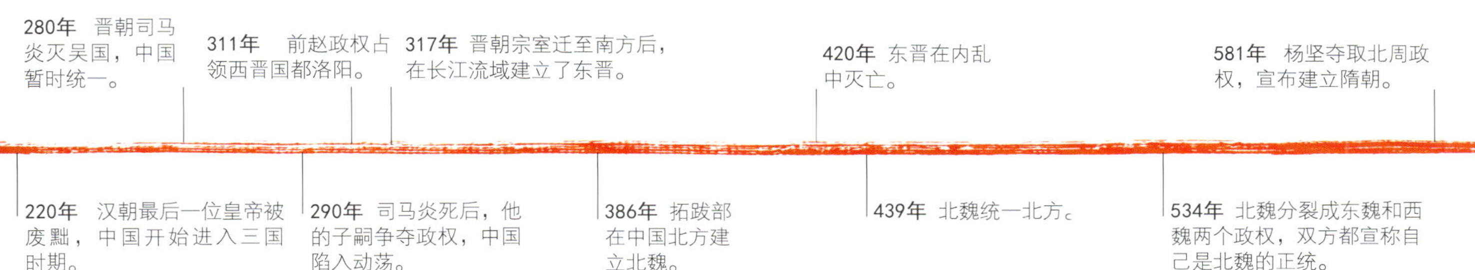

秦朝

秦始皇统一中国

秦朝只存续了15年，但秦制却给中国历史留下了恒久的影响。秦朝的建立者是秦始皇，他为中央集权的官僚制度奠定了基础，并且为后世开创了延续上千年的治理模式。

从公元前 8 世纪开始，秦国一直是周朝的一个诸侯国。当时，秦国的领土位于今甘肃省一带，地处华夏文明地区的西北边缘。它主要的作用是将游牧民族抵挡在边境之外。而这个边境小国，却在众多诸侯国争夺统治权的混战中，最终统一了天下。

秦国受益于周边的地理环境，边境上绵延的山脉将它与其他地区阻隔开来，敌人不易入侵；秦军擅长操纵弓弩和战车，作战时冷酷无情、纪律严明。然而，秦国崛起的基础不仅在于强大的军事力量，还在于严厉的政治制度。从公元前 4 世纪开始，秦国以法家思想（见 65 页）治理国家。法家认为人的本性是利己的，因此人的行为必须受到中央集权国家的强力管制。在秦国，任何有损国家公共利益的人都要受到严厉惩罚，这与国家利益高于个人利益的法家观点相一致。在极端情况下，违法者将遭受阉割、断肢等刑罚，或者以各种极为痛苦的形式被处死，包括腰斩和车裂。同时，对于顺应国家政策并做出贡献的民众，将给予爵位和物质层面的奖励，比如在耕种土地和战场杀敌方面成绩突出的人都会受赏。

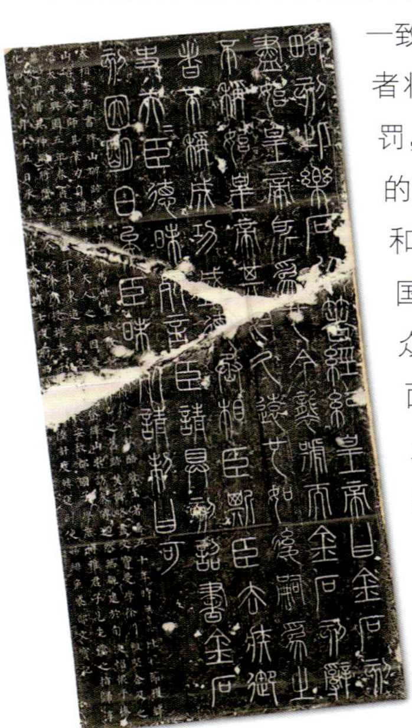

◁ 这件拓片来自山东省一座秦朝时用以纪念秦始皇成就的石碑。

统一天下

战国时期，训练有素的秦军在与其他诸侯国对战时接连获得胜利。公元前 312 年，秦国大败当时号称带甲百万的强大对手楚国。兵书《吴子》的作者吴起曾说，秦军作战十分勇猛，而且士气高昂；秦军的军令也严格公正，功过赏罚分明，有着高效而清晰的指挥系统。

公元前 247 年，年仅 12 岁的嬴政继位，此时秦国与其他诸侯国间的战争仍在继续。年轻的嬴政在相邦吕不韦和大臣李斯的辅佐下，先后攻灭了韩国、赵国、魏国、楚国和燕国。公元前 221 年，秦国最后的对手齐国投降，嬴政建立了中国历史上首个大一统王朝。他自称“始皇帝”，在接下来的 2000 多年里，中国历朝历代的统治者都沿用了“皇帝”这一称号。

新的制度

事实证明，政治上的统一，只是雄心勃勃的秦始皇和李斯着手实施的国家建设计划的第一步。在绝对权力的保障下，两人开始在新扩大的疆土上推行全国统一的政治制度。他们做的第一件事，就是废除被吞并的诸侯国现有的权力结构。为达到这一目的，他们将大量的六国旧贵族集中到帝都咸阳并控制起来，以便严密监视。汉朝的史学家认为，当时秦朝“徙天下豪富于咸阳十二万户”。同时，这些家族过去控制的土地被移交给皇帝直接任命的官员进行管理。6 个被吞并的诸侯国领土，连同秦国原

◁ 盔甲
这套随葬用的盔甲出自秦始皇陵，它由成排的甲片组成，肩部的关节可以活动，便于穿戴者在作战时挥动武器。

▽ 皇陵中的仿制头盔
秦始皇陵（见 82~83 页）中曾出土用石灰石仿制的秦朝盔甲和头盔，而当时秦朝士兵实际使用的盔甲和头盔是铁制的。

英文“China”（中国）一词，据说是从秦（古音读作“chin”）的发音演变过来的。

先的领土 被分成了 36 个郡，郡以下设县，县以下设乡、里和亭。每个郡设郡守、郡尉和郡监，他们须向皇帝汇报当地事务管理的情况。

基础设施的建设

秦朝改革的影响并不仅仅体现在政府和行政方面，整个社会的结构都发生了变化。秦始皇让农民拥有土地。但农民也必须为皇帝服务，他们会被征召到各种土木工程的建设中，如修建道路网、运河、大型宫殿建筑群和长城（见 84~85 页）。据估计，当时中国的道路建设工程规模超过了罗马帝国，修建的道路总长达 6000 多千米，而罗马帝国修建的道路只有 3700 千米。为了使新道路易于通行，政府制定了统一的轨距标准，这样即使在泥泞的道路上，轮式车辆也可以沿着压实的车辙顺畅行驶。››

△ **焚书坑儒**

这幅 18 世纪的画作描绘了秦始皇（图上部）指挥焚烧书籍和处决儒生的场景。图中的场景出自画家想象，人物服饰也是明朝的样式。

征服死亡的尝试

在躲过 3 次暗杀后，秦始皇开始沉迷于追求长生不老。他曾 3 次登临山东烟台沿岸的芝罘岛，寻找所谓的长生不老药。寻药失败后，他派遣载有数千名童男童女的船队去寻找传说中的蓬莱山，据说那里有长生不老药。最终仙药没有找到，而今只有规模庞大的兵马俑群在秦始皇陵东侧，守护着死后的秦始皇。

统一国内的各项标准

在秦始皇施行的改革中，影响最深远、最持久的是那些直接关系到人民日常生活的改革。秦始皇废除了不同的货币，统一使用秦半两（中间有一方孔的圆形硬币）进行经济活动，后来它逐渐成为秦朝的官方货币。秦始皇还统一了度量衡，进一步促进了贸易发展。其中秦始皇率先推行的一项改革，就是用标准容器计量谷物与酒。秦量不仅以尺寸和形状为标准，还包括敲击它时发出的音高，只有尺寸合乎标准的容器才会发出正确的声音。

在秦朝制定的所有新措施中，最重要的措施可能就是在全国范围内强制使用小篆，从而统一了汉字的书写形式。这种字体作为书体的基础，一直流传至今。丞相李斯组织编写了一部启蒙识字课本《仓颉篇》，选取了 3300 个常用汉字供臣民学习使用。后来，为了适应新的书写习惯，比如汉朝时期毛笔和纸张的使用、唐朝中后期雕版印刷术的出现，小篆在字形、结构等方面都做了许多改变，演变出一些新的字体。采用同一种文字，意味着中国各地说着不同方言或语言的人，都可以通过文字进行交流。这项举措对巩固一个多民族国家的统一有着重要作用。

铁腕统治

秦始皇在全国强制推行改革的手段十分残暴，拒绝服从的人将受到秦法的严厉惩罚。这在某些地区引起相当大的民愤。他曾遭遇过几次暗杀，这使他开始关注死亡这一问题，并希望自己能够长生不老。为了清除异见，他还下令焚烧了那些反对李斯所推广的法家思想的书籍。根据史学家司马迁（见 106~107 页）的记载，只有一些像农业和医学这样实用的书籍留存了下来。秦朝灭亡后，史书将秦始皇描述成一名暴君，宣扬他曾经将 460 多名反对他的儒家弟子活埋。但这一说法直到现在也有争议。

秦始皇的死亡与秦朝的衰落

秦始皇死于公元前 210 年，他期望能够绵延万世的秦朝也迅速迎来了落幕。李斯和皇帝的宦官首领赵高联合密谋，逼迫皇位继承人扶苏自杀，希望通过支持更顺从的次子胡亥来控制国家。但两位同谋很快发生分歧，赵高设计逮捕了李斯并将其处决。同时，由于不堪忍受繁重的劳役之苦和秦法的严厉惩罚，民众之中爆发了起义。赵高很快也被另一位由他拥立的秦王子婴用计杀死。子婴后向攻入关中的义军投降。秦始皇死后不足 4 年，国都咸阳沦陷并遭到洗劫，他的最后一位继承者子婴也被杀死。虽然如此，但秦始皇的政治遗产，在后来建立的汉朝政权中得到了保留。

△ **秦半两**
这枚秦半两铜钱铸造于公元前 3 世纪，它是秦朝时期交易时的通用货币。在秦朝之前，各个诸侯国使用的货币都不相同。

▽ **铜车马**
这驾铜车马的尺寸只有真车马的一半大小，它出土于秦始皇陵封土的西侧，是供秦始皇在死后巡游的车辆。

秦始皇陵

兵马俑守护的巨型陵墓

秦始皇陵的修建工程，在嬴政 12 岁时继承秦王王位的时候就开始了，但在公元前 221 年他统一天下、自称始皇帝后，这项工程的规格大大提升。秦始皇晚年沉迷于寻找使他长生不老（见 81 页）的方法，因此不惜一切代价为自己的身后之事做准备，并征召了 70 多万劳力来修建适宜的长眠之地。最终，一座占地 56.25 平方千米的庞大建筑群修建完成，而置于现约 51 米高的封土之下的陵墓只是其中的一小部分。

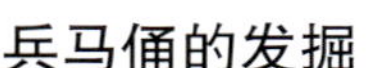

兵马俑的发掘

1974 年，陕西省西安市附近的一位农民无意之中挖出了一些陶俑碎片，这项规模浩大的工程才得以揭开它的面纱。随后，考古人员挖掘出一个长 230 米、宽 62 米的矩形深坑，里面有数以千计等身大小的兵马俑的碎片。经过考古人员的精心修复，这里和其他较小的坑中共发现的约 7000 名武士俑、100 多辆战车和 600 多匹战马组成了一支军队，守卫在陵墓的一侧。陶工先用陶模做出初胎，然后再分别进行手工制作，因此每个陶俑形象各不相同。例如，制作陶俑的头部时，俑头分为前后两半制模，然后合模制成初胎；再进行堆泥，在头部上贴接发髻、发辫、冠帻等部分；最后，用尖头工具刻画出五官，塑造出各具特色的陶俑形象。

◁ **跪射俑**
其中一个兵马俑坑里有一片跪射俑与立射俑组成的弩兵军阵，跪射俑位于阵中心，立射俑位于阵表。

陵墓

考古人员尚未完全发掘秦始皇的陵墓，他们要等到能够确保不会对陵墓造成不必要的损害后，才会开展工作。现存的对该陵墓的最早记载，只能在伟大的史学家司马迁（见 106~107 页）所著的《史记》中找到。他对陵墓的描述是这样的："始皇初即位，穿治郦山，及并天下，天下徒送诣七十余万人，穿三泉，下铜而致椁，宫观百官奇器珍怪徙臧满之。"有些资料称，陵墓在修建时还设置了连弩等诸多机关，但也没能保护陵墓不被入侵。公元前 210 年，秦始皇去世。公元前 206 年，起义军侵入皇陵，对其进行了 30 天的掠夺。后来，这片土地被遗弃了，直到现代才重见天日。

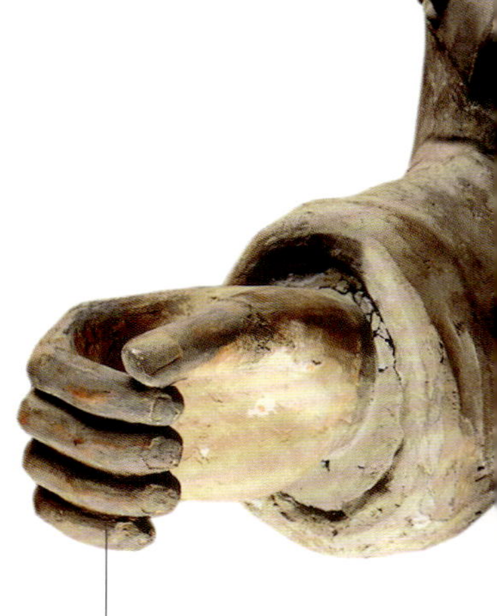

▷ **军吏俑**
兵马俑中，一位军官身穿铠甲，站在将军（右侧俑）身旁保护着他。

陶俑的耳朵、鼻子、嘴唇和眉毛都是事先用模型做好，然后粘在陶俑脸上的

最初这里是有颜色的，但随着时间的推移，颜色褪去了

长城

古代边境的防御壁垒

早在抵御北方游牧民族的秦长城修建之前，中国就有建立防御工事的传统。很久以前，城市的周围就建有城墙，“城”字既有“城市”的含义，也有“城墙”的意思。春秋晚期，随着周朝的领土分裂为大大小小的独立性较强的诸侯国，很多诸侯国都在各自的边境修建了长城。现存最早的长城是齐长城，始建于公元前 685 年，长达 600 多千米。

北方的诸侯国也在边境修筑了长城，来保护他们的土地不被游牧民族越境侵扰。随着匈奴势力逐渐强大，来自北方的威胁也在逐渐增加。公元前 215 年，秦始皇派蒙恬率领大军北击匈奴，将其赶回北方，随后移徙 3 万户至新收复的地方，完成对该地区的实际控制；待当地秩序稳定后，蒙恬开始修筑长城。他将现有的各段长城连成一个整体，跨越了从今甘肃省到渤海湾的漫长距离，史称“秦长城”。

人力与物力

关于蒙恬修筑长城的具体过程，史书上并没有详细记载。但当时秦国为修筑长城确实动用了大量劳动力，可能先后从全国各地动员了数十万甚至上百万壮丁，其中包括士兵、罪犯和服徭役的农民等。修筑长城的一项原则是因地制宜利用资源，平原地区的主要建筑材料是夯土，有时也使用砖块，而山区则使用石料。在长城沿线，每隔一段距离就会

△ **齐长城遗址**
齐国的长城修建于春秋时期，西起黄河，向东蜿蜒至胶州湾。这段古城墙穿过山东省的十几个县市区，还常常跨越山峰。

△ **层叠构造**
图中是汉朝修建的长城，位于甘肃敦煌。虽然墙体损坏严重，但原本的建筑材料依旧清晰可见。这段长城并没有使用砖石，而是使用了当地的砂石、红柳和芦苇等材料，这使得长城既坚固又易于修复。

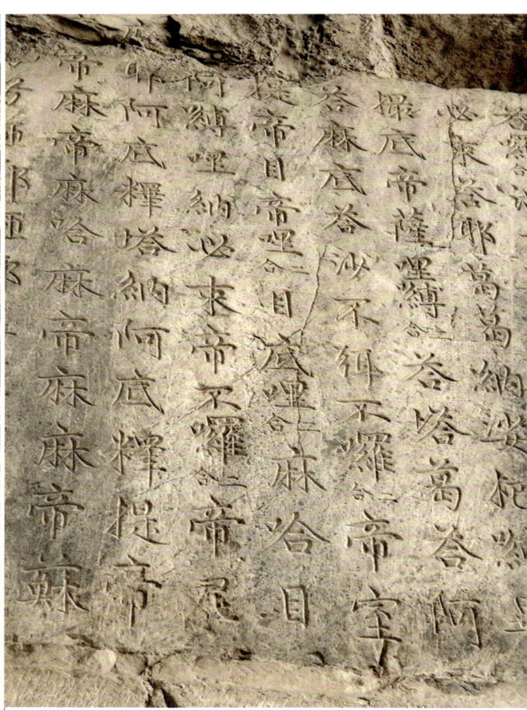

△ **佛经石刻**
居庸关位于北京郊区，是著名的长城三大关隘之一。居庸关云台（完工于 1345 年）的内墙上刻着 6 种文字的佛经。图中所示的是内墙上的部分经文。

> “起临洮，至辽东，延袤万余里。”
>
> 《史记·蒙恬列传》

修建一个烽火台，既有御敌作用，也可以通过烽火传递信息。有关这段长城长度的说法不一。在《史记·蒙恬列传》中，长城“起临洮，至辽东，延袤万余里”。也就是4000多千米，但这个长度事实上还包括了庞大的附属防御网络和为工事提供支援的补给道路的长度。

秦长城的历史意义

因年代久远，蒙恬修筑的秦长城留存至今的遗迹极少，但它对历史的影响深远，意义不可估量。长城的存在，使得外敌进犯时需要绕道很远，大大增加行军路线的长度，且只能集中攻击其中一处，而该处的防御者可以通过烽火信号召集救兵前来支援。虽然长城无法抵挡来自所有方向的进攻，但如果没有这道壁垒，面对进犯时，遭受的损失会更加严重。后来的统治者们进一步扩建了长城，如汉武帝（见86~89页）就曾为了维护国家的边境安全和丝绸之路沿线的安全，沿河西走廊方向增筑了新的长城。公元5世纪早期，北魏拓跋氏的统治者在秦长城以北修筑长城。又过了100年，也就是隋朝时期（见134~135页），隋炀帝曾派遣百余万民工修缮和加固长城。

今天，游客参观的长城大多建于十五六世纪的明朝时期，位于蒙恬建造的秦长城以南。

△ **《明东西洋航海图》**
图中所示的《明东西洋航海图》是一幅明朝时期的航海图。明朝在北方修建了长约8851.8千米的长城。长城位于该图的顶部。

△ **长久的吸引力**
长城是世界上最受欢迎的旅游景点之一，每年吸引游客的数量超过1000万。然而，为了让景点不过于拥挤而影响游览，并保证游客安全，政府近几年来已在热门地段采取限流措施。本图拍摄于1950年左右。

△ **老龙头**
距离北京约300千米的地方有一段长城，这里与渤海相接，叫作“老龙头”。这个称呼的出现是因为城墙的形状像一条正在喝水的龙。这段长城始建于1381年的明朝。

西汉

统治稳定的黄金时代

汉朝的统治共持续了400余年，分为前后两部分。前半部分被称为“西汉”。西汉时期繁荣兴盛，取得了许多巨大的成就。

随着秦朝陷入混乱，政权瓦解，反秦义军逐渐汇集在两位领导人的麾下：出身楚国贵族的项羽和出身平民的刘邦。项羽勇武过人，能征善战，而刘邦重视赢得人心。最初，两人联合起来对抗秦军，但后来在激烈的权力斗争中，两人反目成仇，并且爆发了战争。这场斗争以公元前202年的垓下之战而告终。刘邦的军队获胜，项羽无法接受战败而自尽。垓下之战胜利后，刘邦称帝，建立了汉朝，史称汉高祖（其庙号为太祖，谥号为高皇帝）。

◁ **汉高祖开国时遗留的隐患**
汉高祖在位7年。最初，为了表示反对秦朝的中央集权制度，他将部分土地分封给了自己的亲属和功臣，但这一政策削弱了他对国家的控制力。

汉朝的崛起

历史学家将汉朝分为两个时期：西汉（公元前202~公元8年）和东汉（公元25~220年），这两个时期被短暂存在的新朝（见110~111页）分隔开来。

登基之后，汉高祖定都长安（在今陕西西安）。高祖的大部分精力都放在加强边境的军事防御上，其中最严重的威胁就是匈奴。匈奴是一个生活在汉朝北部的游牧部落联盟，当时的首领冒顿单于已经完成了内部统一，政权实力强大。冒顿是一位很有天赋的政权领袖，他利用秦朝灭亡后的混乱局势，趁机扩大匈奴的势力范围，并且多次入侵汉朝。公元前200年，汉高祖亲自率领军队征讨匈奴，但因为轻敌冒进而在白登山被包围，高祖侥幸逃脱。经历过白登之围后，汉高祖选择与匈奴议和，将宗室女子嫁去匈奴和亲，并每年送给匈奴丝绸、酒和大米等物资。双方同意以长城（见84~85页）为界。这种和亲政策持续了60多年。后来汉武帝执政后，决心反击匈奴。从此，汉朝与匈奴的强弱形势发生了根本转变。不过，汉朝及其以后的朝代仍断断续续地与匈奴发生了很多年冲突。

▷ **灵魂的守卫**
这是一件汉代的绿釉陶制明器，是坟墓中的随葬品。在这座3层水榭里，持有武器的武士俑呈戒备状，底部为圆形水池底座，上面有几只水鸭。

“安得猛士兮守四方！”

《大风歌》，刘邦

△ 政治联姻

王昭君，中国古代四大美女之一。她像之前的汉朝公主一样，被送到匈奴和亲以保持两国和平。

汉朝的新国都

秦朝的国都咸阳被项羽毁灭后，汉高祖选择在渭水（在今渭河）南岸为他的政权建立了新国都——长安城。他下令让朝廷百官、王公贵族和他们的亲属及臣仆迁到那里。长安城在西汉时期一直都是皇权的中心，直到东汉初被新首都洛阳城取代。

新时代

公元前195年，汉高祖去世之后，汉朝政权经历了几位软弱无实权的统治者，直到公元前180年汉文帝即位才改变这一局面。汉文帝恢复了朝廷的权威，并为其孙汉武帝统治下的汉朝奠定了强盛基础。

汉武帝于公元前141年即位，共统治汉朝54年，这一时期国家安定繁荣。他通常被学者们认为是中国历史上最伟大、也是最有政治手腕的领导人之一。汉武帝不顾朝廷中论资排辈的传统，让年轻而有活力的官员围绕在自己身边，并听取他们的意见。但如果他们背叛了汉武帝的信任，就会受到严厉的惩罚。

有些历史学家批评汉武帝牺牲地方利益，将权力过度集中在中央，且统治极为严苛；他处死了很多人，并且滥用酷刑，比如宫刑（史学家司马迁就遭受过这种刑罚，见106~107页）。但汉武帝扩张了边境的领土，巩固了中央集权制度，建立了高效的官僚机构，以军事行动击败了匈奴，改变了地区力量的平衡，使之朝有利于汉朝的方向发展；他还实施了一系列大胆的改革举措，极大地改变了中国历史的发展进程。

汉武帝在统治期间，逐渐推行儒家思想，重视教育、治学，强调皇帝对子民要有责任感，子民对皇帝要忠诚。他鼓励学术研究，并任用儒生进入政府机构。这些开明的政策被他的继任者和汉以后的朝代所沿用并发扬。由于这些政策，汉朝选拔官员的依据开始从门第、血统而变为能力，汉武帝时期的朝廷出现了一派生机勃勃的景象。››

△ **桥上的战斗**
这件汉代画像石的拓片出自山东省的武梁祠。该拓片描绘了水陆攻战的场景，上面有战车和骑兵交战的图案。

诸侯国的叛乱

汉朝初期，汉高祖没有完全采用秦朝的中央集权制度。而是采用了“郡国并行”制。除中央直接管理的那些郡县外，汉高祖还分封一些异姓功臣和亲属为诸侯王，让这些诸侯王统治大片的领土。然而，这种权力的分散使得皇帝很难有力地控制住这样大的国家，并且严重削弱了汉朝的有效治理能力。后来随着异姓王被逐渐剪除，公元前157年，国内东部所有半自治的封国都落入了刘氏宗亲的手中。尽管如此，他们还是会发动叛乱，反对中央朝廷。最严重的叛乱要属公元前154年发生的七国之乱，但面对叛乱，中央政权迅速采取了行动，平定了叛乱。

汉武帝登基后，开始削弱诸侯王的势力，减少他们对自己统治的威胁。他颁行了“推恩令”，宣布诸侯王的子嗣们（并不仅仅是嫡长子）都有权继承封地。这一措施有效地将诸侯王的封地分割成越来越小的领地。这些小块领地被划为侯国，按汉制，侯国隶属于郡，而各郡是由忠于汉武帝的官员来管

▽ **金缕玉衣**
汉朝的皇帝和高级贵族在死后会被包裹在玉衣里，他们相信玉衣不仅可以驱邪，还可以防止尸体腐烂。这件完整而精美的玉衣可能属于西汉宗室、第二代楚王刘郢客，他死于公元前174年。

这件玉衣由4200多枚玉片组成

金线穿过小孔，将玉片连接起来

△ **汉俑**
图中的这件墓俑摆出拉弓的姿势，其形象可能模仿的是汉朝的士兵。汉朝的士兵平时不仅会进行军事技能的训练，还会进行类似运动会的竞技活动，射箭就是其中的重要项目。

辖的。汉武帝还建立了一套监察系统，将全国分为 13 个部，每部置一刺史，刺史负责监督其所管辖各郡的地方官和地方豪强，他们直接向皇帝汇报各郡的情况。

汉朝在经济和社会领域的成就

汉朝是统治中国时间较长的朝代之一。虽然汉朝多次出现内战、政治斗争，还经常受到外敌威胁，但这个王朝仍然取得了一些堪称卓越的成就。这些成就中既包括文化和艺术的发展，也包括社会和经济的重建。汉朝的社会基础是农业，农民缴纳的租税是国家收入的主要来源。为稳定经济，汉武帝于公元前 118 年进行了币制改革，发行新货币“五铢钱”，实现了中央对货币铸造权的集中与统一，西汉时期五铢钱的铸造质量也很好，在之后长达 700 余年的时间里一直在民间流通。

根据公元 1 世纪的历史学家班固的记载，汉朝将社会职业重新划分为地位由高到低的四种类型：知识分子的地位最高，之后是农民、手工业者，商人的地位最低。这是由于当时商人常被指责为了获利而不择手段。在汉武帝时期，商人要缴纳重税，他们被禁止入朝做官，也不得拥有私人土地。为了减少不良商人的投机行为，并且增加政府收入，汉朝对盐、铁、酒业实行官营；汉朝还建造了贮藏粮食的官仓，这样国家可以在粮价低的时候大量买进，在地方遭遇特别困难的时候再低价售出或开仓赈济。这一时期，汉朝与西方的贸易交流也开始蓬勃发展，商人们沿着最著名的商路——丝绸之路（见102~103页）进行贸易往来。

汉朝还有一项显著的成就是在公元前 124 年建立了官方学校“太学”。太学的设立是为了培养和选拔官员，在朝廷中推广儒家思想，使其成为官方意识形态，还设立了“射策”选士制度，以检验未来的官员对儒家经典（见 54~55 页）的掌握情况。太学刚成立时，学校仅有约 50 名学生；等到东汉末年，太学生已达 3 万余名。汉朝建立的以儒家思想为基础的官僚制度延续了大约 2000 年。

文化发展

汉朝在艺术方面也取得了巨大的进步，比如陶器、瓷器、青铜器、漆器、丝绸等实用器物的设计，以及玉雕、陶塑、书法和绘画等艺术形式，都在这一时期蓬勃发展。

西汉时期出现了几位杰出的文化人物。其中，公元前 2 世纪的哲学家和政治理论家董仲舒，对汉武帝将儒家思想定为国家的统治思想的决定起到了重要作用。在同一时期，辞赋家司马相如对赋这一文学体裁的发展做出了突出贡献。赋是一种篇幅较长，以叙事状物为主的文体，样式介于诗、文之间，当时常见的内容包括植物、园林等，适于朗诵。西汉时期最重要的文化人物中，还有汉武帝时期的史官司马迁（见 106~107 页）。

在汉武帝的统治下，西汉的疆土十分广阔，这样的稳定局面有赖于各地区和部族都对中央保持忠诚。

动乱的到来

公元前 87 年，汉武帝去世。他临终前选择最小的儿子刘弗陵（史称汉昭帝）作为继承人。刘弗陵继位时只有 8 岁，大臣霍光负责辅政。之后的几位皇帝能力不足，因此西汉开始变得动荡不安。其中的汉元帝没能管束住身边的宦官和外戚势力，这些人在一定程度上导致了王朝的灭亡。皇帝在执政方面的低能和朝廷的内斗，造成了公元 8 年西汉的灭亡、新朝（见 110~111 页）的建立。新朝只存续了 15 年，公元 25 年，汉朝恢复了统治。

◁ **荣华富贵的象征**
汉五铢的钱币中心有明显的方孔，如同图中的青铜摇钱树展现的那样。这些树被放置在墓穴里，人们希望它们能为死者带来财富。

轪侯夫人之墓

马王堆的考古发现

1971 年，湖南省长沙市的当地解放军准备在城外挖掘一座防空洞。然而，在施工过程中，地下发生了气体泄露现象，因此人们推断下方可能有一座未被发掘的古墓。施工的地点有两座形似马鞍的土丘，据地方志记载，这里可能是五代十国时期楚王马殷的家族墓地，因此该地也称“马王堆”。尽管在发掘过程中，考古学家们没有找到有关这位公元 10 世纪时的地方统治者的任何痕迹，但他们却意外发现了更古老的墓穴遗存。实际上，这片古墓是一位汉朝贵族的家庭墓地，其时间可追溯到西汉时期。

保存完好的墓地

该墓地内共有 3 座独立的竖穴土坑墓，其中一座属于长沙国丞相轪侯利苍，当时长沙国是汉初分封的诸侯国之一；另外一座墓坑内有一具 30 岁左右的男性遗骸，他死于公元前 168 年，可能是轪侯利苍之子；这 3 座墓中保存最完好的，是一位 50 岁左右女性的墓葬，女尸的皮肤仍然十分柔软，毛发也很完整。其棺木内围绕她摆放的奢华物品，证明她是利苍的妻子，也就是轪侯夫人辛追。

轪侯夫人的遗体之所以能够保存得如此完好，主要是因为她在下葬时得到了精心的保护。她的尸体被安放在四层套棺之内，棺椁位于 16 米深的竖穴墓底。墓底和椁室周填充着能够吸收湿气的木炭，木炭层外还覆盖着约 1 米厚的白膏泥。医生对尸体进行了解剖，结果表明她在死前患有肺结核、胆石症等疾病。更严重的是，她还患有全身性动脉粥样硬化，这种疾病与肥胖和久坐的生活方式有关。而她最终的死亡原因则是急性心肌梗死。

为死后生活所做的准备

除轪侯夫人保存完好的尸体备受瞩目外，围绕在她周围的丰富陪葬品也引起了考古学家的关注。陪葬品中有 30 多个装满了肉和水果的竹笥，此外还有 51 个保存着其他食物的罐子；陪葬品中还有供她在死后生活中使用的食谱。可能是因为汉文帝时期提倡节俭，墓穴内没有金银或青铜器，但放置了很多装饰精美的漆器，还有大量精致的丝织衣物，从内衣、袜子到长袍、外套，应有尽有。为了确保她死后也能像生前一样得到很好的服侍，墓内还放置了 162 个木俑，其中包括提供娱乐的乐俑和舞俑，还有一把 25 弦的瑟和一架 22 管的竹制的竽。

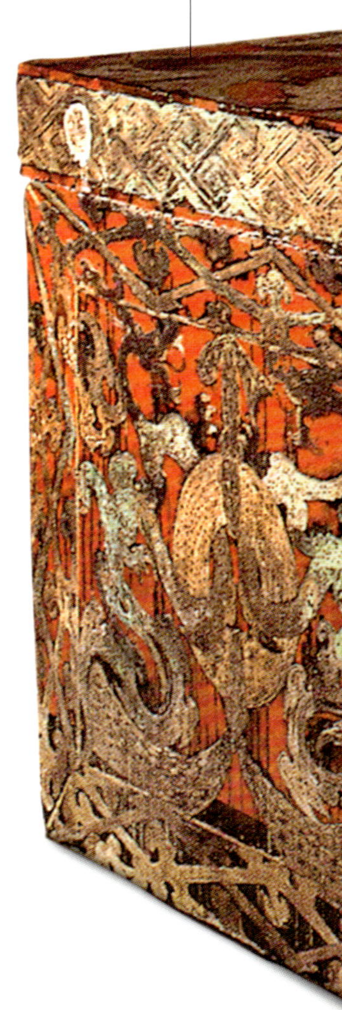

棺材盖板上描绘了两只老虎与两条龙相斗的图案

▷ **云龙纹漆屏风**
这件漆屏风出土于马王堆汉墓一号墓椁室的北边厢，是专为随葬而制作的明器。

屏风边框饰有朱色菱形图案

◁ **永远的仆人**
墓中有162个木俑，它们代表着在轪侯夫人的死后生活中服侍她的仆人们。

据说这种装饰图案能够带来好运

此为套棺的第三层棺木——朱地彩绘棺。棺木在红漆的底子上装饰有龙、鹿、朱雀等祥瑞图案和仙人的形象

△ **永世的荣华富贵**
轪侯夫人的尸体被包裹在20层丝、麻衣衾里，外面还有4层套棺。其奢华的衣料和复杂的棺木装饰，反映出她显赫的社会地位。

中国的十二生肖

生肖的历史

在上古时代，预兆在中国人的生活中发挥着十分重要的作用。商朝的统治者们让占卜者用火灼烧龟甲和兽骨，根据上面的裂缝形状、方向来判断未来之事的吉凶（见 44~45 页）。早期中国文化中另一个显著的特点，是对数字蕴含的特殊意义的关注。比如，数字“五”有着特殊的意义，如五方（包括东、西、南、北、中）、五常（仁、义、礼、智、信）和五畜（牛、犬、羊、猪、鸡），种种重要的概念都和“五”这个数字有关。

数字“十二”也有着特殊的意义，从古代用于装饰官服的十二章纹就能看出来，它们分别具有不同的吉祥内涵，同时又是身份等级的标志。在中国传统医学中，人体有十二经络。在汉朝，一天被分为 12 个时辰，用十二地支表示。23 时 ~1 时为子时，以此类推，后面的时辰分别被称为丑时、寅时、卯时、辰时、巳时、午时、未时、申时、酉时、戌时、亥时。人们还认为十二地支对应 12 种动物，根据动物的习性，它们依次与鼠、牛、虎、兔、龙、蛇、马、羊、猴、鸡、狗和猪相对应。

十二生肖

中国古代的天文学家根据月相的变化确定了农历的 12 个月份，每 12 年被看作一个周期，构成了十二生肖概念的基础。将年份与动物关联在一起、

△ **战国时期铜虎符**
虎符是中国古代将帅调兵时需要的凭证，左半边留在首都，右半边在统率军队的将领手中。当君王的使者持有的左半边和将军持有的右半边可以契合时，才能进行调兵。在古代，虎的形象象征着勇猛，也用来指代军队。

△ **唐彩绘十二生肖俑**
这套十二生肖陶俑做成了兽首人身的形象，是古人摆在墓葬中用来辟邪的明器。这种陶俑在制作时采用头、身分制的工艺，两者粘接成一体后，先在表面刻画上衣服的纹路，随后入窑烧制，最后在其表面进行彩绘。

△ **唐彩绘釉陶立牛**
唐代的陶器种类众多，动物是其中的一类重要
型。牛在古代是重要的生产、运输工具，因此
农业社会中有着重要的地位。同时，牛也象征
勤劳、忠诚、温顺等道德品质。

且排序与今天相同的最早记载，可追溯到汉朝王充的《论衡》一书。古人用十二生肖对应十二地支，用以记录人的出生年份，因此人们出生时便获得的生肖属相，便和生肖象征的性格特征和品质产生了关联。这样看来，中国的十二生肖和西方的黄道十二宫有着相似之处。不同之处在于，黄道十二宫对应的是特定的“月份”。

十二生肖是严格按照顺序排列的，关于这一顺序的确定过程有很多不同的传说。其中一个比较流行的版本是：道教天庭的统治者玉皇大帝邀请动物们前来参加庆典，并按动物们到达天庭的顺序，来选择12种动物作为天庭的守卫。动物们都想第一个到达。在路上，它们需要跨过一条河。最擅长游泳的是牛，猫和鼠趁机跳到了牛背上，借助牛的力量过了河。然而走到河中间时，鼠把猫推下了河。上岸后，它迅速跑到了终点，于是获得了第一名。鼠和另外11只动物到达终点的顺序，也和十二地支的顺序相符合，而猫最终被排除在十二生肖之外。

恒久的文化意义

从周朝开始，生肖的形象就出现在陶器、瓷器、绘画和建筑上。十二生肖流传至今。每年的春节期间，人们都会用对应的生肖形象庆贺新年。

△ **明代生肖壁画**
这是中国北方一座寺庙里的十二生肖壁画中的一幅，创作于17世纪。虎在十二生肖中排行第三，象征着勇敢和威严。根据中国的十二生肖文化传统，在同一生肖年出生的人，往往被认为会带有一些相同的性格特征。

△ **亚洲的生肖**
虽然被称为中国的十二生肖，但有些学者认为它可能是从中亚传入中国的。今天，许多亚洲国家的生肖都和中国相似，但可能在一些说法上略有不同。例如，在日本的生肖中，猪被野猪替代。这幅山羊图出自韩国。

△ **庆祝春节**
中国人会在农历正月里庆祝新年。这张照片展示的是2018年春节的上海豫园灯会上，人们为庆祝狗年到来而制作的巨型狗灯。

瑞兽

从古至今流传在艺术中的动物形象

中国有悠久的崇拜瑞兽的文化传统。从西汉时期开始，这些瑞兽的形象就出现在礼器和日用的器皿上。工匠们不仅使用龙凤这样的虚构动物形象，也使用真实存在的动物形象，它们的形象在中国传统文化中令人敬畏，长期受到尊崇。

△ **西周时期雁形青铜器**
这件礼器出自周朝，它的形状像一只大雁。大雁和天鹅象征着婚姻的忠贞不渝。

△ **已灭绝的动物形象**
这件东周青铜器的造型看上去像一只貘。貘体形庞大，生活在约4000年前的中国，后在中国境内灭绝。

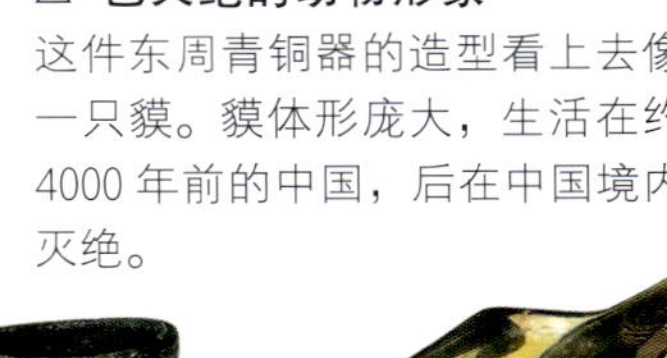

△ **青铜羊觥**
这尊羊觥的器身上饰有夔龙纹和饕餮纹。在中国古代，羊象征着好运。

△ **龟**
龟是中国古代五大瑞兽之一，象征着长寿。这是一盏灯，制作于大概公元 4~5 世纪，它的形状是一只叼着灯盘的乌龟。

嵌有金银图案

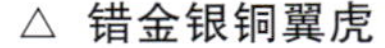

△ **错金银铜翼虎**
这件春秋时期的青铜器参考了老虎的形象。这种凶猛的动物在传统文化中象征着守护的力量。

▷ **青铜犀牛尊**
这件装酒的器皿可追溯至西汉时期。在中国古代，人们猎捕犀牛并取它的皮与角，因为据说这两个部位有辟邪的作用。

▷ **商“后母辛”青铜觥**
有些古代的礼器造型混合了多种动物形象的元素。这件商朝的青铜觥就融合了龙和猫头鹰等多种动物的特征。

▷ **孔雀熏香炉**
这件景泰蓝器物是在清朝乾隆年间制造的，它的造型是一只站立的孔雀，实际功能是香炉。

△ **青铜贮贝器**
贮贝器是古滇国特有的青铜器。这个贮贝器的器身两侧有对称的虎形耳，器盖上有多头站立的牛。牛在当时可能是财富的象征。

△ **瑞兽赐予的守护**
这只步摇（头饰）可追溯到北朝时期。鲜卑人认为，动物形状的头饰可以辟邪。

▷ **景泰蓝鹿**
这件装饰品制造于清朝乾隆年间，它由镀金铜制成，上面镶嵌着半宝石。鹿是长寿和富裕的象征。

△ **天鸡尊**
这件18世纪的景泰蓝酒器刻画了传说中天鸡的形象。天鸡是中国古代神话传说中的神鸡，会率领天下的鸡打鸣报晓。

▽ **“杀祭诅盟”场景**

在云南省石寨山古墓群发现的西汉时期的铜制贮贝器内，有300多枚海贝。器盖上铸有127个人的形象（未计入残缺者），表现了滇王“杀祭诅盟”典礼的场景。“杀祭诅盟”在滇人的生活中很常见，古代文献中也有记载。

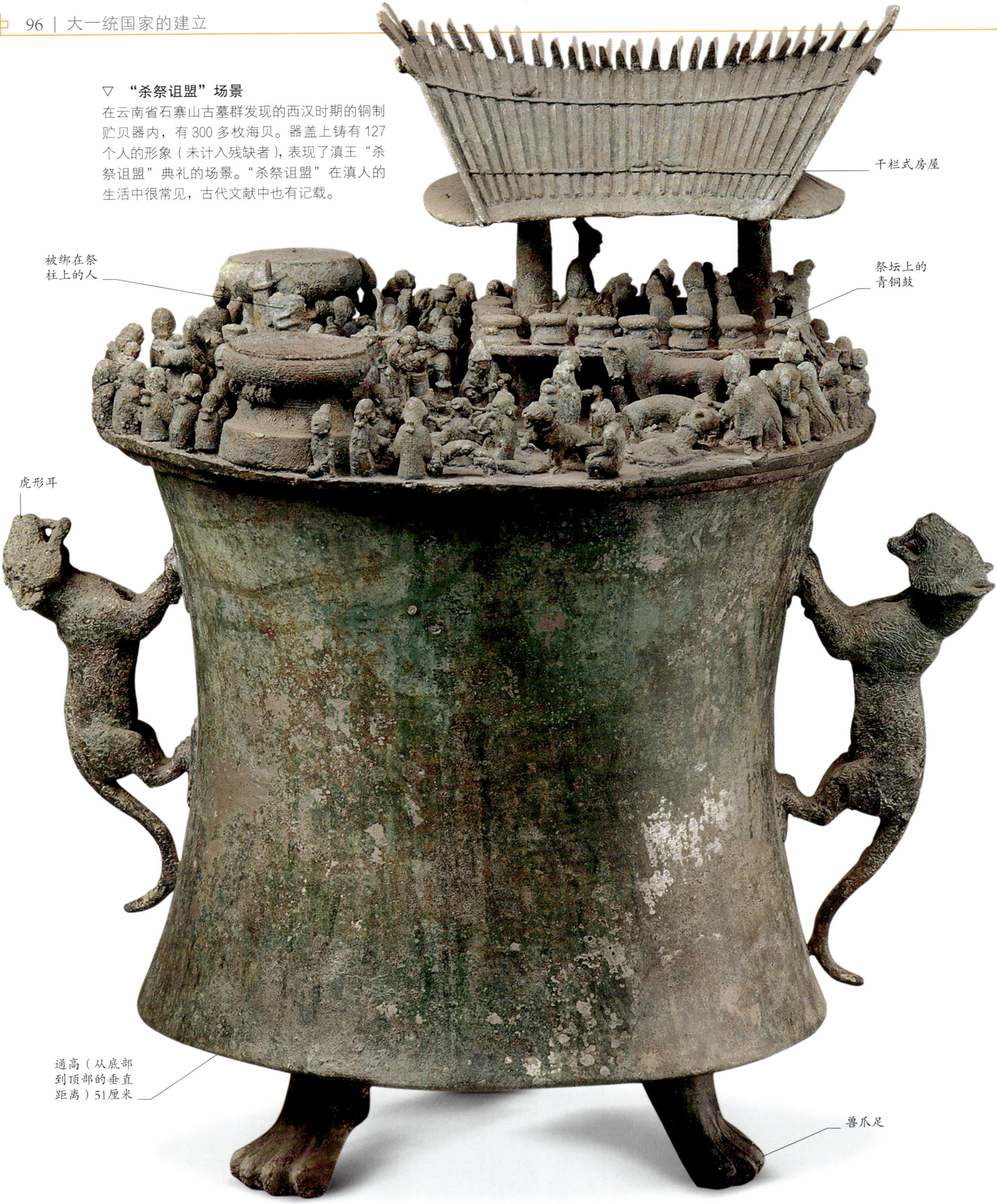

干栏式房屋

被绑在祭柱上的人

祭坛上的青铜鼓

虎形耳

通高（从底部到顶部的垂直距离）51厘米

兽爪足

早期的古代货币

贝币与贮贝器

在古代，海贝曾在非洲、南亚、东亚的贸易网络中被当作货币使用。据说在黄帝时期，人们就已经在贸易中使用贝币；这种货币的使用在商朝和周朝达到了顶峰。据推测，因用作贝币的海贝仅在中国南部沿海出产，统治者可以通过管理海贝的供应来控制货币价值。然而，随着人口的增长，天然海贝的数量无法满足需求，中国人开始使用用石头、骨头、象牙、玉等材质仿制的海贝，或者用青铜铸造的贝币来进行交易。

先秦时期还流通着其他货币，其中包括刀形、铲形、纺轮形和其他形状的青铜币。然而，秦始皇建立秦朝（见78~81页）后，贝币和上述形式的钱币就被废止了。公元前221年，秦朝开始统一使用标准的秦半两钱。

▷ **纳贡场景**

这件西汉时期的贮贝器表现了7个臣服的部落向滇王进贡的场景。

青铜钱罐——贮贝器

1956年，考古学家在云南省昆明市晋宁县（在今晋宁区）石寨山发现了古墓群，这些墓葬属于滇王及其亲属、臣仆。滇人在春秋时期至东汉时期间居住在滇池地区。人们从石寨山古墓群中发掘出了一些青铜铸造的贝壳容器，也就是贮贝器。每个贮贝器里都可以盛放几百个贝壳。从这些器物的工艺质量可以看出，滇人的金属技术十分成熟。滇人的富有阶层委托工匠为他们的贮贝器制造华丽的器盖，来彰显他们显赫的地位。器盖上的雕塑刻画了人们驯马、编织、饲养牲畜、纳贡、战斗和打猎等场景。这些器物使人们得以从一个独特的视角来看待一个鲜有文字记载的古代文化，同时这些文物也表明了海贝作为货币的重要性。

△ **贝币**

“贝”字既是有壳软体动物的统称，又指古代用贝壳做的货币。

健康与医疗

中国传统医学的历史

中国人关注疾病、健康和养生的历史源远流长。有关疾病的文字记载，最早可追溯到公元前3000多年的甲骨文，里面提及了一场影响到商朝王室的疟疾。在明朝时期的药学巨著《本草纲目》（见232~233页）中，记载有据说出现于公元前1100年时的药方。2000多年前，中国第一位皇帝秦始皇沉迷于寻求长生不老药（见81页），虽然他下令焚烧了很多违背他的思想的书籍，但他也保留了很多医学和其他实用书籍。

到了秦始皇统治的时期，中国的医学已经开始形成成体系的治疗方法。历史学家司马迁在《史记》中讲述了扁鹊的故事。扁鹊是一位生活在公元前4世纪的神医。他发明了一套思路清晰的诊疗方式，即望（观察病人全身的神、色、形、态）、闻（听病人发出的声音，嗅病人发出的气味）、问（询问症状）、切（把脉）。据说，扁鹊的医术高超，甚至能够发现病人自己都没有发现的病症。

健康、自然和阴阳平衡

中医非常重视整体性的观念，这与中国人世界观的各个方面密不可分。每个人的身体状况与其所处环境息息相关，甚至受到整个世界的影响。根据这种观点，一个人体内阴与阳的力量平行，五行（金、木、水、火、土）运转正常，才会有良好的健

△ 阴与阳

这是一幅公元8世纪的壁画。在中国传统的观念中，人体和宇宙都具有阴、阳两种特质，它们对立且互补。阴与阳分别由龙（权力、力量和活力的象征）和龟（稳定的象征）来表示。

△ 马王堆《导引图》

本图是创作于2000多年前的帛画《导引图》的复原图局部。《导引图》原件出土于长沙马王堆汉墓。图中描绘了一系列健身动作。全图共有44个人物，形象包括男女老幼。他们姿势各异。

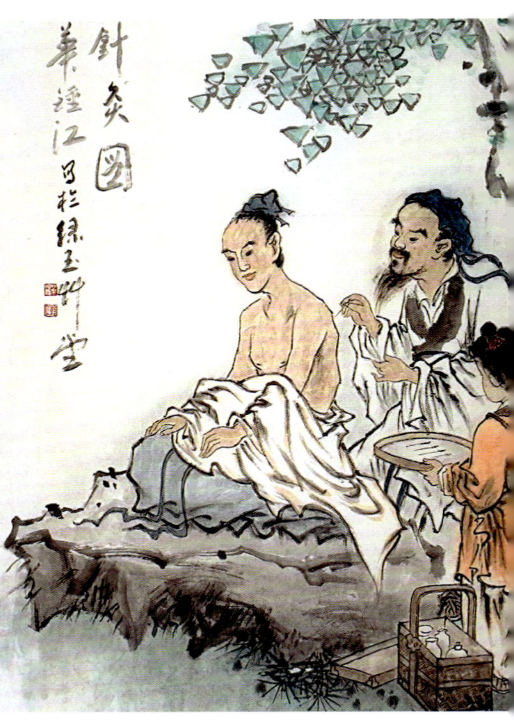

△ 汉朝针灸

中国传统医学最重要的疗法之一就是针灸。这幅画描绘了汉朝神医华佗为病人进行针灸治疗的场景。

“阳化气，阴成形。”

《黄帝内经》

康状态。这种阴阳平衡通过人体内的气的运动表现出来。当体内气机不畅，人就会生病，因而需要用药物或别的治疗方式去解决气机失调的问题。

汉朝的医学创新

汉朝时期，医疗实践取得了巨大的进展，也变得更加成熟。当时最知名的医学著作就是《黄帝内经》，这是一本综合性的理论书籍，其中也有专门的一部分内容介绍针灸。针灸是针法和灸法的合称。针法是用特制的针具刺入患者体内的指定穴位来治疗疾病；灸法是用燃烧的艾绒熏灼特定穴位对应的皮肤区域，利用热的刺激来治疗疾病。至今针灸仍是中国传统医学的重要内容。

汉朝还产生了其他的医学著作，如马王堆汉墓出土的一部医书《五十二病方》，其中描述了放血、药浴、火罐、按摩等疗法，涵盖了从疣、痔疮到蛇咬伤等多种疾病的介绍。

东汉末年，著名医学家张仲景在《伤寒杂病论》中提到了用草药治疗发烧的方法。据说另一位东汉末年的著名医学家华佗发明了一种用于手术的早期麻醉药“麻沸散”。华佗因为医疗能力出众，名气越来越大，但之后因不从曹操征辟而被杀。

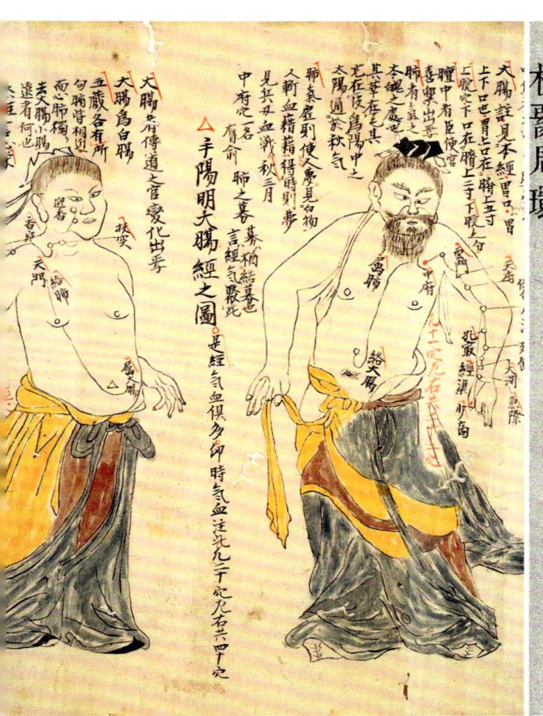

△ 穴位图

这幅 18 世纪的《手阳明大肠经之图》，标示了大肠经的部分穴位。大肠经是中医学中人体十二经脉之一。这篇古文献展现了丰富的人体知识。

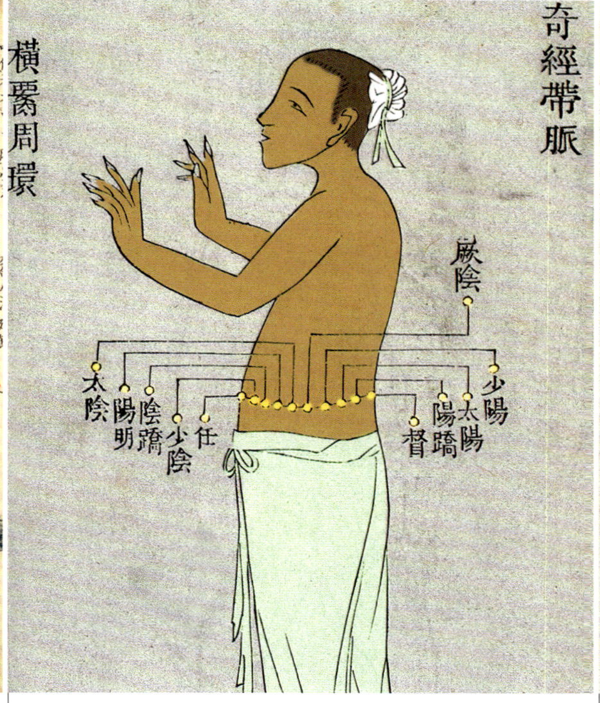

△ 调和气血

根据中医理论，带脉统束人体直行的经脉，按揉带脉可通调气血。这幅 19 世纪的插图大致显示了带脉环绕人体腰部的路线，也标明了它与人体内其他脉络交汇的地方。

△ 灸难产穴歌

本图上的文字题为“灸难产穴歌”，出自 18 世纪编纂的一套关于针灸的书《刺灸心法要诀》，其中提到了治疗女性难产的方法：“横逆难产灸奇穴，妇人右脚小指尖，炷如小麦灸三壮，下火立产效通仙。”

独尊儒术

确立儒家思想的统治地位

汉朝时期，儒家思想开始成为正统思想。在接下来的2000年里，儒学在古代中国知识分子的生活中长期占据着主导地位。

秦始皇建立秦朝后，希望实现大一统的整个国家完全按照他的意志来运转。为了实现这一目标，秦朝打算肃清所有的反对声音，尤其是推崇旧秩序、反对以法家思想统治的儒家知识分子。

于是，秦始皇下令焚烧所有可能会对其权威统治造成威胁的书籍，特别是儒家的著作，当时连谈论这些作品的内容都会被治罪。

官方支持

公元前 202 年，汉朝建立，汉朝的统治者对很多秦朝时的法令进行了废除和修改。公元前 180 年，汉文帝登基，儒家思想中人道的一面逐渐影响了汉朝的政治。尽管汉文帝比较倾向于道家思想，但他还是任命了一些儒生在朝廷中任职。在他们的推动下，汉文帝废除了秦朝时期遗留下来的一些残酷法令，给犯人以弃恶从善、改过自新的机会，并诏令各地推举德才兼备之人担任官职。公元前 141 年，汉武帝登基，为了赢得儒家知识分子的支持，从而巩固自己的统治，汉武帝下令大力推行孔子之学，并鼓励儒生们重新整理儒家的经典著作。于是很多儒生都进入朝廷成为官员。

汉武帝统治了 54 年，在他的统治下，儒家思想成为了中国统治的正统思想。汉武帝对其中维系统治者与被统治者间伦理关系的哲学十分感兴趣。汉武帝支持儒家的伦理观点，认为人们应该接受各自

乐府

孔子认为，音乐有使人的灵魂升华或堕落的力量。汉朝的统治者曾建立乐府这一机构来供养乐师，为朝廷祭祀和宴会组织表演。公元前 7 年，汉哀帝以削减政府开支为由将其解散。图为乐师形象的陶俑。

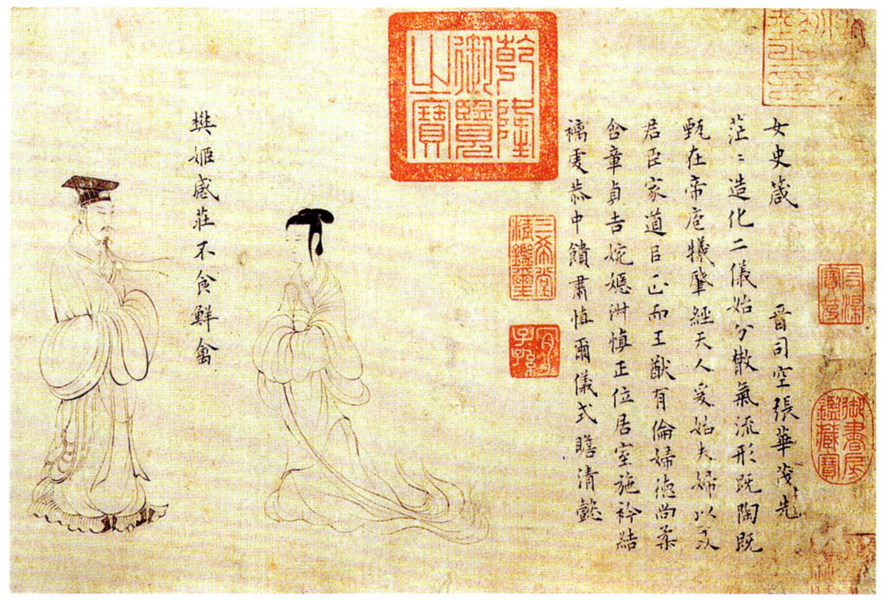

△ **《女史箴图》（局部）**
这幅绢画名为《女史箴图》，是东晋画家顾恺之根据西晋官员张华的《女史箴》一文创作的画卷。这篇《女史箴》文反映了儒家的道德观，歌颂了古代具备美好品德的宫廷妇女，并以此讽刺了皇后贾氏的不当举止。

的角色，并遵循秩序，就如孔子所说的“君君、臣臣、父父、子子”，才能成就一个和谐的社会。这种观点可以为汉武帝及其继承者的权力提供道德基础。为了统一思想，汉武帝推行“罢黜百家，独尊儒术”的文化政策。他还设立太学，由五经博士讲授儒家经典（见 54~55 页）。

董仲舒对汉武帝观念的形成产生了重要影响。董仲舒将儒家学说与阴阳五行理论融合在一起，形成了古代中国人世界观的核心。汉武帝利用这种综合性的优势，制定了一系列的礼仪和祭祀制度，这有助于彰显王权的威势，以神秘主义色彩包裹皇权，从而弥补其儒家思想基础中欠缺的理性主义。

△ **孝道**
在儒家思想中，孝道（孩子对父母的尊敬）是社会道德的基础，能够确保社会秩序的稳定。这件《西汉彩绘孝子图漆箧》描绘了一些孝子故事中的人物形象。

士大夫阶层

汉武帝的革新举措迅速在汉朝社会扎根，特别是以儒家学说为基础的考试选官制度，成为了人们进入朝廷任职的主要途径。士大夫（见 174~175 页）构成了社会阶层的顶层，其下是农民和手工业者，而受人鄙视的商人处在最底层。这些士大夫的声望也给了他们批判政府政策的权利：在汉武帝统治期间，他们曾公开反对政府对盐、铁、酒业的垄断，因为他们认为这代表着国家权力的过度扩张。

到了东汉时期，儒家思想的影响更加广泛。在光武帝刘秀统治期间，人们像祭祀神明一样祭祀儒家的圣人。刘秀之后，汉明帝刘庄曾到孔子的家乡亲自举行祭祀，并且他自己也十分喜爱到太学讲学，并与儒生辩论儒家经典的内容。同时，太学的规模不断扩大，到了 2 世纪中叶时，太学生人数已多达 3 万人。

> “苛政猛于虎。”
>
> 《礼记・檀弓下》

丝绸之路

中西贸易之路的历史

公元前139年，一位名叫张骞的郎官接受了一项特别的使命。当时正逢汉朝和北方游牧民族匈奴之间关系紧张。汉朝的统治者之前长期靠和亲及纳贡的政策维系两方之间的和平，但这一政策代价昂贵，效果也不理想。

胸怀壮志的汉武帝登基后，准备用军事手段解决匈奴入侵的问题，但这一行动需要盟友的支援。张骞的任务是从长安出发，到西域寻找月氏人，并寻求与他们建立同盟关系。大约在张骞出发前往大月氏的40年前，月氏人曾经在和匈奴人的交战中战败。张骞的这次任务遭遇了千难万险。他被匈奴人抓住，被扣留了10年，在这期间他还被匈奴人逼迫娶妻生子。后来他趁机逃离了匈奴，继续向西前进，终于到达了月氏人的居住地，也就是现今塔吉克斯坦和阿富汗北部一带。然而他发现月氏人已经在新迁移到的土地上安居下来，无意向匈奴开战复仇了。张骞只好返回汉朝，这次他选择了一条偏南方的路线，希望能够避开匈奴人，但他还是被匈奴人俘获了。之后，他趁匈奴内乱逃回汉朝国都长安，与他一起回来的还有当年一起出使的堂邑父，以及张骞的妻子。

与西方的贸易

虽然张骞此次西行没能与西域国家结成同盟，但他带回来的信息很有价值，其中包括西域多国的位置、人口、兵力等信息，还提到了小麦、葡萄、汗血宝马等物产。有趣的是，十年后汉武帝

△ **艰险的旅途**
在古代，沿丝绸之路旅行充满了艰难和危险，沿途经常发生抢劫事件。在公元前2世纪的一起抢劫事件中，据说劫匪抢走了超过1000车的货物。这幅8世纪的敦煌莫高窟壁画描绘了劫匪打劫旅行者的场景。

△ **文化交流**
丝绸之路沿途有很多驿站，这里是旅行者吃饭、休息的地方，人们还可以在这里与来自不同文化地区的人进行交流。修建于波斯帝国时期的波斯御道是一条从苏萨延伸到萨迪斯的交通大道，沿线就有非常多的驿站。这张照片大约在1898年拍摄于波斯。

△ **“沙漠之舟”**
骆驼是可以在丝绸之路上进行艰苦跋涉的理想驮畜。它们的脚掌宽大，能够承载沉重的货物；其驼峰可以储藏脂肪，它们只需很少的水分就可以存活，平时以荆棘和草为食。这张照片拍摄于1910年左右。

> **“身毒国在大夏东南可数千里……其民乘象以战。”**
>
> 《史记·大宛列传》，司马迁

再次派遣张骞西行，前往伊犁河谷，也就是养马的乌孙人所居住的地方（在今中国、哈萨克斯坦交界地区）。张骞与乌孙人结成了联盟，回到长安后被授以高官。

珍贵的货物

张骞的发现给汉朝带来了很大影响，带有丝绸、黄金、肉桂和动物毛皮的商队很快从中国北方向西出发，到达了中亚地区，并从那里带回了葡萄酒、香料、亚麻，以及芝麻、石榴等异域物产。更重要的是，他们带回了张骞发现的“汗血宝马”，这种马比匈奴人骑的战马更大、更强壮。约公元前 2 世纪末，汉武帝派兵击败了中亚的大宛国，打开了连接中国与地中海国家的道路。汉朝时期，帕提亚人在东西方贸易中充当着中间人的角色。汉朝人仍然知晓了罗马帝国（即后世文献所称的“大秦”）的存在，中国的丝绸也继续向西流通，并在罗马的富人中掀起了追捧的狂潮。

166 年，罗马帝国的安敦尼王朝派遣的使节抵达东汉都城洛阳，两国朝廷进行交往。当时，中国的货物也通过海上航线向西运抵印度。在接下来的几个世纪里，尽管丝绸之路有时因动荡中断，但中国和西方之间的交通往来仍在日益增多，丝绸之路也因而变得愈加重要。

△ **城市遗迹**
这张照片拍的是丝绸之路上建于公元前 2 世纪的城市交河故城遗址，它位于新疆维吾尔自治区吐鲁番市以西，是一座建在土崖上的天然堡垒。由于 9~14 世纪连年战火摧残，这里逐渐衰落，最终被遗弃。

△ **西方地图中的丝绸之路**
精美的《加泰罗尼亚地图集》是由制图师亚伯拉罕·克莱斯克等人于 1375 年受托为法国国王绘制的。丝绸之路位于其中一幅地图的右上角，描绘了马可·波罗（见 199 页）的驼队，驼队是倒绘在地图上的（地图被设计成可以从各个方向观看）。

△ **古代的贸易之路**
丝绸之路穿过高山、沙漠和荒凉的土地，几千年来一直是商人在中国和欧洲之间运输货物的道路。“丝绸之路”一词最早出自 19 世纪德国地理学家李希霍芬的著作《中国》一书。图为 1988 年的新疆克孜尔路段。

丝绸之路沿途

这张照片拍摄于2012年，展现了中国新疆阿勒泰地区的哈萨克族牧民穿越草原的场景。这片气候干旱的多山地区，是曾经的丝绸之路沿线地区。当年，携带着货物的商队穿越新疆的沙漠，往来于中国和巴格达、君士坦丁堡、罗马等西方城市之间。丝绸之路在新疆的沙漠地区分为了北道和南道等路线，它们连接着一座座绿洲城市，如喀什与和田。这些地方是携带着香料、象牙等货物的商人停下来休息和补充物资的地方。

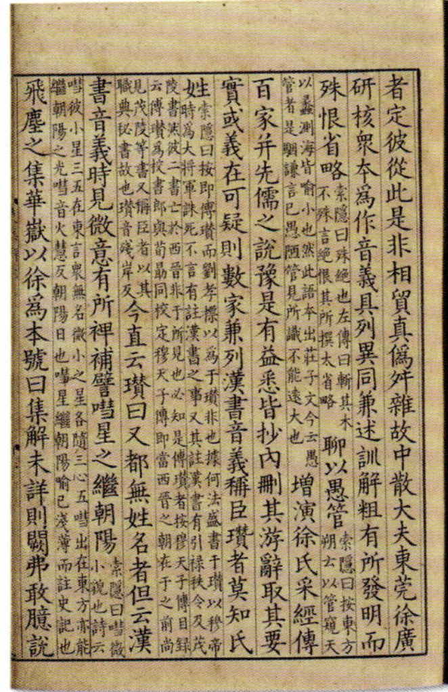

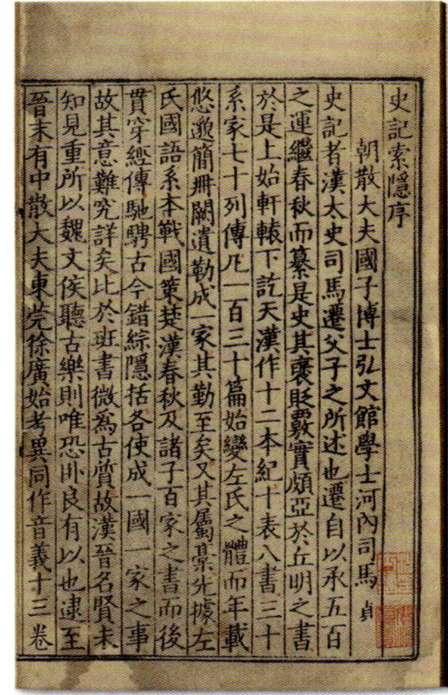

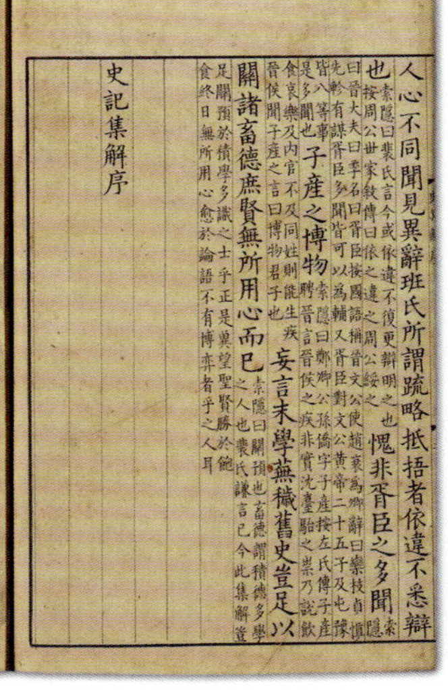

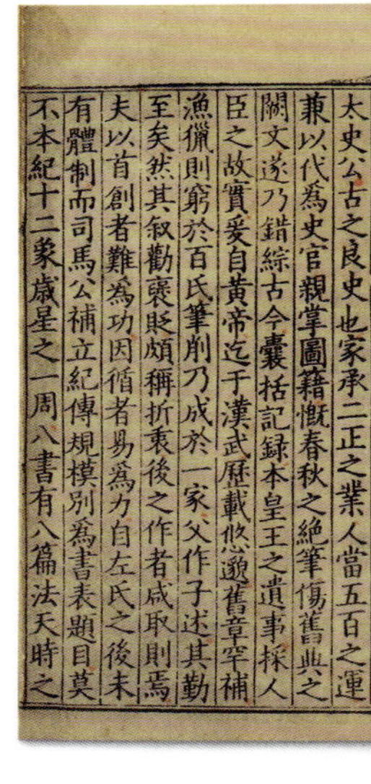

△ **《史记》**

《史记》共有50多万字。上图展示的是现存的《史记》的较早版本。最早的《史记》三家注合刻本可追溯到南宋时期。

司马迁与《史记》

中国第一部纪传体史书

司马迁是汉武帝时期的太史令，承担了编纂历史的重任。他撰写的《史记》开创了纪传体的先河，并为后人所效法。

司马迁大约生于公元前145年，他从小就在一个重视知识的氛围里长大。他的父亲当时任太史令，负责管理历法，观测天文，以及记录每日朝廷的仪式和国事活动。司马迁天资聪颖，20岁时开始外出游历，通过参观各处的历史古迹来丰富自己的知识。

游历结束后，司马迁在朝廷获得了郎中职位，成为了汉武帝的侍从。公元前110年，他奉命出使西南时，得知父亲病危的消息。他及时赶到父亲身边，父亲临终前托付给他自己未能如愿的一件大事，即把中国从上古时期到汉朝的历史整理出来。司马迁谨记这一嘱托，在接下来的20年中，以此作为自己人生的使命。他一边履行在朝廷中的其他职责，一边撰写这一巨著。公元前108年，他继承了父亲的太史令一职，并在几年后参与制订了“太初历”，对中国的历法改革做出了重要贡献。

公元前99年，司马迁被迫中断《史记》的撰写。他为投降匈奴的将领李陵辩护，触怒了汉武帝，因而被判死罪。但后来他被减刑，改受腐刑。他认为这是终生的耻辱，他在《报任安书》中称：“最下腐刑极矣！”即使面临如此艰难的困境，他仍然没有忘记自己的使命。他希望这部史书能留传后世，以抵偿自己曾经受过的屈辱。几年后，司马迁获赦出狱，担任中书令，继续在朝廷负责档案整理的工作，这也让他能够安稳地

▷ **司马迁**

司马迁是最早以系统性、分析性的方式，以及公正的态度书写历史的学者之一。

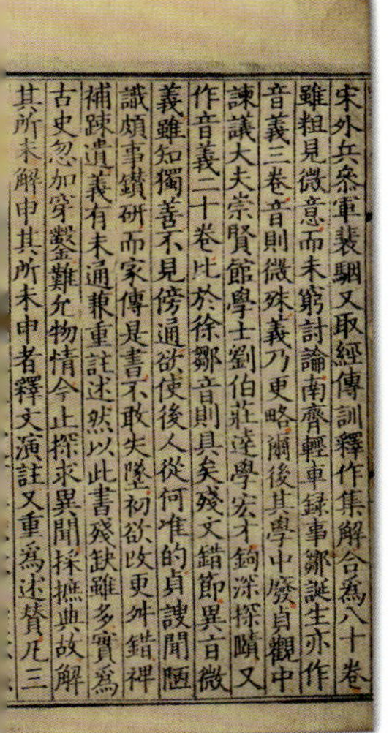
宋外兵參軍裴駰又取經傳訓釋作集解合為八十卷
雖粗見微意而未窮討論南齊輕車錄事鄒誕生亦作
音義三卷音則微殊義乃更略爾後其學中廢貞觀中
諫議大夫崇賢館學士劉伯莊達學宏才鉤深探賾又
作音義二十卷比於徐鄒音則具矣殘文錯節異音微
義雖知獨善不見傍通欲使後人從何准的貞譾聞陋
識頗事鑽研而家傳是書不敢失墜初欲改更舛錯裨
補疏遺義有未通兼重註述然以此書殘缺雖多實為
古史忽加穿鑿難允物情今止探求異聞採摭典故解
其所未解申其所未申者釋文演註又重為述贊凡三

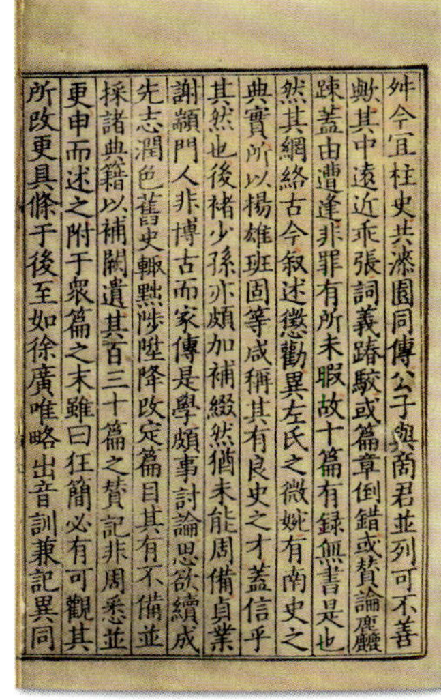
舛令宜柱史共漆園同傳公子與商君並列可不善
歟其中遠近乖張詞義踳駮或篇章倒錯或贊論麤
疎蓋由遭逢非罪有所未暇故十篇有錄無書是也
然其網絡古今敘述懲勸異左氏之微婉有南史之
典實所以揚雄班固等咸稱其有良史之才蓋信乎
其然也後褚少孫亦頗加補綴然猶未能周備貞業
謝顓門人非博古而家傳是學頗事討論思欲續成
先志潤色舊史輒黜陟升降改定篇目其有不備並
採諸典籍以補闕遺其百三十篇之贊記非周悉並
更申而述之附于衆篇之末雖曰狂簡必有可觀其
所改更具條于後至如徐廣唯略出音訓兼記異同

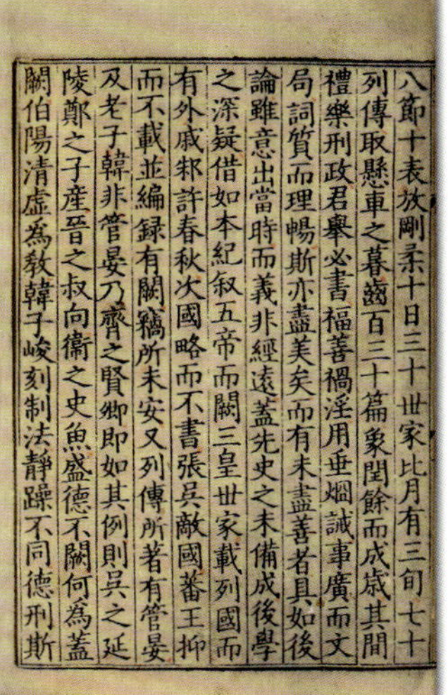
八節十表放剛柔十日三十世家比月有三旬七十
列傳取懸車之暮齒百三十篇象閏餘而成歲其間
禮樂刑政君舉必書福善禍淫用垂炯誡事廣而文
局詞質而理暢斯亦盡美矣而有未盡善者具如後
論雖意出當時而義非經遠蓋先史之未備成後學
之深疑借如本紀敘五帝而闕三皇世家載列國而
有外戚邾許春秋次國略而不書張吳敵國蕃王抑
而不載並編錄有闕竊所未安又列傳所著有管晏
及老子韓非管晏乃齊之賢卿即如其例則吳之延
陵鄭之子產晉之叔向衞之史魚盛德不闕何為蓋
闕伯陽清虛為教韓子峻刻制法靜躁不同德刑斯

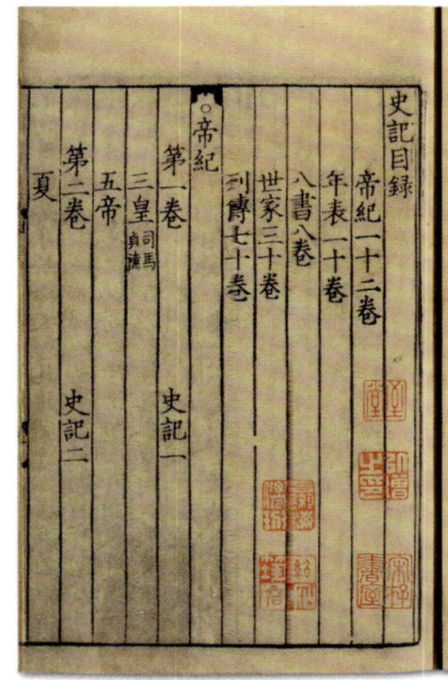
史記目錄
帝紀一十二卷
年表一十卷
八書八卷
世家三十卷
列傳七十卷
○帝紀
第一卷　史記一
三皇 司馬貞補
五帝
第二卷　史記二
夏

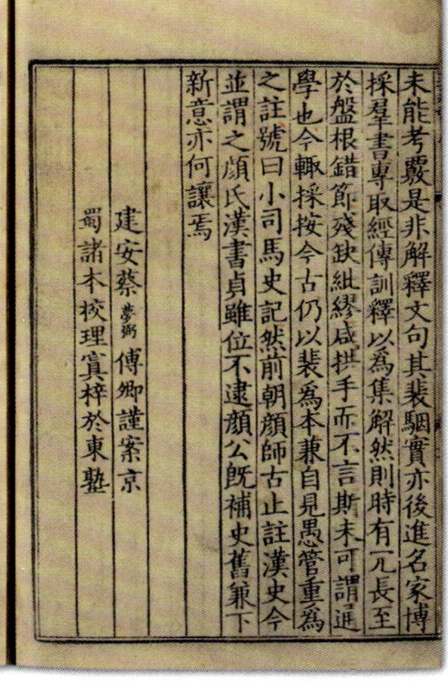
未能考覈是非解釋文句其裴駰實亦後進名家博
採群書專取經傳訓釋以為集解然則時有冗長至
於盤根錯節殘缺紕繆咸拱手而不言斯未可謂通
學也今輒採按今古仍以裴為本兼自見愚管重為
之註號曰小司馬史記然前朝顏師古止註漢史今
並謂之顏氏漢書貞雖位不逮顏公既補史舊兼下
新意亦何讓焉
建安蔡夢弼傅卿謹案京
蜀諸本校理寘梓於東塾

▷ 汉武帝征贤

汉武帝尊崇儒术，重用当时的儒生。本图来自张居正编撰的《帝鉴图说》，书中这幅16世纪的画作描绘了蒲轮征贤的故事。这个故事出自《史记·儒林列传》，讲述了汉武帝遣使征聘名儒申公，并给予他很高礼遇的故事。

完成《史记》的撰写任务。

司马迁留给后人的《史记》是一部共130篇的巨著。全书分为本纪、表、书、世家、列传五部分。“本纪”有12篇，记录了从上古时期的黄帝到司马迁所处时代的帝王言行和历史重大事件。“表”有10篇，是用世表、月表、年表的方式，把封建时期各国的时间线串联起来。“书”有8篇，叙述了历史上各种制度的沿革，其中包括国家礼制和各种规定等。“世家”有30篇，主要记载了从周朝开始的各方诸侯的历史。“列传”是《史记》的最后一部分，有70篇，是历史上各阶层重要人物的长篇传记汇编（这些人物中不仅有统治者和政治家，还有哲学家、商人、诗人和起义军领袖等），还有一些篇章记录了与中国有互相往来的一些国家和地区的历史，这也是汉武帝统治时期备受关注的问题。

> “仆窃不逊，近自托于无能之辞，网罗天下放失旧闻，略考其行事，综其终始，稽其成败兴坏之纪……”
>
> 《报任安书》，司马迁

《史记》的创新性

《史记》对后世记述中国历史的方式产生了深远的影响。司马迁在书中运用了多种的记录方式，将直接叙事与年表、传记相结合，这种模式在后来朝代的官修史书中得到了遵循。司马迁对历史的理解极为透彻，且叙述生动，对史料来源十分考究，并从较为公正的角度记录了种种细节，这是其他任何作品都无法比拟的。后世的很多史学家都追随着他的脚步来编纂历史，但无人能企及司马迁的成就。

从竹简到纸张

书写材料变迁的历史

在纸张发明之前，人们将文字刻在兽骨、青铜器和石头上来记录和传达信息。到了商朝，人们已开始用毛笔蘸取天然的墨水，将文字书写在竖条的竹简上，甚至写在丝帛上，但使用丝帛的情况不是很常见。这是因为丝帛非常昂贵，古人通常将它当作绘画、舆图或公文的载体，文字的记录则更多地使用竹简。到了汉朝时期，竹简已经成为了常用的书写材料。汉朝时的书写内容十分丰富，有神话、占卜、医学和法律等主题，目前已知最早的帛书本《道德经》（见66~67页）也出自这一时期。

竹简为秦始皇时期书体的标准化提供了宝贵的史料证据，“书同文”的政策为今天国家的通用文字打下了基础。如此多的竹简得以保存千年并重见天日，是因为它们经常被作为统治者和高级官员的陪葬品放入墓中。陪葬的竹简旁有时还会放有装饰性的小刀，它是地位的象征，意味着它的主人有权用它刮除和修改竹简上的公文文字，即便死后也是如此。成捆的竹简十分沉重，所以文献的体量通常以一驾马车的装载量为单位来衡量。因此，形容一个人读书多、学问广博时，常用“学富五车”这个成语。

纸张的生产

世界上最古老的且能辨识上面内容的纸张来自

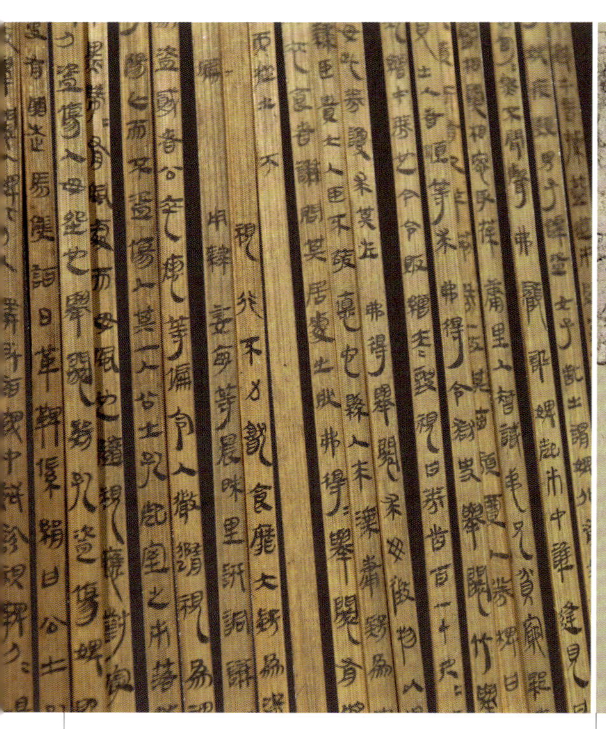

△ **简牍**
图中的竹简记载了当时的法律。从商周到魏晋时期，竹简一直是文献的主要载体。每片竹简上都有一列用毛笔写成的文字。一卷卷竹简加在一起很笨重，不方便携带。

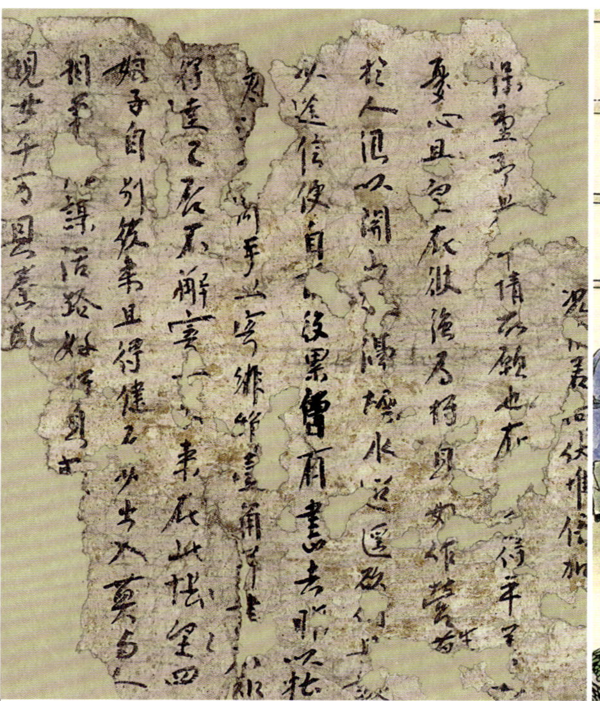

△ **唐朝的纸张**
这张写有汉字的破碎纸张可追溯到唐朝。唐朝时期，纸张已被广泛使用，因而出现了大量文学和书法作品。在雕版印刷术发明前，唐朝的大量纸质文本都要靠手抄来完成。

△ **古代造纸工艺**
这幅17世纪的中国木版画展示了工匠们将新制作的湿纸贴在火墙上焙干的场景。2世纪时，宦官蔡伦改进了造纸术，形成了一套较为固定的造纸工艺流程，其原理此后被人们沿用了数百年。

“今遣奉书，钱千为贽，并送《许子》十卷，贫不及素，但以纸耳。”

《与葛元甫书》，东汉书法家崔瑗

中国，是一张西汉时期的地图残片。这张地图残片是在今甘肃天水的一座西汉初年墓葬中发现的，被称为“西汉天水放马滩纸地图”。东汉的宦官蔡伦改进了造纸术，并于105年将其进献给朝廷，随后纸张开始在民间普及起来。

相较于竹简和丝帛，纸张有许多优点：它的价格便宜，有韧性，且重量很轻。造纸技术发展的这一时期，正是汉朝的皇帝们鼓励儒学教育和研究，扩张官僚机构（因此产生了越来越多的文件）的时期。蔡伦发明了一种相对简易的造纸方法。他使用的材料包括麻头、树皮和敝布，将这些材料用水浸泡然后捣碎，形成纸浆，再用篾席捞纸浆，过滤掉水，留在篾席上的是薄薄的一层纤维，最后把这层湿的纤维风干。

纸张在欧洲的传播

从3世纪开始，纸张在中国开始普及，其用途也变得多样化。唐宋时期，厕纸、茶包、纸币等纸制用品纷纷出现。

到了7世纪初，纸张已经传播到了朝鲜半岛、越南和日本。12世纪，造纸术由阿拉伯人传入欧洲。

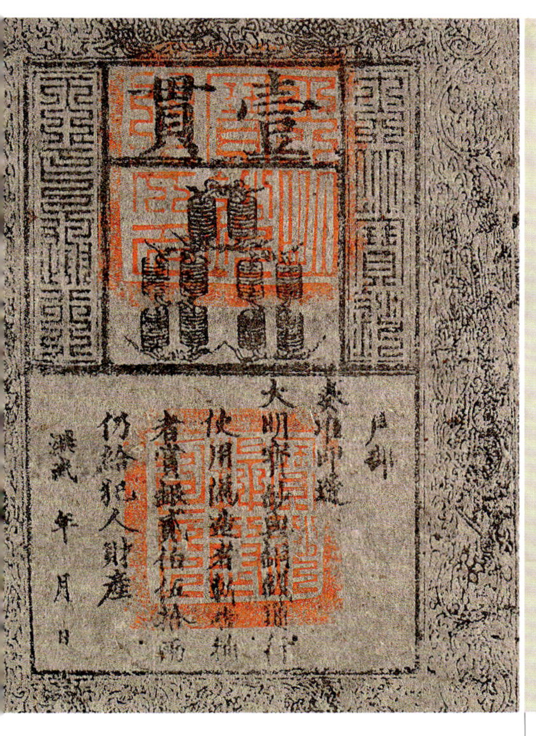

△ 明朝的纸币

1375年，明朝开始正式发行各种面额的纸币。不同面额的纸币上都印有设计独特的龙纹和云纹，还有伪造者处以斩刑的警告。当时，明朝由于滥印纸币，导致了恶性通货膨胀。

△ 鲤鱼图案的木版画

唐朝时期已有雕版印刷术，这意味着人们可以印制出更加复杂的图案。这张约1644年在苏州印制的木版画，描绘了跃出水面的蓝色鲤鱼，它代表着学子对通过科举考试的渴望。

△ 传统造纸工业

贵州的一名工人正在搅拌水中的植物原料并将其捣碎。最初，纸刚被发明出来时只是一种书写载体，后来随着历史发展，纸逐渐有了多种用途，如用于制作屏风、甲胄、茶包、帽子和包装纸等。

新朝

外戚篡夺汉朝政权的短暂时期

在西汉末年的混乱时期，王莽以外戚的身份夺取了政权，并试图推行改革。但他的改革失败了，新朝只存在了15年就被推翻。后来东汉的史官在史书中将其称为“篡位者”。

在汉武帝的统治下，中国成为了当时世界上最强大的国家之一，整个国家由尊奉儒家思想的中央集权官僚机构来治理。然而，在汉武帝去世几十年后，中国进入了一个统治者无能、朝中阴谋四起的动荡时期。在混乱中，外戚出身的王莽登上了政治舞台。王莽是势力强大的皇太后（王政君）的侄子，汉平帝在位时他把持朝政，但这位年幼的皇帝在位不到 6 年就去世了。他又拥立了一位年纪更小的皇帝，自己以“摄政”的名义行使天子的权力。公元 8 年，王莽称帝，并将国号定为“新”。他十分尊重儒家传统，并且深信中国需要进行制度上的革新。

失败的改革与农民起义

西汉末年，政府管理不善，农民愈加贫困，甚至被迫将土地卖给富有的地主，导致社会的不平等日益加剧。

王莽向往周朝时的礼乐与井田等制度。为了让国家恢复到他理想中社会和谐的状态，王莽进行了深入的改革。他规定，奴婢和土地皆不得买卖，大片土地的拥有者（男丁不足 8 口，而土地超过 900 亩）须将余田分给宗族邻里；由官府建立机构，直接干预经济活动。为了给他的政策提供经济支撑，他对盐、铁和酒实行官府专卖政策。但很多政策严重脱

◁ **《黄河逆流》**
这幅画是 12 世纪的马远所画的《水图》中的一幅。画面描绘了黄河的汹涌波涛。黄河在多个历史时期都发生过改道，如新朝和宋朝等。

△ **铜方斗**
这件铜方斗是新朝遗留下来的衡量谷物的器具，十分罕见。它的四周装饰有代表吉祥寓意的五谷图案。

离实际，反而扰乱了秩序。

他还尝试将黄金国有化，要求列侯以下所有持有黄金的人都要将黄金上交。他的改革遭到了各方的强烈反对，很多政策都被废除。

然而给王莽最后一击的不是他的政敌，而是自然灾害。在他的统治初期，汉朝境内遭逢接连不断的暴雨和洪水，导致黄河改道，因而引发了洪涝灾害，使数百万人死亡或无家可归。由于王莽改换给匈奴单于的印玺，降低了匈奴的政治地位，导致新朝与匈奴的关系交恶。新朝后期，大批无家可归的农民发动起义，组成了如绿林军、赤眉军（因成员将眉毛涂红而得名）等各路起义军。此后起义军的势头因西汉统治家族刘氏成员的加入，而得到进一步加强。

东汉

面对遍布全国的起义军，王莽及其政权越发无力镇压。公元 23 年，绿林军攻入了常安（在今陕西西安），将王莽杀死在城内，新朝就此灭亡。汉朝的统治秩序最终得以恢复，但汉朝的继承者，史称光武帝的刘秀花了 12 年的时间才重新控制了所有以前的领土，击败割据各地的豪强势力。重建后的汉朝定都于旧都长安东部的洛阳城，因此史称东汉，与此前的西汉相区分。但王莽改革的政策并没有完全被废除。东汉的统治者沿袭了他的方针，把农业人口作为统治的基础，中国也因此短暂地恢复了繁荣。然而，由于和匈奴的战事，许多人口被迫内迁，这些农民需要新的农业用地，于是他们被迁至南方并定居下来。公元 2~140 年，上千万人口离开北方，迁移到了长江流域以及更远的地方。后来，东汉的外戚集团和宦官集团在朝廷中展开了激烈的斗争，导致国家再次陷入动荡。

在东汉统治的晚期，由于黄巾起义、宫廷内斗和地方豪强崛起等原因，东汉陷入军阀割据局面。宦官集团与官僚士大夫阶层矛盾加剧，最终导致了军阀割据局面的出现。220 年，东汉灭亡，并分裂为魏、蜀、吴三国（见 118~119 页）。汉朝长期稳定的统治时期结束了。

▷ **新朝青铜镜**
这件新朝的青铜镜上装饰着动物纹样，以及守护东南西北四个方向的神兽图案。

崇拜和信仰

中国早期文化中的多神信仰

中国早期的宗教信仰吸收、融合了许多全国不同地区的传说故事和文化元素，最终形成了以儒、佛、道为主的多元信仰体系。

大约 2000 多年前，儒、佛、道（统称“三教”）影响并塑造了中国人的世界观，这些信仰在中国的民间宗教中又得到了多种形式的融合和发展。由于人类早期历史阶段认识水平的限制，当古代的人们遇到无法解决的问题时，上天、神仙，包括孔子这种被神化的人物就会成为人们寻求帮助的对象。

在“三教”兴起之前，殷商时期的统治阶级通过甲骨占卜的方式与上天及祖先相联系，也有许多人从当地据称拥有超自然力量的巫祝那里获得精神上的引导。“巫”字的历史可以追溯到约公元前 17~前 11 世纪时的商朝，而到了公元前 4 世纪的周朝晚期时，“巫”专指女巫。巫祝的体系中并没有等级之分，他们通常泛指一群自称有能力连接人类与灵魂世界的人。巫祝尝试联系的对象包括祖先和掌控自然力量的存在，如人头龙身的雷公。

巫祝的做法形式不一，有些巫祝还会跳舞，他们绕圈旋转，使自己进入一种出神入迷的状态。在这种状态下，他们可能会发出旁人听不懂的呓语，仿佛正在和看不见的对象对话。巫术还有一种感应性的力量，人们相信模仿他们所期待的结果，就会产生相应的效果。例如，曾有记载提及巫祝于干旱时在火圈内跳舞的场景，因为他们希望从身上滴下的汗珠能够带来雨水。

庞大的神仙体系

中国诸神体系中的众多神仙形象，在商朝末期已经初步成形。有些神是地域性的神明，他们可能象征着某种地标或景观，比如山神；有些神则是纯粹虚构的神话人物。例如，西王母是中华文化中一位众所周知的女神，她住在昆仑山上的一座金色宫

瑞兽麒麟

对中国人来说，麒麟（如下图的官服补子）相当于西方的独角兽。据说，当人们看见这种瑞兽时，就意味着有伟人出现。传说麒麟曾出现在黄帝的花园中；在孔子的一生中麒麟也曾出现过两次，分别预示着他的降临和死亡。1414 年，有史料记载的第一只非洲长颈鹿到达了中国，它是榜葛剌国王敬献给中国皇帝的礼物。当时有人称这种奇特的动物为“麒麟”。

△ **汉代的巫祝**
这个汉代的陶俑被塑造成手握斧子与蛇的巫祝形象。这样的陶俑通常作为明器安放在逝者的墓中。

> “王母上殿东向坐，著黄金褡襡，文采鲜明，光仪淑穆。”
>
> 《太平广记》，宋朝

◁ **西王母**
这幅创作于约1300年的绢画，描绘了西王母与道教中的神仙们坐在一起共同庆祝蟠桃会的场景。

殿里，这里有连接人间与仙界的天梯。周朝的文献里描述她拥有“不死之身”，她也成了长生不老的象征。随着时间的推移，西王母以及和她有关的一些早期信仰逐渐融入了道教的教义之中。这些信仰内容在黄巾起义中起到了激励作用。

儒家知识分子经常将传说中的历史人物作为善政的模范，尊他们为神。他们尊崇的神包括给人带来律法和秩序、发明多种生产技术和音乐的黄帝，以及发明火和农业的燧人氏与神农氏。还有一位传说中的统治者是禹，通常人们认为他是夏朝（见30~31页）的建立者。这些传说中的英雄被神化后，在众神中占有重要的地位，他们被奉为历代明君应该学习的楷模。

△ **华山**
在中国人眼中，山是神圣的存在，山岳蕴含着强大的精神力量。这座亭子坐落于五岳（见70页）之一的华山上。

道教的兴起

中国清净之道的历史

虽然道教是从倡导出世的哲学经典《道德经》（见 66~67 页）中获得思想启迪的，将“道”作为最高的概念，主张“道法自然”。然而，经过若干个世纪的变迁，道教中出现了众多的神仙形象，并完善了一系列的仪式和教义，成为一种大众的宗教信仰。道教中的一些方术源于民间传统文化中的巫术，还有一些信仰元素来自王公贵族对长生不老的恒久追求。

汉朝初期，由春秋战国时期的道家思想发展而来的道教已经在朝廷中有了一定的地位。汉文帝的窦皇后就是黄老之学的信徒。这一思想尊奉上古传说中的黄帝和《道德经》的作者老子，倡导清静无为。但在汉朝后期的动荡岁月里，道教的兴起却像是一场带有革命性的大众运动。汉顺帝年间，江州县令张陵辞去官职，隐居修道。据说，太上老君（即道教中被神化的老子）降临了他所在的蜀地，并授予他可以救世的力量，嘱咐他召集愿意追寻清净指导的人们，在灾难到来之际拯救他们。随后张陵创立了教派，因入道者需要缴纳五斗米，这一教派被称为“五斗米道”。

张陵于 156 年去世，据说他是在得道之后，升仙离开了人间。而“五斗米道”由他的继承者继续传播下去。191 年，张陵之孙张鲁联合益州牧刘焉割据蜀地，对抗朝廷，并占领了汉中（在今陕西和四川交界地区）。张鲁建立的政教合一的政权后来投降了曹操。曹操对“五斗米道”的宽容政策促进了它

△ **汉朝时期的老子形象**

这幅壁画被发现于山东省西南部东平县的一座汉墓墓室的墙壁上。整幅壁画采用蓝、绿、黑、红四种颜料绘制，描绘了当时人们想象中的老子与孔子会面的情景。

△ **道教石碑**

这座石碑的历史可追溯到北周时期，北周曾经在 6 世纪统一过中国北方。573 年，北周武帝定三教先后，以儒为先，道次之，佛教最后。次年下诏禁佛、道二教，并令沙门、道士还俗。

△ **张陵**

这幅 20 世纪的画作描绘了张陵的形象，他是道教的其中一派“五斗米道”的创始人，也被称作“天师”。画中的他手持宝剑，骑着一只老虎，据说他拥有斩妖除魔的力量。

> “千里之行，始于足下。”
>
> 《道德经》

在全国的传播。

黄巾起义

同样是在东汉末年，中原地区也出现了一个由张角领导的类似教派，当时干旱和饥荒席卷全国，很多走投无路的民众集结在他的领导之下。张角准备发动起义，他让信众四处传诵“苍天已死，黄天当立；岁在甲子，天下大吉”的口号，并得到了广泛的响应。184 年起义爆发时，张角的追随者们都头戴黄色的头巾作为标志，因此这场起义也被称为“黄巾起义”。尽管这场起义最终失败了，但黄巾军却持续战斗了很多年，他们最终导致了东汉政权的名存实亡。

不断发展的宗教信仰

后来，道教的地位继续得到巩固。公元 4 世纪时，上清派逐渐成形，到唐朝时，上清派已经成为道教的第一大派别。上清派主张采月诵经、存思、服气和导引等修持方法，而不推崇早期道教使用的丹药、符水等用品。同时期兴起的另一派别灵宝派则更重视斋醮科仪。这两种不同的传统派别相互影响，形成了道教的基础。今天，道教仍然是中华传统文化中重要的组成部分之一。

△ 八仙

八仙是中国古代艺术创作中的一个常见主题。根据传说，他们生于唐宋时期，并被纳入道教的信仰之中，分别代表着男、女、老、少、富、贵、贫、贱。

△ 道袍

这件 17 世纪的道袍是用金丝银线织成的，是道士在主持仪式时所穿的服饰。图中所示的是道袍的背面，描绘了金龙腾于云海之上的场景。

△ 道观

这座名为紫霄宫的宫观，是位于中国湖北省武当山的道教建筑群的一部分。自唐朝以来，武当山一直是道教的核心，吸引着许多修行者前来朝拜。

宦官

藏在王座后面的掌权者

大约从公元前 6 世纪时，宦官开始出现在中国的宫廷中。起初，他们只是后宫中负责服侍统治者及其后妃的侍者。随着时间的推移，由于距离君王较近并受到信任，宦官在宫廷之中逐渐具备了一定的影响力。

一些人是因为犯罪而受阉割之刑，继而成为宦官；另一些人是因成为战俘而被阉割；还有一些人是为在皇宫中任职而自愿接受阉割。宦官不仅负责侍候帝后、嫔妃等人的生活起居，也承担着如看门、抬轿、做饭、园艺、保洁等宫中的杂事。当君王和朝臣不够强势时，宦官还能在朝中形成权力集团，影响朝政。也有一些有名的宦官没有过干预朝政的行为，只是作为皇帝的心腹为其处理事务。例如，改进造纸术的蔡伦就是深受皇帝信任的宦官，曾因办事得力而多受赏赐，加官晋爵。

在朝廷隐秘的环境中，宦官因其独特身份而得以接近权力的中心。有些宦官密切参与朝廷政务，并利用自身影响力来谋取私利。其中最具代表性的就是秦始皇的宦官赵高。秦始皇死后，赵高密谋逼迫秦始皇选定的继承人皇长子扶苏自尽，另立更好控制的胡亥为二世皇帝。然而，胡亥沉迷享乐、滥用民力，民众不满的情绪持续上升，最终国内爆发起义，义军进逼国都。赵高担心自己遭到惩罚，为了保全性命，他命人逼迫胡亥自杀，但随后继位的

△ **蔡伦**

这张邮票上的人物形象是改进造纸术的蔡伦。公元 75 年，蔡伦入宫做宦官。几年后，他被提拔为尚方令，负责监督制造宫内用的各种器物。

△ **唐代内侍图**

这幅唐代的壁画是最早描绘宦官的壁画之一，出自陕西省咸阳市乾县乾陵内一座陪葬墓的墓室墙壁上。乾陵是唐高宗李治和武则天的合葬墓，陵园内有 17 座陪葬墓，埋葬有皇室成员和功臣。

△ **宦官与宫廷娱乐**

宦官的一项任务是陪宫廷成员娱乐。图中，一群宦官正在陪明宣宗玩捶丸（一种类似高尔夫的游戏）。明宣宗为宦官建立了学堂，并任命宦官在宫廷中担任要职。

“最下腐刑极矣！”

《报任安书》，司马迁

秦王子婴用计把他杀掉了。

三个世纪之后的东汉时期，宦官的势力再次崛起，这是因为当时东汉接连出现幼主登基的情况。年少的皇帝无法亲政，身边会出现权力真空，宦官和外戚就会为了挟持皇帝、控制朝政而争权夺利。宦官的权力直接来源于皇帝，因此他们会优先保护皇帝的利益。但也有宦官一心忠于王室，比如宦官郑众就曾帮助年仅十二三岁的汉和帝摆脱窦太后的势力。

但多数情况下，他们扶持傀儡皇帝是为了自己能够攫取权力。东汉时期恶名昭彰的宦官集团“十常侍”就是一个很有名的例子。他们把持朝政，卖官鬻爵、聚敛钱财，甚至僭越朝制，将私人府邸的建筑修得比皇宫还高。汉灵帝死后，宦官集团与外戚集团产生对立，外戚集团召地方军阀势力进入洛阳，诛杀 2000 余名宦官，但外戚势力随即也被地方军阀势力所铲除。

宦官势力的衰落

在此后的专制王朝中，宦官仍然在宫廷里扮演着重要角色。清朝为避免宦官乱政，将宦官人数降到了 3000 人以下，并将过去宦官职掌机构的职能划归内务府管辖。1924 年 11 月 5 日，清朝最后一位皇帝溥仪被赶出皇宫，宦官制度从此被彻底终结。

△ **雍和宫**
1694 年，康熙帝为他的四皇子建造了一座府邸，这位四皇子也就是未来的雍正帝。1725 年，府邸改名雍和宫。这座王府的原址曾经是明朝宦官的官房。1744 年，这里改为藏传佛教寺院。

△ **白釉宦官俑头**
这件出土自唐朝永泰公主墓的宦官俑只剩头部。宦官头戴当时常见的头巾“幞头”，神情严肃。唐朝中期，宦官逐渐开始专权，甚至可以影响朝政和皇帝的废立。

△ **随葬扳指**
这件翡翠材质的扳指（射箭用具，也可用作装饰）出土自晚清太监李莲英的墓葬中。尽管清朝时期宦官的影响力已经减小，但受到宠幸的宦官还是会得到很多赏赐。他们格外珍视这些宝物，甚至将其列为随葬物品。

三国

汉朝灭亡后的地方政权割据时代

随着汉朝中央政权的崩溃，各路军阀在各地形成割据势力并互相兼并，最终形成魏、蜀、吴三足鼎立的局面。

公元2世纪下半叶，汉朝的中央政权已经衰落，接连的自然灾害、饥荒和瘟疫让世人确信汉朝已失天命。对汉朝统治不满的百姓展开了一系列反抗，并在184年的黄巾起义中达到了顶峰。虽然起义最终被镇压，但在各地造成了大量人口伤亡，汉朝中央政府的权威也随之崩塌。各地因镇压起义而形成的军阀开始相互攻伐，他们力图控制皇帝，继而掌控整个国家。各路军阀中最具实力的人物是曹操，他不仅是一位军事家，还是一位文学家。他统一了中国北方的大部分地区，控制着东汉末代皇帝汉献帝，并受封汉朝丞相。而当时主要和曹操敌对的是位于南方的刘备和孙权两方势力。

208年冬天，曹操的军队在赤壁与孙、刘联军交战。主流观点认为，赤壁之战的交战地点在今长

▽ **竹林七贤**
这幅画卷描绘了竹林七贤的形象。他们是一群力求逃离魏国朝廷的各种政治阴谋的名士，过着清静无为、自在洒脱的诗意生活。

△ 三国东吴“大泉五百”铜币

“大泉五百”是东吴政权于236~246年间发行的铜币。按照吴国的规定，每一枚“大泉五百”等值于五百枚汉五铢钱，后来甚至出现了“大泉二千”和“大泉三千”。然而这种高面额的铜币在吴国引发了通货膨胀，民众纷纷抵制这种铜币，最后吴国不得不停止使用并将其回收。

江流域武汉市的西南方向。赤壁之战中曹操的战败，阻止了他进军南方，统一天下的野心。与此同时，刘备和孙权也借机巩固了自己的势力，此战奠定了三足鼎立的格局。

◁ 卧龙

这幅13世纪的画作描绘了蜀汉丞相诸葛亮的形象，人们称他为“卧龙”。

魏

220年，曹操去世，他的儿子曹丕继位为丞相、魏王。随即曹丕强迫东汉的最后一位皇帝禅让，自己登上帝位，定国号为“魏”。魏国控制着黄河流域的大部分地区，并以前朝东汉的都城洛阳为统治中心。魏国宣称自己继承了汉朝的正统地位，并进行了一系列的改革，如强化军事力量、推行九品中正制等。魏国自建立起就不断与蜀、吴发生战争。这些战争使得三国时期成为了中国历史上最血腥的时期之一，但元末明初的小说《三国演义》也让它成为了最传奇的时期之一。

蜀

221年，刘备在西南地区建国称帝，定国号为“汉”(史称“蜀汉”，简称“蜀”)。刘备拒绝承认魏国的正统性，并以自己作为汉朝皇室远亲的身份，树立政权的正统性。在他的儿子刘禅统治期间，实际权力掌握在丞相诸葛亮的手中。诸葛亮是一位优秀的军事家、政治家；他以出色的军事、内政、外交手段，使蜀汉在三国的博弈之中保持着不落下风的态势。234年，诸葛亮去世，蜀汉开始逐步衰落，并于263年被魏灭亡。

吴

吴国是三国中最后一个建立帝号的，主要控制范围从长江中下游到今中南半岛北部。吴国控制的区域虽然面积广大，但人口相对较少，其中还有很多深居山中的山越集团民众，处于半独立的状态。孙权曾在名义上依附魏国，并在222年受封吴王，之后于229年独立并称帝。252年，孙权去世，他的继承人和朝臣之间陷入了一段时间的内斗。

短暂的统一

280年，晋朝灭亡三国中仅剩的吴国。此前，魏国已灭蜀汉，但又被司马氏篡夺而灭亡。三国时期结束，中国又一次迎来短暂的统一。但此时，多年的战争冲突造成了严重的损失。许多曾经伟大的城市已经衰落；落后的以物易物在很大程度上取代了先进的货币经济；人口数量从汉朝人口最多时的5000多万下降到1600万。

“运筹决算有神功，二虎还须逊一龙。”

《三国演义》，罗贯中

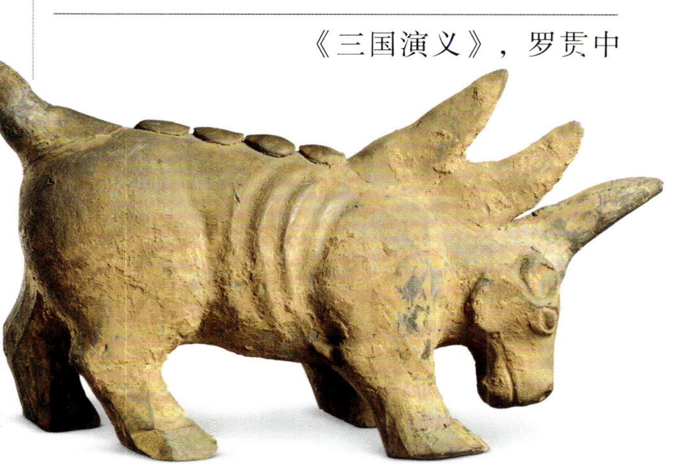

▷ 墓穴的守护者

这只兽形陶器高约25厘米，它的历史可追溯到265年左右，是墓葬中的随葬品。

书法艺术

书法的发展历史

中国书法的起源可追溯到新石器时代晚期，那时人们已经会在陶罐上刻上各种符号。到了商朝，人们会灼烧甲骨来进行占卜，并用甲骨文对占卜结果进行记录。到了周朝，人们开始将文字铸造或刻写在青铜器（见 52~53 页）上，以此来对政务进行记录。春秋战国时期，各诸侯国使用不同的字体，每一种都有各自的地方特点。

公元前 3 世纪，秦始皇统一中国后，丞相李斯（见 78~81 页）主持对秦国使用的字体加以规范，因而形成了小篆，这种字体后被推广到全国范围内使用。这一举措对中国的统一和发展起到了至关重要的作用。

秦朝的另一位官吏程邈发明了“隶书”。与结构整齐匀称、行笔圆转的小篆不同，隶书的特点是形体宽扁，笔画方直，而且不像篆书那样要按照均匀的间距进行书写，使用时相对方便。到了汉朝时期，人们开始使用楷书字体；从唐朝起，楷书成为了科举考试中使用的标准字体。

书法与做官

经过几个世纪的发展，中国的文人和艺术家在文字的抽象形式中发现了美感，这种对美感的追求逐渐将书法变成了一门艺术。书法也是一种展现自我的表达方式，毛笔的笔触不仅能够传达书写者的

△ **狂草**
张旭被认为是唐代“狂草”（见上图）的代表人物之一。草书由隶书演变而来，结构简约，不拘一格。唐文宗曾下诏称张旭的狂草是唐朝“三绝”之一。

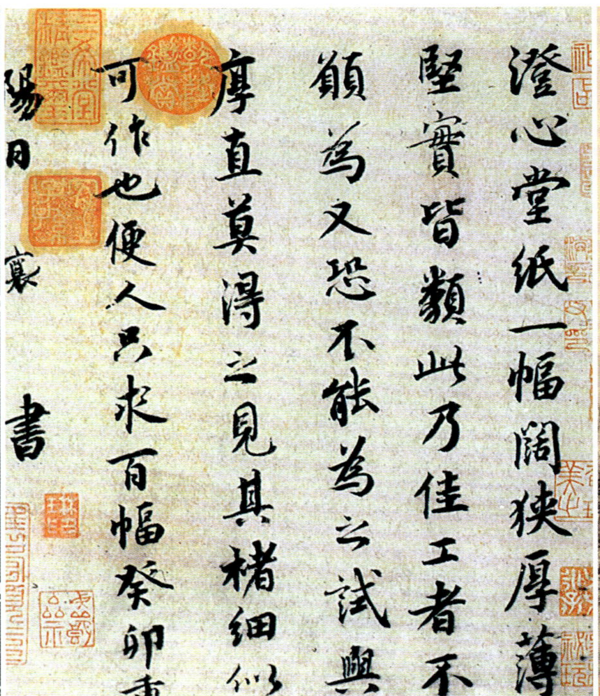

△ **宋蔡襄书尺牍**
这幅精美的书法作品由书法家和诗人蔡襄创作于 11 世纪。蔡襄被认为是宋代最伟大的书法家，他为推动这门艺术的发展做出了很大贡献。书法通常被认为体现了书法家的性格和人品。

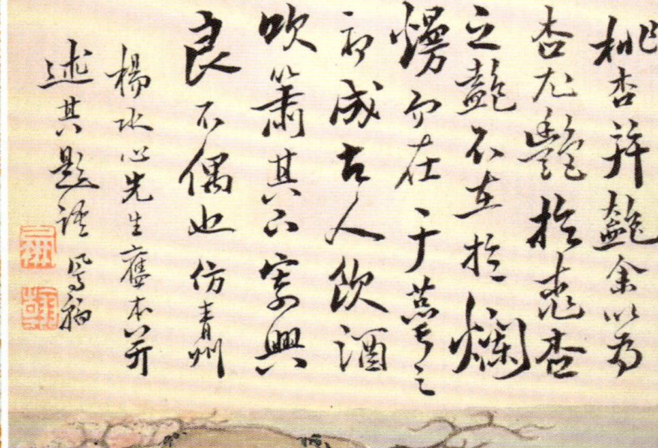

△ **书画**
书法和绘画一样，都是中华传统文化中的重要形式。这幅作品是高凤翰于1736 年创作的，它综合了书法与绘画两种艺术形式。1737 年，这位 54 岁的画家的右臂因病致残，但他后来学会了用左手进行创作。

“平生真赏。纸上龙蛇三五行。”

《减字木兰花》，米芾

心情和情感，还能体现他本人的性格和人品。唐朝时期，人们甚至用书法水平来评判候选人是否有资格入选官职。

书法用具和技巧学习

书法用具被称为“文房四宝”，即笔、墨、纸、砚。毛笔可以用不同动物的毛制作，比如羊毛制成的羊毫，兔毛制成的兔毫；墨则用煤烟、松烟等物质制成；纸主要指宣纸；砚台则是石制的磨墨器具。在纸张发明之前，人们主要用的书写材料是竹简或丝帛（见 108~109 页），但从 2 世纪起，纸张逐渐成为主要的书写材料。书法练习者会练习不同类型的字体，从工整的小篆到行云流水的草书，并在练习中探索书法表达的可能性。他们通过临摹过去大师的作品来磨炼自己的书写技巧，这些作品通常来自碑文石刻拓片。当他们逐渐积累了构图和美学方面的知识，并掌握了运笔的技巧后，便能慢慢形成自己独特的风格。

著名书法家王羲之（见 129 页）的出现，令书法艺术在 4 世纪达到了一个高峰。他是中国历史上最伟大的书法家之一。直到今天，书法在中国仍然是一种生机勃勃、充满活力的艺术形式。

△ **蔡文姬**
图中的人物是汉魏之际的书法家、音乐家和诗人蔡文姬。图中描绘的她正在创作，她的面前摆放的是书籍和书法作品。蔡文姬的父亲蔡邕也是一位著名的书法家。

△ **街边的书法爱好者**
在中国，书画店、书法用品店和街边的书法摊一直很受欢迎。这张照片拍摄的是 20 世纪中期，香港街头一位正在写毛笔字的人。

△ **汉字对书法的影响**
几千年来，汉字的数量在不断增加。秦朝推行小篆时的汉字共有 3300 个，而当下的《现代汉语词典》收录汉字已超过 1 万个。汉字的增加使得书法艺术蓬勃发展，产生了各种独特的风格。

栩栩如生的玉雕

各个朝代的玉石艺术品

玉在中国被赋予了很多精神内涵，人们相信玉是君子的象征，而且能够辟邪。从新石器时代开始，人们就开始用玉雕刻礼器，而玉器也随着时间的推移变得越来越精致复杂。

咆哮的龙头

匠人在这里精心雕刻出一个绳结的形状

△ **龙形玉佩**
这件龙形玉佩可追溯到公元前3世纪。它由软玉精雕细琢而成，看起来像一根拧成环的绳子。

扁平的玉璧代表着上天

◁ **西汉玉璧**
玉璧是中国传统的礼器之一。和玉琮一样，这些雕刻精细的玉璧也被大量置于墓葬中。

▷ **玉琮**
这是一种内圆外方的筒形玉器，最早起源于中国东南部新石器时代文化。

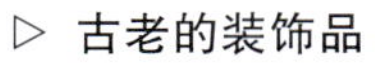

▷ **古老的装饰品**

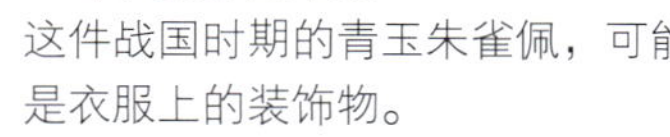

这件战国时期的青玉朱雀佩，可能是衣服上的装饰物。

△ **清代玉象**
清朝时期，大象形象的物品很常见。这件玉雕刻画了身披彩锦的大象形象，彩锦上面有鸟和云的图案。

△ **白玉双虎秋山佩**
这件金代的秋山佩为白玉质地，匠人巧借玉的色泽雕刻了一大一小两只老虎。

△ **唐代玉牛**
这件唐代的小巧玉雕描绘了卧牛的形象。

白菜上有一只象征着多子多孙的蝈蝈

▷ **翠玉白菜**
这件19世纪的玉雕原是紫禁城永和宫中的摆件。它是由一块半白半绿的翡翠雕刻而成的。

◁ **粉色的玉佛**

中国很多传统的玉石都是白色或者绿色的，但这尊清代的佛像是用一块天然淡粉色的玉石雕刻而成的。

上面雕刻着王羲之的散文

△ **玉山子**

这件乾隆时期的玉山子（即描绘山林景观的圆雕），展现了王羲之《兰亭序》中文人相聚兰亭的场景。

◁ **华丽的清代玉雕**

这件玉雕雕刻了凤凰和绽放的菊花，它们是清代玉雕的常见主题。

玉做的叶子

△ **玉雕盆景**

清朝时期，人们经常将玉石和其他珍贵的材料组合在一起，制作成图中这样的珍贵艺术品。这座秋海棠树玉雕盆景，就是用玉、玻璃和铜等材料制成的。

佛教的兴起

于魏晋时期发展兴盛的宗教

△ 佛教艺术的杰作
这座巨大的石刻佛像位于山西省大同市的云冈石窟，是中国佛教艺术的杰作之一。云冈石窟的佛像主要开凿于5~6世纪。

佛教起源于古印度的恒河流域，在公元1世纪前后，开始传入中国。在接下来的一个世纪里，它成为了那些在动荡中寻求救赎之人的精神避难所。

佛教起源于公元前6世纪的古印度北部，由乔达摩・悉达多（即佛祖释迦牟尼）创立教团，并向大众传播自己的思想。到公元1世纪时，商旅和僧人沿着丝绸之路将他的教义和实践经历传播到了中国。起初，佛教核心观念中的苦、集、灭、道四谛似乎与古代中国的传统信仰格格不入，因此未能广泛传播。佛教刚入中国时，还被当成过道教分支，因为当时佛教的推崇者用黄老之学的用语和概念来解释佛教中的那些陌生观念。

2世纪末，汉朝衰落所导致的内乱增强了佛教

△ 早期佛造像
这件 3 世纪的魂瓶的上部是一座楼阁，它的周围环绕着瑞兽。瑞兽的下方环绕着一圈正在打坐的佛像，他们可以列入中国出土的最早的佛造像之中。

“于是招提栉比，宝塔骈罗，争写天上之姿，竞摹山中之影……”

《洛阳伽蓝记》，杨衒之

的吸引力。孔子倡导的克己复礼、仁爱等观念在动乱中遭到严重冲击，人们开始转而寻求对自我的救赎。三国时期结束后，晋朝的建立使中国进入了短暂的统一时期。随着晋朝（见 126~127 页）的衰落，人们对佛教的需求继续增长。西晋灭亡后，中国北方在近 3 个世纪内战乱不断。

佛教的传播及其影响力的扩大

当中国北方深陷割据势力之间的战争时，南方在东晋统治下（见 128~129 页）处于一个相对安定的状态。东晋当时实际由几大士族共同控制着，他们当中的许多人都是为了躲避战火而逃往南方。他们把佛教思想也带到了南方，并使其成为贵族阶层的信仰。随着时间的推移，佛教渐渐传播到了其他社会阶层。越来越多的人选择成为僧人，这样就可以摆脱税赋和劳役等负担。寺院供养人捐献的财物，使僧人可以沉浸在清心寡欲的生活中。

佛教在中国传播遇到的阻碍之一，就是缺少成体系的基本教义。这一阻碍后来被法显（见下栏）等高僧消除了，他们将佛教的经文和著作从印度引入中国。其他重要人物还有 4 世纪的鸠摩罗什，他为中原地区翻译了大量佛经。

中国的佛门弟子不愿遵从世俗礼教（如免行跪拜礼等），这一立场与中国传统的忠君思想背道而驰。东晋太尉桓玄曾就此事征求慧远大师的意见。慧远及时作答，在亲自保证佛教对世俗政权没有颠覆意图的同时，又在《沙门不敬王者论》这篇著名的佛教哲学论文中清晰地阐明了佛家自身的立场。

从公元 2 世纪末至公元 6 世纪末，佛教已经深深地植根于中国的文化之中。公元 6 世纪的梁武帝不仅自己为佛经作注，还数次出家，然后让大臣集资将他从寺庙中赎回。南朝梁的富裕家庭为他支付的赎金后来都进了佛寺。当时，全国有上万座寺庙，佛教与儒教、道教一样最终成为中国传统文化的重要组成部分。

△ 佛塔
河南省郑州市的嵩岳寺塔约建于 520 年，是中国现存最古老的砖塔。这座佛塔的地宫曾经用于存放佛经和佛教圣物。

法显的旅途

佛教的朝圣者们沿着丝绸之路从中国前往古印度，这条道路漫长而艰难。在公元 5 世纪，至少有 60 名朝圣者沿此路前行。399 年，年长的法显（见右图，出自敦煌莫高窟）带领 4 名僧人从长安启程西行，途经今阿富汗到达古印度。在那里他们花了 10 年的时间收集经籍，然后乘船归国。归途中，他们遭遇了暴风，又过了一年才最终到达汉地。那些宝贵的经籍受到了良好的保护，法显用余生将它们从梵文译成中文。之后，有上百名僧人追随着法显的脚步西行求法。

十六国与北朝

中国北方的政权更迭与统一

公元4世纪，中国北方陷入长期战乱，直到北魏于439年统一北方进入北朝时期。最终继承了北朝文化成果的隋朝统一了全国。

经过三国（见118~119页）时期的混战后，中国进入了一段较为短暂的平稳时期，也就是晋朝（后来被称为西晋）。西晋由司马炎建立，他在魏国的朝廷建立起足够强大的势力后，于265年迫使魏国皇帝曹奂禅让于己，史称晋武帝。14年后，司马炎的军队又攻灭了吴国（三国中仅剩的一国），这是自汉朝之后中国的首次重新统一。司马炎的统治延续到290年，但他的继承者们能力不足，西晋爆发内战，政权也逐渐陷入崩溃。

◁ **晋朝开国皇帝**
司马炎，史称晋武帝，是晋朝的开国皇帝。汉朝灭亡后，晋朝短暂地统一了中国。晋武帝颁布了中国古代一部重要的法典《晋律》。

北方的少数民族政权抓住了西晋的这一弱点。其中匈奴后裔建立的前赵政权于311年占领了西晋的都城洛阳，又于316年俘获了西晋的末代皇帝，从晋朝手中夺取了中国北方的控制权。南下的西晋皇族在建康（在今江苏南京）重建了晋朝政权，也就是东晋（见128~129页）。

十六国时期

西晋灭亡后，五个不同少数民族各自建立的政权在北方展开了混战，并先后建立了一系列存续时间短暂的政权，史称十六国。其中三个民族（匈奴、鲜卑和羯）来自北方的草原，也就是现在的蒙古地区；而另外两个民族（羌和氐）起源于中国的西部地区。

十六国之中最强大的政权是由苻坚建立的前秦，376年时，他的统治范围已经扩展到了整个中国北方。他试图继续进攻南方的东晋，但最终归于失败。383年，他的军队在淝水之战中被东晋击败。

两年后，苻坚被后秦的建立者姚苌杀害，北方地区再次陷入动荡与混乱之中。

北魏

在十六国时期后期，鲜卑族的拓跋部恢复了北方的统一。439年，拓跋部扫平了北方的所有割据政权，其建立的北魏政权统治着江淮以北的地区。因为汉族的人数远远超过鲜卑族，为了适应并统治新的领土，北魏孝文帝发起了汉化改革，开始在朝廷使用汉

龙门石窟

在北魏拓跋氏的统治下，佛教在中国北方的影响力日益增加。云冈石窟壮观的石刻雕像表现了人们对佛教的虔诚，这里靠近当时北魏的国都平城（在今山西大同）。当国都迁到洛阳后，需要在新国都附近建造一个类似的地方以便佛教徒朝拜，因此他们在洛阳城外约12千米处的龙门开始建造另一个石窟群。今天，龙门石窟仍存造像十万余尊。

△ **淝水之战**
这幅绢画描绘了发生在 383 年的淝水之战的场景。在这场战役中，由苻坚率领的前秦大军被人数较少的东晋军队击败。

语，采用汉族的服饰和姓氏，鼓励鲜卑名门望族与汉族高门通婚，并起用更多汉族大臣参与朝政。

为了能够更好地促进北魏的民族融合，拓跋部做出了一项重要决定。他们将国都从北方的边疆地区迁到了之前东汉和西晋的国都洛阳。当时的洛阳城曾被战火摧毁，之后又在北魏时期重建。迁都象征着北魏朝廷的汉化决心。

523 年，驻守边境地区的北魏六镇将士因不满朝廷的汉化政策伤及其利益而爆发了起义。十余年后，北魏分裂成两个敌对阵营，史称东魏和西魏，两方都自称是北魏的正统继承者。其中，源自西魏的北周政权在 577 年击败了与之对立的、源自东魏的北齐政权，统一了中国北方。然而，北周王朝的政局并不稳定，在权力斗争中，一位名叫杨坚的贵族掌握了大权，并于 581 年建立了隋朝。589 年，杨坚派遣军队南下，攻灭陈朝并将长江以南地区（见 134~135 页）纳入统治。全中国都统一在了隋朝的统治之下，中国近 3 个世纪的混乱时期终告结束。

> “冬十月，京师饥甚，米斗金二两，人相食，死者太半。太仓有曲数十饼，麹允屑为粥以供帝，至是复尽。”
>
> 《晋书·晋纪第五》

◁ **驮兽**
北方民族将骆驼引入了中国。这座雕像的历史可追溯至北魏时期，是墓葬中的陪葬品。

东晋与南朝

经济与文化重心的南移

在中国的北方战乱频繁之时，数以百万计的汉族人迁移到长江以南地区，以寻求安全与稳定的生活。在那里，民众先后经历了东晋和几个短暂王朝的统治。

△ **陶俑**
这件女性陶俑的历史可追溯到东晋时期。陶俑高33厘米，双臂交叉，身穿长裙，头戴饰品。

中国早期王朝的文明核心区域，主要集中在以黄河流域为中心的中国北方。然而，魏晋时期的战争以及不断变化的政治环境，导致北方人口大规模迁移到长江以南草木茂盛的亚热带地区。

随着西晋的灭亡和割据势力的混战，北方人口为躲避战乱而向南迁移的步伐急剧加快，游牧民族控制了中国北方的核心地带，开启了后来历史学家所称的“十六国时期”（见126~127页）。311年，西晋都城洛阳被攻陷，5年之后其新都长安也全面沦陷，随之而来的破坏和屠杀导致大量的文人和官员南下避祸。

新的王朝

317年，司马睿称晋王，并于次年即皇帝位。他建立的新政权史称东晋。东晋定都建康（在今江苏南京），延续了一个世纪的统治，当北方陷入混战时，东晋在长江以南地区存续了中华文化的诸多传统。东晋的国策比较保守，南下的北方门阀士族掌

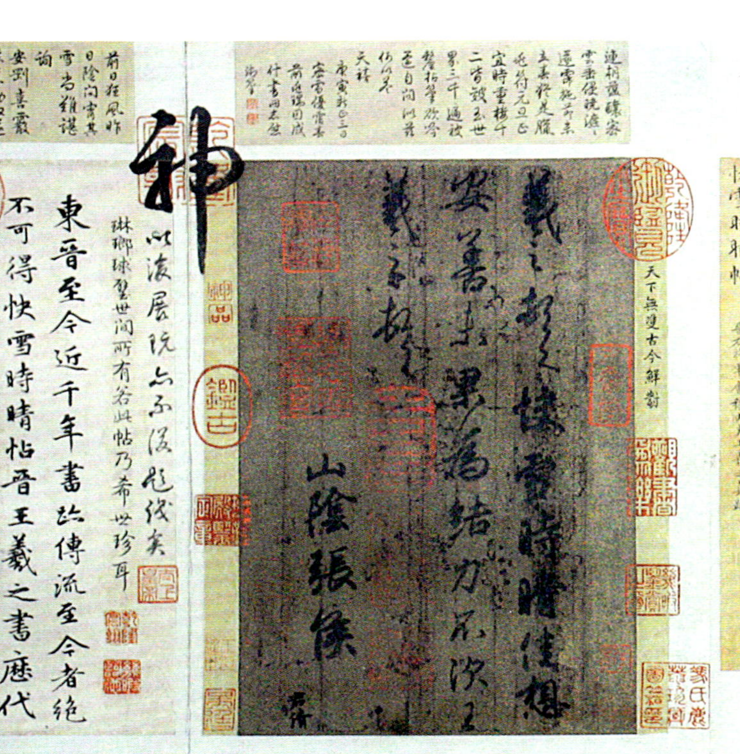

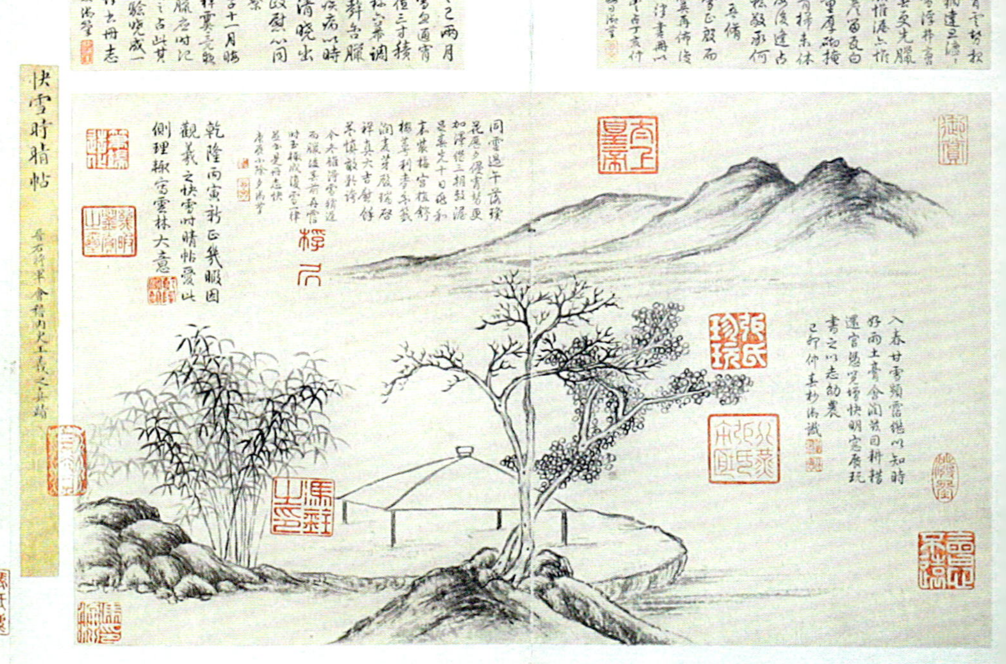

▷ **《洛神赋图》**
顾恺之是东晋时期的画家和绘画理论家，但他只有3篇画论留传下来。这幅《洛神赋图》(局部)是宋朝时期的摹本。

握着大权，将领发起的数次北伐也收效甚微。

最初，南方本地人的数量远远多于从北方迁移过来的流民。但随着来自北方流民的大量涌入，这一平衡被打破了。在公元4世纪的前25年间，据说有超过100万的汉人到达了南方。那些门阀士族紧紧控制着国家的重要职位，皇权持续衰弱，在东晋的11位皇帝中，有将近一半的统治时间不超过5年。

在东晋时期，南方经济迅速发展，建康成为了贸易网络的枢纽，国库税款充盈。富有的士族悠闲的生活方式促进了文化的发展，这一点主要体现在新的艺术形式山水画上，以及诗歌和书法的发展上。其中最著名的人物就是书法家和文学家王羲之。

▽ **晋朝的书法杰作**
下图是东晋书法家王羲之的作品《快雪时晴帖》(是否为真迹尚存争议)。清朝的乾隆帝十分喜爱这件作品。

东晋的衰落与南朝的发展

北方的十六国(见126~127页)时而南下进攻东晋。为了维护国家的安全，东晋必须依靠国内执掌兵权的军事强人。然而，这种做法的代价十分高昂。这些军事强人的权力越来越大，并拥立了很多傀儡皇帝。最终，东晋的军事强人刘裕迫使东晋皇帝退位，并建立南朝宋。随后，南方依次由齐(479~502年)、梁(502~557年)和陈(557~589年)三个朝代统治，加上前面的宋，四个朝代合称“南朝”。这些朝代统治中国南方将近170年，但每个朝代都无法建立一个能够长期统治的稳固政权。

虽然南方的政权不太稳固，但经济一直在持续发展，这一地区的人口也在逐年增加。几个世纪后，中国人口的分布发生了显著的变化，南方的人口数量超过了北方，开发程度也远超之前的时代。

“咏彼舞雩，异世同流。”

《兰亭诗》，王羲之

◁ **唐錾花金执壶**
这件金执壶的历史可以追溯到唐朝。壶身上面雕刻着水波纹、动物和花卉等图案，制作十分精致。

4
王朝的巅峰
581～979年

开篇介绍

从581年隋朝建立，到907年唐朝灭亡，这一时期中国不仅从三国两晋南北朝长期战乱的阴影中走出，完成了国家的复兴，并且在文化、经济、政治等方面实现了新的腾飞。许多在中国历史上延续千年的政治制度，都是在这一时期建立起来的。

隋朝的开国皇帝隋文帝于581年登基建国，并于589年发起南征灭亡了陈朝，南北朝时期结束，中国再次统一。然而，其继任者隋炀帝的野心与贪欲，却几乎再次将整个国家摧毁：大量而连续的工程极大地耗费了民力，远征高丽的失败打击了军队士气，还消耗了无数资源。尽管隋朝只存在了30多年，但在其短暂的统治中，还是为中国留下了大运河这笔宝贵的遗产。这条水路可以将南方的物产从长江下游运送到北方，为后世南北方的经济、文化交流做出了巨大贡献。

唐朝的兴起

618年，隋朝被推翻，唐朝随后建立。隋、唐两朝之间没有出现长期的混乱和动荡，唐朝在628年击败了所有隋末割据势力，统一全国。在唐高祖和唐太宗的统治下，唐朝强化了中央集权，提升了行政和税收的效率，为社会和政治结构带来了稳定。这一时期中国取得的成就，与同时期亚欧大陆的其他文明形成了鲜明对比：在欧洲，东罗马帝国的控制范围不断缩小，而在西罗马帝国故地建立的法兰克王国也在与外部势力不断交战，还要面对来自内部的动乱。而在南亚次大陆，自6世纪笈多帝国灭亡后，直到近1000年后才再次出现统一的政权莫卧儿帝国。

唐朝早期，几位皇帝的开明统治使中国成为了一个开放而自信的国家。此时的中国不仅乐于接受外来文化的影响，还以自身的文化影响着周边邻国。唐朝的国都长安城成为了当时世界上最大的城市，其人口超过了100万，并汇聚了来自世界各地的商品与思想文化，其繁荣度长期位于世界前列。唐朝的鼎盛得益于丝绸之路的畅通，这条商路起自中国，贯穿中亚、波斯，最终抵达地中海沿岸。从7世纪20年代开始，唐朝军队通过河西走廊（从中国北部进

581年 隋文帝成为开国皇帝。

610年 隋代大运河通航。

617年 连年的对外征伐最终导致了一场推翻隋朝的民变。

629年 玄奘前往古印度，返途时带回了佛经。

648年 唐朝的军队将安西都护府迁至龟兹。

652年 大雁塔始建于长安。

681年 诗赋被纳入中国科举考试的内容中。

690年 武则天称帝。

入中亚的重要通道）西进，收复了自汉朝灭亡后失去的众多西域贸易城镇，并设立都护府和羁縻府来保护中国商人，同时将唐朝的影响力扩散到中亚地区。

叛乱与瓦解

唐朝初期的发展和对各地的管理总体上很成功，但在一个多世纪之后，王朝开始陷入危机。7世纪中叶，阿拉伯军队征服波斯萨珊王朝，并将势力扩展到中亚。751年，阿拉伯军队在怛罗斯（在今哈萨克斯坦塔拉兹）击败唐朝军队。但这场战役没能明显动摇唐朝在西域的地位，也未影响此后唐朝和阿拉伯帝国的正常交往。然而，于755年爆发的“安史之乱”给了唐朝沉重一击。节度使安禄山发动叛乱并于次年进占长安城，唐朝陷入了一场长达8年的内战。

虽然唐朝平定了这场叛乱，国内也逐渐恢复稳定，但唐朝的政治秩序已经开始出现崩坏，国家日渐衰弱。各地的节度使也开始割据一方，不再接受来自朝廷的命令；西部的吐蕃、回鹘等国也对唐朝挑起战事；朝廷内，宦官和士大夫官员争夺权力，进一步削弱了政权的力量。9世纪80年代前后爆发的农民起义，给了唐朝最后一击。907年，因镇压农民起义而崛起的军阀朱温篡夺唐朝政权，唐朝就此灭亡，中国再次进入割据势力混战的状态，亦即五代十国时期。长安城曾拥有的世界最辉煌之城的地位，也被阿拉伯帝国的巴格达城所取代。

不过，唐朝时期为中国奠定了深厚的文明基础，为之后的国家复兴提供了可能性。当阿拉伯帝国最终分崩离析，印度次大陆仍处于分裂状态，东罗马帝国仍在内忧外患中苦苦支撑时，中国却在唐朝灭亡半个多世纪后，又迎来了一座新的文明高峰。

751年 阿拔斯王朝的军队在怛罗斯河谷击败了唐朝军队。

755~763年 安禄山叛乱破坏了唐朝的统一。

790年 北庭都护府陷落。

827年 唐敬宗被朝廷中有权势的宦官谋杀。

875~884年 黄巢起义，起义军曾短暂地占领了长安。

907年 唐朝将军朱温逼迫唐朝最后一位皇帝唐哀帝禅位，改国号为“梁”，史称后梁。

907~979年 唐朝灭亡，中国进入五代十国时期。

隋朝

重新统一中国的王朝

6世纪末，隋朝结束了南北朝时期的乱世，令中国重新统一。隋朝初期的经济与法律改革为国家带来了繁荣，但后期密集而紧迫的工程、对外征伐耗尽民力，从而引发起义，导致隋朝很快灭亡。

自十六国时期（见 126~127 页）起，北方便一直处于混乱与割据的局面中，直到 439 年北魏统一才基本恢复和平。6 世纪 30 年代，北魏又分裂为两个东西对峙的政权，即东魏和西魏，之后它们又分别被北齐和北周取代。北周通过战争与外交手段，于 577 年再次统一了中国北方。

▽ **隋文帝**

图中所绘的隋文帝及其侍从形象出自《历代帝王图》。这件作品绘于 7 世纪，相传是唐代著名画家阎立本的作品。

578 年，北周武帝在统一北方后不久，他的儿子北周宣帝登基。然而，年轻的宣帝在继位后疏远大臣，沉溺享乐，没有取得什么成就。宣帝继位两年后就去世了，他的岳父杨坚掌控了朝政，并于 581 年篡位称帝，建立隋朝。

杨坚（史称隋文帝）在登基前是北周的权臣和外戚。他很有才干，也是一位虔诚的佛教徒，但他性格也很严厉。他精简政府机构，设立了三省六部，加强了中央集权。他继续沿袭前朝的均田制（5 世纪出现的一种土地制度），颁布了新的“均田令”。至 609 年，隋朝境内的编户数量较刚建国时翻了近一番，约达 900 万户。隋文帝还改革了府兵制，扩大了府兵的兵源，并加强了中央政府对军队的控制。

南征陈朝

隋朝建立后，隋文帝计划向控制南方的陈朝发动进攻，进而统一中国。当时，陈朝后主统治无能，隋文帝历数他继位以来的 20 条罪状，以争取舆论上的优势。589 年，隋军 51 万余人发起南征，攻占陈朝国都建康（在今江苏南京），并从枯井中俘获了城破时正在避难的陈后主。陈后主被俘后，陈朝在长江沿岸的守将陆续向隋文帝投降，陈朝在沿海的军队也很快被隋朝的军队消灭或招降。隋文帝下令

△ **隋朝环首刀**

图中的两把环首刀是从河南洛阳北邙山的皇室墓地出土的，其历史可追溯到隋朝时期。这种刀的刀身笔直，单面开刃。

> 杨坚为稳固隋朝政权的统治，处死了50多名前朝北周的宗室成员。

△ **隋炀帝**
这幅画出自明朝首辅张居正编撰的《帝鉴图说》，画的是隋炀帝在花园里骑马的场景，他的身旁围绕着许多宫女。

将陈朝宗室和官员送至隋朝国都长安进行安置，以免未来南方再次出现危机。自此中国再次统一。隋文帝还在法律方面继续推进改革，颁布新法《开皇律》，并在其中确立了“十恶”重罪，对后世法律也产生了影响。

隋炀帝与隋朝的灭亡

604 年，隋文帝去世。有说法认为，隋文帝是被他的儿子杨广（史称隋炀帝）谋杀的。隋炀帝登基后不久，便开始谋划开展多项重大的建筑工程。例如，他命人兴建东都洛阳，修筑部分区段的长城，开凿大运河（见 136~137 页），这些举措都有利于巩固他对国家的统治。

尽管隋炀帝在军事方面充满了野心，但他在位时期的战事却十分不顺利。605 年，他派兵攻打林邑（在今中南半岛），虽击败林邑王梵志，但隋军因流行病大量死亡，撤军后林邑又复国。之后，隋炀帝又组织大军征伐高丽，结果在 612 年、613 年的两次东征中再次损失惨重，直到第 3 次东征才迫使高丽请降，隋朝遂撤军。

为支持隋炀帝短期内开展的大量工程与远征，国家消耗了大量资源，同时官员不断向民间征发繁重的兵役和徭役，导致民不聊生，人口锐减，政权陷入混乱。615 年，隋炀帝在北巡途中的雁门被突厥始毕可汗的军队包围，后突厥撤军。616 年，隋炀帝南下江都（在今江苏扬州），农民起义军愈发壮大，阻断回京归路。617 年，李渊在晋阳（在今太原一带）起兵并攻入长安，拥立隋炀帝之孙为帝，遥尊隋炀帝为太上皇。618 年，隋炀帝被宇文化及等人所杀。之后不久，隋朝灭亡。

大运河

世界上最长的运河

中国早期的王朝多为交通运输的问题所困扰。很多朝代的政治中心都位于北方的平原或河谷地带，但随着南方的进一步开发，许多集中在南方的资源因交通不便而难以运至北方，而中国两条主要通航河流的流向又是自西向东，并不相连。

公元前 5 世纪，吴王夫差开凿了一条连接淮河与长江的运河（邗沟），尝试将水路连成交通网络。公元前 4 世纪时，魏惠王也曾开凿运河（鸿沟），汉朝也有类似工程，但水路网络的范围仍然有限。

隋唐大运河

隋朝（见 134~135 页）重新统一中国后，人们意识到了将南方的粮食中心与国都长安连接起来的重要性。584 年，隋文帝开始重新修凿汉朝时期与渭河平行的一条旧运河，使黄河平原到长安的交通更加便利。他的继承者隋炀帝继续开凿运河，在其统治期间不仅疏浚了旧的水路（邗沟），还挖掘了一条连接洛阳与淮河、扬州的新运河（通济渠）。隋炀帝时期新开通的运河还包括从长江边的镇江到钱塘江边杭州的河段（江南运河），以及连接着黄河与北京的河段（永济渠）。

为修筑这条全长 2700 多千米的大运河，隋朝投入了上百万人力。大运河于 610 年完工，为后世带来了巨大的收益：交通更加便利，经济也得到了飞

△ **隋炀帝的龙船**
这幅创作于 17 世纪的绢画描绘了隋炀帝的船队沿大运河航行的场景。从图中可以看到，隋炀帝坐在龙船之中，萧皇后在另外一艘凤船内。

△ **运河水路图**
大运河经历过几次改道，有时是因为人为开凿了新的河段，有时是因为黄河决口。1855 年发生的大洪水甚至阻塞了山东的运河。这张局部图来自一幅 18 世纪的地图，上面展示了运河的线路以及运河周边的城镇、河流和地形。

△ **运河枢纽的活动**
这幅英国的油画描绘了 1793 年马戛尔尼使团访华时乘船沿大运河行进的盛况，当时运河沿岸站满了人，争相观看使团船队通过水闸。马戛尔尼使团的目的，是希望与中国建立外交关系并达成贸易协议。

“水运曰：漕，陆运曰：挽。”

《资治通鉴》，胡三省注

速发展，粮食能够很快地从南方运往北方。人们还在运河边建起巨大的粮仓储存粮食，以备饥荒之需。其中，洛口仓据说能够存储2400万石粮食。运河也为军事带来了益处，保卫中国北部边境的士兵可以更快地得到补给，运兵效率也会更高。

唐朝时期，朝廷继续对大运河进行疏浚整修。大运河的通畅在当时至关重要，唐德宗时期朝廷曾因大运河漕运中断而险些断粮。一旦出现战乱、动荡，运河得不到维护，就无法继续使用，因而被荒废。

扩建与后续发展

之后的宋朝、元朝和明朝，都开展了大规模的工程来保证运河的通航。例如，世界上最早的两级船闸系统（用一对闸门升降水位，使船能够通过）是由宋朝官员乔维岳发明的。元朝时又开凿了会通河，这一河段连接了黄河与卫河。明清两代都对大运河进行了扩建、重修和疏通。

到了19世纪初，大运河仍然全线通航，运河上的船只往来不绝。然而，1855年黄河改道，加上铁路的出现，使得大运河在19世纪末逐渐断航。21世纪初，大运河重新恢复了长达1000多千米的通航河段，并于2014年被联合国教科文组织列入《世界遗产名录》。

△ 近代运河
这张照片拍摄于1900年，照片中是苏州吴门桥。因为新修的铁路取代了运河，成为新的货运途径，部分运河河段已经弃用。但在20世纪初，大运河的一些河段仍在被当地人使用。

△ 运河上的帆船
中国帆船的船帆又大又宽，这种船只自宋朝起就常被用于在大运河上运送货物。它们大小不一，扁平的船底使它们适合在浅水水域航行。在13~15世纪，中国帆船在世界范围内处于领先地位，船只的体积很大，而且可以进行远洋航行。

△ 风景优美的苏州
这条全长2700千米的运河，造就了中国南方的众多水乡。中国的水乡是中外游客心目中的旅游胜地，苏州就是大运河沿线的一座著名水乡。

唐朝的崛起

为文明的黄金时代奠基

618年，唐朝建立。唐朝统治下的中国不仅和平而统一，其影响力也远播海外。唐朝早期的统治者实行了各种强有力的行政措施，并鼓励、支持贸易往来，造就了一个繁荣而稳定的时代。

618 年，隋炀帝被哗变的禁军弑杀。身为隋朝外戚的唐王李渊遂迫使自己拥立的傀儡皇帝禅让，自己称帝，建立唐朝。李渊起兵的幕后推动者之一，正是其次子李世民。在李世民的协助下，唐高祖李渊击败了隋末割据各地的势力，统一了中国。

唐高祖在位时，重建了国内的行政系统，并铸造铜币，逐渐稳固了国家政权。新发行的铜币尤其改善了隋末崩溃的经济状况。李世民于 626 年发动玄武门之变，伏杀李建成及弟弟李元吉。随后，唐高祖退位，李世民继承皇位，史称唐太宗。

> “所以大会义兵，和亲北狄，共匡天下，志在尊隋。”
>
> 《资治通鉴》

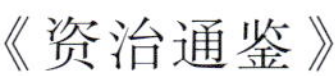

贞观治世

唐太宗继位后，改年号为“贞观”。他首先与进犯的突厥和谈，以获得恢复国力的休整时间。随着突厥的内讧，唐太宗先平定了东突厥，又削弱西突厥，为高宗彻底平定西域奠定基础。唐朝在西域建立羁縻州和都护府，其影响力远播中亚地区，甚至远及波斯。丝绸之路的安全因而得到保障，贸易日益繁荣，唐朝的国都长安成为当时世界上最大的都市。

尽管以政变的方式上位，但作为一名统治者，唐太宗十分贤明且有能力。他巩固了隋朝在统一时取得的成就，并在强大的中央集权下促进了国家的和平与繁荣。他降低了税收，减轻了兵役负担，提高了社会流动性。他出色的治理水平使他在后世被誉为古代帝王的典范。他统治的时期也被称为“贞观

▽ **唐俑**
这件唐代的墓葬俑塑造了一个向皇帝跪拜的朝廷官员形象。

◁ **艺术的创新时代**
唐代的书法、绘画和雕塑以其创新性而闻名。艺术家们尝试用各种颜色和技法，在前代的基础上推陈出新，使中国的艺术进入了新的发展阶段。这幅唐代韩滉创作的《五牛图》，是现存最早的文人纸本卷轴画。

之治”。

唐高宗与武则天

唐朝造就了中国古代的黄金时期，在这一时期，女性的权益也得到了更多保护。虽然儒家思想将女性放在从属于男性的位置上，但唐朝许多女性享有的自由和影响力，令其他时期的大多数文明望尘莫及。例如，在与丈夫的兄弟协商的情况下，寡妇可以继承已逝的丈夫的财产；许多女性都受过教育，有一些女性还参与政治，比如 7 世纪时担任宫廷女官的上官婉儿。而上官婉儿侍奉的武则天更是中国历史上唯一一位正统女皇帝。

649 年，唐太宗去世，其继承者唐高宗登基。唐高宗健康状况不佳，其统治逐渐受到颇有能力的皇后武则天的影响。

660 年，唐高宗患风眩头重，目不能视，武则天乘机控制了朝廷，掌握了实权。683 年，唐高宗去世，武则天以皇太后身份临朝称制，她无情地镇压反对势力，并在 690 年称帝，建立了自己的王朝。她的统治一直持续到了 705 年，最终被一场宫廷政变推翻。武则天享年 81 岁。

△ **贤君典范**
作为中国历史上最伟大的皇帝之一，唐太宗一直被后人所铭记。

◁ **遣唐使**
从唐太宗时期起，唐朝朝廷就接待了很多从日本来的使节，他们的到访是为了了解和学习华夏制度和文化习俗。这些使节也促进了双方的贸易往来。

唐朝手镜

制作精美的实用艺术品

早在商朝时期，中国就已经有了成熟的青铜冶炼技术。但直到春秋战国时期，铜镜制造业才迅速发达起来。这些奢侈品的制造开始规范化，并由朝廷官员统一管理。负责的朝廷官员会记录下生产的每个步骤，并由相关的部门监管所有工坊的生产。青铜镜一般由铜、锡、铅等金属元素混合而成。根据朝廷的规定，制作青铜镜时使用的青铜在冶炼时要严格遵守一定的元素配比。这样调制出的合金在经冶炼熔化并倒入泥模中冷却时，可以最大限度地减少瑕疵。泥模冷却后，工匠取出毛坯，然后将其中一面抛光，做成镜面。镜子的反面可用精致的图案进行装饰，如鸟、龙、蛇等。经过几个世纪的发展，镜子的设计越来越复杂，开始加入神话人物、神灵、十二生肖等主题的图案和纹饰，并使用镀金、珐琅、绿松石和珍珠母镶嵌等复杂工艺进行装点。

铜镜制造业在汉末时期陷入衰落，但到唐朝时期又重新兴盛起来。在7世纪时，手镜的制造进入了新的阶段。除了传统的圆形手镜外，唐朝还生产方形、菱花形和八角形的镜子。许多诗人也在他们的作品中使用镜子的意象，或者提到镜子这一物品。唐朝的镜子上通常装饰着瑞兽、花卉、葡萄藤或宝相花等图案。

“晓镜但愁云鬓改，夜吟应觉月光寒。”

《无题·相见时难别亦难》，李商隐

精美的礼物

在唐朝，镜子既有实用意义也有象征意义。虽然镜子常被用于梳妆打扮，但它们也被赋予了很多文化上的意义和功能。人们认为镜子能够避邪，因而它常常与它的主人一同埋葬，从而起到保护主人的作用。镜子也被当作爱情的象征，人们把它作为嫁妆的一部分，因为镜子的圆形轮廓代表了完满。人们在唐朝的镜子上发现了许多表达祝福婚姻的铭文。镜子还是各个阶层的人们送礼时的良好选择。在日本、越南、阿富汗和伊朗境内，都发掘出过中国的青铜镜，这意味着这些镜子可能是当时赠送给外国使节的礼物。

珍珠母制作的荷花形装饰

△ **照镜子**
这件唐朝的明器陶俑，表现的是一位正在照镜子的女性形象，这是当时流行的艺术主题。

△ **珍珠母嵌花青铜镜**
这面铜镜制作于8~9世纪，它的背面用珍珠母和琥珀装饰，上面有一对在荷花池中游动的鸭子形象。

▷ **金背花鸟纹铜镜**
这面唐朝的铜镜背面贴有金片，上面装饰着对称的禽鸟和花卉图案。

辉煌的长安城

唐朝的政治、文化和商业中心

在经历了一段政治动荡的时期后，唐玄宗时期的唐朝再次焕发出耀眼的光彩。唐朝的国都长安在这一时期发展成了一座聚集着大量外国商旅、宗教信众和艺术家的国际化都市。

705 年，武则天（见 144~145 页）的统治被推翻后，国家经历了 7 年的政治动荡时期。她的一个儿子唐中宗在位时碌碌无为，另一个儿子唐睿宗统治了两年后就禅位给太子。尽管唐睿宗的儿子唐玄宗登基时，朝廷内外的情况对他十分不利，但他凭借自己的才能解决了上一时期遗留下来的政治问题。在他统治的 712~756 年间，中国达到了社会繁荣和文化发展的又一个高峰。唐玄宗资助诗人、画家和音乐家进行创作，建立了官方的文学和音乐机构，吸引艺术家到宫廷任职。唐朝的国都长安成为了世界上最大的城市，南方的港口旁和水路间挤满了船只。

长安是一座具有重大战略意义的城市，它位于丝绸之路（见 102~103 页）的核心东端，更是此前多个王朝的建都之处。582 年，隋文帝在原汉长安城东南新建大兴城（后改名为唐长安城），以满足新建的大一统王朝的各种需求。杨坚采纳了工程专家的意见，下诏建造一座长方形的城市，整个城市呈网格状布局，以土墙划分界限，每一块称为一坊。唐朝时期，城市的繁荣达到了顶峰：它的人口数量超过了 100 万；熙熙攘攘的街道上随处可见商贩、艺人及进行娱乐活动的民众；城中富丽堂皇的建筑往往是官府或贵族的宅邸。

△ **文化融合**
这只唐代的双耳壶在样式上受到了同时期希腊瓷器的启发。外来文化对唐朝时期的中国文化有着重要的影响。

◁ **丝绸之路**
这幅明代的画作，展示了不同民族的人们在丝绸之路上往来运输货物的场景。

△ 花卉装饰
唐朝的手工匠人以生产美丽的丝织物的技艺而著称。图为一块宝相花图案的纹锦残片。

商业与文化

唐长安城的最北端是皇帝居住的宫城，紧附宫城南边的皇城里分布着三省六部等核心官署。宫城、皇城之外的外郭城，对称分布着住宅区（坊）。城中还有两个市场，即东市和西市。城东部居住的达官显贵多，所以东市售卖的奢侈品较多；城西部居住的多为平民百姓和外来胡人，所以西市的日常用品和外来商品较多。丝绸之路的畅通意味着商人们可以将货物从中亚运来长安进行贸易。唐朝的陶器上刻画了很多骑在马和骆驼上的外国商人与音乐家的形象。

在唐朝的早期和中期，各类文化艺术蓬勃发展。这一时期出现了许多著名的书法家和画家，如张旭和吴道子。各类制作精美的工艺品也名扬四方，比如流传后世的陶器。唐朝时期还出现了很多著名的诗人，如李白和杜甫（见 154~155 页）等，他们的作品也流传千古。

△ 唐代水壶
这件宽口陶器被塑造成凤凰的形象。

宗教多样性

唐朝早期盛行开放包容的社会氛围，长安城内的外国人数量大量增长，约有 5 万外国人居住于此，随之而至的不同信仰也被长安城所接纳。到了 7 世纪时，长安城内建立了一些琐罗亚斯德教的神庙，来自波斯的摩尼教以及基督教聂斯托利派（基督教的分支教派）也扎根于此。长安城中还有皇家修建的重要道教建筑太清宫。大雁塔是在佛教高僧玄奘（见 146~147 页）主持下始建于 652 年的重要佛教建筑，里面存放着他从古印度带回来的经卷、佛像和舍利。845 年前后，唐武宗诏令废佛，摩尼教、基督教、琐罗亚斯德教等也受牵连，最终导致大批外国人的离去。此时的长安已陷入了衰落。城中的王公贵族们在 756 年安禄山攻陷长安时逃离了此地。881 年，黄巢起义军攻占长安。黄巢迅速在此称帝，国号为“大齐”，但很快就被唐朝军队镇压。最终，唐长安城中的重要建筑被拆解成木材运往他处，城市也因无力防守而进行缩建，往日的辉煌从此没入历史的黄尘之中。

▽ 商业的象征
这头载着驮夫的双峰驼是一件陶制品，它是唐朝一个富有商人的墓葬品。骆驼对丝绸之路的商队来说十分重要，因为这种动物能够在穿越干旱之地时驮运货物。

推崇佛教的皇后

武则天掌权时，佛教正盛行于中国。它比传统的儒家思想更能给予男女平等的地位。

武则天

中国历史上唯一的正统女性皇帝

武则天出身唐朝嫔妃，后成为唐高宗的皇后并逐渐掌握大权，最终成为中国历史上唯一受到承认的正统女性皇帝。她建立了武周政权，但最终还是让位于太子李显，并还政于唐。

关于武则天早年的经历有多种历史记载。一般观点认为，她出身于山西的一位官员之家，被召入宫廷后成为唐太宗的嫔妃。649 年，唐太宗去世。武则天又得到唐高宗的宠爱，并于 655 年铲除了王皇后、萧淑妃等对手，成为唐高宗的皇后。后唐高宗病重，武则天凭借出色的政治才干与强硬性格掌控了朝政。683 年，唐高宗去世，他与武则天的第三子唐中宗李显即位。武则天以皇太后身份临朝称制，她为剪除异己诛杀了许多皇室成员，并将很多官员换成自己的亲信。之后她又改立自己和唐高宗的第四子唐睿宗李旦为帝。690 年，武则天自立为皇帝并改国号为“周”，成为中国历史上首位也是唯一的女性皇帝。

起初，武则天的帝位并不稳固。契丹、突厥和吐蕃先后侵犯唐朝边境，武则天派出将领将其击退，并巩固了边疆。武则天还利用佛教论证统治的合理性，以此对抗儒家势力对她以女性身份称帝的异议。她资助寺庙和道观，并给自己加上尊号“圣母神皇”。有说法称，她的幸臣薛怀义甚至伪造了一部《大云经》，来宣扬她是弥勒转世。

△ **唐朝美人的标准**
武则天符合大唐美人的标准，也就是珠圆玉润、体态丰腴。唐俑里大多是这种形象。

还政于唐

698 年，武则天召回李显，重新立他为皇太子。后来，她与幸臣一起耽于享乐。随着年纪渐长和健康问题，武则天对权力的掌控逐渐减弱。705 年，反对武则天的官员趁她病重，发动政变拥立李显继位，并将国号改回“唐”。武则天退位后于当年 12 月病逝，享年 81 岁。

△ **弥勒佛**
武则天授意手下制造舆论，称她是弥勒佛转世，并利用这种说法来为自己的政治诉求造势。

> **“圣母临人，永昌帝业。”**
>
> 武则天之侄武承嗣伪造的刻石上的铭文，688年

624年 武则天出生于唐朝一个官员之家。

638年 武则天14岁时，被召入宫，成为唐太宗的才人。

655年 武则天成为皇后，并处死唐高宗的王皇后。

672年 在龙门石窟开凿巨大的卢舍那大佛。

683年 武则天临朝执政。

690年 武则天称帝，改国号为“周”，并将国都迁到洛阳。

705年 武则天在一场宫廷政变后被迫退位，同年去世。

佛教的传播

佛教在唐朝的兴盛与衰落

佛教发源自古印度，最初向中国传播的速度比较缓慢。公元 67 年时的一份文件曾提到了佛教僧人，但直到公元 4 世纪，佛教的传播才逐渐深入。南北朝时期，佛教继续沿丝绸之路传入中国，并在 6 世纪时得到统治者们的大力扶持。即便如此，很多道教信仰者和儒家士大夫都对佛教持反对态度，批评佛教不尊重中国本土的价值观。因此，汉传佛教做出了本土化的改变，允许信众祭拜祖先。

到了隋朝，佛教进一步兴盛起来，隋文帝甚至于 601 年下令在全国各地修建佛塔，并分送佛舍利安置其中。唐朝建立后，唐太宗、唐高宗和武则天（见 144~145 页）进一步巩固了佛教的地位，在长安城修建了很多寺院。汉传佛教也逐渐演化出很多不同宗派，如天台宗、华严宗、净土宗等。

求法与译经

佛经的原典是梵文写成的，而缺乏中文译本会不利于佛教的传播。为此，很多外国僧人受各朝统治者的邀请来到中国翻译经书。来自龟兹（在今新疆库车县一带）的高僧鸠摩罗什就曾受邀来到中国，并主持了近 300 卷经书的翻译工作。除此以外，从中国前往印度朝圣的僧人也将经书带回中国，并写下了他们的旅途见闻，如公元 4 世纪时的高僧法显。最著名的西行求法者是玄奘，他花了 17 年的时间去

△ **玄奘西行**

唐朝高僧玄奘曾西行求法，并带回 657 部佛经。他的著作中有对巴米扬大佛等奇观的描述。同时，他还是小说《西游记》（见 227 页）中主要人物唐僧的原型。

△ **佛教石窟艺术**

早期的佛教艺术形式是石窟壁画。在龙门和敦煌等地，山上有许多开凿出来供僧人修行的洞窟，洞窟中精美的壁画描绘着各种佛教故事，甚至记录了很多同时代的事件。

△ **敦煌莫高窟**

莫高窟位于甘肃省敦煌市，俗称千佛洞，里面有中国历史上多个时期的佛教壁画与造像。公元 4 世纪时，敦煌是河西地区的佛教中心，人们开始在崖壁上开凿洞窟，并在洞窟中创作佛教艺术。

“故曰：‘必也正名乎’，贵无乖谬矣。”

《大唐西域记》，玄奘，645年

印度游学，其中 5 年是在印度的著名寺庙那烂陀寺度过的。在他带回的诸多经论中，有 75 部被他译制成中文。

西域的动荡阻隔了佛教徒西行求法的路线，因此去往印度的求法者有时会被迫选择更加危险而漫长的海上之路。在这些求法者中，最著名的就是义净，他在海外求法 24 年后，带回了近 400 部佛经。

对佛教态度的转变

由于佛教势力的发展和国家利益产生了冲突，统治者们对待佛教的态度逐渐发生了转变。9 世纪 40 年代时，佛教寺院经济过分扩张（而寺院的产业可以免于交税），引起了儒家士大夫的不满。自 8 世纪 50 年代安史之乱（见 150~153 页）发生后，唐朝皇帝对佛教等外来文化不再持开放包容的态度。根据 838 年来中国求法的日本僧人圆仁的记载，842 年唐武宗过寿请僧人和道士讲经时，只赐给道士紫衣，却不赐给僧人。之后，唐武宗又关闭了大量寺庙，并命令 26 万多名僧尼还俗。

虽然佛教在众多打击下幸存了下来，但其影响力大大减弱了。955 年，五代时期的后周世宗又开展灭佛运动，没收了许多大型铜佛像并将其熔化，用来铸造钱币。从此，佛教开始让位于复兴的儒家思想。

△ **乐山大佛**
唐朝的海通禅师对位于今四川省乐山市附近汹涌的河流感到担忧，于是集资雕凿了一座弥勒佛来平息河水。建造大佛的工程开始于 713 年，人们花了大约 90 年的时间，才完成这座 71 米高的佛像。

△ **密宗的六道轮回**
重庆大足区周边的山上有超过 5 万尊石刻造像。这些石刻创作于 7~13 世纪，其中包括图中的这个表现世间众生六道轮回的转轮。该造像位于宝顶山，这里是中国佛教密宗的道场。

△ **现代僧人**
图中这些僧人正在云南的佛寺里做打扫工作。千百年来，他们坚持的教义对中国的文化、哲学和艺术产生了很多影响。

凡欲讀經先念淨口業真言一遍

脩唎　脩唎　摩訶脩唎　脩脩唎　娑婆訶

奉請除災金剛　奉請辟毒金剛　奉請黃隨求金剛

奉請白淨水金剛　奉請赤聲金剛　奉請定除災金剛

奉請紫賢金剛　奉請大神金剛

金剛般若波羅蜜經

如是我聞一時佛在舍衛國祇樹給孤獨園與大比丘衆千二百五十人俱尒時世尊食時著衣持鉢入舍衛大城乞食於其城中次第乞已還至本處飯食訖收衣鉢洗足已敷座而坐時長老須菩提在大

《金刚经》扉页版画

这卷刻印于868年的唐朝《金刚般若波罗蜜经》(简称《金刚经》)，是现存最早有明确纪年的版画。《金刚经》的经文简洁明了，共5000余字，其内容是释迦牟尼与弟子须菩提的对话。这卷带有扉画的《金刚经》为雕版印刷，全卷长约5米，于1900年在敦煌石窟藏经洞中被发现。这幅版画描绘了释迦牟尼向弟子须菩提说法的场面。

唐朝的衰落

唐朝中期的动荡与“安史之乱”

唐玄宗统治时期出现的内外冲突标志着唐朝走向衰落。“安史之乱”的爆发不仅在经济上造成了极大破坏，更造成了中央控制力减弱、地方藩镇割据的不利局面。

712 年，李隆基登基，史称唐玄宗。他即位后，先后重用多位有才干的贤明大臣，并采用他们提出的施政建议。在政治方面，唐玄宗对臃肿的政府机构进行了精简；在经济方面，他倡导节俭之风，由于唐初征收粮食布匹等实物，并且每年服徭役的租庸调制对民众负担太重，唐玄宗时期开展了括户运动，改革地税、户税的征收办法，实行纳资代役（缴纳一定量的货币代替服役）制度，以此增加国家财政收入，减轻民众负担。唐玄宗执政前期的众多改革措施，为唐朝带来了一段繁荣的时期，这段时期被后世称为“开元盛世”（开元为唐玄宗的年号）。

虽然这些改革促进了经济的增长和社会的稳定，但唐朝的内部已经开始出现了动荡的前奏。朝中权臣和地方官员（如节度使）之间的矛盾越来越大，展开了激烈的政治斗争。而边疆问题导致了唐朝军事布局上的“外重内轻”，为唐朝埋下了深重的社会政治危机。

藩镇势力与边境冲突

唐朝初期，国家对西域的影响力日益增加，甚至超过了汉朝时期的状态。7 世纪时，唐朝平定了东、西突厥（见 138~139 页），恢复了丝绸之路的畅通，但随后吐蕃的崛起又对丝绸之路的南线造成了威胁，周边的回鹘等政权也在威胁唐朝的边境。为了抵御各方威胁，唐朝在边陲设立了十个藩镇，每个藩镇由一位节度使统管（实际上是九位节度使、一位经略使），史称“天宝十节度使”。由于组建了更多军队，唐朝的军费开支变大，不得不将更多军政权力下放给节度使，让他们自行筹措各藩镇所需的军事资源，结果导致中央朝廷对地方的控制力变弱，增加了节度使拥兵自重、进行割据的可能性。

除此之外，阿拉伯帝国的势力也扩展到了中亚地区。651 年开始，阿拉伯帝国的军队攻占了中亚的呼罗珊，又在 709 年和 712 年相继占领了布哈拉和撒马尔罕，与唐朝安西都护府辖区的距离越来越近。751 年，唐朝军队与阿拉伯帝国阿拔斯王朝的军队在怛罗斯城附近爆发了激烈战斗。开始时，两军不分胜负，但后来由于唐朝将领高仙芝所率军队中的葛逻禄部众反叛，唐军被击败并撤退。不过，怛罗斯之战并没有明显动摇唐朝在西域的影响力，也没有影响后续阿拔斯王朝和唐朝之间的正常交往。

△ **唐玄宗**
虽然在唐玄宗统治时期，国家开始由盛转衰，但他却是唐朝统治时间最长的皇帝，一共统治了 45 年。

▷ **华丽的武器**
这柄银制镀金斧头的形状像是一条嘴里叼着珍珠的龙鱼。它可追溯到 8 世纪，可能是用于仪式的武器。

> “国破山河在，城春草木深。”
>
> 《春望》，杜甫，757年

△ **率军出行**
这幅《张议潮统军出行图》发现于莫高窟，壁画描绘了唐朝将领张议潮率领军队出行时的场景。张议潮在唐朝河西领土失陷后率领当地民众发动起义，坚持战斗并驱逐占领河西的吐蕃势力，使当地重新与唐朝建立联系。

唐朝的内部争斗与“安史之乱”

执政 20 多年后，唐玄宗开始怠慢朝政，沉迷享乐并越发腐化，他还宠信李林甫等奸臣。751 年，宰相李林甫为了争权夺利，建议唐玄宗重用少数民族将领担任藩镇节度使，目的是阻止朝中其他大臣掌权。这一决定带来了灾难性的后果，尽管李林甫得以击败了朝廷中的敌手，但野心勃勃的唐朝外族将领安禄山也因此上位，受到唐玄宗的宠信。753 年，李林甫去世，继任的唐朝宰相杨国忠是唐玄宗宠妃杨玉环的堂兄。他与安禄山之间矛盾尖锐，冲突激烈。于是在 755 年末，安禄山以平卢、范阳、河东三镇节度使身份，指挥近 20 万军队掀起叛乱，从范阳（在今河北保定）出发南下，一路攻陷沿途城市，之后攻占了唐朝的东都洛阳城，并继续向长安城进军。

唐玄宗在禁军保护下仓皇逃往较为安全的成都。在逃亡途中，禁军哗变并杀死了杨国忠，又逼迫唐玄宗赐死了杨贵妃。756 年，唐玄宗的太子李亨在西北重镇灵武称帝（史称唐肃宗），并尊唐玄宗为太上皇。唐玄宗别无选择，只好退位。757 年，唐军在回纥军队援助下收复长安，唐玄宗由成都回到长安，住在兴庆宫内。晚年的唐玄宗失去了权力，郁郁寡欢，后于 762 年去世。

叛军占据洛阳后，安禄

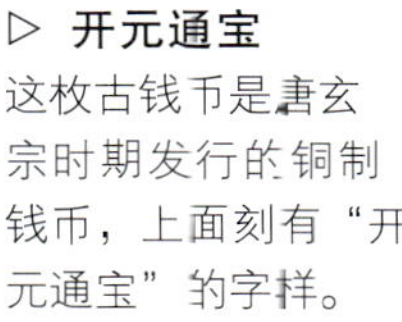

▷ **开元通宝**
这枚古钱币是唐玄宗时期发行的铜制钱币，上面刻有“开元通宝”的字样。

山宣布称帝，并以“燕”为国号。但他称帝时已经身患重病，因受病痛折磨而变得性情暴躁，经常责罚身边之人。其子安庆绪伙同其他大臣，将安禄山杀死并宣布继位，叛军内部陷入动荡。唐朝军队抓住机会发起反攻，重新夺回长安和洛阳。然而，安禄山的亲信史思明又杀死了安庆绪，自称“大燕皇帝”，并率领叛军重新攻占洛阳。经过多年的激烈内战，唐军和叛军双方都损失惨重，直到 762 年，洛阳才被唐朝重新夺回。763 年，“安史之乱”最终被唐朝平定。此时唐朝国力已经受到严重削弱，国内人口数量从 754 年的近 5300 万人下降到了 764 年的近 1700 万人。

安史之乱是唐朝由盛而衰的转折点。虽然唐朝平定了叛乱，但并没能彻底消灭安史叛军残余的军阀势力，而是将其招降，再次在河北形成了藩镇割据的局面；中原战乱地区经济遭到严重的破坏，唐朝国力大为削弱，从此由盛转衰。

唐朝的衰落

安史之乱令唐朝内部自顾不暇，由于驻守西域的唐军多被调回平叛，唐朝也失去了大片的西域领土。790 年，唐朝在西域的北庭都护府府治交河城（在今新疆吐鲁番）也宣告失陷。在河北地区，唐朝招降的安史叛军旧部仍然控制着当地，割据一方。

唐朝因战乱而收入锐减，税赋制度也十分混乱，于是在 780 年颁布两税法，建立新的税制：一年内

▽ **《明皇幸蜀图》**

《明皇幸蜀图》是著名的唐朝时期绢本设色画，相传作者是唐代山水画家李思训（一说为李昭道）。画面描绘了安史之乱爆发后，逃离长安前往成都避难的唐玄宗与随行人员一同在山路上行进的场景。

◁ **日本画家笔下的唐玄宗**
这幅画是18世纪的日本画家歌川丰春创作的，描绘了画家想象中安禄山带领军队围攻位于长安的唐玄宗的场景。

“天长地久有时尽，此恨绵绵无绝期。”

《长恨歌》，白居易，806年

分两次征税，原本的“租庸调”和一应杂捐、杂税全部取消。虽然唐朝政府的举措一定程度上减轻了民众的负担、提升了税收效率，但后期两税法导致土地兼并盛行，民众的负担反而增加，并导致9世纪20年代时爆发了一系列农民起义。

唐朝后期的皇帝努力推行削藩政策，维护国家稳定，但藩镇势力已经尾大不掉，唐朝各地再次陷入战乱之中，社会越发动荡。在唐朝中央，宦官势力把持朝政，甚至控制皇帝，而大臣之间也产生了长期的党争，使得政治局面进一步恶化，开始积重难返。875年，黄河流域爆发大规模自然灾害，地方官员无力救灾，导致民众揭竿而起，黄巢起义爆发。881年，起义军攻入长安城，随后起义军领袖黄巢在长安称帝，并宣布建立“大齐政权”。随后，唐朝依靠藩镇的力量成功将黄巢起义镇压下去，但这场战争再次扩大了唐朝各藩镇的力量与独立性，导致朝廷彻底失去了对地方的控制能力，全国陷入军阀混战之中，皇帝甚至沦为军阀争夺的对象。唐王朝分崩离析，已经名存实亡。907年，唐朝最后一位皇帝唐哀帝被迫将帝位禅让给军阀朱温，朱温受禅并建立后梁政权，唐朝就此灭亡。

黄巢起义

唐朝晚期，衰弱的朝廷无暇顾及百姓生活。875年，黄河中游地区天灾严重，民不聊生，于是黄巢领导民众发动起义。起义军发展迅速，并于881年攻入唐朝国都长安城。黄巢起义缺乏稳定的后方，经济保障不足，而且在起义过程中滥杀无辜，导致起义军丧失群众基础，最终在884年，黄巢起义被唐朝镇压。

▷ **唐朝女性**
图中的女性出自《簪花仕女图》，该作品创作于安史之乱后，描绘了唐朝贵族女子优雅闲适的形象，鲜明地体现了当时唐朝上流社会的时代风气。

诗歌

中国历史上的重要文学形式

很久以来，诗歌一直是中国文学史上一种重要的抒情方式。中国最早的诗歌总集《诗经》中收录的一些诗歌，甚至可以追溯到西周时期。然而，直到唐朝，中国古代诗歌的发展才达到鼎盛。

唐朝的伟大诗人

唐诗是中国对世界文学做出的最著名的贡献之一。它根植于中国古代的文化传统，用多样的形式吸引着广泛的受众，堪称中国古代文学的基石之一。唐诗的创作在唐代中期时到达巅峰。王维（约 701~761 年）是唐朝著名诗人，他曾任尚书右丞，后因厌倦官场而寄情于自然，创作了很多描绘山水田园的优美诗歌。

另一位著名诗人李白(701~762 年)则狂放不羁，思想不拘一格，他的诗歌里凝聚了对雄伟壮丽的大自然，以及人生历程的各种深刻感受。742 年，他受召入朝做官，但他桀骜不驯的性格使他在朝廷内举步维艰。后来，他辞去职务，开始游历全国。李白喜欢饮酒，并能从饮酒中获得灵感，而他的形象也成为了后人的诗歌、绘画中的常见主题。

与李白齐名的诗人杜甫（712~770 年）也曾在科举考试失败后游历各地，并创作了许多诗歌。后来，他经历了“安史之乱”（见 150~153 页），目睹了国家的动乱和人民的苦难，因而创作风格愈发沉郁，在诗歌中抒发他心中悲天悯人、忧国忧民的情怀。

△ 《璇玑图》
相传，前秦时期的女诗人苏蕙创作了一首非常复杂的回文诗《璇玑图》，将其织在锦缎之上送与自己的丈夫。这首诗构思绝妙，横、竖、斜读均可成诗，有上千种不同的成诗方法。

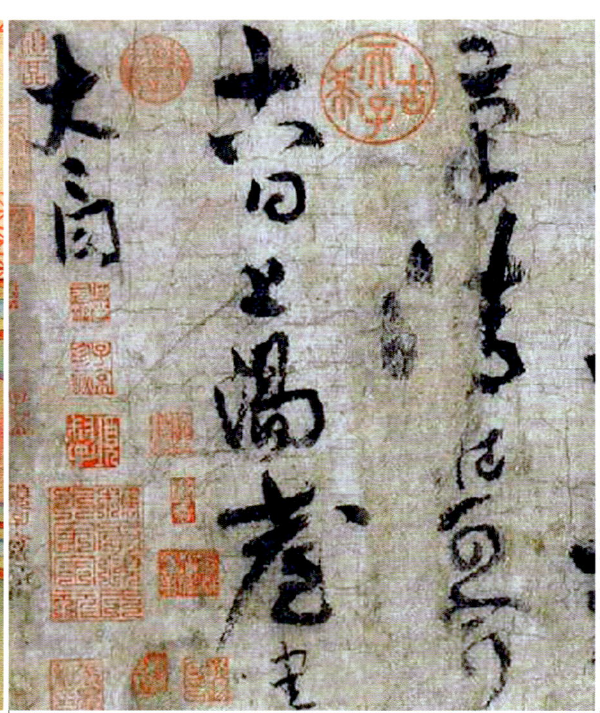

△ 李白
742 年，李白进入翰林院为官。他的诗歌中呈现出的浪漫主义风格，与他擅长表现的友情、时光、孤独和自然等题材相辅相成。同时，他也有着“诗仙”的称号。

△ 杜甫和七言律诗
杜甫在中国文学史上有着重要的地位。他最著名的作品多为律诗体裁。这种体裁一般全诗由 8 句组成，每句 5 或 7 个字，创作时还需要遵守严格的格律限制。

“乃知兵者是凶器，圣人不得已而用之。”

《战城南》，李白，创作于742~756年间

虽然在唐朝中晚期，国家已经开始衰落，但唐诗仍然在继续发展。这一时期的代表诗人有白居易（772~846 年）和杜牧（803~ 约 852 年）。晚唐的诗歌有着浓厚的伤感情调，字里行间有很多对过去美好时代的怀念之情。到 900 年诗人韦庄编选《又玄集》时，王维、李白和杜甫在中国诗歌历史上的地位已经被牢固地树立了起来。到清朝时期，成书于 1764 年的《唐诗三百首》中，三人的作品更是占了其中的三分之一以上。至今，中国的少年儿童从小就会学习《唐诗三百首》中的作品。

唐朝之后的诗歌发展

五代十国时期结束后，宋朝的诗人尝试在创作中努力模仿他们的唐朝前辈。然而，宋朝的领土远远小于唐朝，而较为保守的政治观念也反映在了文学创作中，因此宋朝的诗歌风格更为内省，形成了颇具理性和哲思的诗风。

中国进入近现代社会后，一些诗人为改变中国诗歌的风格做出了努力。诚然，近现代的中国诗歌作品也取得了令人瞩目的成就，但古代诗歌在中华文化中的地位始终无可动摇。

△ **《仿王维江山雪霁图》**
这幅《仿王维江山雪霁图》出自清代画家王时敏之手。画家在暮年时，根据自己对曾经亲眼所见的王维《江山雪霁图》的回忆，创作了这幅工整浑厚的画作。

△ **白居易**
虽然白居易创作的唐玄宗和杨贵妃情感故事的长诗《长恨歌》家喻户晓，但他诗歌中最精华的部分，却是那些批判朝廷官员贪污腐败、穷奢极欲的生活的诗歌。他的诗歌风格以浅显平易而著称，并且提倡用诗歌对人们进行道德上的引导。

△ **现代诗歌**
直到今天，文学评论家和读者仍然对唐诗推崇备至。从 20 世纪开始，中国的一些诗人开始尝试打破传统，借鉴西方诗歌的形式和表现手法。这些诗歌多采用自由的体裁和口语化的语言来进行创作。

唐朝墓俑

多姿多彩的唐朝陶器

唐朝的很多墓俑都经过了时间的考验留存至今。这些被发掘出的陶俑被用于守护下葬者的灵魂。陶俑有着多种多样的形象，不仅有侍卫和凶兽，还有日常生活中的农民、舞者和正在娱乐的人们。

交织的黏土线条塑造出毛皮般的纹理

△ **女骑手**
这件陶俑体现了一名女子骑马时安静平和的状态。

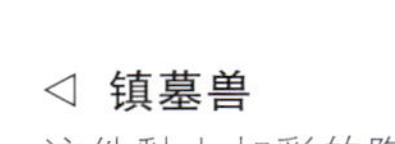

◁ **镇墓兽**
这件釉上加彩的陶俑面目狰狞，它被放置在墓中，用来驱邪镇恶、保护亡者。

◁ **扶锄的男子**
这件 7 世纪的陶俑塑造了一个拿着锄头的男子形象。与之一起出土的其他陶俑也拿着相似的农具。

罩住头发的帽子表明这是一位女性

△ **打马球的女子**
唐朝人喜欢马，因此马球在宫廷中变成了一项流行的运动，无论男女都可以玩这项运动。图中正在打马球的陶俑形象就是一位女性。

▷ **女侍者**
彩色的陶俑常被置于墓室之外。这件放置在墓室外的陶俑，可能是用来照顾逝者的。

鲜艳的釉彩

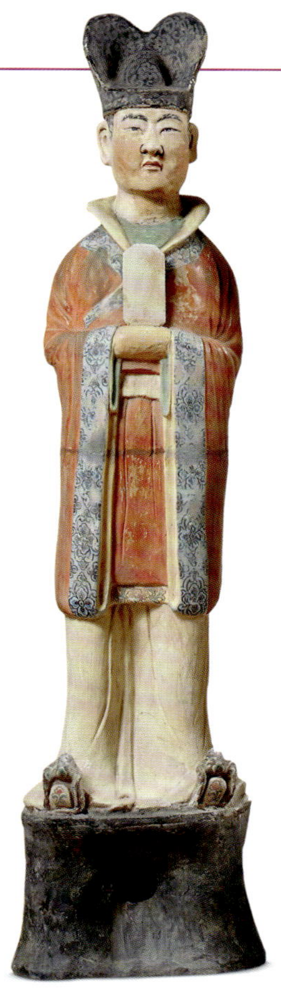

△ **男性官员**
这件陶俑出土于唐太宗之子李贞的墓中。李贞曾试图起兵推翻武则天，后来兵败自尽，并于开元年间陪葬于唐太宗下葬的昭陵。

△ **舞者**
这种舞者形象的陶俑并不多见，颇具北朝女性审美遗风。

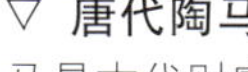

▽ **唐代陶马**
马是古代财富和权力的象征，也是绘画和雕塑的常见题材。这匹马制作于8世纪，它的鬃毛和马鞍似乎是后来修复的。

△ **双头连体镇墓兽**
这件唐代早期的雕塑塑造了一只双头神兽的形象，它有着人类的面貌。

▷ **天王俑**
唐代的镇墓俑常常选用能降妖驱邪的天王形象，靠它们来保护逝者。

▽ **牛车**
墓葬品中常出现陶制牛车。它们是逝者的出行工具。

为逝者表演的艺人

活灵活现的唐朝乐舞俑

彩绘陶俑（见 156~157 页）多出自于唐朝上流社会的人物的墓葬中。历史学家认为这些陶俑有着不同的作用：天王俑和镇墓兽负责保护逝者不受邪鬼恶灵的侵扰，而表演乐舞的陶俑则可能给逝者提供娱乐活动。它们有的在跳舞，有的在吹奏乐器，反映了人们“事死如事生”的文化观念。

音乐是唐朝人生活的重要组成部分，其中一部分原因是在倡导儒家文化的社会中，礼乐有着促进社会和谐的作用。皇宫中有专门为皇帝演奏的乐团，而许多仪式性的场合，也需要根据礼制进行奏乐。在战乱时期，也会有宫廷乐师流落民间，并推动民间音乐的发展。唐朝墓葬中的这些陶俑为我们提供了很多关于当时音乐表演活动的信息，比如乐器的样式、乐师的服饰以及舞者的动作等。

宫廷音乐

唐朝初期，宫廷内已经设立了多个不同的音乐机构，其中包括大乐署和鼓吹署。唐朝的军事活动、宗教祭祀等场合都会进行奏乐。除此之外，还有像燕乐这种专门在宴饮时演奏的乐曲。在宫廷之外，民间音乐和宗教音乐也在蓬勃发展，而宫廷音乐也经常受到这两者的影响。至今，唐朝宫廷中的许多演奏乐器仍在民间音乐中扮演着重要角色。

唐朝舞蹈

女性舞者的历史可以追溯到夏商时期，那时她们可能也像图中的这些陶俑一样，舞动长袖来展现舞姿。流传至今的很多唐朝时期舞蹈的名称，来自于宫廷相关的史料记录。这些舞蹈中有充满活力的胡旋舞和剑器舞，它们节奏明快、动作矫捷；也有风格较为舒缓的，类似《春莺啭》这类的舞蹈，节奏缓慢、动作柔美。在唐玄宗统治时期，甚至连马也要学习舞蹈。它们被披上锦缎，鬃毛上挂着装饰品，在人们的引导下于宫廷宴会上翩翩起舞。

▷ **时尚的乐舞俑**
这些乐舞俑的形象反映了唐朝时期的风尚追求：舞者身穿美丽的高腰裙子，有着樱桃小口和纤细乌黑的眉毛。

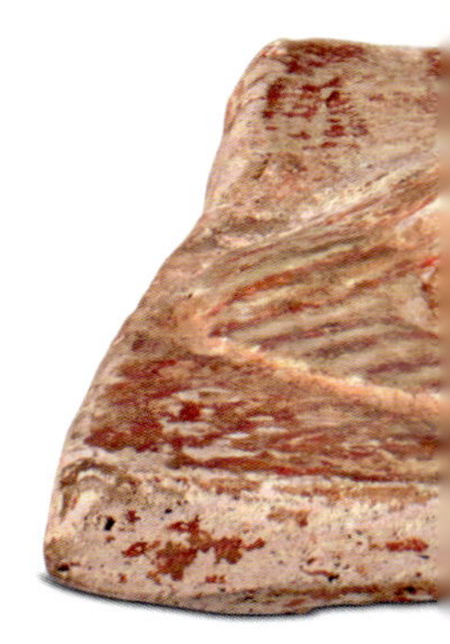

头发盘成双髻
笙
乐队中的乐器可
用于独奏或合奏
长袖飘飘
琵琶有四根弦，
背面是平的

茶叶

世界流行的饮品的历史

有说法认为，茶树起源于中国西南部的巴蜀地区，然后逐渐传入中原。公元前 59 年时的一条史料中提到“武阳买茶”，这是世界上最早的关于买茶的记录，而该地距离当时的成都城不远。

茶的流行，一定程度上也要归功于佛教在中国的传播。汉传佛教的僧人要遵守不得饮酒的戒律，为了学禅时“务于不寐，又不夕食”，所以“皆许其饮茶”，因此僧人常常在坐禅修行时靠饮茶提神益思。寺庙的施主、香客等也受到影响，把喝茶的习惯带入日常生活之中。

中国历史上，民间饮茶的风气也十分兴盛。到了唐朝中期，长江流域的山坡上经常能看到茶树。到了唐末，南方的四十余州都种植茶树，从事茶叶生产的人数也非常之多。茶叶还促进了国家经济的增长，793 年时，有史料显示官府开始对茶叶销售征收 10% 的税款。到了 9 世纪 30 年代，官府每年可获得约 60 万贯的茶税收入。唐朝还实行茶叶专卖制度，私自大规模贩卖茶叶的行为会触犯法律。

流行的商品

在饮茶文化中，还兴起过“斗茶”的潮流。人们举办比赛来切磋泡茶的技艺，比谁泡出的茶汤色泽最好，同时还能让杯内壁上的泡沫久聚不散。唐朝人陆羽的《茶经》出版于约 780 年，是一部关于茶叶种植、生产和饮茶技艺等知识的综合性专著。在唐朝早期，茶叶在焙干后被压成茶饼，人们

△ **陆羽**
陆羽是湖北复州竟陵（在今湖北天门）人，从小在寺院中长大，并学会了煮茶的技艺。他的《茶经》一书在唐朝引发了饮茶的热潮。在这本书中，他介绍了茶叶的形状、如何采摘茶叶、喝茶的准备工作等知识。

△ **辽朝的茶俗**
这幅 12 世纪辽朝壁画的局部图出自位于今河北宣化的张世卿墓。茶叶出产于南方，而北方少数民族政权对茶叶的需求也很大，特别是在辽朝南枢密院管理的河北地区。图中的仆人正在备茶。

△ **《桐荫品茶图》**
这是清朝《十二美人图》中的其中一幅，由雍正皇帝命令宫廷画师创作。画面描绘了优雅的仕女在梧桐树下品茶的情景，体现了古人饮茶时追求的雅致意境。

> “其第一者为隽永，或留熟以贮之，以备育华救沸之用。”
>
> 《茶经》，陆羽

饮用煎茶前需将其碾成茶沫，投入沸水中煎煮，等水再次沸腾时就煎好了。唐朝时出现的茶叶加工工艺“炒茶”，也一直流行至今日。人们饮茶时很少往里面添加东西，但也有往茶中加入牛奶的饮用方法，这似乎是来自游牧民族的文化传统。

重要的出口商品

将茶引入日本的是佛教僧人。1191 年，荣西禅师将从中国带来的茶籽种在了日本国中。日本的茶文化在 16 世纪末达到顶峰，形成了烦琐精细的日本茶道。17 世纪时，茶叶传入欧洲，此前茶叶早已传到中亚、西亚和阿拉伯地区。1607 年，荷兰商人首次采购中国茶叶，并将其转销到西欧。到 1851 年时，中国茶叶年出口总量约 7~10 万吨。到今天，茶仍然是世界上最受欢迎的饮品之一。截至 2020 年，全球茶叶的消费总量为 587.8 万吨，其中中国人的消费量就占其中的五分之二。

△ **茶叶贸易**
茶叶逐渐在中国经济中占据了重要地位。它易于烘干、存放和运输，因此成为一种有价值的商品。该图的远景为茶园，近景是已经打好包准备运送出去的茶叶。

△ **奉茶**
虽然最早人们重视的是茶的药用功效，但从 8 世纪开始，喝茶逐渐与惬意闲适的生活联系起来，并成为中国文人日常生活的一部分。图中展示的是 1901 年北京一户富裕人家准备茶水的情形。

△ **上海茶馆**
从 8 世纪起，茶馆成为了中国文化的重要组成部分，这里也是人们进行交际的场所。图中描绘的是 20 世纪上海的茶馆里的场景，无论老少都聚集在这里聊天。

△ **《韩熙载夜宴图》**
这幅局部图出自五代时期的绢本画《韩熙载夜宴图》，描绘了南唐大臣韩熙载听乐师奏乐的场景。

五代十国

动荡纷争的割据时期

在907~979年之间，中国各地出现了很多地方性的割据政权。五个定都于北方中原地区的较强政权，史称为“五代”；另外十个主要位于南方地区割据政权，史称为“十国”。

唐朝灭亡后，各地割据势力纷纷崛起，进入了“五代十国”时期。中国历史上的这一时期以政权数量的众多而闻名，实际上大部分都是由军阀建立的、统治短暂的政权。统治者经常借用前朝的国号来为自己的政权命名，以强调自己对正统的延续性，提升自己的地位。在北方，首先建立政权的是朱温统治的后梁政权，他在位时努力稳定自身统治，后朱温于912年被次子朱友珪弑杀。之后，后梁末帝朱友贞击败朱友珪后即位，并陷入了与北方的晋政权的激烈交战之中。晋政权的建立者是沙陀人李克用，他曾帮助唐朝朝廷镇压黄巢起义，并受封晋王。唐朝灭亡后，李克用继续与朱温的后梁政权对抗，在他去世后其子李存勖即位。李存勖骁勇善战，于923年最终灭亡后梁。因为他的政权在名义上宣称自身继承了唐朝正统，所以也用“唐”作为国号，史称“后唐”。

短暂的王朝

李存勖（史称后唐庄宗）在继位后荒废朝政，后死于一场兵变。其继承者努力维持着后唐的统治，

年表

五代十国时期，整个中国经历着动乱、冲突和改变。

五代
后梁 907~923年
后唐 923~936年
后晋 936~947年
后汉 947~951年
后周 951~960年

十国
杨吴 892~937年
南唐 937~976年
前蜀 891~925年
后蜀 926~965年
南汉 905~971年
楚 896~951年
吴越 893~978年
闽 893~945年
南平 907~963年
北汉 951~979年

但后唐的末代皇帝，最后还是因为无力抵挡国内军阀石敬瑭的叛乱而被迫自杀，后唐就此灭亡。

石敬瑭灭亡后唐之后，于936年建立后晋。他是在契丹的帮助下建立国家的，也因此付出了沉重的代价，将幽云十六州（在今北京、天津及河北、山西部分地区）割让给了契丹。之后，后晋与契丹关系破裂，契丹于947年出兵灭亡了后晋。同年，后晋的将军刘知远看清契丹人无力占据中原，便以驱逐契丹人为旗号，自行称帝，建立后汉政权。但后汉政权只统治了4年，就被将军郭威推翻。郭威于951年建立后周，并巩固住了政权。

954年，郭威去世，其养子郭荣（本姓郭，后宋朝改称为柴荣）即位。柴荣是一位非常有能力的统治者，他整顿吏治，改革军队，并进攻南唐和后蜀，扩大了后周的领土。然而他在北上和辽朝争夺幽州的战争中去世，其6岁的儿子即位。之后，后周禁军将领赵匡胤发动兵变建立宋朝，后周灭亡。宋朝接连灭亡了其他各地的割据政权，重新统一了中国的大片地区，并开启了长达319年的统治。

◁ **铺首**
这个鎏金铜铺首（门上的衔环兽面）出土于前蜀皇帝王建之墓。

南方的割据势力

当北方的五代相继更迭之时，南方地区也先后出现了十个地方性的割据政权，被统称为十国（仅有北汉一国位于北方）。这些王朝的统治时间也很短暂。在此期间，后蜀（在今四川地区）曾接纳大量唐朝灭亡后逃亡的官员和文人，因此在文化上较为发达。南唐也曾统一南方的大片地区，在文化上同样颇有建树。最后两个政权都被北宋击败并纳入版图。

虽然五代十国是一个充满了战乱和苦难的时代，但在这个时代，文化也得到了一定程度的发展。932年，官员、学者冯道主持了中国历史上首次大规模官刻儒家经典“九经”的工程，共耗时22年，历经五代中的4个政权、8位皇帝，最终于953年完成。这项工程开创了官刻图书的新局面，使官刻成为中国古代三大刻书系统之一，促进了文化的存续和发展。

▽ **《地藏十王经变图》**
下图出自敦煌莫高窟五代时期的一幅画卷，描绘了十殿阎王审判罪人的场景。这幅画卷表现了《地藏经》中的因果报应和轮回等一系列佛教观念。

◁ **钧瓷**

这是一件宋代的瓷盘，制作于大约12世纪末。瓷盘上独特的天蓝釉色表明它是在河南钧窑烧制出来的。

5

并立与对峙

960~1368年

开篇介绍

宋朝是一个社会繁荣、科学和文化成就显著的时期。宋朝主要靠文官来施行统治，这在很大程度上要归因于开国皇帝宋太祖和他的继承者宋太宗，他们扫平了五代十国的割据乱世，并掌控住了宋朝的军队。在接下来的一个半世纪里，中国在大多数时候都处于和平状态，但这建立在每年都要向北方邻国辽和西夏支付经济补偿的代价之上，只有这样才能与这两个经常带来麻烦的邻国维持脆弱的和平关系。

宋朝的领土面积比之前的汉、唐时期要小。然而，宋朝在贸易上的繁荣程度却是前所未有的，城市的规模和复杂程度也比之前有所增加。虽然宋朝时期的大部分中国人仍然生活在农村，但位于大运河要冲的国都开封却容纳了150万居民，并成为当时世界级的大都市之一。整体来看，由于农业生产水平的提升，国家的人口数量从4000万增长到了1亿。特别值得一提的是，从占城（在今越南南部）引进的占城稻每年可以收获两次，这使得宋朝可以养活更多的人口。

由于宋朝的军队势力受到严格控制，权力越来越多地落入经由严格的科举制度选拔出的文官手中。当时理学思想盛行，强调官员应当施行善政并承担社会责任。宋朝统治者采取措施，提供新的教育机会来鼓励家境普通的人才投身政治。这一时期，宋朝的文化也得到了极大的发展，文学、史学、绘画和瓷器制作都进入了黄金时代。

宋、辽、金、西夏的并立与宋室南迁

自宋朝建立后，辽、西夏长期保持着与宋朝并立的状态。但在北宋末期，辽朝连续被女真人建立的金朝政权击败，政权岌岌可危。为了收复五代时期被辽所占的唐朝故土幽云十六州，宋徽宗选择与金朝结盟，夹击辽朝。最终辽朝被金朝灭亡，但宋朝也因此失去了与金朝之间的战略缓冲区，随后金军南下攻宋，并于1127年占领了宋都开封，俘虏了宋朝皇帝，北宋灭亡。

960年 宋太祖成为宋朝的开国皇帝。

976年 宋太祖去世，他的弟弟宋太宗继位。

979年 宋太宗结束五代十国时期。

1005年 宋朝与辽朝签署和平盟约，史称“澶渊之盟”。

1069年 大臣王安石推行变法。

1115年 原本臣属于辽朝的女真人建立金朝。

1125年 女真军队击败辽军。

1127年 金朝攻占了宋朝的国都开封，迫使宋皇室南迁至临安（在今浙江杭州）。

1132年 南宋建立中国第一支常备海军。

虽然宋朝失去了占全国面积三分之一的北方领土，但继任的宋朝统治者保住了剩下的南方领土，并在临安（在今浙江杭州）建立了新的国都，这个政权史称南宋。南宋继续存在了一个半世纪，南方的经济仍然像北宋时一样繁荣。此时，海洋对南宋的重要性大大加强，海上贸易在南宋经济中的比重增大。贸易的繁荣催生了早期纸币的出现，并最终发展成一种成熟的纸币——交子。宋朝的工匠还建造出了可容纳1000人的多层海船。1132年，南宋创建了中国历史上第一支常备海军。

元朝的建立与灭亡

南宋顶住了金朝的多次进攻，却没能战胜崛起于13世纪的大蒙古国。1206年，成吉思汗统一蒙古诸部，建立大蒙古国，不久便南下进攻金朝。之后，蒙古先是灭亡西夏，然后继续向南进攻金朝。南宋重蹈覆辙，与蒙古联合攻打金朝，直到蒙古灭金后，南宋才意识到这一错误。金朝灭亡后，蒙古转而进攻南宋，蒙古大汗忽必烈于1271年开始正式使用“元”为国号，并最终于1279年统一中国，建了新的大一统王朝。

至此，元朝统一了中国，结束了自五代以来多个政权并立的局面。忽必烈去世后，元朝开始陷入内乱，其统治在软弱无能的继任者手中逐渐恶化。面对官员的腐败无能、各种苛捐杂税和强征兵役、劳役等行为，民众的不满情绪逐渐高涨，再加上一系列的自然灾害夺走了数百万人的生命，国内爆发了大范围的农民起义。1356年，南方的起义军首领朱元璋成功占领了集庆（在今江苏南京）。12年后，他宣布建立明朝，成为这一新王朝的开国皇帝。

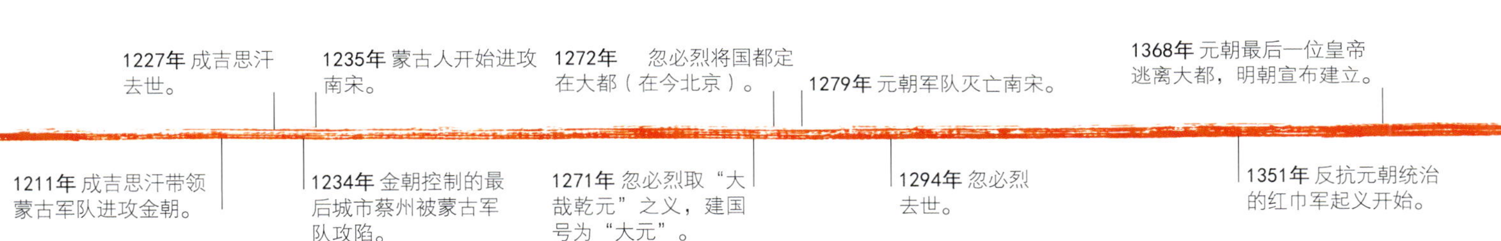

北宋

重回统一和繁荣的王朝

经过五代十国的混乱时期后，宋朝重新统一了中国的大部分领土，迎来了一个繁荣发展的时代，文化与科技也有了前所未有的进步。

宋朝的统治时期通常分为前后两段：统治着中国大部分领土的北宋时期和金朝灭北宋后继续统治着中国南方的南宋时期。

宋朝建立于960年，建立者赵匡胤（后来被称作宋太祖）曾经是五代十国时期统治着北方后周政权的一位将军。宋太祖重新统一了国家，结束了五代十国时期（见162~163页）军阀造割据的混乱局面。宋太祖顺应渴望和平、结束混战的民心，努力建立一个稳定、公正的官僚体制。

文雅的皇帝

宋徽宗是一位出色的艺术家，他的书法和绘画都非常优秀（下图是他的作品《竹禽图》）。他还创作了许多诗歌，收集了大量的艺术品，并亲自参与皇家园林的设计。宋徽宗崇尚道教，也热衷于研究医学。然而，他在军事战略方面的无能导致北宋灭亡，自己也在被女真人俘虏后悲惨地死于金国境内。

他通过削弱地方军权和劝服位高权重的将军让位来巩固皇权，以优厚的俸禄等条件，逐步解除高级将领和地方节度使的权力。宋太祖提拔了许多忠诚的下级军官，并和他的继任者宋太宗一起改革了科举制度，让更多出身底层的有才能之人得到做官机会。他的改革确保了没有人可以挑战皇权。政治稳定不仅使得宋朝在经济上十分繁荣（宋朝甚至首次出现了纸币），也确保了人们在思想文化上的自由，从而促进了科学、哲学和艺术的发展。

来自北方的威胁

976年，宋太祖去世，他的弟弟继承了帝位，史称宋太宗。宋太宗的统治一直延续到997年。有传闻称宋太宗是杀害自己哥哥上位的，但这一说法尚无实据。无论如何，宋太宗在位期间统治有方，继续推动着中国的统一和改革，北宋王朝一直持续到12世纪宋徽宗和他的儿子宋钦宗时期才灭亡。北宋一直面临着来自北方边境地区的军事威胁，威胁主要来自两个邻国，即西夏和实力强大的辽。为了抵御两个国家的进攻，宋朝保持着巨大的军费开支，还试图通过每年向邻国缴纳白银和绢等财物来安抚他们。

国际关系

虽然边境关系紧张，宋朝还是从与北方的贸易中获益颇多，并在边境建立了官方监管下的与邻国互市的市场，即榷场。中国向北方邻国大量输出的货物包括茶叶、丝绸、纸张、书籍、大米和香料。

△ 宋太祖

宋太祖推行科举制度改革，并鼓励兴建书院。他是一位开明的皇帝，保障士大夫的言论自由。

▷ **宋朝丝织品**
宋朝以出产精美的丝织品而闻名，图右的这块丝织品就是宋朝的御用工坊织造的龙纹缂丝锦缎。周围的蓝边是明朝时期后加上的。

▽ **钧瓷**
宋朝有五大名窑，它们生产出了当时质量最上乘的瓷器。这只壶出自五大名窑中的钧窑，窑址在今河南省禹州市。

北宋时期的中国在大部分时候保持着防御状态，这是因为它刚从五代十国的混乱中走出来，十分重视自身稳定。这一时期，中华文化优于其他文化的观念再次流行起来，外来思想受到排斥，本土的儒家思想和道教受到尊崇。这一时期的理学（见178~179页）是儒家思想进一步发展的产物，起到了稳定社会的作用。它提出了一种理想的、以仁为核心的家长制：国家就像一个大家庭，统治者就是家庭的慈父。然而，这种思想也导致了妇女权利从宋朝开始的进一步丧失，因为它强调妇女在社会中应处于从属地位。

北宋的生产力发展

北宋时期，中国成为了世界上人口最多的国家，有多达1亿的人口，且科技十分先进。中国各地的城市都在蓬勃发展，尤其是国都开封，发展成了一个商业街道纵横交错、人口密集的大都市。这座城市的人口超过150万，经济变得越来越多样化，分工也越来越细，出现了成体系的商业形式，如行会、合伙经营、集市，并且逐渐发展壮大。北宋时期，中国首次出现了城市居民户口（坊郭户），新的机遇也随之而来。

中国广大的河流和运河系统（见136~137页）

△ **宋朝时期的开封**
本图是著名长卷《清明上河图》的局部图，表现了当时开封的人们在清明节时工作和活动的景象。原作绘于北宋时期，这里展示的是清朝画家的模仿之作。

高耸的城门楼标志着城市的入口所在，城内有旅店、寺庙、衙门和住房

商人载着他们的货物在清明时节进入城中

汴河是这座城市的生命线，它连接着许多运输货物的河流

河面上十分热闹，有渔船，还有载着旅客的客船

极大地促进了北宋国内外贸易的增长，东南沿海的泉州等海港也是如此。它成为了国家重要的对外贸易港口，与东南亚、印度等地有着密切的商贸往来，并在南宋时期进一步发展成为连接东亚、印度洋乃至非洲的全球贸易枢纽。

经济的增长也促进了北宋的科学探索和科技创新。宋朝的皇帝对军事科技的投入很大，研制出了建造大型战船所需的工具和技术，还制造了大量使用桨轮驱动的船只。北宋时期还修建了不少浮桥，以便于军队或运输的物资能够通过江河。

北宋时期还生产了大量各种类型的武器。有资料记载，北宋时有 4 万多工匠在军器监管辖的作坊内工作，这些作坊大多以开封为中心。

其他产业在北宋时也蓬勃发展，如新兴的生产高质量纺织品、漆器和陶瓷的作坊。北宋时期，铁的年生产量达 1500 万斤，仅政府征收量就达 550 多万斤。这种金属被用于制造一系列产品，如船锚、桥梁和宝塔的构件，以及粮食生产所需的农具。

▽ **北宋水浮法指南针**
图中是根据北宋时期著作《梦溪笔谈》和《本草衍义》中的记载，按 1∶1 比例进行还原的水浮法指南针模型。宋朝官员、科学家沈括曾在《梦溪笔谈》中提到，像图中这样将几小段灯草穿在一枚带磁的钢针上，磁针就能浮于水面，起到指向的作用。

科学与人文学科

北宋的学者在天文学上取得了重大的科学进步，他们绘制出了详细的星图，设计出用于天文测量和计时的仪器。这些仪器中就包括由漏刻水力驱动装置和可以模拟天体运动的巨型铸铜浑天仪构成的水运仪象台。北宋最伟大的发明之一是指南针：用磁石（天然的磁铁矿石）磁化一根钢针，使它变成磁针，这种磁针能够指示南北。这一发明是导航技术的一次革命，很快就被用于沿海和更远海域的海上航行导航，使人类的航迹远达东海、阿拉伯海、红海、太平洋和印度洋。

北宋科技的进步也对文化产生了影响。许多艺术家受到理学影响，尝试通过描绘自然来表达哲学内涵，从而推动山水画进入兴盛时期。同时，人们对宋代以前的历史产生了浓厚的兴趣，开创了金石学和古器物研究的新领域。

以史为鉴

北宋的一些士大夫，如司马光和范祖禹，重视编写有关过去朝代的历史著作。这些作品采用了一种叫作“史论”的风格，也就是将历史叙述与政治、

河边的买卖各式各样，商品的种类有酒和谷物等

纤夫们合力把船只向上游拉动，让船只安全通过大桥。河岸上有人在一旁指挥

陡峭的拱桥横跨两岸，中间并没有桥墩作为支撑。上面挤满了人，还有各种摊铺

到达京城的船放下桅杆以便安全过桥

儒学评论结合起来。司马光撰写了著名的《资治通鉴》，他在书中记载了从公元前403年至公元959年的古代历史，从历史中寻找政治经验和廉政善政的典范，并批评了某些朝代朝廷中存在的裙带关系和偏听偏信的现象。他在书中写道，通过这些方式获取权力的人通常是无能或贪婪的。司马光用他的历史知识劝谏统治者，要警惕贪图享乐和沉迷女色。他认为女色会使君臣离心，产生嫌隙。

北宋不仅创造了丰富的文化成果，还开创了出版传播的先河。宋朝人结合印刷和造纸技术，以低廉的价格印刷图书，因而广泛提高了人们的读写能力和对文化活动的参与度。艺术和文学通过印刷媒介扩展了它们的影响范围，有关园林和烹饪的研究也在北宋盛行起来。11世纪，毕昇发明了活字印刷术，比西方的古登堡印刷术早了大约400年。

北宋末期的灾变

北宋的繁荣和安宁并没有持续多久。1074年，中国北方发生大旱，此外与外敌的持续性冲突也令军队元气大伤，很快拖垮了北宋的经济。12世纪，北宋与中国东北部的女真人结成联盟，此前他们于

> “南北天井两廊皆小阁子……在京正店七十二户，此外不能遍数……”
>
> 《东京梦华录》，孟元老，1147年

1115年建立了金朝。在北宋的帮助下，金朝在1125年灭亡辽朝。然而，北宋在灭辽之战和外交谈判时展现出的虚弱，使金军南下攻宋，并于1127年攻下宋都开封，吞并宋朝的北方。宋朝的宫廷成员被押往遥远的东北地区，宋徽宗于1135年死于囚禁之中。宋徽宗的第九个儿子赵构逃到了南方并即位，定都临安（在今浙江杭州），继续统治着宋朝在南方的领土（见184~185页）。

▽ **金碗**

这只宋代金碗的碗边为花口形状，碗壁被锤揲成双层花瓣，其设计灵感来自秋葵花的花形。

丝绸生产

中国最著名的织物的历史

中国的丝绸产业从史前时期就建立了。新石器时代的考古证据表明，中国利用蚕丝进行织造已有6000余年历史。战国时期的墓葬也出土过装饰着龙、凤凰和抽象图案的丝制纺织品。当时，丝绸并不只用于制作衣物，它已成为重要的商品。早在金属货币出现之前，丝绸就被用来偿还债务，并作为交换媒介发挥作用。在中国历史上很长的一个时期内，丝绸一直扮演着这个角色。1141年，南宋（见184~185页）与金朝订立和约，南宋每年要向金朝纳贡25万两白银和25万匹绢。

丝绸一直属于奢侈品，因为它的生产费时费力。能够产卵的蚕蛾必须经过挑选，交配后产下的蚕卵需要储存在严格控制温度、湿度和光线的蚕房中。一旦蚕卵孵化出幼虫，就需要日夜定时给它们喂桑叶。在几次蜕变之后，熟蚕会吐出一种纤维，形成起保护作用的蚕茧。这个过程可能需要几天的时间。这时，将蚕茧浸入沸水之中，杀死里面的蚕蛹，然后将保护蚕蛹的蚕丝理出头绪再卷绕起来。一个蚕茧可抽茧丝约1000米，将数个蚕茧的茧丝抱合并由丝胶黏合而生的丝条就是生丝，生丝经过加工后才能进行织造和染整。

成品丝绸十分珍贵，不仅因为它的制作过程很复杂，还因为它有极高的审美价值。从很早开始，丝绸就成为了中国画家使用的画布。在轪侯夫人

△ **帛画**
这幅帛画碎片的年代可追溯到10世纪，描绘的是飞天的形象。绘制在绢帛上的画早在周朝就已出现了，但在西汉时期达到了新的高度，当时画家们开始在帛上画人物和动物的形象。

△ **桑树**
采集桑叶是丝绸生产过程中重要的一环，这使得桑树本身在中国具有了象征意义。古代的人们常在房前屋后种植桑树和梓树，因而在文人笔下桑梓成为了家乡的象征。

△ **女性的工作**
这幅元代王振鹏的卷轴画绘于绢上，描绘了丝绸生产的多个步骤。画家只描绘了女性，因为养蚕和丝绸织造最初主要由女性在家完成，后来才转到了作坊进行大批量生产。

“函绵邈于尺素，吐滂沛乎寸心。”

《文赋》，陆机

（见 90~91 页）棺木上发现的丝质旌幡，可追溯到公元前 2 世纪中晚期。至于书写材料，自东汉蔡伦改进造纸术后，纸张逐渐普及。但在东晋时期纸张被广泛应用前，丝帛仍然是一种重要的书写材料（见 108~109 页）。

丝绸的新市场

中国丝绸的精美和柔软使它获得了远播国外的声誉。当汉朝的张骞（？～前 114 年）出使西域时，他惊奇地发现中国的丝绸在他到来之前就已进入阿富汗北部的市集，这些丝绸是通过连接四川和印度的贸易路线进入当地的。在他开辟了中国通向西域的贸易之路后，丝绸成为这条路上向西运输的主要商品。也因如此，这条路被后世称作丝绸之路。

公元前 1 世纪，当盖乌斯·尤利乌斯·恺撒统治罗马的时候，丝绸在罗马已经备受人们推崇。即使后来养蚕缫丝的技术于 4 世纪时传入日本，后又传入阿拉伯和拜占廷，中国仍然是世界丝绸贸易的中心。

今天，中国的生丝产量仍占世界首位，丝绸也有了更多种新的用途，如制作降落伞和手术缝合线等。

△ **清代绘画中的纺织场景**
这幅画创作于清康熙年间，是 45 幅《耕织图》中的一幅。画中描绘了一名女子在织机上织造丝绸的场景。

△ **清代刺绣**
这件龙袍是 19 世纪的。龙袍是皇权的象征，图中的五爪金龙图案只能用于皇帝穿的龙袍上。这件龙袍上的图案是用彩色的丝线和金银线绣上去的。图中蓝色的卷云纹经常出现在中国古代的袍子上。

△ **传统的延续**
图中的女性正在解开蚕茧的丝，锅里还有一些蚕茧，她的身后也挂着大捆从蚕茧中解出的白色生丝。现代的缫丝方法更为复杂，需要使用各种机器和设备，优点是效率高，丝的质量也更加稳定。

儒家官僚体系

士大夫成为新的精英群体

宋朝时期，中国由贵族社会转变为官僚社会，士大夫成为具有政治地位和社会威望的新兴精英阶层。

从10世纪末期开始，宋朝的官僚体系开始由知识分子出身的“士”或“士大夫”担任的官员所主导。他们受过儒家思想的教育和良好的文化熏陶，并通过严格的科举考试进入政府。朝廷为他们在中央和地方各级政府机构的任职大开方便之门，以防止军方势力在朝廷中占主导地位。这改变了宋朝的统治合法性的基础，从此执政的合法性基础不再是世袭等级，而是知识与才能。

通过科举考试选拔出的官员数量迅速增多，很大程度上是印刷技术提升的结果。它降低了图书生产的成本，使知识的传播更为广泛。朝廷增加对书院和官学机构的资助，也对提高全国的识字率和教育水平起到了重要作用。

科举考试

通过考试选官的制度在汉朝时就已经出现，到宋朝时已经历了数个世纪。宋朝对科举考试制度进行了重大改革，使考试流程更加完整严密。科举考试成为人们进入政府部门的主要途径，这一方式一直持续到20世纪初。儒家经典是考试的核心内容，考生需要熟记“四书”“五经”中的内容（见54~55页）。而宋朝大臣范仲淹对此进行了部分改革，考试内容重视策论，以选拔研究经世致用学问的人才。

宋朝的科举考试流程严密公正，朝廷采取诸多措施来防止舞弊情况的发生。例如，进行评卷时密封试卷头，即遮住考生的姓名、乡贯信息，改由编号代替，这样点检试卷官就无法得知自己批阅的是谁的试卷。这样一来，来自南方的考生们开始在朝廷获得一席之地，打破了之前出身北方的官僚的主导地位。

一旦通过科举考试，考生就会加入宋朝2万名官员的行列，参与管理这个有着1亿多人口的国家。大多数人在州、县担任低级职务。在当地士绅的帮助下，他们主要负责征税、兴修水利、灌溉、发展农业等事务，以及他们自己衙门的管理。他们的薪水不高，中央政府给予的支持也不大。朝廷里那些令人梦寐以求的决策职位，都留给了最优秀的考生。

地方官与宋朝司法

宋朝的司法体系通过知州、知县和县令来运转，这些职位基本都由知识分子出身的官员来担任。人们希望这些地方官能够运用实用知识和成文法律来进行司法审判，同时发扬儒家传统中的伦理和道德观。包拯是中国历史上著名的司法官员之一。他厌恶腐败，捍卫穷人的利益，在11世纪中期获得了刚正不阿和诚实的声誉。包拯断案的事迹受到说书人的欢迎，后来被广泛改编成小说和戏曲。

△ **绘有周敦颐形象的盘子**
士大夫阶层中产生了许多中国历史上非常受人尊敬的哲学家，如周敦颐。这件明代盘子上画着他与侍者的形象。周敦颐运用形而上学和儒家伦理思想来解释万物生化的原理。

◁ **智慧的保存与传续**
即使北宋灭亡、宋室南迁，宋代知识分子仍然努力维护儒家传统并将其传续下去。这件书影为南宋时期儒家典籍刻本。

△ **《天章召见》**

这幅出自明代《帝鉴图说》的图画，描绘了宋仁宗（1022~1063 年在位）在宫廷内的天章阁以手诏向诸臣问政，诸臣当场笔答的场景。

苏轼与《洞庭春色赋》

这幅图画描绘的是苏轼《洞庭春色赋》中的场景。苏轼曾在这篇赋中想象自己见到汉朝初年的四位隐士“商山四皓”。

苏轼

宋朝杰出的士大夫

苏轼是著名的诗人、散文家和书法家。虽然他尊崇儒家思想，但也对其他思想多有涉猎，这导致他的思想和正统思想发生冲突并因此受到排挤，但他仍以超然的人生态度对待这一切。

△ **《赤壁赋》中的场景**
这件13世纪的银盘上所展现的场景，来自苏轼的《赤壁赋》。它表现了《赤壁赋》的作者苏轼与友人泛舟游于赤壁之下的场景。赤壁是长江岸边的古战场。

1037年，苏轼出生于一个书香世家。他在20岁时通过了殿试，成为朝廷里一颗冉冉升起的新星。他是一位才华横溢的思想家，他的文章受到了宋仁宗的青睐。到1067年宋神宗登基时，苏轼已是一位颇受尊敬的士大夫。

然而，苏轼在朝廷的派系斗争中屡遭排挤。他直言不讳地批评新的改革措施，特别是与主持改革的宰相王安石政见不合。结果，他被贬离国都开封，到多地任职。在将近十年的时间里，他先后在密州、徐州、湖州等地任职，这些经历拓宽和深化了他的思想，他也进入了一个创作的活跃期。

东坡居士

1079年，苏轼因写了讽刺朝廷改革的诗文而入狱。他被贬谪到黄州（在今湖北黄冈），在那里的一处山坡上开垦、种植，并将这个地方称作“东坡”。他也开始自称苏东坡或东坡居士，这是他人生的转折点。他的著名诗文包括《赤壁赋》《念奴娇 · 赤壁怀古》《水调歌头》等，这些已成为中国文学的经典之作。他的作品以温暖、人性化和幽默的风格而受人喜爱。苏轼也是一位绘画大师，他擅长画竹子和当时流行的“士夫画”（也称“文人画”）。苏轼认为绘画应像诗一样抒情写意，这在当时是一种创见。

他在贬谪生活中体会到了诸多苦难，但也正是在这一时期他创作了许多佳作。1086年，他被重新召回朝廷，但他再一次与朝廷中的政治集团发生了冲突，并在1094年被贬到惠州，1097年又被贬到儋州。虽然苏轼逃过了儋州流行的瘴疾，但仍于1101年在常州遇赦北归后去世。

▽ **《寒食帖》**
有感于季节变化和自己时运的不济，苏轼在被贬谪黄州时创作了这篇书法作品。

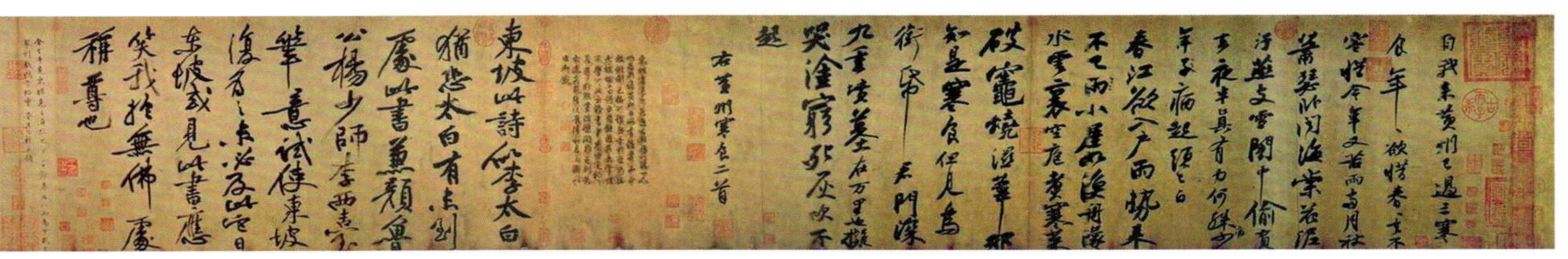

1037年 出生于眉山（在今四川）。

1061年 首次在朝廷任职。

1071~1079年 从朝廷被贬，后在多地任职。

1079年 因写讽刺朝廷改革的诗文而入狱。

1080~1084年 他被流放到黄州，其间创作出多篇知名的诗文。

1086年 回朝廷任职。

1101年 死于江苏常州。

理学

从训诂之学到义理之学

11世纪时，儒学在关注社会现实和理论思维水平方面都达到了新的高度。宋朝时期，理学的出现几乎使社会的各个方面都焕发了生机，涌现出许多改革家、教育家和哲学家。

随着3世纪初期汉朝的灭亡，汉朝倡导的儒家思想逐渐被道教和佛教这样的宗教信仰体系所替代。特别是佛教，它在唐朝时期对中国的影响达到了顶峰。然而，到了唐朝后期，一些人对外来宗教佛教的反对，促进了“失落”的儒家传统的复兴。

唐朝朝廷中最著名的反对佛教的官员之一，是杰出的学者和诗人韩愈，他认为唐朝会从儒家思想的复兴中受益。为了让人们更好地理解这些理念，他发起了一场文体改革运动，也就是“古文运动”，目的是扫清绮靡晦涩的文风。韩愈也以对佛教的批评而闻名。他在给唐宪宗呈奏的《论佛骨表》一文中，将佛教定义为野蛮的夷狄崇拜的对象。他的这一观点激怒了唐宪宗，唐宪宗要下令处死韩愈。在其朝廷友人的劝谏下，这位哲学家才免遭一死。

已经在韩愈等思想家心中生根发芽的儒学复兴思想，在11世纪得到进一步发展。当时，宋朝朝廷中士大夫之间的派系斗争激烈。以宰相王安石为首的改革派寻求中国社会和经济的变革，提出由朝廷统一对经济和国防事务进行集中管理、调整选官制度等改革方针。他们遭到了包括司马光在内的保守派的强烈反对。

朱熹

朱熹出生于尤溪（在今福建），在19岁的时候科举及第。他曾在多个职位任职，但大部分时间致力于写作和教育弟子。他在晚年不幸卷入“庆元党争”，导致他的学说被斥为伪学，因而受到打压。他的思想在他去世后才被官方接纳，并被后人视为儒学的集大成者。

> **“人其人，火其书，庐其居。”**
>
> 《原道》，韩愈

从混乱中诞生的秩序

由于对朝廷内的相互倾轧感到失望，一些人远离了党派斗争的舞台。其中包括周敦颐、邵雍、张载、程颢和程颐，后人称之为“北宋五子”。他们分别从不同方面探讨了宇宙和人生的基本问题，奠定了理学的理论基础。

1127年，金朝灭亡北宋、占领中国北方（见171页），导致了文化和政局的混乱，也让“北宋五子”的哲学思想脱颖而出，形成潮流。哲学家们试图重新定义天人关系，并重新发起了对如何构建更好的社会的讨论，赋予了儒家学说新的意义。整个社会产生了一种自下而上进行复兴的动力，人们创办书院和官学机构，以传播新产生的儒学思想。

12世纪的哲学家朱熹致力于研究北宋哲学家的思想。他调和了各派学说的矛盾之处，最终建立了理学的思想体系。朱熹的哲学思想用“气”（构成万物的质料）和“理”（宇宙本体与道德法则）解释了

△ **龙纹图案的丝绸**
金代的织金锦在历史上十分有名。这块精美的织金锦上的图案是一条盘旋的龙和龙珠。

国都开封，开封在1127年沦陷，北宋灭亡。金朝的军队抓住了宋朝的皇帝宋徽宗、宋钦宗和其他很多皇室成员。宋朝朝廷被屈辱地逐出中国北方，退到长江以南。尽管此后宋朝在反击金朝入侵的多场战役中取得胜利，但还是在1141年的绍兴和议中对金朝称臣纳贡。

1153年，金朝将国都从北方迁到了燕京（在今北京），然后又在1214年迁到了开封。金朝实行中原官制，部分官员是通过科举考试选拔出来的，而且在科举中设置女真进士科，采用女真文考试。科举考试也对儒家思想在少数民族中的传播起到了积极作用。虽然金朝尝试保留女真人的传统（包括将女真文推广为通用文字），但女真人的汉化进程十分迅速。到12世纪末，大多数女真人都能讲汉语了。

金朝在中国北方的优势地位一直持续到13世纪，这时蒙古各部落陆续归附于强大的成吉思汗（见186~187页）麾下，他们不断进攻和掠夺金朝领土。成吉思汗分别于1205年、1207年和1209年出兵西夏，迫使其臣服，剪除了进攻金朝的牵制力量，随后又在1211年对金朝发起了全面进攻。金朝奋力抵抗，但南京（在今河南开封）仍在1233年陷落。1234年，金朝在蒙宋夹击下灭亡。

> **“庚戌年中有虏尘，干戈深入汉江滨。”**
>
> 王询记述与辽国战事的诗句，11世纪

▽ **当字副统之印**
这是一件金代晚期时的武将官印，上面用九叠篆的字体刻着“当字副统之印”的字样。这枚官印在设计上借鉴了宋朝官印的风格，反映了当时金朝在政治制度上的汉化倾向。

辽朝丧葬面具

永恒的美丽

辽朝有自身独特的丧葬习俗，与中国其他地方的习俗不同。社会地位较低的人可能是采用火葬的形式，在已发现的辽朝墓穴中约有三分之一存有人类骨灰。然而，契丹的贵族却有着不同的待遇。通过对辽朝墓穴的发掘，人们发现贵族的尸体用铜丝包裹着，他们的脸部也被薄薄的金属面具覆盖着，这些面具是由金、银或铜制成的。许多辽朝的坟墓遭到了破坏和掠夺，能幸存下来的丧葬面具不多。但专家根据现存的丧葬面具推断出，面具的大小和金属的类别代表了死者的社会地位。对辽朝来说，金银是珍贵的金属，这两种金属一般是为皇亲国戚准备的。目前人们只在陈国公主与驸马萧绍矩的合葬墓中发现了两个金面具，他们是皇室的直系成员。元朝的一份文献表明，辽朝公主会在她的婚礼之日被赠予她的葬礼面具。

现存文献中很少有对契丹人使用丧葬面具原因的解释。宋代文惟简在他的一份记述中提到了辽朝葬礼中对金银面具的使用，但他对金银面具没有细节的介绍，而是描述了契丹人为尸体防腐的方法，即从死者的腹部放掉血液和脂肪，并取出器官，然后用带有香味的草药和能够长久保存的矿物（如盐和明矾）填充。文惟简的说法未必十分可信，一些历史学家认为这是在贬低契丹人和他们的游牧祖先。有些历史学家还将这些面具与佛像的面容进行比对。考虑到契丹人对祖先的尊重，有些观点认为这些丧葬面具是将逝者尊为圣人的表现。

永久的安宁

右图的面具是在一位年轻女性的墓中发现的，该女性的身份仍是未知的。虽然这张面具的材质不是金银，而是镀金青铜，但它的轮廓和抛光程度令人惊叹。这张面具的大小与真人一样，凸出的五官和圆润的脸庞很可能与逝者十分相似。与中国早期王朝逝者面部覆盖的玉质面具不同，辽朝的丧葬面具是根据每位逝者的面部特征制作的。图中的面具双眼紧闭，眉头舒展，嘴唇微微翘起，展示了逝者逝去时的安详状态。

▷ **丧葬面具的特征**
辽朝的丧葬面具是通过对薄金属块锤打制成的。这张面具上凸出的眉毛和紧闭的双眼，是辽朝丧葬面具的一大特点，但也有一些面具上的眼睛是睁开的。

宗教造像

中国古代的佛像

自公元 1 世纪佛教传入中国以来，它作为传播最为广泛的宗教之一，在不同的时代经历了地位上的起起落落。在过去的 2000 多年里，佛教的多个分支在中国蓬勃发展。

△ **自在观音**
代表慈悲的观音菩萨在中国通常被刻画成女性形象，但在一些地方也有男性形象的观音像存在。这尊金代的观音像呈现自在坐的姿态。

◁ **石碑残片**
这块石碑残片上有一尊佛、两尊菩萨和两条龙。石碑的雕刻时间可追溯到西魏时期，当时，佛教在西魏很受重视。

涂有染料的砂岩

▷ **石雕头像**
这件 8 世纪左右的头像被发现于天龙山 25 个洞窟之一，刻画的是一位菩萨的形象。

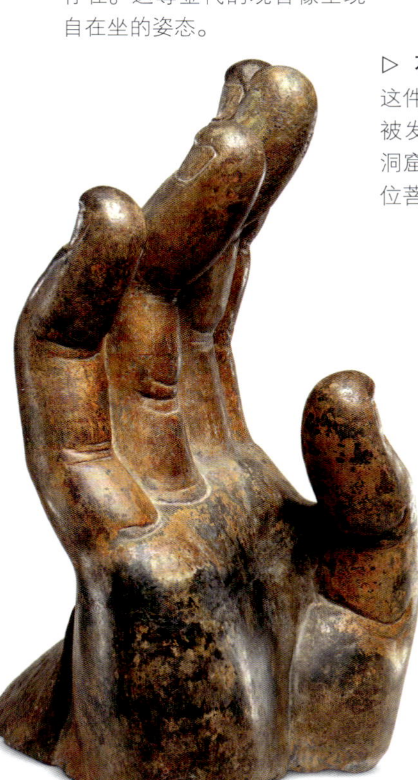

◁ **佛的右手**
这只栩栩如生的手来自北齐时期的一尊石窟佛像。

碑首上的佛像

▷ **佛经石碑**
这块石碑制作于 533~543 年，上面记述了佛经中的一场辩论。石碑表面的深色是由于后世人们对碑文的多次拓印而造成的，以至于有些地方已模糊不清了。

△ **菩萨头像**
这件精心雕刻的菩萨头像有着典型的佛教造像特征：神情温和、洒脱，气质宁静而典雅。

△ **观音的坐骑**
明朝时期，观音通常骑坐在金毛犼上。人们相信观音有救苦救难的力量。

△ **金刚橛**
金刚橛是藏传佛教中的法器，象征着普巴金刚制服贪婪、妄想和无知等所有邪恶的能力。

◁ **天杖**
这支天杖可追溯到永乐年间，是藏传佛教常用的一种法器。

镀有金银的铁质器物

△ **象牙雕刻的天杖杖头**
天杖是藏传佛教中的一种法器，其原型为古代印度教神职人员使用的手杖。这件天杖的杖身已经遗失，仅剩杖头。它在藏传佛教中属于高等级的法器。

△ **金色的神像**
这件清代的神像塑造了三位藏传佛教神明。中间是呈忿怒相的大威德金刚，他曾降服阎罗。据说他能降服一切破坏佛法的恶鬼。

◁ **玉女宝**
这件法器是藏传佛教“轮王七政宝”中的“玉女宝”。“轮王七政宝”中的每件法器都是一种吉祥的象征。

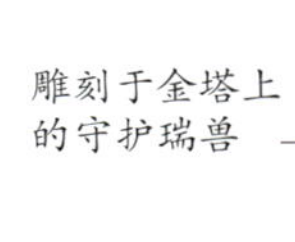

雕刻于金塔上的守护瑞兽

◁ **明代佛塔**
佛塔是存放舍利、经卷或法器的地方，也供人们参悟佛法。这座引人注目的金色佛塔可追溯到明朝。

这个镀金的青铜宝座上嵌有蓝松石和其他宝石

◁ **清代玉佛**
这尊玉佛延续了早期佛像的宁静气质，但玉佛下面的华丽宝座却是典型的清代器物。

忽必烈像

画中是大蒙古国的大汗、元朝的建立者忽必烈。这幅画是 1294 年他去世后，画家在绢帛上绘制的一幅肖像画。忽必烈统一了中国并推行汉化政策，但他也从未忘记自己的血统。

忽必烈

统一中国的蒙古大汗

元朝的开国皇帝是忽必烈，他灭亡了南宋，建立了元朝这个大一统国家。他尊重中华文化。在他的统治下，元朝经济繁荣，文化蓬勃发展。

1215 年，忽必烈出生于漠北，他是成吉思汗最喜欢的孙子之一。他年轻的时候就赢得了勇士的名声。1251 年，当他的哥哥蒙哥成为大蒙古国的大汗后，忽必烈被授予管理国家东部领土的权力，并进军中原。忽必烈十分欣赏中原的财富和技术成就。他招揽汉人大臣在他的领地推行改革。1252 年，他委托城市规划专家刘秉忠在今内蒙古建立了开平城，后来更名为上都。

1259 年蒙哥去世后，忽必烈和他的弟弟阿里不哥为了争夺大汗之位爆发战争。1260 年，忽必烈自封为大汗，但他实际上直到 1264 年才打败他的弟弟，真正夺得汗位。他将他的权力中心转移到了汗八里，或称大都（在今北京）。他下令建造雄伟的建筑来彰显自己宏大的气魄，为之后明清两朝的帝都奠定了基础。1279 年，忽必烈灭亡南宋，进而统一了中国全境。

统一后的举措

在忽必烈统治时期，元大都成为了国际化大都市，多国的商人都曾造访过这里，比如来自意大利的马可·波罗（见 198~199 页）就曾受过忽必烈接见。在忽必烈的统治下，中国的各个方面都开始蓬勃发展。他重新开放了丝绸之路，修整并延长了大运河，而且大力支持艺术创作。

不过，忽必烈统治的后期也出现了一些问题。元朝统一中国后，原本由汉人大臣推行的改革逐渐陷入停滞，因为早年追随忽必烈的汉人重臣或相继谢世，或不再受信任。同时，忽必烈还继续展开了对东亚、东南亚多国的远征，但最后都失败了。

1294 年，忽必烈去世。他缔造了自罗马帝国之后的又一个超级大国，也创建了中国历史上又一个大一统的王朝。

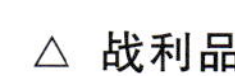

△ **战利品**
这件头盔是日本军队在和元军交战时获得的战利品。

▽ **外交信件**
这是 1289 年伊尔汗国君主阿鲁浑给法国腓力四世国书中的一部分。其文书格式几乎与元朝使用的格式完全一样。

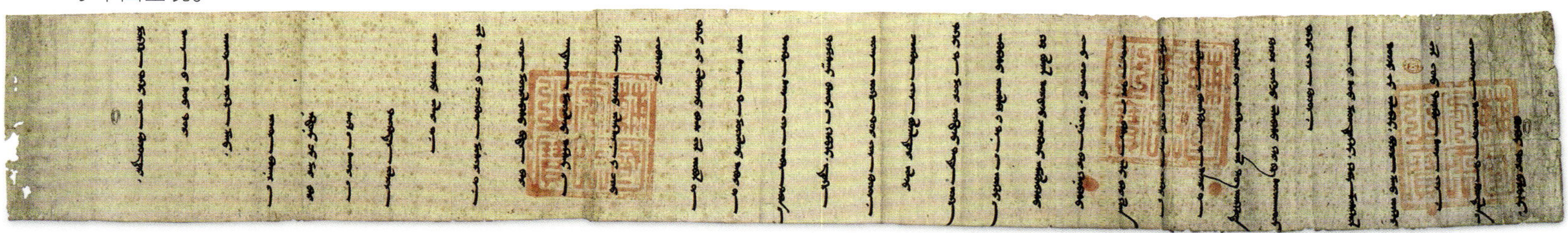

1215年 出生于9月23日，是成吉思汗的孙子。

1259年 忽必烈和他的弟弟阿里不哥展开了继位之战。

1260年 自称蒙古大汗。

1267年 下令建造中都（后改名为大都，在今北京）。

1279年 忽必烈统一中国。

1281年 派兵远征日本，但元军惨败而归。

1294年 去世。

中国古代的战争

武器和战术变迁的历史

在 2000 多年的时间里，中国古代的军队肩负着防御外敌和戡平内乱的任务。当军队处于有力而统一的指挥之下时，就能够维护国家的安定，使国家繁荣兴盛。

军事技术

武器装备的发展是中国古代战争演变的基础。在公元前 11 世纪初期，军队的规模相对较小，战车上的贵族甲士戴着青铜头盔、手持昂贵的青铜长矛或戈进行战斗，并由成千上万的平民担任的步兵辅助他们作战。那时战斗的时长往往很短，士兵们作战时也受到荣誉和道德行为准则的严格约束。这一模式在春秋时期（见 58~59 页）发生了改变，小国之间不断爆发冲突，战争的规模逐渐扩大，时间也变得更长，战争也变得愈发残酷。

炼铁技术的发展、铁器的广泛运用终结了贵族武士的时代。在战国时期（见 68~69 页），各国开始生产铁制武器和盔甲。它们逐渐取代了只有贵族才能拥有的、以昂贵的青铜材料制造的武器。大约公元前 2 世纪，弩已被用于战争，当时弩的有效射程约为 200 米，在对付战车驭手和战马时很有效，这是早期弓箭所不及的。随着新武器的出现，新型的军队人数可达数十万人，由专门的将官统领。战争的性质也发生了变化：各国建造夯土城墙来守护城

△ 强大的军阵
秦始皇兵马俑（见 82~83 页）陪葬坑内有 7000 多个栩栩如生的武士俑。1974 年，当地农民在位于陕西西安临潼的秦始皇陵附近发现了这些兵马俑。历史学家们认为，它们约在公元前 210 年被埋葬在这里。

△ 骑兵战术
这块画像砖出自墓室，上面刻画了一名骑兵在马上进行骑射的形象。这一战法要求骑兵在骑马奔驰时向后扭转上半身，用弓箭射击追赶的敌人。这幅汉朝画像砖上的图像是已知最早的描绘这种战法的图像。

△ 西周玉柄铁剑
这是中国目前出土的年代最早的冶炼铁器。在古代，剑不仅是用于战争的武器，更是一种身份的象征。即使贵族并不亲自上阵拼杀，也会在日常生活中佩剑。这把剑的玉制剑柄，更是彰显着剑的主人的贵族身份。

“夫兵久而国利者，未之有也。”

《孙子兵法·作战篇》，孙武

市，围城战便成为了军事对抗的常用手段。

在西汉（见 86~89 页），由于边境地区的军队经常与骑马的游牧民族发生冲突，汉朝军队也从他们的对手那里学习到了新的技能，骑兵的重要性与日俱增。4 世纪时马镫的使用使骑兵可以更好地控制他们的坐骑。

南北朝时期战乱不断，府兵制应运而生。在这种制度下，府兵平时在被分配给的土地上务农，有战事时他们可被迅速动员、集结起来。到了 6 世纪 70 年代，据说北周的府兵人数已达 20 万。

火药武器出现于中国的晚唐时期，这比西方使用火药武器早了约 4 个世纪。最初的火药武器是燃烧的“火箭”，当时被称作“飞火”。到了宋朝，人们首次发明了管状火器，是枪炮的前身。南宋时期还建立了世界上首支常备海军。

明朝初期，朝廷改良了军户制度，但从明中叶开始，这些世袭的职业士兵逐渐被募兵所取代。这代表着明朝的卫所制逐渐崩溃，明朝越来越难以从卫所中募集到优质的士兵，而募兵在很多层面上不如卫所兵能更容易形成有效的战斗力。

△ **釉陶甲骑具装俑**
这件釉陶甲骑具装俑描绘的是南北朝时期北魏甲骑具装（重甲骑兵）的形象。这种骑兵拥有强大的冲击力和防御力，在当时的战争中占据显著的优势地位。

△ **早期火器**
这幅局部图出自敦煌莫高窟一幅 10 世纪时的画作《降魔变》，描绘了佛陀降魔的场景。上面的妖魔手持类似火毬和火枪的武器。有学者认为，这些就是用于战争的早期武器。

△ **明朝对海盗的打击**
这幅 16 世纪末或 17 世纪初的卷轴画局部描绘了倭寇和明朝军队之间的战争。自元朝末年起，倭寇就开始侵扰中国东南沿海。明朝采取了多种措施来剿灭他们，特别是在 16 世纪五六十年代时曾多次发起军事行动。

战争的工具

不同朝代的武器

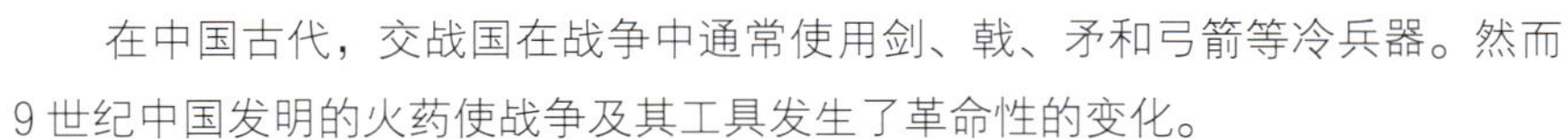

在中国古代，交战国在战争中通常使用剑、戟、矛和弓箭等冷兵器。然而，9 世纪中国发明的火药使战争及其工具发生了革命性的变化。

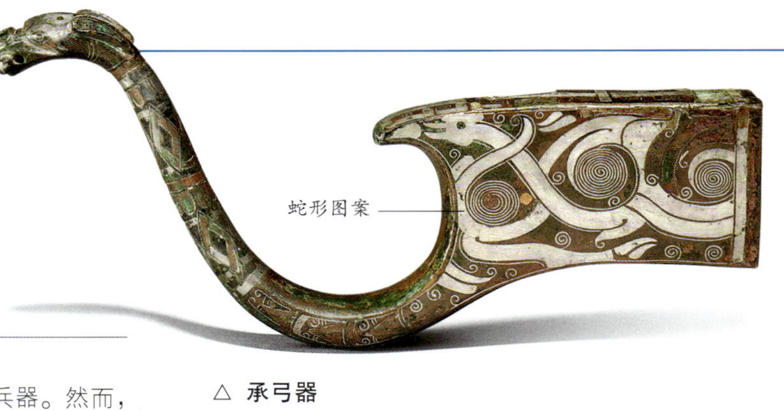

△ **承弓器**
这件青铜承弓器的制作时间可追溯到战国末期。这种配件通常会在战车上安装一对，用来支撑放在战车上的弩。

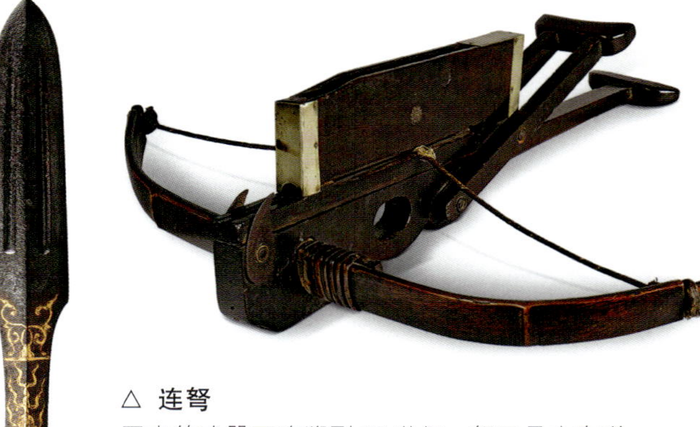

△ **连弩**
图中的武器可追溯到 18 世纪，弩弓是由有弹性的竹子制成的，而弩身是由乌木制成的。弩的末端有水平的木托，士兵在射击时可以将弩支撑在身体上。

△ **清弓**
这张 19 世纪的弓通过铰链连接，折叠后顶端可以衔接在一起。弓上装饰有身穿飘逸长袍的人物形象。

◁ **矛头**
这件钢制的矛头制造于 17~18 世纪，上面绘有金色火珠、波浪和山的纹样。

△ **龙纹匕首**
这把双刃青铜匕首的柄上饰有龙纹。它的制造时间可追溯到公元前 7~ 前 6 世纪。

△ **明代偃月刀**
这把偃月刀的刀身和刀柄来自不同的时期。其圆齿状的单刃刀身可追溯到 16 世纪早期，但刀柄至少在 1 个世纪后才被安装上。

▷ **大炮**
这门 18 磅中国大炮可追溯到 1830 年，它的基座是俄罗斯产的。它发射的炮弹可击中 1.8 千米之外的目标。

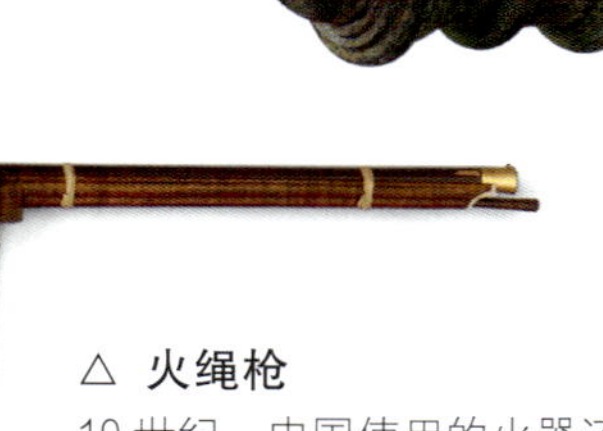

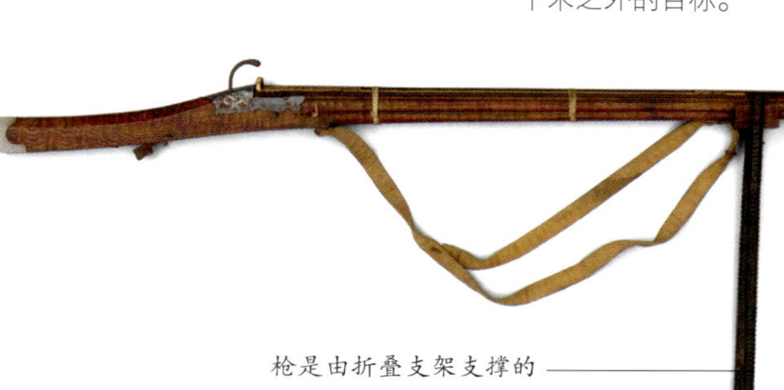

△ **火绳枪**
19 世纪，中国使用的火器还是火绳枪，其形制正如图中这杆枪。同时期欧洲使用的枪支更为先进。

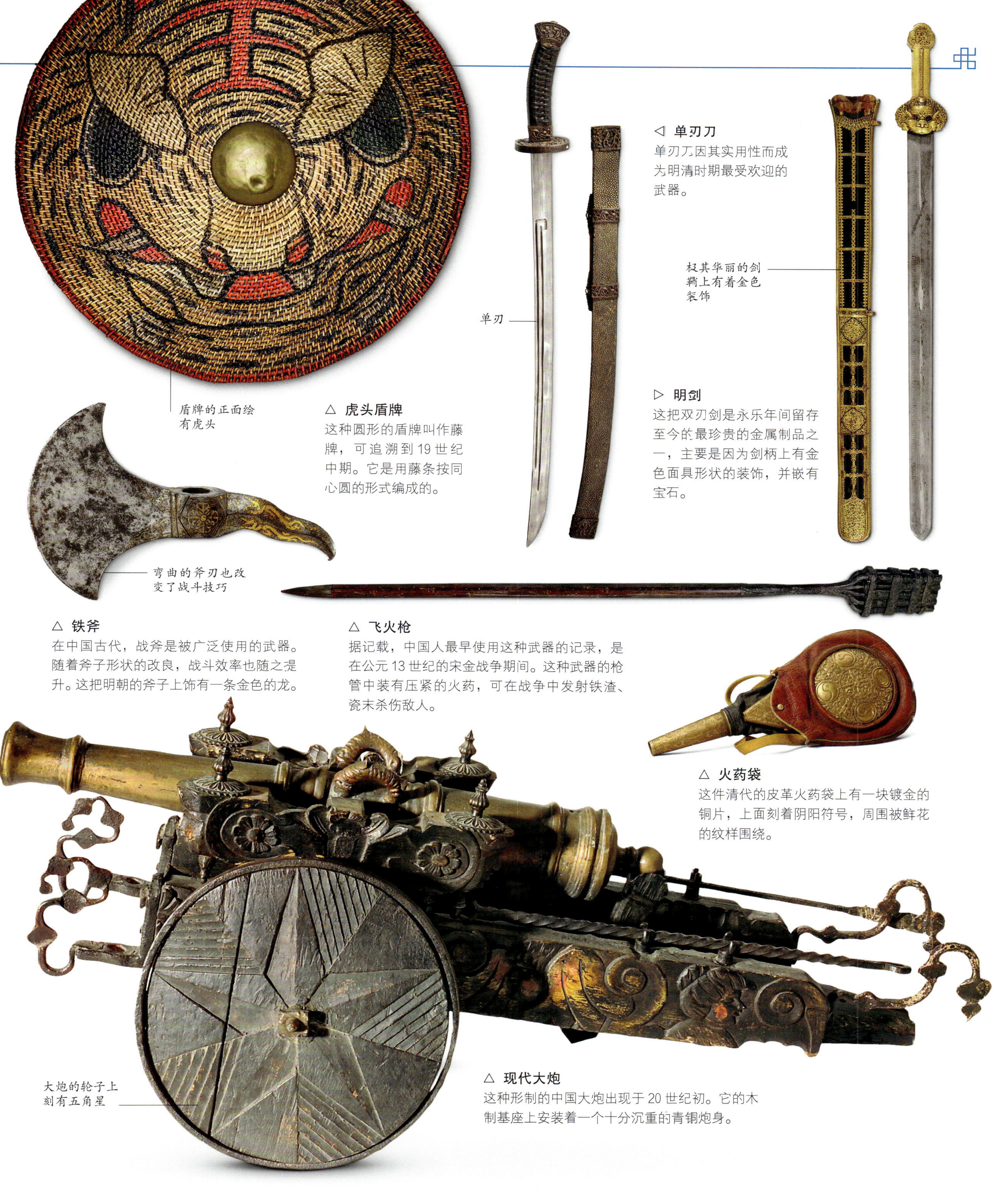

△ **虎头盾牌**
这种圆形的盾牌叫作藤牌，可追溯到 19 世纪中期。它是用藤条按同心圆的形式编成的。

◁ **单刃刀**
单刃刀因其实用性而成为明清时期最受欢迎的武器。

▷ **明剑**
这把双刃剑是永乐年间留存至今的最珍贵的金属制品之一，主要是因为剑柄上有金色面具形状的装饰，并嵌有宝石。

△ **铁斧**
在中国古代，战斧是被广泛使用的武器。随着斧子形状的改良，战斗效率也随之提升。这把明朝的斧子上饰有一条金色的龙。

△ **飞火枪**
据记载，中国人最早使用这种武器的记录，是在公元 13 世纪的宋金战争期间。这种武器的枪管中装有压紧的火药，可在战争中发射铁渣、瓷末杀伤敌人。

△ **火药袋**
这件清代的皮革火药袋上有一块镀金的铜片，上面刻着阴阳符号，周围被鲜花的纹样围绕。

△ **现代大炮**
这种形制的中国大炮出现于 20 世纪初。它的木制基座上安装着一个十分沉重的青铜炮身。

马可·波罗的旅行

一位来到中国并记录下元朝见闻的旅行家

威尼斯商人马可·波罗于元朝时期来到中国。他在中国生活的17年间四处游历，其所见所闻被记录在《马可·波罗游记》中。

◁ **离开威尼斯**
这幅15世纪的画作描绘了1271年马可·波罗与他的父亲和叔叔从威尼斯出发，前往忽必烈统治的元朝的情形。他们在四年之后到达元朝境内。

马可·波罗约1254年出生于意大利城邦威尼斯的一个富裕的商人家庭。他6岁时，他的父亲尼科洛和叔叔马费奥离开威尼斯踏上长途贸易之旅。他们途经黑海和中亚地区，最终受到了元朝的统治者忽必烈（见192~193页）的接见。

启程

忽必烈对欧洲的法律、政治和行政系统有着强烈的兴趣，而且希望更多地了解欧洲的宗教信仰。因此，他让尼科洛和马费奥去罗马觐见教皇。1269年，他们返回了意大利。两年之后，他们带着罗马教皇赠送的礼物再次启程，这次随同的还有17岁的马可·波罗。他们首先航行至阿克科里（在今以色列），然后到达了黑海南岸。从那里，他们沿着丝绸之路（见102~105页）继续前行。当时，蒙古人在亚欧大陆建立起了较为稳定的秩序，并开启了一段较为和平的时期。这一时期，丝绸之路沿线的旅游和贸易大大增加。

在中国的见闻

最终，在徒步穿越了中国北部边境之后，波罗一家于1275年抵达了元上都，也就是忽必烈那座华丽的夏都。马可·波罗受到忽必烈的喜爱。他被带到宫廷里接受教育，并学会了蒙古人和汉人的习俗。马可·波罗得到忽必烈的信任，被受封元朝官职，并到中国各地进行游历。后来，他来到了杭州，杭州附近像威尼斯一样修建了很多运河。这里人口众多，商业繁忙。络绎不绝的商人用马车和船只装载着粮食来到这里，年轻的马可·波罗被这些景象所震撼。他还穿越中国内陆到过今缅甸一带。马可·波罗一家最终于1295年回到了家乡，也就是忽必烈去世的第二年，元朝逐渐陷入内乱。不久之后，马可·波罗

◁ **勇敢的探险家**
这幅著名的马可·波罗肖像画是由19世纪的意大利画家安尼巴莱·斯特拉塔创作的。

△ **纸币**
马可·波罗在游记中，描述了元朝如何利用桑树的树皮制作纸币。图中这种纸币是1287年开始发行的。

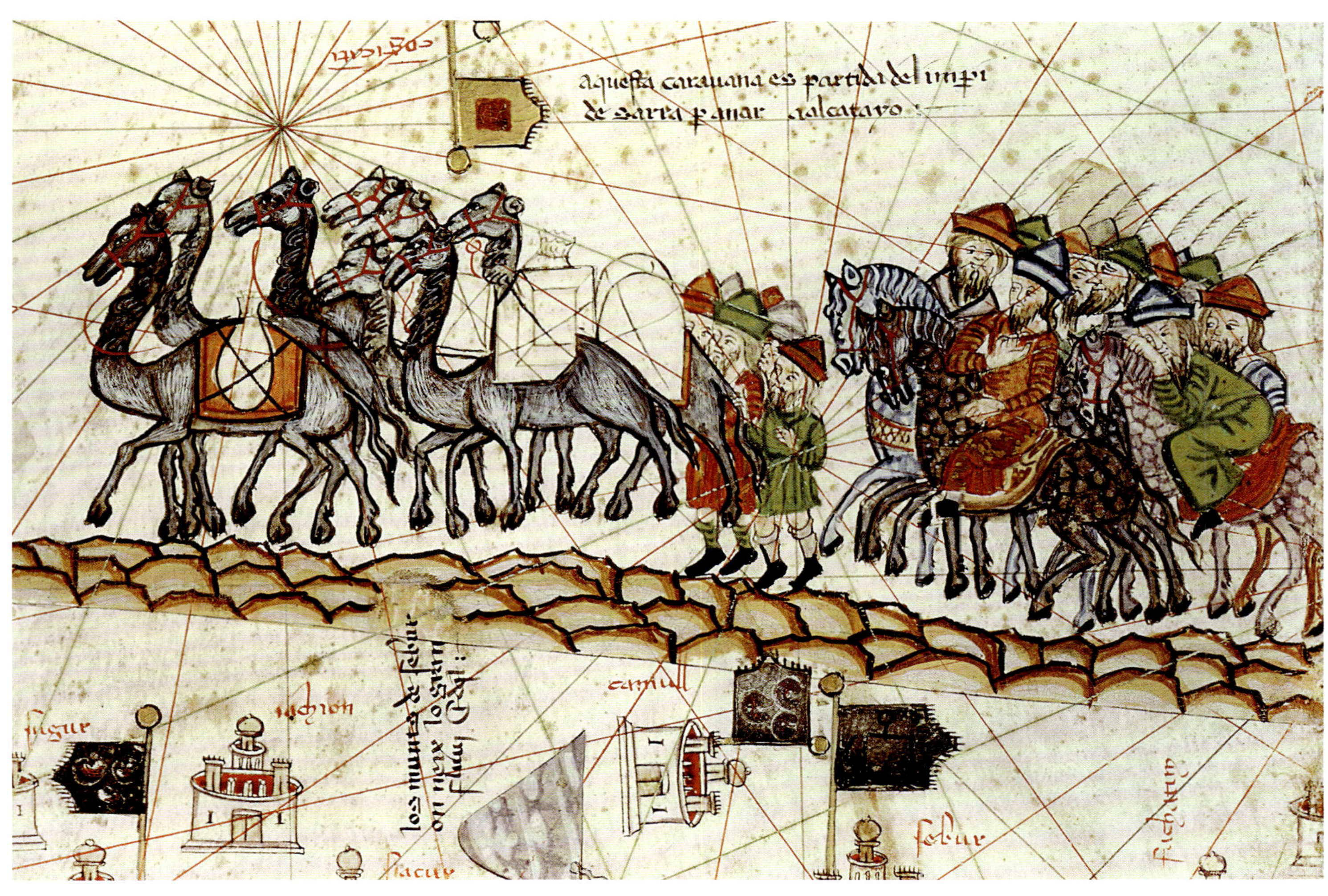

△ **马可・波罗的旅行**
这张局部图出自1375年的《加泰罗尼亚地图集》，图中描绘了马可・波罗一行人骑马和徒步旅行的场景。一群骆驼走在队伍的最前面。

在威尼斯与劲敌热那亚的战争中被俘。他在被俘入狱的这段时间，遇到了一位狱友——意大利作家比萨的鲁斯蒂谦。由他口述和鲁斯蒂谦执笔，他们最终共同完成了这部《东方见闻录》。

不可思议的经历

《东方见闻录》首次出版于约1300年，这就是后来被人们熟知的《马可・波罗游记》。在书中，马可・波罗记述了他遇见过的许多不同民族和地区的人们，以及东方的各种奇妙物种；他还描述了自己经过的许多环境严酷的地区，如高山隘口、干旱荒漠和危险海域等。他还描绘了忽必烈的形象以及自己在元朝的生活，包括许多自己在欧洲从未见过的东西，如纸币、煤炭、弹药、印刷术等。

该书出版后十分畅销，更使欧洲人意识到国际贸易和对外探索能带来的潜在利益。尽管早期的评论家对这部作品的可信性存疑，但大多数现代学者认为他的文字是基于真实经历写作的，因为书中存在一些合理的描述，如当时的货币、盐业生产和专卖制度等。虽然书中有经过修饰和加工夸大的故事，但其反映的内容是不容忽视的。

> “我说出的事情连自己所见的一半都不到，因为我知道，即使说了人们也不会相信。”
>
> 马可・波罗临终遗言，1324年

元朝末期的统治

席卷各地的农民起义

长期内乱瓦解了元朝的政治凝聚力。在元朝末年，党争、腐败以及一系列的自然灾害导致农民起义相继爆发，元朝最终灭亡。

1294年，忽必烈去世。忽必烈之孙铁穆耳继位，一直执政到1307年。他镇压了多次叛乱和对其宗主地位的挑战，是元朝最后一位能有效统治整个中国的统治者。在接下来的几十年内，元朝相继有多位皇帝继位，但每位的统治时间都不长，有几位只统治了一两年。有些统治者登基时十分年幼，对管理这样一个动荡而又极其复杂的国家缺少经验。1313年，元朝宣布恢复科举制度，但改变了一些规定，以利于应考的蒙古人、色目人中举。

观点相左的权臣

1333年，在朝廷的派系斗争后，孛儿只斤・妥欢帖睦尔被推上帝位。他统治了元朝35年，直到元朝的灭亡。他的前期统治被两位权臣伯颜和脱脱控制着。这两位权臣采取了截然相反的政策。伯颜推行民族压迫政策，甚至禁止农民使用铁制禾叉，以防其造反。脱脱则改变了伯颜时代的旧政，政治一度较为清明。

然而，从14世纪40年代末期起，整个国家多次遭遇自然灾害，如寒冬、洪水、瘟疫和饥荒等，这些灾害导致中国北方的人口数量骤减。人们将这些灾难性的事件解释为元朝已经失去了天命（见48~49

讽刺社会的剧目

由于元朝时动荡的政治环境，许多知识精英退出政治舞台，转而去实现艺术追求。在这种情况下，文化艺术在元朝的统治下繁荣起来。一些人在戏剧（右图为1324年的一幅元杂剧壁画）领域创作出了一系列经典的作品，其中许多作品批判了元朝统治的黑暗。比如关汉卿的《窦娥冤》，通过情节巧妙地反映了元朝统治者在司法方面的不公正。

△ 《浴马图》
赵孟頫是元朝最著名的画家之一。图中所示的是他创作的绢本画《浴马图》。

▽ 元朝人像
这件陶制人像出自14世纪，描绘了元朝人的形象。他的头部被包裹住，穿着简单的长袍。

页）。朝廷尝试解决财政困境，印刷了纸币，但由于缺乏监管，很快就导致了严重的通货膨胀。除此以外，元朝还存在政府管理不善、税收过高和贪污等问题。即使如此，元朝治下部分地区的经济仍繁荣起来：棉花产量增加，高粱种植也得到大规模的推广。元朝重修大运河，并将其延伸到元大都（在今北京）城内，但这也付出了昂贵的代价。朝廷为使黄河合淮入海而开凿新河道，征用了大量民工。官吏乘机敲诈勒索，导致民怨沸腾。

红巾军起义

为了便于行政和军事管理，忽必烈将中国分为了中书省直辖区、宣政院辖地，以及10个行中书省。然而，到了14世纪40年代，中国南方许多地区开始脱离朝廷的掌控；到了1355年，元朝的中央权力已经开始崩溃。

不满元朝统治的民众开始集结成起义军，并自称“红巾军”（因戴的头巾是红色而得名）。他们发动武装起义，并鼓动人们加入进来，一同推翻元朝的统治。他们的核心思想来自白莲教（受佛教影响）、儒教和道教。1356年，红巾军在朱元璋的带领下夺取了集庆（在今江苏南京）。朱元璋消灭了其他起义军并重创元朝势力。1368年，明朝建立，明朝军队攻取元大都（在今北京），妥欢帖睦尔携后妃、太子逃往上都（在今内蒙古锡林郭勒），元朝灭亡。

△ 元朝的最后一位统治者
图中左侧的人是孛儿只斤・妥欢帖睦尔，他登基时年仅13岁。他在统治后期不再理政，而是沉迷享乐。他于1370年去世。

“天下虽得之马上，不可以马上治。”

耶律楚材对窝阔台汗的谏言

◁ **珐琅罐**
这件彩色的景泰蓝珐琅罐上装饰着火焰和云彩的纹样，两条龙穿行其中，追逐着一颗明珠。这件珐琅罐的制作时间可以追溯到明代宣德年间。

6 稳定与富足

1368~1644 年

开篇介绍

从1368年到1644年，明朝的统治延续了近3个世纪。在明朝的初期和中期，国内经济繁荣，人口不断增长。明朝统治者重新确立了儒家思想的统治地位，并进一步发展和强化了中央集权。尽管有些政策较为保守，但这个新王朝确实充满了推动经济发展和社会变革的动力。

15世纪初，明成祖朱棣在北京营建起了一座宏伟的新都城，并将皇宫和朝廷的所在地设置在城中心的紫禁城。明朝还对大运河进行了修缮和扩建，使之成为国内交通和贸易的大动脉，为都城及沿线地区提供粮食和其他物产。在疆域方面，明朝还通过政治制度加强了中央和西南部的云贵地区之间的联系。明成祖还派出了规模宏大的郑和船队，以明朝官方的名义驶入印度洋，一直航行到红海和东非，与沿海的多个国家和地区建立起外交和商贸方面的联系。此时，欧洲的探险家们也在开辟新的贸易和殖民航线。葡萄牙的船只也在沿着非洲西海岸航行，尽管他们还要再过一个世纪才能到达中国。

明朝的内部建设

进入明朝中期后，朝廷在政策上更加专注于内部的治理，在国防方面也更加倾向于保卫边境，减少了对外部的探索。明朝中期的统治者重视农业生产，努力整顿吏治，推行税制改革，抑制土地兼并。为了减少北方边境的国防压力，明朝修建长城，并出台了和北方游牧民族的互市政策，以促进边境贸易。这一时期，明朝为防范倭寇和海盗而颁行了海禁政策，影响到了明朝的海外贸易发展；不过即便如此，明朝也仍然保持着与外国之间的交流，许多来自其他国家的文明成果传入中国，这其中不仅有产量丰富的粮食作物，也有各种科学著作与新型武器。同时，明朝的文化艺术也在蓬勃发展，建筑、手工艺、文学等领域都产生了大量流传后世的佳作。

1368年 洪武帝朱元璋建立了明朝。

1402年 朱棣夺取明朝帝位。

1405年 明朝郑和船队首次远洋航行。

1406年 明朝开始筹建新都顺天府（北京城）。

1420年 北京的紫禁城完工。

1433年 郑和船队完成了它最后的航行。

1449年 明朝军队败给瓦剌，但之后成功保卫北京并击退瓦剌。

到明朝中晚期时，朝廷内部的权力斗争愈发激烈，士大夫和宦官之间的争斗此起彼伏。而一些皇帝出于巩固自身权力的考量也对此持放任态度，并且沉迷在自己的享乐生活当中。地方上的秩序也因为无法解决的土地兼并等问题变得摇摇欲坠，明朝统治的根基开始动摇。

进入世界视野的明朝

明朝时期的中国仍然是世界上人口最多的国家，其城市的繁荣和发达程度，超过了同时期的其他所有国家。中国生产的奢侈品在欧洲供不应求，陶瓷和丝绸等产品吸引了无数的欧洲商人到达此处。自明朝后期开放海禁以来，中西方之间的文化和商贸交流与日俱增，明朝进入了一个较为开放的时期。在明朝晚期的史料中，外国相关的内容出现得越来越多，而在欧洲的史料中对明朝的记录也是一样。然而，此时的欧洲也正处于科学革命的前夜，中国自唐宋时期处于世界前列的科技优势开始逐渐被抵消。

到了明朝末期，政府越发变得无能和腐朽，不仅中央朝廷的权力斗争愈发残酷，对地方的施政也开始失灵。自然灾害的大爆发更是加剧了王朝的危机，引发了大范围的农民起义，最终明朝被农民起义推翻。这时，明朝的内乱给了来自中国东北地区的少数民族女真族（即后来的满族）以契机，女真族建立的清政权进入中原，并统一了中国。之后，新王朝清朝的统治一直延续到了20世纪初期。

1513年 欧维士成为第一个到达中国的葡萄牙人。

1522年 现存最早版本《三国演义》刊印。

1550年 蒙古劫掠者们在俺答汗的指挥下，一路劫掠至北京城下。

1557年 葡萄牙商人们被允许定居在澳门。

1572年 万历帝开始了他长达48年的统治时期。

1592~1598年 明朝军队应朝鲜王朝请求，帮助其击败入侵朝鲜的日本军队。

1601年 耶稣会传教士利玛窦应诏到北京居住。

1616年 女真族领袖努尔哈赤建立后金政权并开始与明朝对抗。

1627年 朱由检继位成为皇帝，以次年为崇祯元年。

1644年 崇祯帝自尽身亡，农民起义军占领北京；之后清军入关。

明朝的崛起

汉族政权的恢复与国家的再次统一

1368年，农民起义军领袖朱元璋建立明朝，他为强大的中央集权国家奠定了基础，并着手恢复中华的文化传统。

创立明朝的朱元璋出生于一个贫苦的农民家庭，早年曾在寺院中做过行童（供寺院役使的小和尚）。在元朝末年的动荡中（见 200~201 页），他加入了红巾军，并靠自身的才干上位，成为一支起义军队伍的领袖。1356 年，他夺占集庆（在今江苏南京），并改名应天府。在这里，他向民众承诺恢复汉人的统治和儒家的价值观，因而赢得了士绅阶层的支持，为未来的王朝打下了基础。在漫长的一系列战役中，他拓展了自己在中国南方的势力范围，然后进攻北方，攻占了元朝的大都，即北京城。

洪武之治

1368 年，朱元璋在应天府称帝，国号大明，建元洪武（史称洪武帝）。他也像历代帝王一样宣称自己受命于天（见 49 页），让人们相信他是真命天子。他是一位残酷无情的皇帝，但他在施政方面也十分的精明和高效。他建立了强化皇权的行政体系，通过荐举、科举、学校三途并用的办法进行选官，并试图遏制宦官的权力。朱元璋是通过武力建立明朝并统一中国的，因此他十分重视军务。据说他在位时期的明军兵力超过 100 万人，由中、左、右、前、后五军都督府统辖。他创立了卫所制度，在地方上实行军屯制度，将土地分配给卫所的士兵耕种。卫所的军户固定承担兵役，军人职业世代相传。这些改革有助于维持明朝的军力，以应保卫国境安全之需。

为巩固统治，朱元璋还实行分封制，将他的 24 个儿子和 1 个从孙分封到全国各地，以此来维护政权的稳定。由于明朝北方边境的安全仍然存在隐患，他分配给北方边境地区的藩王的兵力尤为雄厚。1381 年，明朝通过军事行动消灭了元朝在云南的残余势力，将云南纳入明朝中央政权的管理之下。

▷ **明朝的纸币**
明朝试图用纸币取代金属硬币，来调节经济的运转。然而，到了 15 世纪 20 年代时，通货膨胀严重削弱了这些纸币的价值。

△ **洪武帝**
明朝第一位皇帝朱元璋统治了明朝 30 年。在他 70 岁去世时，按照他的遗诏，他的嫔妃一律被杀，为他殉葬。

“朝治而暮犯，暮治而晨亦如之。”

《大诰》，朱元璋，1385年

▷ **锦衣卫腰牌**
持有这枚腰牌的人是锦衣卫的成员，皇帝靠他们来监视和惩罚与自己为敌的人。

明初政策的问题

朱元璋在施政方面的许多观念较为保守。他对江南地区的富商十分忌惮，对朝廷中的儒家士大夫们也并不信任。为了维护统治，他限制和打击旧豪族地主的势力，减轻农民赋税负担，并将大片的庄园土地拆分，为农民提供土地。虽然这些举措提升了粮食的生产、分配以及税收的效率，但明朝的民众受到了严格的控制，户籍制度限制了人口的流动。朱元璋还颁布了新的法典，对犯罪者实施十分严酷的刑罚。

多疑与严罚

洪武帝对大臣的惩罚也十分严厉，一旦他认为臣下威胁到他的权力，就可能对大臣展开清洗。1380 年，有大臣向朱元璋举报丞相胡惟庸横行不法并密谋造反，于是朱元璋下令将胡惟庸灭族，而且将很多与之有牵连的官员及其族人也一并定罪诛杀，大约有 3 万人被处死。之后，朱元璋撤销了丞相这一职务，将其职责直接交由六部分理，并设立殿阁大学士辅政，以此来加强皇权。他还设立了锦衣卫，用这支拥有特殊权力的“秘密警察”部队来监视四方，镇压异己。

年迈时的洪武帝原本想立自己的长子朱标为帝，但在 1392 年，36 岁的朱标去世，这扰乱了他的原定计划，于是他指定皇太孙朱允炆（朱标之子）成为他的继承人。

1398 年，洪武帝逝世，朱允炆继位为帝。然而 4 年后，洪武帝的儿子燕王朱棣夺取了帝位，并于次年改元永乐（见 208~209 页）。

△ **武圣关帝**
明朝将关羽视为保护神及忠义价值观的化身。关羽是一位被神化的汉族将军。

永乐盛世

永乐帝统治下的明代中国

历史学家将永乐帝朱棣的统治时期称为“永乐盛世”。在永乐帝的统治下，中国恢复了生机，并开始在海外彰显自己的影响力。

燕王朱棣是明朝开国皇帝洪武帝的众多儿子之一。他和父亲一样有着积极乐观的性格，并因他在北方边疆作战的经历，成为洪武帝最宠爱的孩子之一。然而，洪武帝在世时已经指定皇太孙朱允炆为他的继承人（见 207 页），在洪武帝死后，年轻的朱允炆继位为帝，史称建文帝。朱棣于 1399 年以“清君侧”之名发动“靖难之役”，推翻了建文帝的统治。在一场旷日持久的内战之后，朱棣的军队在 1402 年占领了应天府（在今江苏南京），但建文帝却失踪了，据说他可能死于烧毁宫殿的大火中。

对内的施政方针

朱棣因他的年号而史称永乐帝。他即位之后，加强了翰林院的力量，并设立了内阁制度，选择有才识的官员进入内阁参与决策。他还将监察御史出巡各省、监察各地官员的巡按制度确立为固定制度，为明朝巡抚制度的形成打下了基础。同时，朱棣重视发展生产，派出官员指挥救灾，组织屯田并向流民发放种子、耕牛、农具，并减免赋税。他还完成了一项重要举措，就是将首都迁到自己权力根基所在的北京，并在那里建造了宏伟的紫禁城（见 214~217 页）。为了保证新首都的粮食和其他物产的供应，永乐帝下令对破败不堪的京杭大运河进行了大规模整修，完成整修后的大运河将北京与杭州贯通起来，全长近 1800 千米。修复后的航道促进了国内交通的发展，改变了国内贸易的格局，更带动了南北之间的文化交流。

然而，永乐帝在政治斗争方面也是铁腕无情的。他曾经在“靖难之役”结束后残酷打击明朝内部的反对者，并恢复了在洪武帝时代已经撤销的锦衣卫狱，还设立了由宦官掌管的东厂，以此来严密监视百官和臣民的言行。这一措施加强了皇权，但也形

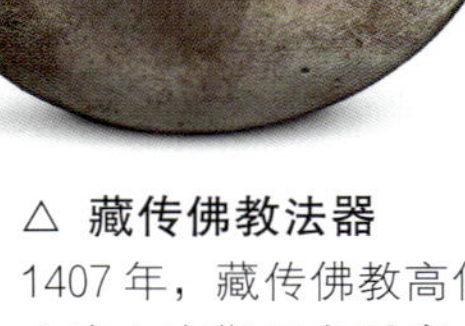

△ **藏传佛教法器**
1407 年，藏传佛教高僧哈立麻入宫觐见永乐帝，永乐帝将这把金刚钺刀赐予了他。

◁ **永乐帝**
永乐帝是明朝的第 3 位皇帝，是中国最有影响力的统治者之一。

◁ **大报恩寺琉璃宝塔**
这座八角琉璃塔，是永乐帝下令在南京建造的。它在 19 世纪的太平天国运动中被毁。

△ **明永乐雕漆人物盘**
这只永乐时期的雕漆圆盘，描绘了人们身处宁静的花园之中的场景。上面的铭文表明，它可能是明朝宫廷内府甜食房的盘子。

成了恐怖统治。

明政权的巩固与影响

永乐帝十分重视经营北方。他以北京城为政治经济中心，建立起对北方边疆地区的统治。他在女真族的居住地区设立了奴儿干都司，同时争取与蒙古诸部建立友好关系，鞑靼、瓦剌各部先后接受明朝封号。朱棣还亲自率兵发起五次北征，巩固了北部边防。这一时期明朝对其他边疆地区的统治也得到发展。明朝在西南地区设立了贵州布政使司；迎请乌斯藏地区宗喀巴大师的弟子入京，给予封赐，尊为国师；在西北地区设立了哈密卫，并多次派遣官员前往西域，加强政治、驻军和贸易往来。全国统一的形势在这一时期得到进一步发展和巩固。

永乐帝奉行对外开放的政策。他促成了郑和七次下西洋的壮举（见 222~223 页），旨在与海外诸国“共享太平之福”，扩大明朝的影响力。永乐时期派使臣来朝贡者达 30 余国，中亚的帖木儿帝国也与明朝多次互派使者往来。

永乐帝的死亡与皇位继承

1424 年，永乐帝在第 5 次北征回师途中去世。他被安葬在北京郊外的明长陵，这片皇陵之后共埋葬了 13 位明朝皇帝。他的继任者，洪熙帝和宣德帝继承了一个相对稳定的国家。与永乐帝相比，他们减少了军事行动，并专注于改革税制和减少国家开支等行政工作。明朝对散播影响力的诉求逐渐减少，变得更加重视边境的防务以及内部的治理。

《永乐大典》

1403 年，永乐帝命令学者们开始编纂《永乐大典》。这是一部涵盖了从历史、哲学、宗教，到占星术、医学和农耕等所有知识领域的大型综合性类书。全书共 11095 册，是互联网时代之前世界上规模最大的百科全书，但编成之后并未对外开放使用，而是收藏于皇宫之中。《永乐大典》的原本在大火中被烧毁，只有大约 3% 的早期副本幸存至今。

明朝的手工艺品

伟大朝代的杰出作品

明朝时期是中国手工业蓬勃发展的时期。随着艺术形式的多样化，器物的装饰工艺日趋复杂精致，工匠们在漆器、景泰蓝（珐琅）和木雕等领域展现出了精湛的技艺。这一时期诞生了许多中国最负盛名的工艺品和家具。

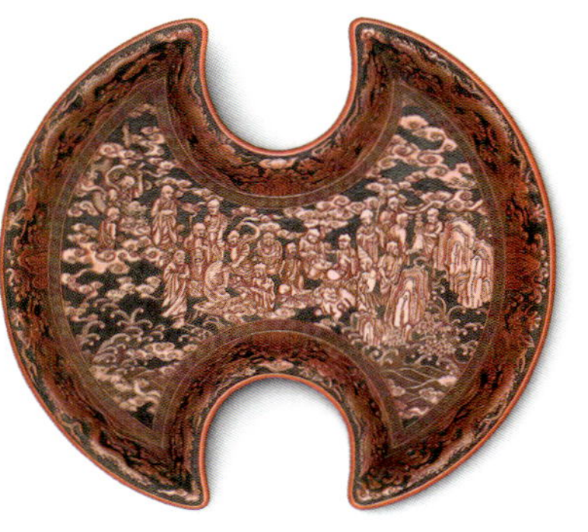

△ **明嘉靖年制漆盘**
这只漆盘的制作年代可以追溯到明嘉靖年间，上面刻有各种人物和龙的图案。

△ **明山水人物画菱形漆盘**
从这只精心装饰的盘子上可以看出，以中国文人为主体形象的园林场景是晚明艺术中的重要题材。

△ **明景泰蓝花果纹鬲式炉**
这件珐琅器皿由多种材料制成。它的顶部把手为玉制，两侧把手为铁制镀金，盖子主体则为木制。

△ **明永乐龙纹经盒**
这件永乐时期的镶金木盒，用来盛放宫廷中的佛经。

△ **明万历掐丝珐琅甪端**
神兽是明朝艺术家作品中的热门题材。这只香炉是用甪端的形象塑造的，甪端是一种象征公正廉明、秉公执法的神兽。

◁ **明铜胎景泰蓝盘**
这只15世纪的盘子，是已知时间最早的景泰蓝存世珍品之一。景泰蓝的主要工艺是将细扁铜丝以花纹的形式固定在器物的铜胎上，再将彩釉填在花纹空隙内，然后进行烧制。

△ **明晚期黄花梨七屏式嵌大理石罗汉床**
硬木家具在明朝开始流行起来。上图的罗汉床（类似沙发床），一般摆放在书房、闺房或厅堂等地方。

△ **清初珐琅寿字靠背椅**
这把木椅上有着罕见的珐琅饰面，使它十分引人注目。

△ **清雍正桌面小剔红香几**
雕漆工艺不仅用于装饰小件器物，还被用来装饰精致的家具。

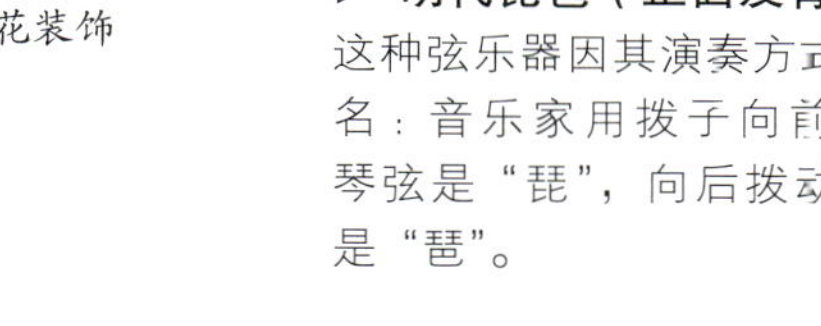

△ **明漆嵌螺钿狮子纹底座**
这个底座是用经过研磨、裁切的贝壳薄片镶嵌装饰的漆器制品。

▷ **明代琵琶（正面及背面）**
这种弦乐器因其演奏方式而得名：音乐家用拨子向前拨动琴弦是“琵”，向后拨动琴弦是“琶”。

◁ **筒钦**
图中的筒钦采用景泰蓝工艺装饰，这种可伸缩的长号角是藏传佛教寺院中使用的一种乐器。

◁ **明晚期榉木拔步床**
这种品质的明代床，留存至今的已经很少了。它是一种体形巨大、功能复杂的中国传统寝具。

盘子边缘上的
几何形图案

◁ **花卉图案瓷盘**
这件带有植物图案的瓷盘产于14世纪末的景德镇。它的尺寸很大，直径约47.5厘米。

> “用这种奇妙的陶土做出的盘子，会带有蔚蓝的色彩……”
>
> 马可·波罗，13世纪

青花瓷

世界闻名的明代瓷器

明朝御窑厂生产的青花瓷器在当时远近闻名。这些瓷器不仅在中国很受欢迎，还大规模出口到西方买家手中，以至于英文“瓷器”一词被称作“china”，成为了中国的代名词。尽管通过丝绸之路进口的波斯钴矿石原料数量不多，但在唐朝时候，它们就被用于制作唐三彩（见156~157页）的釉料。元朝时期的匠人用富含钴的青花料生产出独具特色的青花瓷，为明朝青花瓷的发展打下了基础。他们使用的青花料“苏麻离青”含铁量高，可以使瓷器产生较深的斑点。元代青花瓷的蓝白二色据说象征着蒙古人传说中的祖先——苍狼与白鹿。最著名的元代瓷器当属“大维德花瓶”（见266~267页），它们以19世纪艺术品收藏家珀西瓦尔·大维德爵士的姓氏命名。这两件用于供奉神明的瓷瓶是世界上最古老的青花瓷器之一。

明代瓷器

明朝时期，航海家郑和的船队（见222~223页）将苏麻离青带回中国。这种钴料与中国本土产的钴料一起，在15世纪中叶中国的制瓷业中发挥更为突出的作用，使匠人制造出了更加精致和巧妙的明代青花瓷。1369年，明朝统治者开始在江西景德镇设立官窑。15世纪时，青花瓷采用的是釉下彩装饰工艺，即用钴料在坯胎上绘制图案，再罩上一层透明釉，随后进行高温烧制，实现在白底上附上蓝色图案的效果。常见的图案包括花卉、园林、龙和凤凰等。宣德年间，这种工艺在制瓷中的应用达到了顶峰。到了18世纪，云南出产的钴料（称为珠明料）开始成为烧制青花瓷使用的主要色料。

境外需求

欧洲对明代青花瓷的需求巨大。青花瓷后来被称为克拉克瓷（以进行瓷器贸易的葡萄牙商船“克拉克”号命名）。17世纪初，荷兰人截获了两艘载有20多万件瓷器的葡萄牙商船，这引发了欧洲对中国瓷器的狂热，进而影响了荷兰代尔夫特蓝陶的设计。晚明时期，景德镇生产了大量的“克拉克瓷器”，当地的窑厂大量生产用于出口外国市场的陶瓷制品，如带有拉丁文的碗和带有欧洲贵族纹章的长颈瓶等。

▽ **龙纹瓷罐**
15世纪的瓷罐上经常绘有龙的图案。龙爪的数量代表着主人所处的阶层，五爪龙的图案只有皇帝才能使用。

明朝的国都

建设北京城和紫禁城

永乐帝决定把明朝的国都迁往北京，在城市内建造了壮观的紫禁城。在此后近200年的时间里，紫禁城一直是明朝权力中心的所在地。

1403 年，永乐帝出于个人利益的考量，决定把他的朝廷从南京城迁到北京城：作为一个篡位者，他的皇位并不稳固，而北京城是他过去的权力基础之所在。不过迁都之后，南京城仍然是明朝主要的行政中心之一，城内的各类金融业务也十分繁荣。而在北京城，学者、堪舆师（建筑风水方面的专家）和建筑师们则肩负着重新规划建造都城的艰巨任务。他们对元大都进行了改建。

△ **有象征意义的龙**
紫禁城的红墙上，装饰着绿色和黄色的琉璃制品。这件琉璃制品上刻画了龙的形象，而龙是皇权的象征。

国都的规划

作为新的国都，北京城必须成为一个能有效运转的行政中心；里面不仅要有一座安全的皇宫（即紫禁城），还要具备皇帝受命于天的象征意义。建设者们花费了 14 年的时间建成紫禁城，建筑布局符合古代礼制，且每一处细节都有吉祥的寓意。

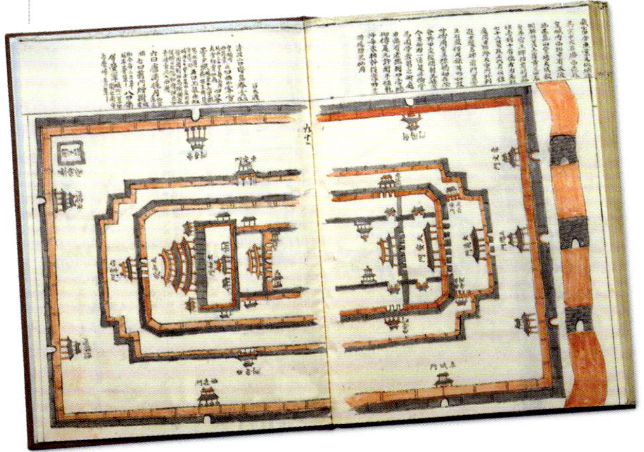

△ **城市规划**
这张 18 世纪的地图简略描绘了紫禁城的布局，还绘出了北京内城的九座城门的方位。

北京城沿南北轴线对称修建，主要的建筑和大门都朝向南面，且纵向一字排开，这种设计有着吉祥的寓意。城市布局以宫城为中心，像套盒般嵌套在一起。宫城又被称为“紫禁城”，这是因为皇宫在古代属于禁地。这个被长 961 米、宽 753 米的长方形宫墙围起来的建筑群，坐落于一处被更大的城墙围起来的区域中，也就是皇城之内。皇城内有官署、军营、仓库和一些为宫廷服务的手工业作坊。而皇城则被内城包围，街道纵横的内城是百姓居住的地方。

虽然北方的皇陵位于北京城外，但它仍然是皇家的重要象征。北京城内还建有庙宇建筑群，尤其是分别位于城东的日坛和城西的月坛，以及城南的先农坛和天坛。在每年固定的时间里，皇帝和他的随行人员都会从紫禁城午门（南面的也是最大的城门）出发，沿着御道前往城南的天坛进行祭祀。

皇陵选址

1407 年，永乐帝命令堪舆师在北京附近为皇陵选址。在北京城北方的山谷里，堪舆师发现了一片风水宝地。永乐帝下令将明朝的皇陵建在此处，后因一共埋葬了 13 位明朝皇帝而得名十三陵。皇陵修建完成后，各陵之间的神道上排列着石像生。每一座陵园都有自己的围墙，还有专门的殿堂以供祭祀之用。

△ **永乐帝的伟大成就**

在这幅明代的画作中，紫禁城的总设计师、明代官员蒯祥站在紫禁城前。

△ **从左向右**
宫殿屋脊上的瑞兽雕像。

这块汉白玉陛石的雕刻技艺十分繁复，安装在通往宫殿的台阶上。

这幅图片展示了紫禁城中九龙壁上的一条龙。九龙壁是清朝于1772年建造的一道影壁。

乾清宫的殿堂内有红色柱子、珐琅香炉和奢华的天花板等装饰。

紫禁城

紫禁城在1417年正式开工，于1420年竣工，动用了10万名熟练工匠和无数的普通劳动人民。修建紫禁城的珍贵木材来自中国西南地区的森林，超过1亿块皇家御用的金砖（敲之如金属般铿然有声，故名金砖）是在中国东部的苏州城专门烧制的。在北京城郊外约70千米远的地方，众多民夫开采出巨大的汉白玉石材，然后将其拖运至北京。这些民夫大多在深冬时进行拖运，因为冬季时石块可以在冰上滑动，这样会更省力。

紫禁城被一条宽阔的护城河环绕，护城河后面是用砖和夯土筑成的高墙。城墙的四个角落各有一座装有精致屋顶的角楼，壮观的城门在选址时是以罗盘来确定方位的。在城墙内，紫禁城被分为两部分，即外朝和内廷。为了引起人们的敬畏，来访者进入外朝部分需先穿过南城墙威严的午门，然后穿过一条将广场一分为二的弯曲河流（内金水河）。而有特权的访客才能走过第二道门（太和门），进入一个宽阔的庭院。这里有三座矗立在大理石台基上的大殿。其中的太和殿是中国现存最大的木结构建筑，长约64米，宽约37米。

外朝主要用于各种盛典仪式，同时也是皇帝和大臣召开朝会的场所，但宫中的女性不可以进入。与外朝对应的空间是内廷，进入内廷需要走三大殿北面的乾清门（内廷的正宫门）。内廷是一个更加私密的空间，宫殿的空间较小，还建有一些亭台楼阁。在宦官与宫女的服侍下，皇帝和后妃在内廷过着规制礼仪十分严格的生活。住在这里的皇室成员和宫人很少会主动离开紫禁城。

明代建筑

明代建筑的原则反映了中国人对命理和风水的传统信仰。数字3和9在命理学上有着特殊意义，并影响着设计的方方面面。例如，屋顶上脊兽的数量（见左上图）或寺庙建筑群的布局，都与这两个数字有关。除数字外，风水也影响着建筑物的修建。风水决定了建筑物的朝向，以及建筑物与河流、丘陵之间的空间关系。在风水领域，即使是圆这样的简单形状也有着象征意义。

建筑设计

紫禁城的建筑在设计上较为简单，通常采用长方形或是正方形的结构，但会通过色彩和雕刻上的装饰细节使其外观生动起来。

北京城内的祈年殿（见218~219页）是始建于1420年的天坛建筑群的一部分，也是明朝在建筑方面进行创新的一个例证。它是一座由3个同心圆组

成的圆柱形建筑体。修建这座建筑是历史上的一项壮举，这些柱子支撑着三重屋檐，其顶部的藻井上则装有着金色的龙凤雕饰。

明朝的建筑很有创造性，也非常的华丽，与紫禁城同时代的南京大报恩寺琉璃宝塔便是一个例证。这座琉璃八角形建筑雄伟壮观，高度约 78 米。这也证明在永乐年间，南京这座古都从未被忽视。

尽管许多建筑的设计在当时都带有创新色彩，但新都城的很多设计理念都来自传统思想。明北京城的建筑，也参考了很多如宋朝建筑学著作《营造法式》中的建造方式和装饰原则，比如用围墙和庭院分隔各级建筑，人要经过围墙上的大门才能进入一个个区域。

从明到清的都城

当北京城成为明朝的行政中心后，其规模迅速扩张。到了 15 世纪 40 年代，这座城市及其周围的居民，可能已经多达 96 万人，成为了当时世界上最大的中心城市。明朝的统治者修缮并扩建了大运河，使之能够保障这个人口密集地区的粮食供应。

16 世纪，这座都城的规模还在不断扩张。城郊不断向京城的南部延伸，最终这片区域也被一堵新墙围了进来，形成了明北京城的外城。1644 年，起义军领袖李自成（见 238~239 页）攻占了北京。17 世纪，清朝取代明朝后，也将北京作为国都，奠定了北京城在中国历史上的地位。今日的紫禁城成了中国故宫博物院的所在地，其建筑仍在使用中。

> “整个城市按四方形布置，如同一块棋盘。”
>
> 《马可·波罗游记》，马可·波罗

▽ **天坛**
明朝统治者下令建造的天坛反映了天人之间的关系。

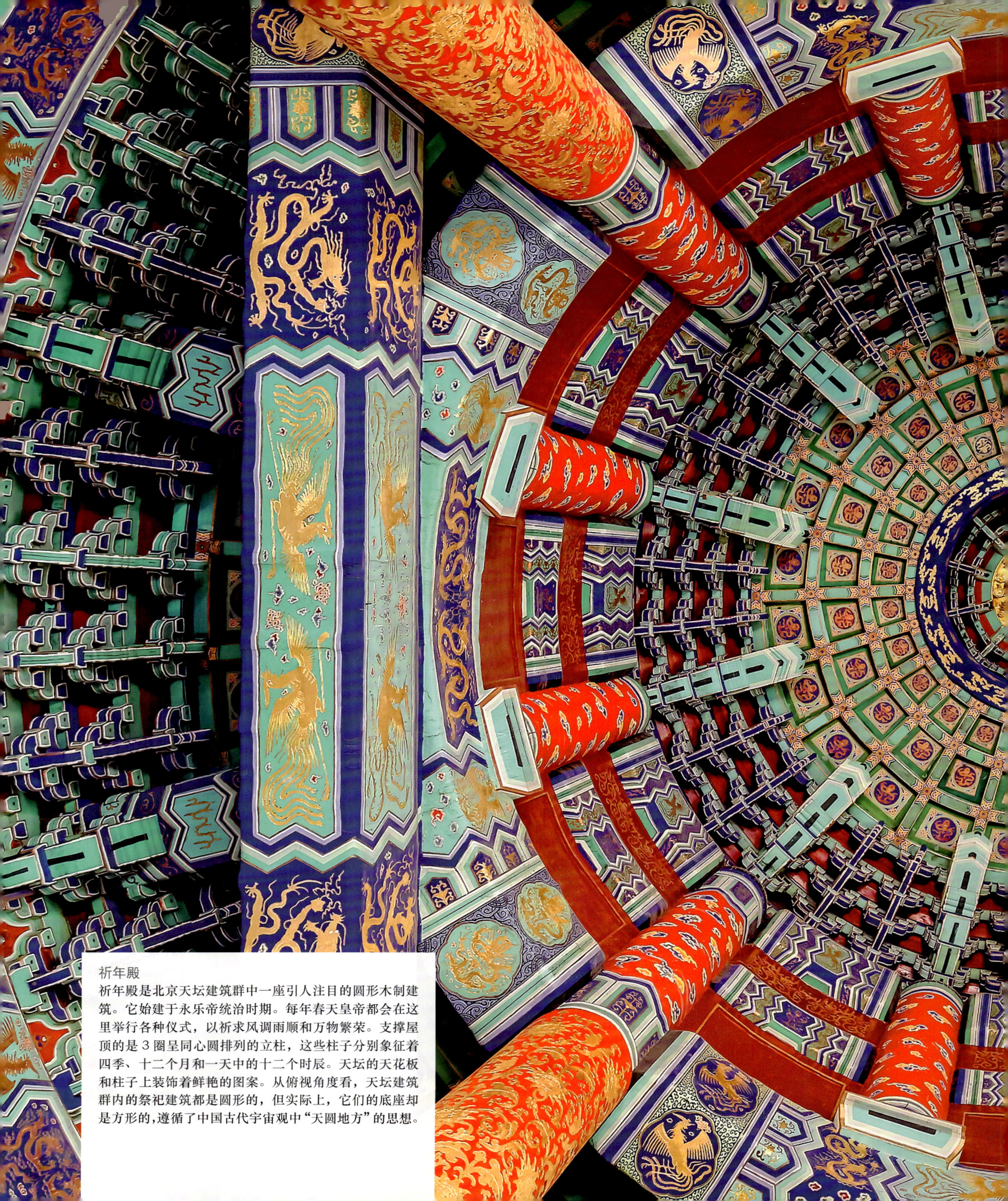

祈年殿

祈年殿是北京天坛建筑群中一座引人注目的圆形木制建筑。它始建于永乐帝统治时期。每年春天皇帝都会在这里举行各种仪式，以祈求风调雨顺和万物繁荣。支撑屋顶的是3圈呈同心圆排列的立柱，这些柱子分别象征着四季、十二个月和一天中的十二个时辰。天坛的天花板和柱子上装饰着鲜艳的图案。从俯视角度看，天坛建筑群内的祭祀建筑都是圆形的，但实际上，它们的底座却是方形的，遵循了中国古代宇宙观中“天圆地方”的思想。

中国古典园林

皇家园林的设计史

中国园林设计的历史源远流长。据中国早期史料记载，早在公元前1000多年的商朝时期，就已建成过专为君王设计的大型园林。据说秦始皇也建造过一座宫苑，其中包括一片湖和一座岛屿，象征着传说中的海上仙山。

自然、和谐的理念与艺术作品中的园林

在公元前2世纪的西汉时期，人们已经建立了一种造园的传统，即通过湖泊、溪流、假山和树木的和谐布局，在一座园林中表现出自然界的所有元素。尽管中国园林表达的是对自然的模仿和赞颂，但园林的设计本身会遵循高度的规范性，而且多受古代绘画和诗歌中的美学理念影响。

在中国古代的山水诗中，也有一些作品赞颂了园林之美，比如4世纪时著名书法家和文学家王羲之的《兰亭序》。到了唐朝，园林中出现了许多亭台楼阁，其功能既是休憩区，也是观景区。站在亭台楼阁之上，游人可以从不同角度欣赏园林，就如同欣赏一幅风景画一样。

从唐朝开始，形状独特的奇石成为园林中必不可少的元素。在中国，很多像“五岳”这样的山被尊奉为圣地，而岩石在传统文化中往往也是美德的象征，因此园林中经常会出现岩石堆叠成的假山。园林中所需的特定尺寸和形状的岩石价格昂贵，而

△ **园林里的文人**
中国的艺术家和文人，将园林视为一片逃离外部世俗世界、进行归隐的净土。这里是私密的、和谐的自然空间，他们可以在园林中会见友人、反思和冥想，正如这幅大气的清朝画卷所描绘的那样。

△ **园林画中的动物**
绘画一直是园林设计的灵感源泉，反之亦然。中国园林往往力求表现自然景观的方方面面，甚至包括自然界中的鸟兽，如孔雀和兔子。这幅《梧桐双兔图》是清代画家冷枚的作品。

△ **园林中的亭台楼阁**
亭台楼阁是唐代以来中国园林设计中的一大特色。这里可以用来遮阳避雨，人们也能在其中休息和欣赏风景，就像陈枚在这幅18世纪的绢画中所绘的场景那样。

> “竹涧之东，江梅百株，花时香雪烂然，望如瑶林玉树，曰瑶圃。圃中有亭，曰嘉实亭，泉曰玉泉。”
>
> 《王氏拙政园记》，文徵明，1533年

且难以获得。12世纪时，据说宋徽宗下令拆除了大运河上所有妨碍运输船通过的矮桥，以便从水路将各地的奇石运到汴京（在今河南开封）来装饰他的皇家园林。

私家园林

到了明朝，精致的园林早已不再为国家统治者们所独享，私人造园风气日盛。人们建造园林既是为了显示自己的财富和品位，同时也是在喧嚣的城市生活中，为自己提供一处私人的隐居之所。苏州是繁荣的商贸和制造业中心，尤其以其精致的园林而闻名，这些园林大多由古代的文人或致仕的官员们委托而修建。其中最著名的园林就是拙政园。这座园林由官员王献臣在1509年前后开始修建，他的朋友文徵明曾为园中景物绘画、作诗和撰文。由溪流池塘、亭台楼阁、轩榭廊桥、叠石假山和花草树木组成的园林宛如迷宫一般，无论从哪个位置观景，都能获得不同的视觉感受。1533年，文徵明为拙政园绘制了著名的《拙政园三十一景图》，每幅图都配有诗歌，为拙政园树立起了很大的名望。

清朝时期建造的颐和园也是按照古代传统的观念设计的，里面也包括一个带有岛屿的湖，湖中的岛屿象征着神仙所居的仙境。

△ **苏州留园中的假山**
苏州的留园位列“四大名园”之一。1997年12月，留园被联合国教科文组织列入《世界遗产名录》。留园中的假山更是堪称园林艺术中的经典之作，造型奇特却又不失自然之感，在园林中构成了一幅美丽的山水图卷。

△ **园林中的水**
水，这种象征着阴柔或是女性气质的元素，是中国园林设计的重要特征之一。这种元素在园林中是以湖泊、溪流和池塘的形式呈现的，如北京颐和园的昆明湖。反光的水面倒映出的美景尤其令人喜爱。

△ **现代游客的鉴赏**
中国古典园林的魅力一直持续到今日，园林已经成为了世界各地数以百万计的游客共同认可的美丽盛景。照片中是苏州拙政园的景观，这座园林设计于16世纪。

远洋探险

明朝派遣出的庞大远洋船队

早在欧洲探险家进行他们著名的发现之旅之前，一支强大的中国船队就曾在宦官郑和的率领下横渡印度洋，远航到非洲海岸。

1403 年，永乐帝下令建造远洋船只。当时的中国已经有了一支强大的水师，但明朝统治者为这支远洋船队开展的造船规模是前朝所未有的。1403~1419 年，各地在皇帝的命令下建造了近 3000 艘船，其中包括在南京宽阔的干船坞中建造的“宝船”（见 223 页）。

宣扬国威

永乐帝建立“郑和船队”的目的，是要在东南亚和印度洋的广大地区树立明朝的“声威”，并开辟新的航路，将更多的海外国家纳入明朝的朝贡贸易体系中。率领这支船队的人是永乐帝所信赖的宦官郑和。尽管郑和受命指挥整个船队，但在“郑和船队”远航之前，他从未出过海。郑和是一位穆斯林，来自中国西南偏远的云南地区。他曾效力于朱棣，在朱棣夺取政权的“靖难之役”中立有战功，并获得了很高的官衔。

> **“观夫海洋，洪涛接天，巨浪如山，视诸夷域，迥隔于烟霞缥缈之间。”**
>
> 《天妃灵应之记》碑，郑和最后一次出航途中，1431年

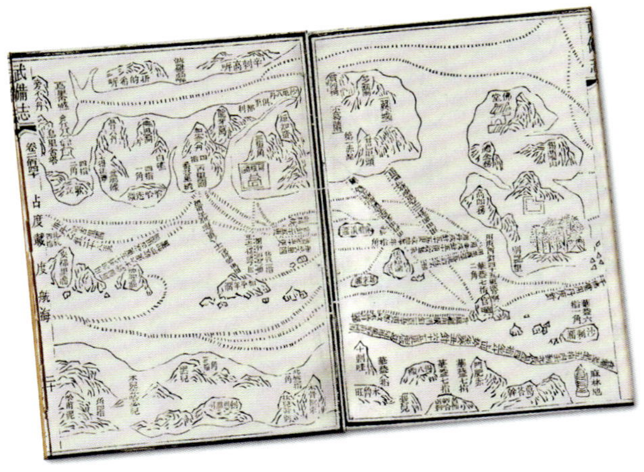

◁ **航海图**
本图是郑和航海图的一部分，出自 17 世纪辑成的大型军事类书《武备志》。郑和航海图记录了从南京通往印度、锡兰和非洲等地的航路。

七下西洋

1405 年，郑和率领船队开始了七次传奇航行中的第一次出航。他的船队中有 62 艘宝船和一批其他的支援用船，船上的人员有大约 2.8 万名，人员的身份从士兵、工匠到学者和占星家，多种多样，不一而足。这支大型船队经过今日越南的海岸，然后穿过爪哇和马六甲海峡进入印度洋，最后在今印度的卡利卡特停留，随后返回家乡。此次航行持续了两年。

随后，郑和又进行了多次探险。他越过印度，到达波斯湾和红海，还航行至非洲的东海岸，最南曾到达今肯尼亚一带，或可能莫桑比克一带。

在登陆时，郑和总是先行会见当地的国王和首领，传达来自中国和平与友好的信息。郑和的航行十分成功，来自印度洋周边多个国家的使节前往北京，向永乐帝致敬，这象征着他们对中国宗主地位的承认。尽管郑和的船队里满载着士兵和武器，但他遭遇敌对势力时很少使用武力。不过航行中也有

△ **船队总指挥郑和**
郑和是永乐帝的宠臣，后任南京守备太监。

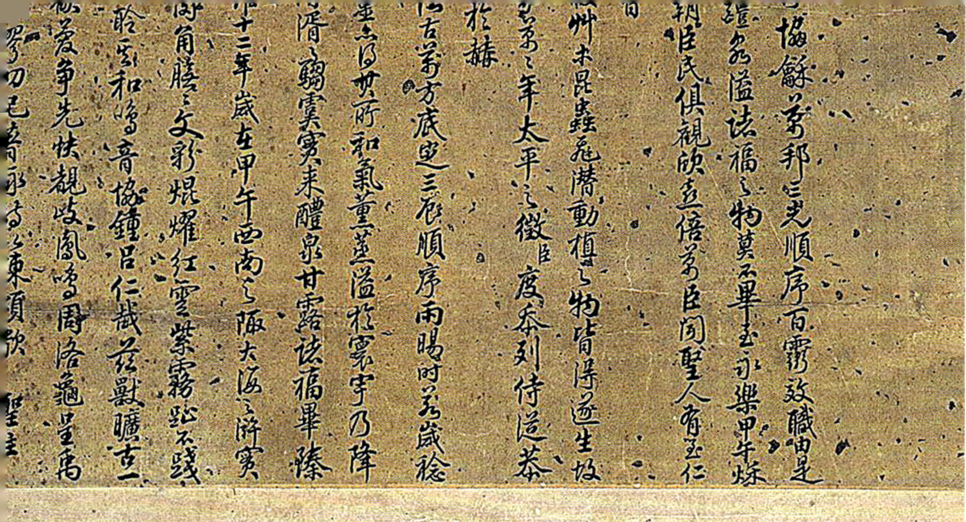

◁ **外国进贡的动物**
这幅明朝的画作描绘了郑和船队从东非带回明朝宫廷的长颈鹿。

例外情况，比如他在苏门答腊镇压海盗，打败锡兰（在今斯里兰卡）军队的围攻等。

班师回国

明朝发起远航的主要原因并不是对外国的好奇心，但船队带回的东西确实满足了人们的猎奇心理。年轻的中国穆斯林马欢是船队的通事（翻译官），他随船队考察期间记录了所访问国家的社会习俗，后来出版了一本见闻录《瀛涯胜览》。作为朝贡品的长颈鹿、鸵鸟和斑马等外来动物令中国人称奇，并被饲养在北京的皇家动物园里。

1422 年，永乐帝暂停了郑和的航行，因为船队进行远洋航行需要支出大量的人力和物力，成本很高。1424 年永乐帝去世，继位的先是洪熙帝，后是宣德帝。郑和船队奉宣德帝之命于 1431~1433 年进行了最后一次航行，郑和在这次航行中去世。

宝船

建造于 1403~1419 年间的明朝宝船，是当时世界上最大的木制帆船。建造一艘宝船，需要用掉大量的木材。据船队成员马欢的《瀛涯胜览》和清朝时编纂的《明史》记载，宝船共建造了 62 艘。和其他的中国帆船一样，它们的船体内部被分隔为一个个水密隔舱。

明朝的内部治理与对外交流

明朝不同时期的政策变化

从15世纪中叶开始，明朝的政策开始转向维持内部的稳定与发展，逐渐减少了对外部的探索与交流。不过，明朝仍然与外部的世界保持着接触，对外贸易也在逐渐发展。

1435年，明朝正统帝朱祁镇继位（正统为年号名）。1449年，北方的蒙古瓦剌部对明朝发起进攻，正统帝在太监王振的劝说下，未经充足准备便率领明军亲征瓦剌，结果在土木堡陷入苦战。正统帝战败被俘，景泰帝朱祁钰在大臣拥立下继位。明朝随即集结起力量反击并击退瓦剌，正统帝也在获释回到北京后，发动政变，夺回了皇位。这场巨大的动荡给明朝带来了重创，使得明朝后续的国策发生了转变。国家减少了对外部的探索和交流，转而推行更多促进边境安全、社会稳定、农业发展和民生改善等内部治理方面的政策。

明长城

土木堡之变后，明朝无力再像初期那样，对北方草原发动远征。为保护国内安全，明朝开始筹划大规模修建边境的长城防御体系，通过边墙和军事重镇来守卫边境线。长城的修建在明朝的270多年中几乎没有中断过，明长城西起嘉峪关，东达鸭绿江，全长8851.8千米。明长城的防御体系有力地保护着明朝的边境安全，在沿线城市还设立了马市等边境贸易点，促进了北方的贸易发展。但当明朝出现内部问题、军备废弛的时候，明长城也无法完全防范来自北方的入侵。

▽ **长城**
金山岭段长城（如下图所示）始建于14世纪的明朝，16世纪时又得到大规模修筑。

▷ **葡萄牙人的定居点**
这幅 18 世纪晚期的画作描绘了澳门地区的样貌，港口里停泊着欧洲的船只。葡萄牙人于 1557 年在澳门正式建立定居点。

海禁政策与对外贸易

明朝初期，中国东南沿海地区频繁受到日本倭寇和国内海盗的滋扰。于是，洪武帝朱元璋开始实施海禁政策，禁止明朝人到海外经商，将外国人的贸易活动限制在朝贡体系内，后续的多位明朝皇帝也沿用了这一政策。然而，该政策不符合经济发展规律，不仅给沿海地区的经济发展和文化交流造成了损失，还催生了更多的海盗和走私行为。

不过在此期间，明朝的对外交流和贸易也并未断绝。1513 年，葡萄牙人首次抵达中国，并于 1517 年因寻衅滋事而被明朝政府禁止贸易。1521 年，中葡屯门海战爆发，明朝军队将葡萄牙战舰驱逐出广东。后来葡萄牙人通过贿赂地方官员在澳门建立起定居点，并每年缴纳地租，在此开展贸易和传教活动。16 世纪时的意大利传教士、学者利玛窦就是从澳门进入中国的。

1567 年，明朝政府宣布解除海禁政策。海禁的解除使得沿海的对外贸易迅速发展，明朝的丝织品、瓷器、茶叶、铁器等商品在欧洲广受欢迎，扩大了明朝的贸易收入。同时，商业的发展也促进了城镇的发展，明朝的商品经济与城市化水平也随之上升。

四大名著

中国白话小说的历史

16 世纪时，印刷技术的进步使得刊刻书籍的成本降低，因而令书籍在民间日益普及。民众的识字率迅速提高，阅读在民间开始成为一项受到人们广泛参与的活动。

明朝时期，白话小说的发展十分迅速；中国的传统文学是用文言文写作的，对普通人来说很难理解。相比之下，白话小说是用普通人日常交流的语言或是方言写成的，可读性比较好，于是民间市场中出现了大量用半文半白的文风写成的“话本”小说。这些话本的内容包括古代的传奇故事，也包括同时代生活中的故事，比如宫廷阴谋，还有言情故事等。有的白话小说篇幅很长，来源于民间长期以口头方式传承下来的一些传统故事。作者对它们进行了巧妙的改编，并集结成书。

有两部成书于明朝时期的经典小说，是以民间流传已久的传统故事为基础创作的。《三国演义》是以 169~280 年间王侯将相争权夺利的历史记载为基础创作的，故事情节引人入胜，生动地描绘了诸多英雄人物和反派人物的形象。据说这本小说出自元末明初的小说家罗贯中之手，但我们对他的生平知之甚少。该书已知的最早刊本于 1522 年刊印，当时全书共 24 卷；但今天市场上流传最广的版本，则是于 1679 年出版的、经过修订后的简版。

另一部小说《水浒传》则取材自宋朝的民间故事。在《水浒传》的故事中，108 名寄身于水泊梁山的绿林好汉为穷人挺身而出，反抗贪官，最终他

△ 印刷小说

宋朝时的话本小说，大部分是用雕版印刷术印刷出来的。这种工艺到明朝时逐渐改为活字印刷。印书的流程是：在刻好的木板上刷上油墨，再将纸放在木板上按压，即可完成一页书的印刷。

△ 《三国演义》

这幅图中的彩绘，来自一件精美的中国清朝宫廷花瓶，展示了经典小说《三国演义》中的一个场景。小说讲述了中国民间英雄关羽的故事，他因勇气和忠诚而受到尊敬，后来被统治者神化成广受人们敬仰的“关帝”。

△ 智多星

这张肖像画描绘的是《水浒传》中“智多星”吴用夜观天象的场景。他的旁边是观测天象用的天球仪和象限仪。这幅画的作者是日本浮世绘大师歌川国芳。

“话说天下大势，分久必合，合久必分。”

《三国演义》，罗贯中

们受招安后改为朝廷而战，以大部分好汉的牺牲为代价，打败了另一支起义军。《水浒传》已知的最早印刷版本始于1589年。它对中国大众文化的影响一直持续到今日。

明朝中后期的小说

小说《西游记》写于明朝中叶。这本书于1592年刊印，作者是明朝小说家吴承恩。他不想在当时被认为是低俗作品的小说上公开署名，所以这本书一开始是以匿名方式出版的。《西游记》以唐朝高僧玄奘西行取经的故事为基础，但书中形象最突出的人物并不是这位高僧，而是他的徒弟孙悟空。孙悟空神通广大，既有正义感又喜欢搞恶作剧，颇受民众喜爱。晚明时期的另一部著名小说《金瓶梅》则于1610年首次匿名刊印。它讲述了商人西门庆的故事，而西门庆也曾以一个小角色的身份出现在《水浒传》中。小说以西门庆与他的6位小妾及另外几位女性角色之间的关系为线索，赤裸裸地描绘了一个由欲望和虚荣驱动的黑暗社会。很长一段时间内，这部小说都因为其中露骨的情色描写而成为禁书。如今，它却因其中细致的人物描写和对社会生活方面的细节刻画而广受赞赏。

白话小说的创作一直延续到晚清，尤其是曹雪芹的《红楼梦》(见262~263页)，堪称中国古典小说中的高峰。《三国演义》《水浒传》《西游记》和《红楼梦》在中国被并称为“四大名著”。

△ **《西游记》**
这幅壁画出自甘肃张掖大佛寺的墙壁上，壁画描绘了《西游记》中的故事。上图展现孙悟空和猪八戒等人物形象。

△ **有争议的经典之作**
有些学者认为，刊刻于1617年的《金瓶梅》应该被当作中国的第五大经典名著，作者不详。该书曾经非常受欢迎，但由于露骨的性描写在当时被禁。这幅画描绘了这本明末小说中的一个场景。

△ **《红楼梦》**
孙温于19世纪绘制的这幅画描绘了曹雪芹创作《红楼梦》中的一幕。这本书讲述了一个大家族走向衰落的历程。它被视为世界上最优秀的文学作品之一，且其篇幅是托尔斯泰《战争与和平》的两倍。

晚明时期的中国

重负之下的朝廷

明朝的发展在16世纪70年代时达到顶峰，但之后不到半个世纪，就迎来了它的末日。这一时期的明朝面对的是一个充满活力、瞬息万变的社会，而它未能成功应对由此带来的多重挑战。

△ **银锭**
这种收腰形状的银锭可以追溯到明末时期。银锭是银匠为当地货币交换而制造的一种货币形式。

1572 年，万历帝登基，他的在位时间长达 48 年。据记载，他在位的早期阶段里，中国呈现出一片欣欣向荣的治世景象。他登基时还很年幼，由他的内阁首辅张居正代替他执掌朝政。张居正雄心勃勃地开展了一项改革计划。他强化国家的中央集权，治理水患、疏通漕运，改革税收制度，并试图平衡政府的财政。张居正推行“一条鞭法”，粮税和徭役等被以白银支付的货币税所取代，许多特权阶层的免税政策也被取消。

随着对外贸易限制的放宽，中国的丝绸、瓷器和其他奢侈品的制造商得以将产品销往国外，中国的经济蓬勃发展。明朝的国库里装满了白银。然而，1582 年张居正去世后，他在经济和行政方面的改革却没能在明朝维持下去。起初，万历帝亲自掌管朝廷事务，勤勉尽责。他平定了北方边疆的叛乱，并出兵阻止了日本对朝鲜的侵略。但在 1586 年，万历帝与朝廷官员之间发生了“国本之争”，这与他的宠妃郑氏有关。万历帝有意立郑氏所生的皇三子为太子，遭到群臣反对，最终被迫立皇长子为皇位继承人。在这一过程中，万历帝逐渐怠于朝政，在他统治的最后 20 年里，甚至不再上朝，隐居在紫禁城之内不理政务。

明廷动荡

在万历帝罢朝造成的权力空缺中，宫廷里的宦官（见 116~117 页）逐渐控制了朝廷。无锡东林书院出身的儒家士大夫们（史称东林党人）对朝廷中日益严重的腐败和违法问题感到不满。从 1604 年起，他们与掌权的宦官集团展开了激烈的斗争。

1620 年，15 岁的天启帝继位后，这场斗争达到了顶点。比起管理国家，这位新任统治者对木工手艺更感兴趣。皇帝的实权因此落入了宦官魏忠贤手中，他肆无忌惮地把自己的亲信提升到朝廷的重要位置上，并为自己修建了许多“生祠”。因反对魏忠贤专权，很多东林党人被处死。

1627 年，天启帝去世，他的弟弟朱由检继位，

◁ **不上朝的皇帝**
万历帝在他统治的最后 20 年里不再上朝。在这幅画中，画家改变了皇帝的冠冕的朝向，以免他的面部被垂下的冕旒挡住。这使得他的脸可以在画面上被清晰地看到。

△ **日军登陆釜山**
1592 年，日军在朝鲜半岛的釜山登陆。万历帝派遣军队协助朝鲜人抗击侵略，阻止了日本的进军并使其最终撤军。

△ **青花瓷瓶**
晚明时期，明朝与西方、中东间的贸易增长：被称为“克拉克瓷”的青花瓷瓶，在万历三十年首次出口到欧洲。“克拉克瓷”得名于运输它的葡萄牙商船。

因其年号而史称崇祯帝。此后不久，魏忠贤失势并被赶出北京，后在被捕前自杀身亡。这时，以魏忠贤为首的阉党也受到了大范围的清算和审判。

不满的气氛

明朝政府中的这些混乱，恰好发生在政府迫切需要解决多项重大问题的时期。白银供应的波动扰乱了货币经济，此外，17 世纪初全球异常的寒潮对粮食作物的种植也产生了不利影响。1615~1618 年，中国发生了一场可怕的饥荒，国内的大部分地区都陷入了饥馑之中。随着官僚机构效率的降低以及腐败现象的加剧，明朝政府的收入急剧下降。对此，政府提高了税收，但这在农民及城镇里的手工业者中引发了抗议。明朝皇帝因无力支付士兵的军饷，导致边疆防御不力，逃兵在乡间游荡，反过来侵扰百姓。明王朝几近崩溃，当朝皇帝的统治也在愈发动摇。

利玛窦

这幅利玛窦的肖像是由另一位耶稣会会士游文辉绘制的。它融合了明朝肖像画的风格与16世纪后期巴洛克艺术的特点。

利玛窦

一位促进文化交流的传教士

虽然利玛窦的本职工作是在中国传播天主教，但他凭借自身的学识赢得了明朝朝廷的尊重，而且改变了欧洲和中国对彼此文化的看法。

祖傳天主十誡
一要誠心奉敬一位天主不可祭拜別等神像
二勿呼請天主名字而虛發誓願
三當禮拜之日禁止工夫謁寺誦經禮拜天主
四當孝親敬長
五莫亂法殺人
六莫行淫邪穢等事
七戒偷盜諸情
八戒讒謗是非
九戒繼慕他人妻子
十莫冒貪非義財物
右誡十條係古時天主親書降令普世遵守順者則魂升天堂受福逆者則墮地獄加刑

△ **《十诫》**
这张图片展示的是利玛窦和他的耶稣会伙伴罗明坚翻译的《十诫》。

利玛窦于1552年出生于意大利。他在1571年加入罗马的天主教修会耶稣会，接受了宗教、人文和科学教育的学习。他请求耶稣会派他去印度传教，并于1580年到达科钦，他在那里被晋升为司铎。两年后，他被派往中国南部沿海的澳门，并开展传教活动。在澳门期间，利玛窦沉浸在中国的文化和语言中，与罗明坚神父共同编写了一本《葡汉辞典》。

1583年，利玛窦移居广东肇庆。他学识渊博，对中国风俗十分了解，且接人待物极其恭敬，这使他很快受到当地士绅们的欢迎。1589年，他与中国著名学者瞿太素在韶州（在今广东韶关）进行过密切交流，之后于1599年又移居南京。1601年，利玛窦前往北京，并进入紫禁城。他向朝廷介绍了西方的科学、天文学、数学和艺术，并进献了自鸣钟、天文仪器和西洋乐器等器物。利玛窦和他的朋友，也就是明朝的政治家、科学家徐光启一起，把古希腊数学家欧几里得的《几何原本》翻译成中文。他还在中国绘制了《山海舆地全图》，这是最早的中文世界地图之一。之后，他又与李之藻共同绘制了《坤舆万国全图》。他也完成了他的主要译著《天主实录》，还撰写了一部有关天主教教义的著作《天主实义》。

利玛窦曾试图在中国建立一个天主教社区。他允许皈依者继续祭拜祖先，这为他赢得了许多追随者，一些官员甚至皈依了基督教。到1610年利玛窦去世时，中国已有2000多名天主教徒。之后，天主教在中国又传播了100多年，直到清朝时期梵蒂冈教廷禁止中国教徒供奉祖先，导致清朝皇帝禁止西方传教士在华传教。1610年，利玛窦去世。他是首位葬于北京的西方传教士。

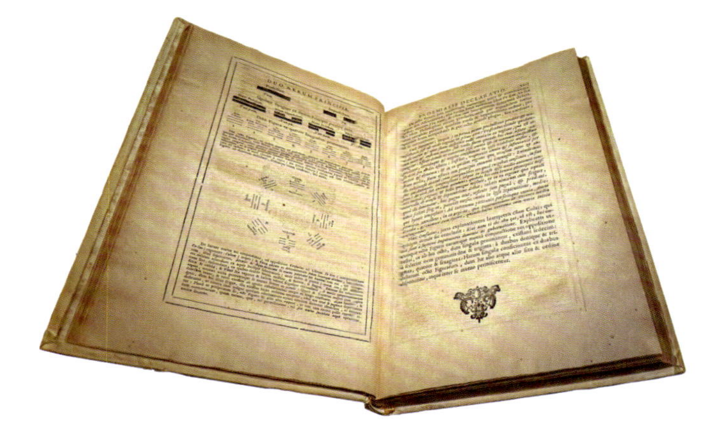

▽ **“四书”拉丁文译本**
1594年，利玛窦将“四书”翻译为拉丁文，并通过这套译本将儒家思想介绍回欧洲。该书是儒家经典最早的西文译本，传入欧洲后受到了伏尔泰等一批18世纪时启蒙思想家的推崇。

1552年 利玛窦生于意大利的马切拉塔。

1582年 利玛窦抵达澳门学习中文。

1584年 利玛窦绘制《山海舆地全图》。

1589年 利玛窦与瞿太素在韶州进行合作。

1599年 利玛窦迁居南京。

1601年 利玛窦获准进入紫禁城。

1607年 利玛窦和徐光启共同翻译了欧几里得《几何原本》的前六卷。

1610年 利玛窦在北京去世。

医学上的进展

传统诊疗法的演变史

几个世纪以来，中医在理论和实践方面都坚定不移地坚持从汉朝时建立的医学传统(见 98~99 页)。在明朝，这一庞大的传统知识体系被汇集在《本草纲目》中。这部巨作被尊为该时期最伟大的医学著作。

中医药领域的杰作

《本草纲目》是由李时珍编撰的。1518 年，李时珍出生在湖北蕲州（在今湖北蕲春县）的一个医生世家。年轻时，李时珍立志读书做官，但在 3 次科举落第后，他找到了自己真正的事业——医学。

1551 年，李时珍成功地治愈了明宗室富顺王之子的病，另一位藩王楚王听说后，聘他为王府的奉祠正。1556 年，他被推荐到太医院供职，但他很快就辞职了，投身于自己日后为之倾其毕生的工作，即编纂一部涵盖整个中医药学领域的著作。李时珍在 1578 年完成了这部著作的初稿，但他仍在继续扩充书中内容，直到他 15 年后去世。在研究过程中，他查阅了 800 多部早期的相关著作，还为编书而广泛游历四方，加深了自己对中药的理解。

为了使以前的研究系统化，他列举了近 1900 种植物、动物、矿物和其他据说有药用价值的物质。在他的记录中也出现过一些古怪的药方，比如在欧洲也有以木乃伊入药的做法。不过，大部分内容都是关于草药的，书中详细描述了 1094 种不同植物的性质和药用价值。直至今日，这本书仍然是具有参

△ 五台山的壁画
图中是一幅位于山西五台山的壁画，描绘了药房中的场景。五台山的地理环境和气候条件独特，孕育了众多珍贵的中草药。

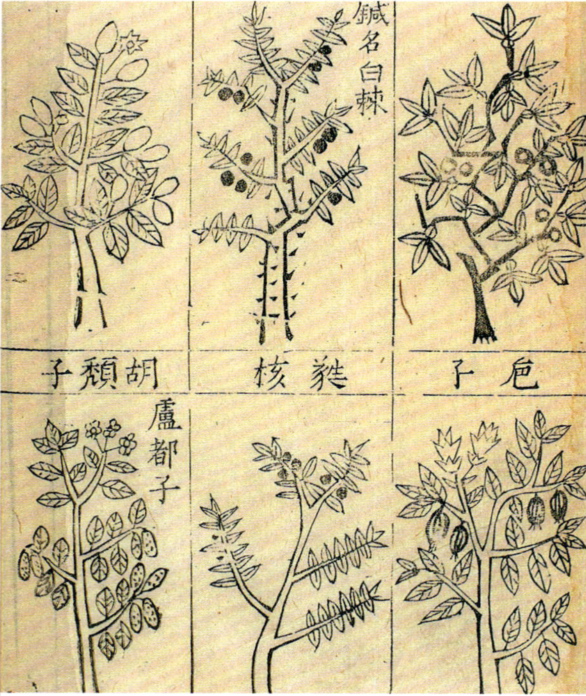

△ 《本草纲目》
李时珍的《本草纲目》是一部插图丰富、研究细致的百科全书，收录了众多动植物和矿物的资料，涉及动物学、医学和药理学等多个学科。今日，它仍然是现代中医的宝贵资源。

△ 药房
这幅画作展现了一家中药房的样貌，里面有整齐的木柜和盛装备好药物的罐子。在西方，中草药也开始被用于治疗各种疾病，无论是心脏病和妇科疾病，还是精神压力和焦虑问题，都有对应的药方。

> **“中国人对于食物，向来抱有一种较为广泛的见解。所以对于食品和药物并不加以很明显的区别。”**
>
> 林语堂，《生活的艺术》，1937年

考价值的经典著作。

明清的医学进展

在明朝，医学取得了重大进展。人类首次使用疫苗防疫的记载出现于中国，至明代时种痘技术得到进一步发展。人们采用人痘接种的形式来治疗天花，也就是有意让人轻度感染天花来获得抵抗力。医生从患有轻度天花的病人身上取下血痂，将其晾干并碾成粉末。之后，医生们用一根银管，把这种粉末吹入尚未患天花的人的鼻孔里。因此而产生症状的新患者会被隔离一周，以避免任何传染的风险；当他们病愈后，就可对天花免疫。

明朝的医生还开创了新的诊断方法。他们对每个病人的病史进行分析，并将每个病人的疾病视为个人和环境因素结合的产物。

17 世纪 40 年代，瘟疫席卷中国，明朝的医生们开始深入研究瘟疫传染的途径。明朝医生吴有性在出版于 1642 年的著作《温疫论》中，指出疾病是通过疠气（能致疫病的恶气）直接或间接地进入人体（特别是通过鼻子和嘴巴）导致的，而不是像传统的观点所认为的那样，由风、热、冷、湿等条件传播。他的发现促进了防疫方面的医学研究。

△ **传统的药店**

今日的中医仍然坚持着许多 2000 多年前发展起来的传统理论和实践原则。几个世纪以来，药店内部的格局一直保持相对不变。此图呈现的是 20 世纪初的一家药店。

△ **加工药品的工人**

这张照片拍摄于 1977 年，照片中的工人们正在制备草药。中医能够利用 8000 多种传统药材治病，这些药材可以用不同的方式进行加工：一些被制成药茶、汤剂、粉末、胶囊或片剂；其他的还可被加工成擦剂、软膏或药膏。

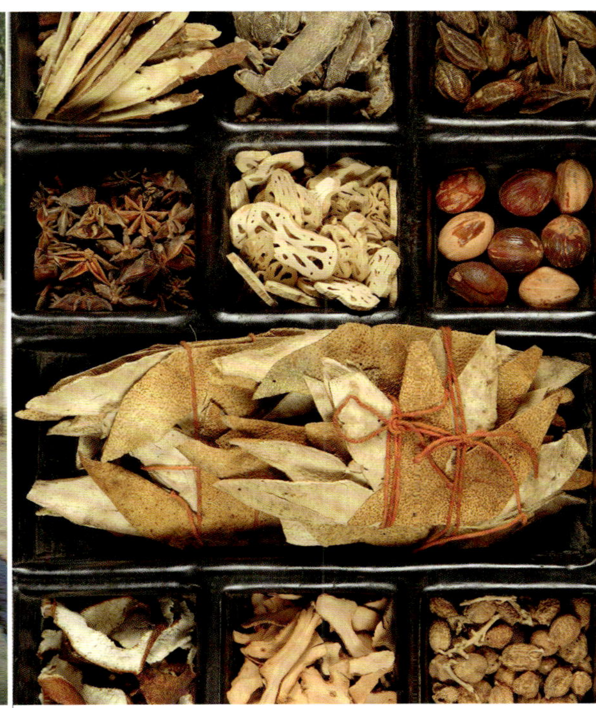

△ **草药疗法**

在中草药中，“草药”一词指种类繁多的药用植物及矿物质。其中最广泛使用的是八角、蘑菇、银杏仁、肉豆蔻、人参、肉桂和生姜。

金饰

历代中国金匠的作品

在当今时代，中国是世界上最大的黄金生产国。这种贵金属的使用在中国有着悠久的历史，中国在商朝时期就已有黄金制品。随着时间的推移，中国的工匠们研发出了用黄金制作华丽装饰品的方法，无论是宫廷女性的珠宝还是礼器，甚至是烹饪工具，都可以用黄金进行装饰。

△ **金耳坠**
摩羯形金耳坠是辽朝时期流行的样式，在摩羯鱼的嘴部下方，通常有一个花蕾形的装饰。

△ **金制带扣**
这件西晋时期的金制带扣上装饰着神兽的纹样。

△ **花形金饰**
这件金元时期的金饰上面刻画着凤凰和麒麟的图案。

△ **琴轸钥**
这只汉代的金制琴轸钥原本是附在乐器上的。

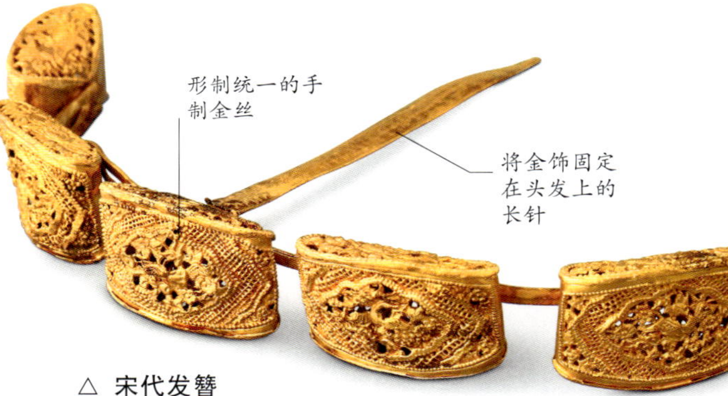

△ **宋代发簪**
这只宋代的桥梁簪由五段华丽的金片组成，它们由一条金带联结起来。

△ **啄木鸟形的金饰**
这对东周时期的金制啄木鸟，在中国黄金制品中十分常见。

△ **镳斗**
这件凫头兽足的金制温食用具，制作时间可以追溯到三国两晋南北朝时期。

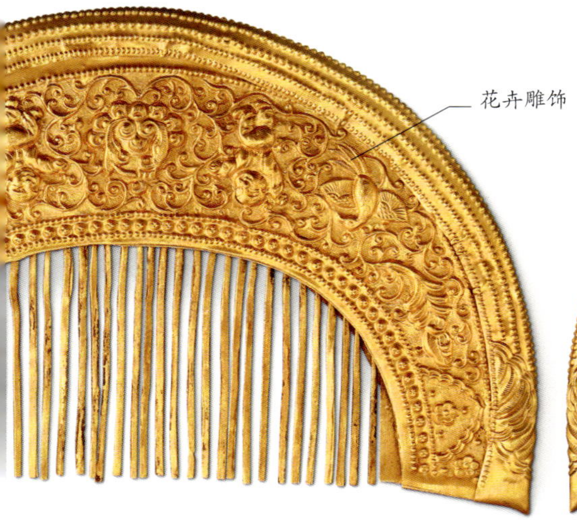

◁ **梳状发饰**
这对梳状发饰是宋代制造的，上面装饰着复杂的花鸟纹样。

△ **元代耳饰**

这对镶嵌宝石的金制耳饰可以追溯到元代。元代的首饰设计受到了形制精美的宋代首饰的影响。

▷ **清乾隆金嵌宝金瓯永固杯**

这是为乾隆帝制作的四只酒杯中的一只，上面镶嵌着许多珍贵的宝石。它的上面有“金瓯永固”的字样，意为“永保领土完整”。

△ **明代发簪**

这对明代的金制发簪结合了累丝和宝石镶嵌两种工艺。

◁ **清代碗**

这只19世纪的玉碗有着金制碗盖和碗托，其上饰有复杂的花纹并镶嵌着宝石。

▷ **梅夫人的珍宝**

在明朝黔国公沐斌的夫人，即梅夫人的墓葬中，考古学家发现了许多黄金宝藏，其中包括这件发簪和一对手镯。她的儿子沐琮统治着云南省。

◁ **金爵杯**

这对金爵是明代时制造的，用来在祭祀仪式上盛酒。

从后金到大清

清朝的早期历史和统治者

17世纪初，建州女真族的领袖努尔哈赤把生活在中国北方的女真诸部统一起来，形成了强大的军事力量。女真族建立了政权，他们后来使用“大清”为国号，并统一了中国。

努尔哈赤出生于女真族的一个大部落，女真族此前曾在中国北方建立过金朝（见180~181页）。他们生活在明朝的东北部地区，大多数人以种地、打猎和贸易为生。他们承认自己藩属于明朝，并为明朝服兵役。在一些地区，尤其是辽东半岛，女真人和汉人在城乡之间比邻而居。

▷ **老练的战略家**
努尔哈赤是后金王朝的创建者，图中的他坐在王位上，身着黄袍。他在16世纪末掌权，以大汗身份统治了10年。

努尔哈赤的崛起

1583年，努尔哈赤的祖父和父亲被明军误杀，于是起兵追杀导致他亲人被杀的女真领袖尼堪外兰，并于1586年将其杀死。此后，努尔哈赤在部落内的权威逐步提升。他在女真诸部争夺领导权的混战时期显露出了自身的主导地位，其在部落内的威望在1593年的古勒山之战中达到了高峰。努尔哈赤擅长使用武力和联姻手段（例如他与强大而显赫的蒙古部族结亲），将女真族和许多蒙古部落团结在他的统治之下。努尔哈赤将他的臣民编入“八旗”。“八旗”既是军事单位，也是社会组织单位，通过颜色各异的旗帜加以识别。

后金与明朝的战争

努尔哈赤命人创制满文，并大量借鉴明朝在官僚和法律制度方面的实践，建立起自己的行政体系。汉人工匠则在他的政权内为八旗兵制造武器和盔甲。到1616年，努尔哈赤领导的女真族已经具备了精良的装备和高效的组织，他准备放弃对明朝的效忠，并宣称自己是复兴的金国（史称“后金”）的大

> “顺天心者胜而存，逆天意者败而亡……”
>
> 努尔哈赤讨明檄文《七大恨》，1618年

△ **满文**
满语主要来源于女真语，但也有许多词汇受到了蒙古语和汉语的影响。以这张清朝的满文书法为例，位于中心的字意为“长寿”。

汗。两年后，他发布了一份名为《七大恨》的檄文，以此对明朝宣战。

努尔哈赤的八旗兵在中国的辽东展开了进攻。在许多明军叛将的帮助下，他取得了一系列对明朝的胜利，而这些叛将从他这里获得了土地和头衔作为奖赏。1625 年，努尔哈赤将首都迁至沈阳，后改名“盛京”。

为了战胜后金，明朝派遣了多位忠诚的将领前往辽东，其中的一位将领袁崇焕尤其擅长在战场上使用大炮来对抗努尔哈赤的军队。在 1626 年的宁远之战中，袁崇焕的军队使用葡萄牙制造的大炮，以少胜多击败了八旗兵。之后，努尔哈赤因病去世，袁崇焕因功被任命为辽东巡抚。

清朝的始建

努尔哈赤的继承者皇太极，将女真族改称为“满洲”，而他对汉人采取了更为温和的统治政策，吸引了许多汉人加入他的队伍。在他治下除了满洲八旗和蒙古八旗，还建立了汉军八旗。1636 年，他宣布改国号为“大清”，并以武力胁迫朝鲜李氏王朝放弃对明朝的藩属关系，并转而成为清朝属国。此时，明朝由于社会秩序的崩溃和大范围的农民起义，陷入了极度混乱之中，皇太极率领清军越过长城进入内地，劫掠了京畿地区。

继位与摄政

1643 年，皇太极突然去世，在清朝内部引发了一场继承者之争。然而，清朝内部很快就找到了妥协的办法。皇太极 6 岁的儿子福临在盛京继位成为顺治帝，而皇太极的弟弟多尔衮则担任摄政王。随着继承权问题的解决，清朝朝廷内部恢复了秩序，并将从这场影响明朝存亡的内乱（见 238~239 页）中获益。

▷ **清朝旗帜**
这面有着红色边缘的旗帜上绘着五爪龙戏珠的图案。在中国人的信仰中，珍珠在传统意义里常与不朽、智慧、财富和权力联系在一起。

明朝的覆灭

明朝末年的动荡与剧变

自然灾害、行政效率的低下和农民起义导致明朝在1644年灭亡。在这场动乱之后，清军入关并统一了中国。

崇祯帝于1627年开始掌权时，明朝面临着十分危急的局面：女真族政权构成了强大的军事威胁，他们宣布建立清朝，与明朝分庭抗礼；17世纪30年代，中国陷入严重的饥荒和寒潮；瘟疫在全国肆虐，成千上万的人死亡。流向中央政府的税收因此而中断，士兵们领不到军饷，国家陷入恶性循环。随着社会组织的崩溃，绝望的民众们在多地发动武装起义。这时明朝出现了一些起义军领袖，他们率领不满的农民们形成更大的反抗力量。义军领袖李自成和张献忠的军队中，有很多从前的明军士兵，他们横扫了中国的内陆地区，从陕西一直战斗到湖广（湖南、湖北），又进入四川。由于朝廷内部的派系之间有着重重矛盾，明朝政府无法完全恢复对国家的控制，也无力彻底剿灭义军。

起义军攻占北京

李自成以“均田免赋”的承诺赢得了农民的支持。1644年2月，他占领了位于今陕西省的古都西安，并宣称自己是新的大顺王朝的统治者。同年4月，李自成的部队进攻北京城。城内的叛徒打开城门，起义军没受到任何抵抗就进入了城内。崇祯帝发现皇宫里已经没有大臣再前来听命，也无法逃离北京，于是在皇宫的后花园的山上自杀身亡了。

尽管攻占了北京城，李自成还是无法使前朝的将领和官员听命于他。镇守山海关的明朝将军吴三桂拒绝向李自成投降，于是李自成出兵山海关，进攻吴三桂。吴三桂遂与清军联手，放清军从山海关席卷而入，在关下击败李自成，随后与清军一同向着北京进发。李自成的军队逃离了这座城市，6岁的顺治帝在北京城登上了皇位。

◁ **摄政王多尔衮**
图中的满族亲王多尔衮穿着朝服。他是清朝早期的摄政王。

清朝入关与南明的抵抗

这些巨变并没有立即使明朝彻底灭亡。由于中央政府已经覆灭，明朝的宗室先后在中国的南方建立政权，这些政权统称南明。万历帝的孙子，即福王朱由崧，最先在南京被拥立为新的明朝皇帝，史称弘光帝。但清军已经势不可当。1645年，摄政王

▽ **造型凶险的军刀**
这把坚韧的军刀制造于17世纪，左右两面各有两道狭窄的血槽，是一把罕见的早期形制的雁毛刀。这把刀是明清时期士兵使用的军刀。

△ **逃离动乱**
1646 年，画家樊圻创作了这幅描绘宁静风景的画作。这幅《山水册页》描绘了北京周围的乡村的场景。在动乱中，樊圻逃入了城北山上的一座佛寺里。

多尔衮派兵南下，向南京等城市发起进攻。抗清势力遭到了残酷的镇压，在扬州、嘉定和南昌等城市的围城战中，很多无辜的民众也遭到了屠杀。南京城不战而降，福王被清军俘获后遭到囚禁，之后被杀。同时，清朝也陆续消灭了李自成、张献忠等起义军领袖的势力。

随着清朝势力的进一步扩大，大多数明朝人被迫屈服于清朝的统治之下。但在中国南部的福建和广东等地区，仍然存在武装反抗清朝的势力。很快，又有 3 位明朝宗室先后被拥立为皇帝，但他们的政权很快灭亡，只有被拥立为永历帝的桂王朱由榔坚持反抗到了最后。1659 年，他被迫逃至缅甸。1661 年，他被缅王献给追击而来的原明朝降臣吴三桂。最终，这位名义上的明朝末代皇帝，于 1662 年被杀害。尽管反对清朝统治的斗争一直持续到 17 世纪 80 年代，但明朝的统治早已经结束。

▷ **起义军铸造的“永昌通宝”币**
在明朝灭亡到清朝兴起的这段时间里，起义军领袖李自成以自己政权的年号“永昌”为名铸造并发行了钱币。

◁ **戏服**
这件戏服是京剧中扮演勇武女性的武旦所穿的服装，其历史可追溯到晚清。

7 最后的王朝

1616~1911 年

开篇介绍

清朝的奠基者努尔哈赤原为明朝建州左卫（明朝边境的女真人卫所）指挥使，后统一女真诸部，并于1616年建立后金政权，与明朝展开对抗。在他的统治时期，后金与明朝多次发生战争。1626年，努尔哈赤去世，皇太极即位，并于1636年起称帝，正式使用“大清”为国号。1644年，清军趁明朝灭亡、农民起义军大顺军占领北京立足未稳之际，联合明朝将军吴三桂入关（长城东端的山海关）南下，攻占北京并定都于此，之后逐步击败南明势力及各地农民起义军，统一全国。

康乾盛世

清朝采用同明朝一致的儒家思想作为官方意识形态，并采取了一系列缓和民族矛盾的措施来维护社会稳定。在康熙帝、雍正帝和乾隆帝的治理下，清朝前、中期的中国经历了一段和平而繁荣的黄金时期，经济发展迅速。明朝开放海禁后的中西贸易，随着欧洲人对中国的财富与文化的日渐渴望而进一步发展，并在17世纪90年代引发了一股强烈的“中国热”。中国风格的装饰品和建筑等在欧洲受到狂热的追捧。同时，随着清朝开垦出更多的耕地，并且重新开放东南沿海的贸易，棉花、丝绸、茶叶和瓷器的出口量大大增加，国内经济也得到蓬勃发展，人口出现了爆炸式的增长：从1650年到1800年，居民的数量增长到了约3亿人，是原来的3倍；20世纪初，中国人口数量已超过4亿。这一时期，清朝还在平三藩、收复台湾、平准噶尔、雅克萨自卫反击战等战争中，有力地维护了国家的统一与边疆安全。

由盛转衰

然而，到清朝中后期，由于人口的急剧增加，土地和粮食开始短缺，人地矛盾开始激化。清朝的吏治也开始恶化，官员之中腐败盛行，贪赃枉法，欺压百姓，导致农民起义接连爆发。19世纪50~60年代间的太平天国运动更是给了清政府沉重的打击。同时期，西方迅猛的工业化浪潮、世界市场的形成以及殖民主义的盛行，也让清朝的国力与

1644年 明朝末代皇帝自尽；清军占领北京。

1645年 清朝下令所有汉族男性改留满洲人的发辫。

1662年 清朝军队结束了南明政权在本土上的抵抗。

1689年 《尼布楚条约》明确规定了中俄两国东段边界，从法律上肯定了黑龙江、乌苏里江流域的广大地区是中国的领土。

1697年 康熙帝平定噶尔丹叛乱。

1751年 清朝在西藏设立“噶厦”，加强了对当地的行政管理。

1760年 广州的外洋行不再兼办本港贸易事务。

1791年 中国最伟大的古典小说之一《红楼梦》出版。

1792年 英国特使马戛尔尼未能建立与中国的贸易和外交关系。

西方列强拉开了差距，并被迫卷入了资本主义支配下的世界市场体系。19世纪初，英国开始向中国倾销鸦片。由于鸦片对民众造成的巨大损害，清政府开始颁布禁烟政策，并于1839年进行“虎门销烟”，英国以此为借口发动了鸦片战争，击败清朝并迫使清朝签署《南京条约》。

之后，西方列强纷纷效仿，通过各种不平等条约从中国攫取各种特许权。清朝尝试通过洋务运动来追赶和西方之间的差距，但最终因为“中体西用”的宗旨而无法从根本上实现现代化，改革最终失败。中日甲午战争失败后，清朝开始寻求建立君主立宪制等现代政治制度，但最终因保守势力的阻挠而未能成功。另外，在西方列强日益强力的控制下，清政府的统治也变得有名无实，彻底沦为西方国家控制中国的工具。

帝制的终结

清朝的衰败使得中国国内的反清情绪日益增长，受过现代教育并有志于改变中国的革命者们建立的革命团体，开始在全国各地涌现。1911年，中国国内爆发辛亥革命，清朝的宣统帝溥仪在次年退位。他既是清朝的最后一位皇帝，也是中国历史上的最后一位皇帝。中国的帝制时代就此画上了句号。

1840年 英国军队入侵中国，第一次鸦片战争爆发。

1842年 签订《南京条约》，中国向外国商人开放通商口岸。

1851年 太平天国运动爆发，先后持续了14年。

1856年 第二次鸦片战争爆发；1860年，英法联军占领北京。

1894年 中日甲午战争爆发。

1898年 戊戌变法失败；慈禧太后掌控了局面。

1900年 义和团帮助清朝抵抗西方入侵。

1911年 武昌起义爆发，中国开启资产阶级民主革命。

1912年 清宣统帝溥仪退位。

清朝的崛起

中国最后一个王朝的早期成就

清朝大大扩展了继承自明朝的疆域范围，并且一度建立起世界上最强大的经济体。清朝能够实现这一辉煌成就，主要依靠自身的军事实力和继承自明朝的文化传统。

17 世纪，位于山海关外的清朝政权迅速利用了明朝政权崩溃的机会。当明朝将领吴三桂请求他们把北京从大顺政权李自成的手中拯救出来时，由多尔衮率领的清军反客为主，击败大顺军并夺占了北京。他们将都城从沈阳迁至北京，并且继续攻占明朝其余的领土。1659 年，清朝入关后的第一位皇帝顺治已经控制了中国的大部分地区；两年后，郑成功率领的最后一支反清力量收复台湾，并以此作为抗清基地继续抗争。1683 年，顺治帝的继承者康熙帝（见 248~249 页）出兵台湾，最终完成全国统一。

康熙帝是一位武艺娴熟的皇帝，体格强壮，箭术高超。早期的清朝皇帝所拥有的强大军力主要来自八旗兵（见右栏）。从 17 世纪早期开始，满族军队被划分为若干个军政合一的单位，这种组织方式被称作“八旗制度”。最初，清朝只有黄、白、红、蓝、镶黄、镶白、镶红、镶蓝八旗，后来又扩充了蒙古八旗和汉军八旗，共 24 旗。旗人拥有旗地、收入及特权，这将他们与旗主紧密联系起来，而所有人都效忠皇帝。他们组成了一支强大而忠诚的军队，使清朝得以不断扩大自身的疆域面积。

平定动乱与稳固政权

康熙帝面临的首要挑战并非明朝的旧臣遗民的反抗，而是位于南方的 3 位曾支持清军入关和统一中国的原明朝降将的割据。广东的尚可喜、云南的吴三桂以及福建的耿继茂都是清朝册封的藩王，他们在地方上颇有实权，很快就成了摆在康熙帝面前的难题。康熙确信军力强大且不服管束的吴三桂最终会对他造成威胁，于是尝试对吴三桂为首的“三藩”进行撤藩。在平南、靖南两位藩王的支持下，吴三桂起兵对抗康熙帝。蒙古察哈尔部也响应吴三桂的叛乱，从北方进攻清朝。经过激战，康熙帝成功平定了叛乱（即著名的“三藩之乱”），并于 1681 年进军云南昆明。但这一经历提醒康熙帝，只有将敌人彻底镇压或者安抚，清朝的统治才可能长久。

康熙帝和他的继承者们勤勉工作，以确保清王

▽ **天子之宝**
这方“大清嗣天子宝”印玺在清乾隆帝指定的二十五宝玺中排名第三。

满洲八旗兵

满洲八旗兵以精湛的骑射技术而出名。要掌控力量强大的满洲弓（清弓），并且能在战马疾驰时准确发箭，需要花费多年的时间练习。八旗兵们可以用左手控制弓和缰绳，同时用右手取箭、引弦和射箭。

△ **军事统治者**
这幅清代绘画描绘了身穿戎装并携带弓箭的康熙帝（中间坐者）的形象。

“即未经投诚之人，睹此寒心，亦未可知。”

《清圣祖实录》

朝的正统性、稳定性和权力的巩固。他们很好地适应了中国传统汉文化的某些方面，创造出一种将满族文化与汉族文化相融合的文化形态。康熙帝和汉族官员们君臣关系融洽，他大力支持文化建设。命人创作了一系列关于中国历史和文化的伟大作品。他还继承了明朝时期重视儒家士大夫的文化传统。

巡视之旅

康熙帝和他的继承者们多次乘船巡视清朝控制下的南方领土，以巩固中央对地方的统治。在他的统治期间，康熙完成了 6 次南巡。第一次南巡在 1684 年。第二次南巡的时间更长，出行耗资庞大，展现了皇家各方面的强大力量。皇帝下令创作十二卷的《康熙南巡图》（见 250~251 页）来纪念第二次巡视。图中描绘了他从北京出发，沿着大运河穿越群山，来到苏州、杭州等南方主要城市的过程以及一些路途中发生的事情。他的巡游不仅仅是为了展示实力，也是对南方各种产业和基础设施的视察。

贤君

康熙帝对王朝的治理堪称一丝不苟，这在他的史官笔下多有记载。《清代起居注册》始撰于 1671 年，记录了皇帝日常的活动、言谈、圣旨以及举止等。人们认为，这些起居注在证明皇帝自身的正统性方面有着重要的作用，同时也展示了康熙帝符合儒家价值观中的“贤君”形象。这种记录起居注的传统，被康熙帝之后的继者们延续了下去。

作为一名贤君，康熙帝鼓励学术的发展，尤其是科学研究方面。他对天文学十分感兴趣，任命耶稣会出身的学者们在清朝的钦天监任职。比利时传教士南怀仁为北京观象台建造了 6 件新的观测仪器：一座黄道经纬仪、一座赤道经纬仪、一座地平经纬仪、一座象限仪、一座纪限仪，还有一座天体仪。

至康熙末年时，清朝的统治已经得到了很大程度的巩固。作为中国统治时间最长的皇帝，康熙帝继位 61 年后，于 1722 年驾崩。康熙帝是中国历史上最英明的君主之一，他的统治为“康乾盛世”这段繁荣而稳定的时期奠定了基础。

△ **清代宫灯**
宫灯展示了皇家的财富与权力，清朝的皇帝常将其作为珍贵的礼物赏赐给大臣。

郑成功的战斗

明朝反抗势力在南方各省和台湾岛的抵抗

清军入关之后，明朝的反抗势力继续抵抗了清朝数十年之久。郑成功北上抗清失败后，转而进军收复被荷兰殖民者占据的台湾岛，以此作为抗清基地。1683年，其孙率众归顺了清政府。

崇祯帝的自杀标志着明王朝的终结，但仍有许多明朝的忠臣继续抵抗清朝。他们从北京南下，先是在南京拥立了明朝的皇室宗亲福王（弘光帝）为皇帝，之后又拥立了唐王（隆武帝）以及桂王（永历帝）。然而，抵抗清朝时间最长的人是郑成功，他参与过拥立隆武帝的行动，后又奉永历帝为正统。

明朝的捍卫者

郑成功于 1624 年出生于日本，父亲是中国商人郑芝龙，母亲是日本人。1631 年，他回到位于福建泉州的家乡接受儒家教育，并到南京国子监读书。1645 年，南京城被清军攻陷后，郑成功回到福建，隆武帝在福州称帝。在那里，隆武帝赐予他“朱”姓，百姓尊称他为“国姓爷”。

1646 年，福建被清军攻陷，隆武帝被俘后遇害。郑成功的父亲投降清朝后，郑成功立誓要恢复明朝，并开始在福建沿海打造他自己的根据地。同时，他奉永历帝为正统，当时永历帝是中国西南地区最后的明朝继承人。清朝在对郑成功招抚失败后，转而展开军事进攻。

1656 年，清朝亲王济度指挥的清军与郑成功的军队在福建沿海地区发生了一系列战斗。清军水师损失惨重，之后郑成功转而进攻位于长江出海口的

> **国姓爷**
>
> 1645 年，明朝唐王朱聿键在大臣黄道周、郑芝龙等人拥立下于福州称帝，改年号为“隆武”。1646 年，为拉拢支持他的郑氏家族，他赐郑芝龙之子郑森改姓明朝国姓“朱”，并改名“成功”，因此其部下和百姓都尊称他为“国姓爷”。赐姓是古代君王笼络重臣的常见手段。

▽ **中国的英雄**
郑成功收复了台湾，他被视为中国的英雄，后人为他树立了许多雕像。

◁ **荷兰人签订降约**
1662年，荷兰人签署降约，郑成功收复了台湾。荷兰人提出将他们送回巴达维亚（在今印度尼西亚雅加达）。

舟山群岛。1659年，他从舟山发起了一次大规模进攻，派出了超过10万人的军队沿江直抵南京城。郑成功的军队围攻南京城3个星期，却没能包围并切断它的补给线。之后，清朝援军向围城部队发起了攻击，围城的郑军被迫退回他们的船上。

击退荷兰殖民者

郑成功被击败后，开始另寻一片稳固的根据地。1661年，他率领2.5万人的军队，在台湾岛的荷兰殖民者要塞附近登陆。他的军队围攻台湾岛的城堡近9个月，1662年2月1日，荷兰殖民者投降。郑成功在台湾岛设立府县，并将台湾岛建为反清基地。同年，郑成功得知在菲律宾的华侨遭到西班牙殖民者的大规模屠杀，决定派兵远征，为华侨报仇。然而，还没等采取行动，他就因疟疾去世了。

收复台湾

郑成功的儿子郑经继承了他的南明延平王爵位，并且继续抵抗了清朝20年。最初郑经仍驻守在厦门，终因寡不敌众退守台湾岛。1681年，郑经去世，郑氏集团的士气开始涣散。1683年，康熙帝（见248~249页）借机派他的水师提督施琅（他曾经是明朝将领，但此时已经降清）收复台湾。施琅率领着一支约有240艘战船的军队，在澎湖海战中战胜了郑军主帅刘国轩。他击败了驻扎在澎湖列岛的郑军水师，后率清军在台湾岛登陆；随后郑克塽（郑经的儿子，郑成功的孙子）投降，台湾被重新纳入清朝中央政府的管辖之下。

▽ **提督施琅**
图为施琅（坐者）在澎湖海战前会见清朝官员的场景。

学者皇帝

康熙帝是儒家思想的拥护者，他鼓励在全国范围内展开学术研究，并且重视文献汇编。他对古典著作和书法也很感兴趣。

康熙帝

中国在位时间最长的皇帝

康熙帝对清朝的治理严谨而高效。他巩固了清朝的统治，维护了边疆的安全，并营造了对外国文化的开放氛围。

爱新觉罗·玄烨出生于1654年，是顺治帝的第3个儿子。1661年，他的父亲驾崩后，玄烨继位成为皇帝，次年起正式以“康熙”为年号。在61年的统治时期里，他证明了自己是一位有才干的君王、管理者和学者，并以体魄强健和弓术高强而闻名。

△ **皇帝的玉玺**
这方为康熙帝刻制的玉玺上，写有“敬天勤民”的字样。

康熙帝在统治前期面临着几大威胁：1673年，南方爆发“三藩之乱”；东南方向的郑氏集团仍然奉明朝为正统，拒绝归降；沙俄在向远东扩张过程中侵犯黑龙江流域领土；西北地区的准噶尔部发动叛乱。经过康熙帝的有力应对，清朝平定了“三藩之乱”，迫降郑氏集团；阻止沙俄侵略并与之确定了东部边境线；击败了发动叛乱的噶尔丹。

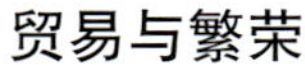

贸易与繁荣

在康熙帝的统治时期内，清朝的社会发展十分繁荣。他关注民生，在国内进行了大范围的巡视，并且因为轻徭薄赋的政策而获得了仁爱的名声。他放宽对贸易的限制，并接纳了很多来到中国的欧洲人。但清朝仍保留了外交上的朝贡体系，没有与欧洲各国建立外交关系。康熙帝非常节俭，遵循儒家价值观倡导的勤勉、中庸与仁和。这些都在他教导百姓的《圣谕十六条》中有所体现。

“满汉一体”是康熙统治的准则之一。他任命才华出众的张廷玉来领导官修《明史》的工作，因而赢得了很多曾忠于明朝的儒家官员们的支持。

知识和宗教信仰

康熙帝对来自欧洲的知识很感兴趣，他邀请传教士们来宫廷里讨论天文学、数学和地理学。传教士们的学问给他留下了深刻印象，在1692年他允许耶稣会在中国进一步传播天主教。

1722年冬季，康熙帝患病，并于当年的12月去世。他曾立他的皇二子胤礽为太子，但诸皇子之间仍然展开了激烈的夺嫡之争。最终，他将皇位传给了他的四儿子胤禛，也就是后来的雍正帝。

△ **琉璃瓶**
康熙在宫中开办了第一个皇家琉璃作坊，制造出了许多绝妙的琉璃制品。

1654年 出生于紫禁城的景仁宫；1661年继位为帝。

1673~1681年 平定三藩之乱。

1683年 击败郑氏。

1685年 为海外贸易而开放四个通商口岸。

1689年 中俄签订《尼布楚条约》，确定了中俄东段边界。

1722年 在畅春园去世，葬于景陵。

康熙南巡

为了巩固清政府的统治，康熙帝进行了一次盛大的南巡（康熙帝共进行过六次南巡，此为第二次）。他下令以绘画形式记录此行，当时最著名的山水画家王翚等人受命完成了12卷《南巡图》，图中所示的是第三卷。这幅画卷使用了独特的绿色和蓝色色调，描绘了康熙和他的随行人员在山东泰山进行祭祀的情景。泰山是中国的“五岳”之一，在儒家文化中有着神圣的地位。

△ 平定大小和卓之乱
这幅画描绘了 1759 年清军在塔里木盆地呼尔满击败大小和卓军队的场景。

维护边疆安全

统一的多民族国家的建立

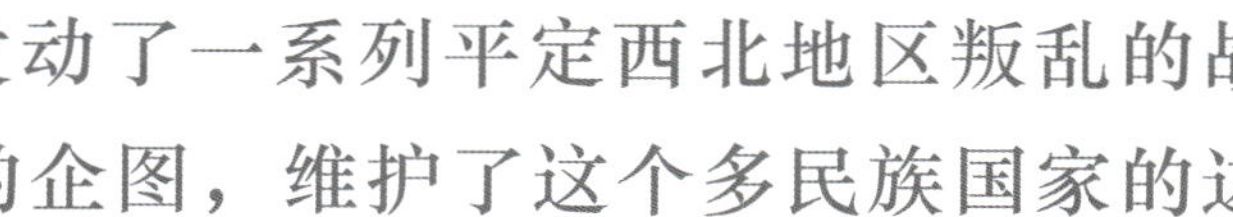

1688~1759年，清朝先后发动了一系列平定西北地区叛乱的战役，粉碎了煽动独立和割据的企图，维护了这个多民族国家的边疆安全与政治统一。

在康熙帝时期，清朝在各个方向上都有着维护边疆安全和国家统一的需求。当清朝平定了内部的“三藩之乱”并收复台湾之后，西北边疆的安全又成为了亟待解决的一个重要问题。

康熙时期的平叛战争

清朝不仅掌控了明朝时期的疆土，还通过政治、军事、宗教等多方面的政策，将北方的蒙古诸部纳入管理范围内，并使之产生国家认同感，建立起一个疆域更广阔的多民族国家。1688 年，准噶尔部首

◁ **乾隆帝**
图中描绘了骑在马背上全副武装的皇帝。

领噶尔丹率军进攻喀尔喀蒙古，试图击败蒙古诸部，从西部威胁清朝边疆。为确保边疆安定和京师（即北京城）的安全，康熙帝自 1690 年起 3 次亲征漠北，穿过戈壁，先后在乌兰布通（在今内蒙古自治区赤峰市克什克腾旗境内）、昭莫多（在今蒙古国首都乌兰巴托南郊的宗莫德市境内）等地击败噶尔丹。噶尔丹率领残部西逃，并于 1697 年暴病而亡。

噶尔丹败亡后，继任的准噶尔部首领策妄阿拉布坦又统兵进犯西藏，并在西藏境内掀起动乱。为了维护西藏的稳定，康熙帝又派兵进入西藏，将准噶尔部军队击败并逐出西藏。随后清朝在西藏设置了政府机构，并派驻了 3000 人的军队，并于乾隆年间在西藏设置了正式的地方政府机构“噶厦”。

雍正、乾隆时期的平叛战争

雍正帝时期，清朝与准噶尔部之间进行了两次战争。1730 年和 1731 年间，准噶尔首领噶尔丹策零与清军两度交战，清军失利，但之后清军于 1732 年在光显寺（在今蒙古国鄂尔浑河上游）与准噶尔军展开激战，准噶尔军战败，噶尔丹策零率残军突围，后向清朝求和，维持了一段时间的和平。

乾隆帝时期，准噶尔部因内部的权力斗争而于 1745 年爆发内战，准噶尔贵族阿睦尔撒纳率部投奔清朝，清朝出兵击败了与阿睦尔撒纳敌对的另一准噶尔贵族达瓦齐并将其擒获。后阿睦尔撒纳向清朝请求将他封为卫拉特蒙古四部的总首领，但没有获得清朝同意，于是他发动叛乱。1756 年，清朝出兵击败阿睦尔撒纳，阿睦尔撒纳逃亡入沙俄境内，并于 1757 年病亡，清朝随即彻底平定准噶尔部叛乱。

同时在 1757 年，曾参与过阿睦尔撒纳叛乱的贵族小和卓霍集占，在被清朝放回后说服其兄大和卓波罗尼都谋划发动叛乱。清朝再次派军平叛，在经历了约两年战争后将大小和卓兄弟击败，并将平定的地区命名为新疆，意为“新的疆域”。

至此，清朝通过跨度近 70 年的平叛战争，维护了自身边疆的安全，并建立起统一的多民族国家。

> **“朕统驭中外，一视同仁。”**
>
> 《清朝柔远记》，1776年

△ **清朝铁盔**
这顶头盔的顶部装饰着羽毛，在保护面颊的部分绣有一条四爪龙。这种尊贵的装饰表明它之前由一位高层军官佩戴。

△ **达瓦齐像**
准噶尔汗国末代可汗达瓦齐被清军击败。

雍正帝像

这幅18世纪的绢本画描绘了雍正帝在竹林里弹奏古琴的场景。这张佚名的作品出自名为《雍正行乐图》的图册。

雍正帝

清朝入关后的第三位皇帝

雍正帝是一位勤勉能干的皇帝。他的改革巩固了国家稳定，并加强了中央集权。在他的统治下，中国展现出繁荣而和平的景象。

1678 年，爱新觉罗·胤禛出生于北京，是康熙帝众多皇子中的第四子。尽管他没有第一顺位的继承权，但胤禛机智地用谋略战胜了兄弟们，并获得了步军统领隆科多的支持，成为了康熙帝的继承人。1722 年，康熙帝去世，胤禛继承了皇位，次年改年号为雍正，史称雍正帝。人们对他登上皇位之事一直有所争议，似乎是因为在他统治的最初几年，他通过监禁或处决他的兄弟以及他们的追随者的方式铲除异己。

◁ **雍正帝的玉玺**
雍正帝共有 200 多方印玺，这方白色玉玺是其中之一，它上面装饰着一条螭龙（无角的龙）。

加强集权

雍正帝进行了一项改革，目的是强化以儒家思想为基础的道德规范，整顿吏治，并强化中央集权。他主张加强朝廷对八旗的掌控，并且将皇子封入原本并非皇帝亲领的下五旗来强化管理。雍正还用新设的军机处取代了内阁，军机处的成员直接在他的领导下工作，从而给予雍正直接监督六部重要事务的权力。他打击政策腐败现象，简化税收系统：通过“摊丁入亩”政策，将丁银摊入田赋中一并收取，从而减轻了农民的负担，同时废除了官僚和地主在康熙年间获得的减免税赋的特权。

社会改革

雍正帝希望减少社会的不平等。他扩大科举考试范围，向不同民族开放科举，以保持统治阶级官员来源的多样性。他下令让官员资助各地的育婴堂和面向贫民的义学的建设。他命人疏浚运河、兴修水利工程、开垦更多耕地，以增加粮食储备。他还从法律上豁除贱籍，提高佃户、农民和地位低下人群的生活水平。

1735 年，雍正帝去世。相比于他父亲和儿子长久的在位时间，他的统治时期虽短，却标志着清朝在方向上的重要改变。他制定的政策为国家财政和政府的官僚机构打下了坚实的基础。

△ **烘炉观雪**
这幅画是雍正帝当皇子时委托画家创作的《胤禛美人图》12 幅画中的一幅。

1678年 出生于北京，是康熙帝的第四子。

1722年 继承康熙帝的皇位，成为雍正帝。

1723年 开始实行“摊丁入亩”政策。

1729年 建立军机处，作为清朝军政大事的决策机构。

1735年 在北京去世，并在密诏中指定了他的继承人。

清朝的文化习俗

剃发易服令

清朝在建立后力图确立其统治的正统性和权威性，并通过“剃发令”来统一国内的文化习俗。

在统一中国之后，清朝在很大程度上仍然要依靠明朝旧臣来进行治理。因此，清朝皇帝需要维持文化的连续性，同时对反抗者实施镇压。

清朝时期，满文和汉文具有同等地位，官方文件需要同时用两种文字来书写。朝廷使用的朝服也改为满洲的式样：原来宽松的长袍，被更窄更贴身、便于保暖和骑马的长袍所取代。这些新装束主要影响的是满族统治下的汉族学者和其他社会精英成员。但另一项文化上的改变——发辫，却在长达约 3 个世纪的时间里，影响了汉族人的身份认同。

多尔衮的“剃发令”

顺治帝登基时因年纪太小而无法亲政，因此多尔衮出任清朝摄政王。1645 年，他颁布了一道命令，勒令满族统治下的男性必须改梳满人的辫子发型，也就是后来被人们熟知的清朝发辫。对满人来说，这种发型历史悠久。人们会将头上前半部分的头发剃光，然后将剩下的头发编成一条长长的辫子。

多尔衮在“剃发令”的措辞上表达了“满汉一家”的观念。他提出皇帝是万民之父的说法，并且强调：“父子一体，岂可违异？”只有一小部分人可以保留自己原来的发型，如道士、僧人以及汉族女子。

文化上的冲突

尽管多尔衮认为改留发辫是联合满人和汉人的一种方式，但事实上满汉之间依然存在隔阂：满人和汉人不能联姻，而且旗人通常居住在驻防城市的隔离区内。此外，“剃发令”激化了民族矛盾。汉族男性有自己的传统发型（留长发并且梳顶髻），而且剃发被汉人视作一种自我毁伤，是对儒家“身体发肤，受之父母，不敢毁伤”教条的违背。

> **“凡投诚官吏军民皆著剃发。”**
>
> 《剃发令》，多尔衮，1645年

▽ **清朝的吉服**
乾隆帝（见 258~259 页）确定了清朝的冠服制度。一个人在宫廷中或日常生活中的地位，可以由其穿着长袍的颜色和装饰图案来区分。

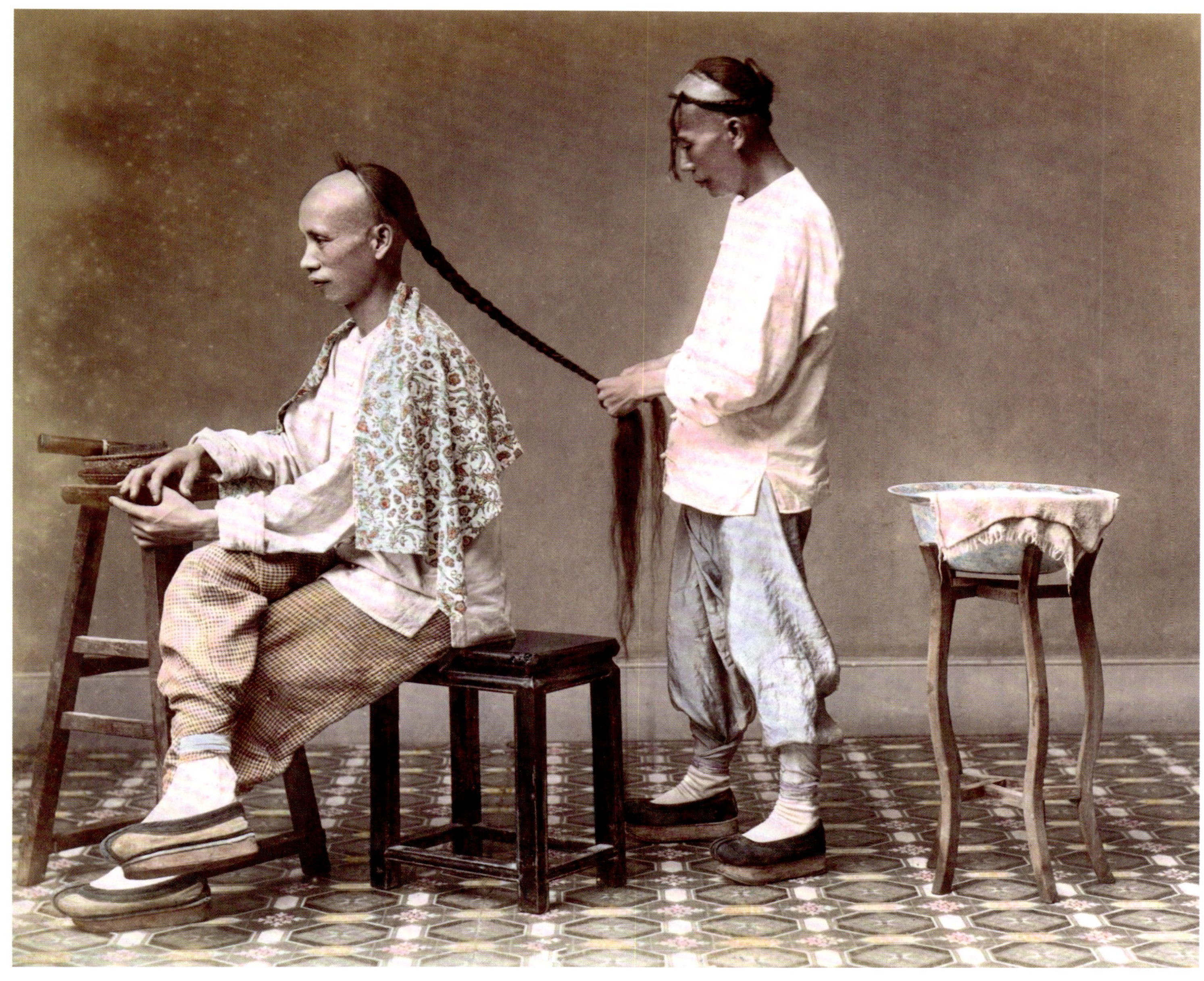

△ **编发辫**
这张照片拍摄于19世纪80年代，展示了一个男人将头发编成发辫的场景。有观点认为，这种发型源自从公元前3世纪起，居住在东方草原的游牧部族匈奴。

对剃发令的反抗

命令下达后，清廷以武力为后盾强制实施“剃发令”，八旗兵带着理发师四处进行剃发。那些在命令下达后十天内拒绝遵从剃发令的人将被斩首示众。清朝对此法令提出了一句口号：“留头不留发，留发不留头。”很明显，剃发留辫是向清政府降服的象征，而“剃发令”是清政府鉴别反对者的一个简单办法。很多地区发起了对“剃发令”的抵制。在中国的中部地区，不承认清政权的人们都加入了反抗“剃发令”的行动中。尽管会受到严厉的惩罚，反“剃发令”仍然被人们视作反抗清朝的标志。例如，太平军（见278~279页）就因为他们拒绝留辫子而被称为“长毛”或是“发匪”；而一些具有维新革命思想的人以剪掉辫子来作为他们接受现代化的象征。1911年，辛亥革命爆发，清朝灭亡，许多人剪掉了象征旧政权的辫子。1922年，当中国最后一位皇帝溥仪剪掉发辫后，其余的人们最终也都剪掉了自己的辫子。

马背上的乾隆帝

这幅融合了欧洲和中式风格的画作由意大利的耶稣会修士郎世宁创作，他是康熙帝、雍正帝和乾隆帝在位期间的宫廷画师。

乾隆帝

巩固了前朝施政成果的皇帝

在乾隆帝60年的统治期间，中国发展成一个庞大的多民族国家。乾隆帝继续完善政治制度，出兵维护边疆安全，并且重视文化建设。

爱新觉罗·弘历是雍正帝的第 4 个皇子，被父亲指定为继承人。1735 年，雍正帝去世，弘历继承皇位，次年开始使用“乾隆”年号，史称“乾隆帝”。

盛世的继承者与巩固者

他继位后继续推行康熙、雍正两朝的诸多政策，完善军机处制度、重视官吏的选拔、考核官吏政绩并严惩贪腐行为。同时，他也十分重视促进农业和商业的发展，为国家增加了很多财政收入。

在军事方面，他发起了多次维护国家统一和保护边疆安全的军事行动，完善了对边疆地区进行治理的政治制度，使得中国成为一个幅员辽阔的多民族国家；在文化方面，他下令编纂了中国史上规模最大的、共 36381 册的图书集成《四库全书》，并且鼓励艺术领域的创作和评论。

晚期统治的问题

然而，乾隆帝在位时的政策也存在着一些问题。例如，他进行的多次南巡以及园林建筑的修建花费了大量的国库储备；而且在乾隆帝统治的晚期，清朝国内的贪腐行为愈发严重，屡禁不止，官吏的穷奢极欲导致民不聊生，最终激起多地农民的反抗。

最长寿的皇帝

在中国历史上，乾隆帝的在位时间位居前列。他在即位第 60 年时，为避免自己的在位时间比他的祖父康熙帝更长而退位，以此表示对祖父的恭敬。乾隆帝的儿子颙琰继承皇位，但乾隆帝在退位之后又实行了三年训政，在此期间，重要政务的决策权仍然掌握在他的手中。乾隆帝于 1799 年去世。

◁ **乾隆帝的如意**

这是皇帝拥有的众多如意中的一柄。“如意”的意思是“如你所愿”。

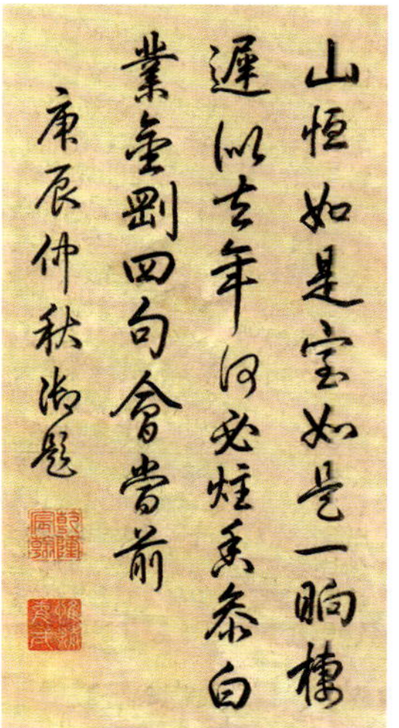

△ **诗人皇帝**

乾隆帝是一位多产的诗人和书法家，他留下了数以万计的书法手迹。图中是他手书的诗作。

1711年 在北京出生，父母是雍正帝和孝圣宪皇后。

1735年 继位并称其统治将以宽宏大量为本。

1755年 平定西北部叛乱，将清朝疆域和影响扩展到最大。

1772年 下诏编纂《四库全书》，这是一部中国古代的大型丛书汇编。

1796年 让位给第十五子颙琰，但是继续作为太上皇把持权力。

1799年 在北京去世并葬于裕陵，陵墓位置在清东陵。

▷ **宫廷器物**

这是一对乾隆时期的香炉中的一只。这件礼器上有着复杂的装饰，顶盖是镂空的，炉的三足被制作成鹤的形象。香炉的做工十分精妙，栩栩如生。

景泰蓝香炉

乾隆帝的非凡藏品

乾隆时期产生了众多精美的工艺品。这些工艺品直接受到皇帝个人审美趣味的影响，乾隆帝经常指导宫廷工匠仿制他喜欢的中国古代艺术品。从某种程度上讲，乾隆帝是一位艺术创作的支持者和鉴赏家。他的皇家作坊并不严格照搬旧式风格，而是追求创新，以传统元素为灵感，改进旧有图案模式，创作出优秀的新器物。

乾隆帝是中国最伟大的艺术收藏家之一，他的宫廷中有着丰富而精美的收藏品。他还曾下令对皇室的收藏品进行整理编排。这是一个复杂的过程，不仅要对中国历史文物进行检查和编目，还要根据它们的重要性和精美程度进行分级。不同类别的艺术品有着不同的分级体系，例如，书法可被分为神品（最高评价）、妙品、能品、逸品和佳品，书法等级会被直接钤印在被评价的作品上。乾隆帝在此评级过程中也做出了贡献。他以诗文表达自己对艺术品的感想，并将其书写在相应作品上或是放置作品的盒子上。乾隆帝、宫廷造办处的官员以及资深的宫廷工匠和文人都会仔细检查艺术品。艺术品的分级也反过来促进了新的杰作的产生，鼓励工匠们去创作最上乘的作品。

乾隆时期的香炉

香炉通常采用对称的结构，结合了景泰蓝、铜器、山水画等中国艺术形式。这些艺术形式在乾隆帝统治之前就早已存在。左侧（见260页）香炉上的山水画展现了以鹤和鹿为主题的宁静景象。这两种动物是中国艺术中经常出现的形象。从清朝开始，景泰蓝器物就以精美的镀金细节而闻名，其上常有象征皇权的动物形象，如龙和大象。图中这个香炉十分独特。它的盖子上有盘龙铜钮，意味着它可能是宫廷礼器，或被置于皇宫里的门厅中，起到熏香的作用。这种香炉的外形在乾隆时期很常见：三足，带有两只炉耳。

▷ **带有象征意义的鸟**
鹤在中国代表着和平与长寿。除凤凰外，它是最受人尊敬的鸟。它经常出现在皇家的装饰品中，如这些小香炉。

伟大的清代小说

《红楼梦》的历史

《红楼梦》创作于18世纪中期，这部作品世界闻名，也位列中国古典小说四大名著（见226~227页）。作者曹雪芹来自一个发家于17世纪的名门，曹家曾拥有很大的权势和财富。曹雪芹的祖父曾是康熙帝的伴读御前侍卫，曾得到康熙帝的宠信，然而在18世纪雍正帝整顿国内奢侈腐败行为时，曹氏家族遭到了清算。曹氏后人被迫离开南京的宅邸，搬到了北京的一座小房子里。

曹雪芹的家族经历最终使他创作出了半自传体小说《红楼梦》，讲述了贾氏的两个分支家族由盛至衰的故事。全书结合了现实主义和浪漫主义的风格，展现了人物的心理和命运，内容中既有日常生活又有许多神妙的事件。全书共刻画了30余位主要人物（包括丫鬟、小厮、尼姑、小妾和众多家族成员）以及400多位次要人物。

一个大家族的故事

《红楼梦》的情节主要围绕贾家的继承人贾宝玉（他出生时嘴里含着一块玉，因而得名宝玉）与他的两位女性表亲林黛玉和薛宝钗之间的关系展开。他前世本是一块通灵的顽石，请求一位道士和一位仙人带它去游历人间，因而降生为贾宝玉。多愁善感的林黛玉是贾宝玉的真爱，两人同样喜欢音乐和诗歌；贾宝玉却因家族利益需要而受骗和性格截然相

△ 曹雪芹

这幅18世纪的画作中的人物是《红楼梦》的作者曹雪芹。曹雪芹于1715年左右出生于南京的一个官宦之家。他是画家、诗人和小说家。因为对儿子的夭折悲伤过度，他在40多岁时就去世了。

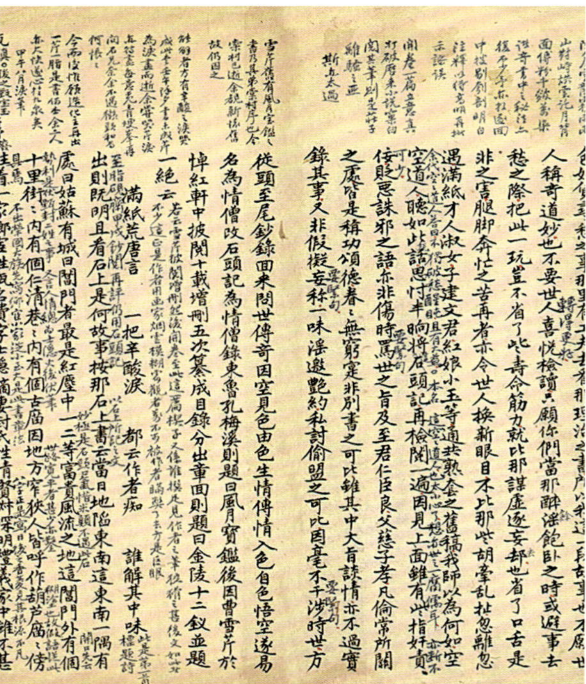

人稱奇道妙也不要世人喜悅檢讀只願你們當那醉淫飽臥之時或避事去愁之際把此一玩豈不省了些壽命筋力就比那謀虛逐妄却也省了口舌是非之害腿腳奔忙之苦再者亦令世人換新眼目不比那些胡牽乱扯忽離忽遇滿紙才人淑女子建文君紅娘小玉等通共熟套之舊稿我師以為何如空空道人聽如此話思忖半晌將石頭記再檢閱一遍因見上面雖有些指奸責佞貶惡誅邪之語亦非傷時罵世之旨及至君仁臣良父慈子孝凡倫常所關之處皆是稱功頌德眷眷無窮實非別書之可比雖其中大旨談情亦不過實錄其事又非假擬妄稱一味淫邀艷約私訂偷盟之可比因毫不干涉時世方

從頭至尾鈔錄回來問世傳奇因空見色由色生情傳情入色自色悟空遂易名為情僧改石頭記為情僧錄東魯孔梅溪則題曰風月寶鑑後因曹雪芹於悼紅軒中披閱十載增刪五次纂成目錄分出章回則題曰金陵十二釵並題一絕云

滿紙荒唐言　一把辛酸淚　都云作者痴　誰解其中味

出則既明且看石上是何故事按那石上書云當日地陷東南這東南一隅有處曰姑蘇有城曰閶門者最是紅塵中一二等富貴風流之地這閶門外有個十里街街內有個仁清巷巷內有個古廟因地方窄狹人皆呼作葫蘆廟廟傍

△ 己卯手抄本

曹雪芹的小说《红楼梦》在1791年出版之前，就已经以手抄本的形式流传开来，其中一些抄本现藏于中国和欧洲的图书馆。其中较早的抄本之一被称作“己卯本”，可追溯到1759年。图中所示就是己卯本的其中一页。

△ 对18世纪女性的描绘

虽然曹雪芹也描写了一些强大的女性角色，但整体来看，这本书中的女性角色普遍相似，多为温柔、脆弱、迷人的形象，如同这张绢画上所画的一样。

“假作真时真亦假，无为有处有还无。”

《红楼梦》，曹雪芹

反的薛宝钗定亲，尽管两人并不相爱。在故事的后段，贾宝玉在众人的欺瞒下娶了薛宝钗，随后林黛玉去世，贾宝玉最终出家为僧。

曹雪芹的作品反映了当时的社会、文化和精神风貌的种种细节。它不但折射出了清朝上流社会的文化和礼仪，还提供了许多关于当时的药物、食物、节庆、仪式、谚语、神话、宗教和艺术等方面的信息。曹雪芹对人物的描写体现出了极高的深度，没有一个人是完全的好人或坏人。他笔下的人性非常复杂，女性角色的表现尤为突出，正如曹雪芹自己所写，他希望纪念自己青春时代那些对他来说“行止见识，皆出于我之上”的女性们。

出版和遗留问题

曹雪芹花了很长的时间来创作《红楼梦》。他大约在1763年去世，但当时全书尚未完成，只有80回的手抄本在民间流传。直到1791年这本书才得以出版，但这个120回的版本引起了人们的争议。这一版本的前80回应该是曹雪芹写的，但其结局可能不同于曹雪芹本来的想法，这是因为后面的40回可能是由清朝文人高鹗创作的。无论事实如何，《红楼梦》已经成为中国最受人喜爱的小说之一，被改编成电影、戏曲和电视剧等艺术形式。在20世纪，这本书还以书名“The Story of the Stone”(《石头记》)出版了英文版。

△ **《全本红楼梦图》**
清代画家孙温在这幅绢本画中描绘了《红楼梦》中的场景。为了展现这部巨著中的情节，这位画家画了230幅工笔画，上图是其中之一。

△ **邮票**
《红楼梦》在当代中国也受到人们的喜爱，从这些描绘书中场景的精美邮票中就可以看出。中国邮政已发行了多种版本的《红楼梦》邮票，其中最早的版本发行于1981年。

△ **现代京剧**
《红楼梦》是许多改编作品的灵感来源。2016年9月，英文歌剧《红楼梦》在旧金山歌剧院首演。图中所示的是饰演林黛玉的女高音歌唱家普列姆·乔在进行最后的彩排。

增长的经济

清朝时期的国内外贸易

1683~1839年，中国已成为亚洲范围内无可比拟的经济强国。但中国对外贸易蓬勃发展的势头，随着英国向中国输入鸦片，以及1840年鸦片战争的爆发而逆转。

在清朝的早期和中期，中国的农业经济和商业经济都得到了发展。与此同时，17 世纪初，土豆和花生等外国农作物的引入，以及小麦等农作物种植的普及，提升了粮食产量，减少了饥荒的发生。这些因素导致清朝人口数量从 1650 年的数千万增长到了 1800 年的 3 亿以上。人口的增长使国内经济充满活力，而海外贸易的增长也促进了国内经济的增长。

清朝通过放松对一些专营行业的限制，来促进

▽ **广州商行**
位于广州珠江岸边的“十三行”是清朝设立的经营对外贸易的专业商行，当时对外贸易仅在广州口岸进行。

◁ **稻田和白鹭**
这幅清朝的扇面描绘了水稻种植的场景。长江以南地区水路运输便利，这使得大米成为中国很多地区的主食。

中国境内自然经济的自由发展。人们开始在不同地区专门种植经济作物，如水稻、棉花、盐、茶叶和树木等。

这些政策促使全国范围内货物运输的数量和种类急剧增长：大米沿着长江被运往种植棉花的江南地区；另外，来自湖南和福建的茶叶、安徽的盐，以及产自东南部的糖和水产，也被成吨地运到城市的市场中。

> **“外夷……应令寓居洋行，由行商负责稽查管束。”**
>
> 《防范外夷规条》，1759年

交通运输和城市化

大规模的货物流通推动了中国城镇的发展。杭州等大型行政和商贸城市。连接着许多集镇和小型商贸城市，这些城市管理着农村与人口较多的中心城市之间的货物流动。据部分研究推测，从1685年至1818年，湘潭县（在今湖南）的集镇数量就从3个增长到100多个。这种情况在清朝的县级地区中十分普遍。

同时，工艺流程的进步使得民间可以进行大批量的商品生产，更容易满足市场对商品的需求。瓷器制造业在明朝已经实现了工场化，而到了清朝，生产纸张和纺织品等物品的大型工场增多，并且发展出了计件制的劳动方式。

对外贸易

清朝初期，由于担心郑氏集团从海上发起进攻（见246~247页），康熙帝禁止了沿海贸易。国家恢复统一与和平后，他在1684年颁布法令，重新开放海上航线，并在广州、厦门、宁波和松江（在今上海）的港口设立海关。中国与西方海外贸易的蓬勃发展，使本国经济日益繁荣。然而，在乾隆帝（见第258~259页）的统治时期，清朝对中外贸易实行了限制。1757年，由于反对进口商品的中国商人的游说，以及一些外国商人的不当行为，乾隆帝宣布，只保留广州作为中国对西方商人开放的港口。他将贸易垄断权授予广州经营对外贸易的专业商行，即“十三行”。行会成员要为每艘外国船只做担保。清政府还制定了《防范外夷规条》，对“夷商”何时能留在广州以及与谁做生意都有着严格的规定。尽管存在这些限制，欧洲和中国之间的贸易量仍在增长：有资料表明，19世纪前30年，中国的茶叶出口增长了50%以上，而丝绸出口增长了约8倍。

到1800年时，中国已成为亚洲经济的领头羊。然而，中国对英国巨大的贸易顺差引发了英国不满。英国开始非法向中国输入鸦片（见272~273页），给中国造成了严重的损失。

▽ **瓷器的出口**
清朝窑厂生产带有纹章图案的瓷器并销往欧洲市场。这件盛餐点的盘子是13世纪20年代受一位富有的苏格兰主顾委托生产的，上面带有由4种纹章组合成的图案。

陶瓷艺术

古往今来的瓷器

早在汉末，中国最具盛名的出口商品瓷器就已出现，到唐朝时中国瓷器已远销国外。经过几个世纪的发展，陶瓷产品逐渐形成了不同的形制和装饰方式，这其中既有本土的风格存续，也有外来的观念和需求的影响。这些精美的陶瓷展现了不同的制瓷技术，以及御窑工匠无与伦比的技艺。

△ 大维德花瓶
这对著名的元代花瓶是青花瓷（见 212~213 页）的早期代表，由英国的大维德爵士收藏。

△ 瓷兔
这只瓷兔制作于 8 世纪末或 9 世纪初，是瓷器工艺发展的上升时期的作品。

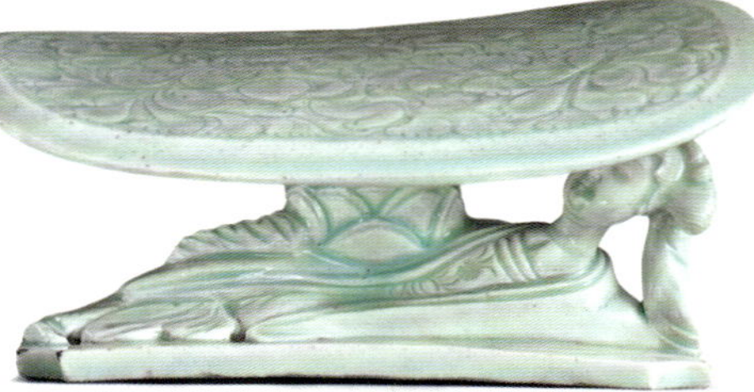

△ 瓷枕
这只华丽的枕头是瓷制的，制作于南宋时期。瓷枕由一个向后倚卧的女子形象的部件来支撑。

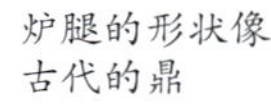

◁ 纯白釉香炉
这只 16 世纪的纯白釉香炉，其形状受到古代青铜器的启发。

◁ 兽形香炉
这是一对明代香炉中的一只，它的历史可追溯到 14 世纪早期。香炉表面施有青釉，这种釉料可以烧出淡绿色或者淡蓝色。

▽ 蓝釉描金瓷碗
这只 16 世纪晚期的瓷碗采用了描金工艺，即用金粉或金水在瓷面上描绘装饰纹样的技术。

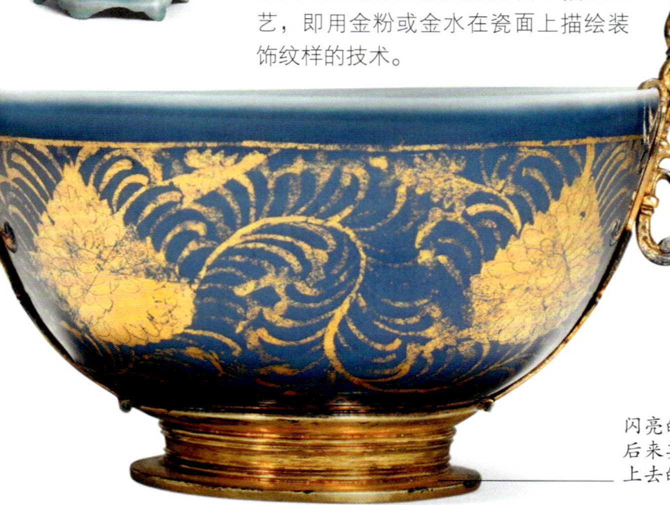

△ 果形壶
这只清代的壶制作于 17 世纪末期，壶身呈桃形。桃在中国文化中象征着长寿，其鲜艳的绿色在这一时期相对罕见——其他类似的壶多为蓝绿色或紫色。

▷ 五彩瓷瓶
这只明代万历年间的白地瓷瓶上施的是五彩釉，描绘了花、鹤和龙等纹饰。这种五彩瓷器是用蓝色、绿色、红色、黄色等色料在白瓶上描绘纹饰后，再烧制而成的。

▷ **婴戏图**

这只瓷瓶的制作时间可以追溯到19世纪的道光年间。它描绘了儿童正在玩乐的场景。这是中国古代艺术中一个常见的主题，寓意着多子多福。

粉彩

△ **鸟纹抱月瓶**

“抱月瓶”得名自它像月亮一样平而圆的形状。这只瓷瓶可追溯到18世纪早期的雍正年间。

△ **完美的粉红瓷瓶**

这只清代瓷瓶有着光滑的粉色釉面，表现出乾隆时期官窑卓越的制造能力。

△ **葫芦瓶**

这种葫芦形瓷瓶在清朝十分流行。这只葫芦瓶橘蓝相间，颜色艳丽，是在乾隆年间制成的。

绿色的镂空部分上有龙的图案

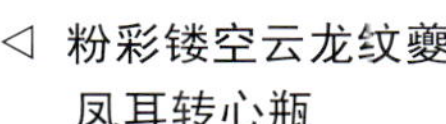

◁ **粉彩镂空云龙纹夔凤耳转心瓶**

这只双龙耳瓶颜色淡雅，镂空的瓶身上有龙的图案，瓶颈两侧贴塑金彩夔凤耳，是乾隆年间制作的精美器物。

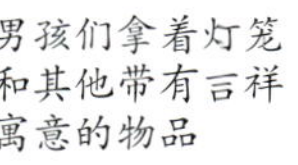

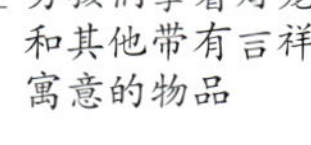

男孩们拿着灯笼和其他带有吉祥寓意的物品

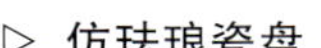

▷ **仿珐琅瓷盘**

这件瓷盘上的纹饰设计模仿了珐琅的艺术特色，其历史可追溯到晚清的光绪年间。

京剧

富丽堂皇的戏剧形式

1790 年，为庆祝乾隆帝八十大寿，三庆班受荐从安徽来到北京城进行演出，后来陆续有徽班进京表演。他们的表演形式，就是后来人们熟知的“京剧”的早期形式。在接下来的 60 年里，戏班们在京城里发展了这一艺术形式，融合了徽调（一种讲述历史故事或是民间传说的生动的戏剧形式）、昆曲（一种 16 世纪起盛行的戏曲声腔）和汉调等艺术形式，使京剧趋于成熟。到了 19 世纪末，尽管大多数省份也都培育出使用本地方言的地方剧种，但巡回演出的戏班们仍将京剧及其唱法传遍了中国各地。

脚色行当

京剧是一种高度规范化、程式化的艺术形式。表演者必须掌握四种主要技能，即唱、念、做、打（传统武术的舞蹈化形式）。京剧的剧目主要有两类：文戏，即主要表现人物关系和爱恨情仇的故事；武戏，即主要表现动作、杂技和武打的故事。京剧还可分为四种行当：生（领衔的男性角色）、旦（女性角色）、净（有脸谱的男性角色）和丑（男性的小丑角色）。每种行当还可以细分。比如，“生”可分为老生、小生等，其中老生是庄重、年长的男性角色，小生一般是青年男性角色。按照旧时的传统，女性角色是由男性扮演的，直到清末才出现女演员。

每一行当都有自己的程式规范，其化妆穿戴都有规制。生角和旦角的化妆较为简单：白脸，涂以腮红，画上黑色的眼圈、眉毛和红色的嘴唇。丑角

△ **京剧人物造型**

19 世纪末，艺术家们绘制了一套记录京剧角色装扮的人物肖像画，均为绢本设色，涵盖了 9 部戏中的 100 个人物，上图这幅画像便是其中之一。

△ **西方的视角**

这张彩色的版画描绘了西方人眼中的京剧：人物角色在舞台上进行着华丽的表演。大多数西方人直到 20 世纪初才对京剧有所了解，而当时的剧团也开始走出国门，到美国和俄罗斯等地演出。

△ **《断桥》**

这张照片表现了京剧《断桥》中的一个场景，陈德霖扮演白素贞，余玉琴扮演小青。19 世纪 80 年代，演员余玉琴十分出名，23 岁时就已经进宫廷演出过了。

“我好比虎离山，受了孤单。”

《四郎探母》中的唱词，清朝

则简单地在脸上涂一块白。净角则用彩色的脸谱来表现他们的本性，比如红色象征忠诚和勇气，绿色象征冲动和暴躁。戏服用于表示角色的性别、类型、职业和社会地位。如高级官员穿紫色官衣，皇帝穿黄色龙袍；武将则无论男女都穿着一件质地较硬的戏服（靠）来代表铠甲。

京剧的唱腔也因角色行当不同而不同：老生的演唱方式比较自然，净角的音色洪亮宽阔，青衣（穿青色褶子的中年或青年女性）则用假嗓演唱。表演者用“唱”来表达情感，也会用“说”的方式来叙事。他们采用一种叫作“念白”的独特技巧，通过升高或降低音调、变化音节来营造出一种与日常说话不同的韵味。

京剧名段

在清朝，全本的京剧长得令人难以置信，有的多达 24 本，甚至一天内无法演完。后来人们将一些有名的精彩段落摘出并进行单独表演。其中一出名戏《霸王别姬》至今仍受人喜爱，它讲述了“西楚霸王”项羽和汉朝的建立者刘邦斗争的悲剧故事。在戏中，项羽意识到大势已去，于是将自己的宠姬虞姬叫到营帐中作别。虞姬不愿牵累他突围，用他的剑自刎身亡。另一出折子戏《贵妃醉酒》是关于唐朝美人杨贵妃的故事。很多京剧选段都取材于历史事件，讲述了帝王将相的征战、日常生活及其爱情故事。

△ **梅兰芳**

梅兰芳是中国最具盛名的京剧演员之一，以扮演旦角而出名。他创立了注重表演艺术性的梅派。直到 1961 年去世前，他一直从事电影和舞台表演的工作。但在日本人占领上海时，他拒绝为日本人演出。

△ **今日京剧**

这是 2019 年安徽省淮南市的一场京剧演出的照片，表演的是杨门女将出征的故事。今日，京剧仍在海内外演出，其中很多故事和表演传统从 18、19 世纪首演以来，一直没有改变过。

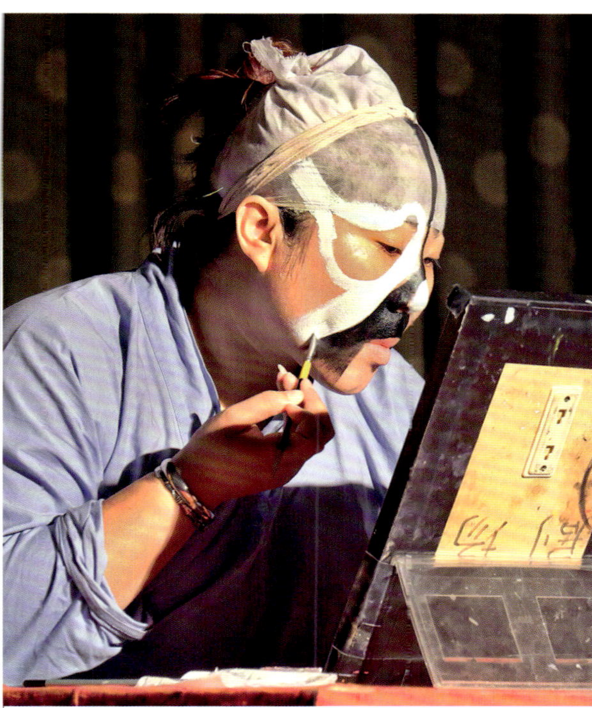

△ **画脸谱**

图中一位演员正在用颜料勾画自己的脸谱。黑色在京剧脸谱中象征着正直、刚毅等性格。脸谱的颜色和图案为观众了解角色提供了线索，但人物的脸谱样式并不是完全固定的，不同的表演者会使用不同风格的脸谱。

马戛尔尼使团访华

英国贸易使团访问中国的失败之旅

1793年，一个人数众多的英国使团带着上百箱礼物访问中国，希望与清政府之间磋商建立外交关系、改善贸易条件等议题。由于东西方之间的文化隔阂，这场访问最终没有达成英国人预期的目标。

1757年，乾隆帝颁布了一道圣旨，将中国的所有对外贸易都限制在广州口岸一地进行。这道圣旨最终演变成了《防范外夷规条》(见265页)，外国商人所有的对华贸易都要通过一个中介机构进行，也就是有名的商人行会——十三行。这些商人被政府授予了垄断对外贸易的权力，清朝的对外贸易因而受到高度管制。

英国的贸易需求与使团的启航

18世纪末，在英国与中国的贸易中，广州一口

▽ **觐见乾隆帝**
这幅18世纪的画作，描绘了西方人眼中的英国特使乔治·马戛尔尼觐见乾隆帝的场景。

“天朝物产丰盈，无所不有，原不藉外夷货物，以通有无。”

乾隆帝给英王乔治三世的回复，1793年

中英的茶叶贸易

18世纪早期，英国对茶叶征收重税。喝茶的主要是有钱人，他们通常使用上等的中国瓷器（右图）喝茶。后来，东印度公司垄断了英国的茶叶进口。由于中国人对其他英国商品不感兴趣，东印度公司只能用白银来购买茶叶。于是，东印度公司尝试以鸦片走私的方式打开中国市场，并引发了之后的鸦片战争。

通商的局面远远不能满足英国商人的贸易需求，英国商人希望政府出面帮他们获得更多贸易权益。1792年9月，曾担任过驻俄公使和印度马德拉斯管区总督的乔治·马戛尔尼，率领使团前往中国。1793年8月，多达800余人的英国使团抵达海河的入海口，使团成员包括传教士、哲学家、医生、机械专家等人。随后，他们带着赠送给皇帝的大量礼物前往北京，其中包括一台天体运行仪和一个热气球。

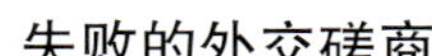

失败的外交磋商

随后，马戛尔尼使团在清朝大臣陪同下，前往热河（在今河北）行宫晋见乾隆帝。然而，马戛尔尼拒绝按中国传统行跪拜礼，并与中方发生争执。最终双方达成协议，马戛尔尼在觐见乾隆帝时可单膝下跪，不必叩头。9月14日，马戛尔尼在避暑山庄万树园见到了正在庆祝83岁大寿的乾隆帝，并正式递交国书。此后，马戛尔尼多次要求与清政府进行商谈，却未受到接见，于是又回到北京。之后使团向清廷提出了多项书面要求，其中包括商议放宽仅在广州通商的贸易规定、提供一个可供英国商人居留和存放货物的岛屿、在北京设立商馆等内容。但是马戛尔尼的要求受到乾隆帝的断然拒绝，理由是以上要求与朝贡贸易体系不合，而且清朝对英国货物没有需求，双方更不具备建立外交关系的平等地位。至此，马戛尔尼使团的访问目标已经无法达成，只得于10月7日离开北京，乘船由运河南下杭州，然后改行陆路至广州离境，并于次年9月回到英国。

尽管这次访问没能建立起中英之间的自由贸易，但英国使团成员在出访的7个月里对清朝的政治、经济、军事、文化等方面信息进行了较为周详的调查，并得出了清朝落后于英国的结论。清政府的拒绝是对国家主权的正当维护，但坚持闭关锁国、拒绝与其他文明进行交流的行为，也使得清朝落后于世界的发展潮流，错失了社会经济发展的机遇。

▷ **英国陶瓶**
这个香水瓶是马戛尔尼使团带来中国的英国货物之一。

鸦片走私

鸦片的进口与成瘾

英国控制下的印度出产的鸦片大量输入中国，给中国带来了吸食鸦片成瘾的灾难性风潮。清政府颁布禁烟令以保护国家安全，最终导致了和英国的战争。

鸦片由阿拉伯商人传入印度，大约在唐朝时作为药品传入中国。中国人曾将小剂量鸦片用于医疗，比如治疗疼痛和腹泻，还把它当作壮阳药。然而到了18世纪，越来越多的中国人开始用它麻醉自己，经常用烟枪来吸食纯鸦片。

进口和收益

葡萄牙商人在16世纪时已将鸦片贩入中国。到了18世纪早期，英国人也发现了贩卖鸦片带来的巨大收益。这项业务由英国东印度公司经营。东印度公司在1600年由英国皇家特许成立，专门负责远东和印度的贸易。1729年，东印度公司向中国输入了200箱鸦片（每箱重77千克），至1767年，这一数字上升到了1000箱。然而此时，东印度公司仍陷入负债之中。

鸦片走私与禁烟令

为了解决负债问题，英国的东印度公司决定增加对中国的鸦片销量。东印度公司垄断着孟加拉和印度的鸦片贸易，于是英国开始加大对鸦片生产的投资，从这两地向中国大量出口鸦片。鸦片在中国境内的销量激增，很快就取代了棉花的位置，成为中国从东印度公司进口最多的商品。1729年，雍正帝颁布了第一道禁止贩运和吸食鸦片的诏令。1796年，嘉庆帝禁止了鸦片的进口。1813年，嘉庆帝颁布了中国历史上第一道惩办鸦片吸食者的法令，违者将被杖打一百下，并被枷锁拘禁着示众一个月。然而，东印度公司找到了规避禁令来向中国输入鸦片的方法。他们把鸦片交给私商，这些商人有从加尔各答的贸易站向中国运送货物的许可。在中国边境，商人们把鸦片卖给走私商贩，然后将对方支付

△ **烟枪**
烟民使用的烟枪样式反映了他们的富有程度，不仅有简单的竹管烟枪，还有装饰精美的瓷制和珐琅制烟枪。

◁ **进口和供应**
在这张画中，人们从板条箱中取出被制成球形的鸦片，然后称重售卖。

△ **宫廷中的鸦片**
鸦片在晚清的中国社会流传甚广。这幅画来自一位西方画家的想象：皇后（图左）坐在一旁，妃子和仆人正手握烟枪。

的黄金白银带给东印度公司。1838年时，尽管道光帝尝试禁烟，但东印度公司仍然每年向中国输入4万箱鸦片。

毒瘾泛滥

输入中国的鸦片越来越多，吸毒成瘾者与日俱增。吸食鸦片是导致贫困的直接原因，鸦片走私还催生了穷凶极恶的犯罪势力，比如利用政府的腐败来维持恶势力的三合会。

随着越来越多的人染上烟瘾，黄金白银不断流出中国。此外，商人们开始用鸦片代替现金进行交易。官员们也发现，种植罂粟可以帮助他们完成税收指标。

19世纪30年代，道光帝拒绝了清朝官员以鸦片贸易合法化来解决日益严重的财政问题的建议。朝廷还对鸦片进口采取了更加严厉的制裁措施。然而，这些措施很快就导致中国与西方势力爆发了公开的冲突，也就是两次鸦片战争。

> “鸦片烟性最烈，食之既久，必致害身殒命，实与砒霜无异。”
>
> 嘉庆帝给内阁的禁烟谕示，1810年

△ **先进的战船**
1841年1月7日，在第一次鸦片战争中，英国皇家海军战舰“复仇女神”号摧毁了中国的战船。“复仇女神”号是一艘配备有32磅炮的铁壳战舰，中国当时的战船无法与之匹敌。

鸦片战争

英国发动的侵略中国的战争

1840~1842年，中国在第一次鸦片战争中败给了英国。这场战争摧毁了广州贸易体系，中国被迫割让香港岛给英国，还向英国开放了5个通商口岸，并显露了清政府的日益衰弱。

到了19世纪30年代早期，英国商人已经开始厌烦中国实施的贸易限制。此时英国已经进入工业化时代，英国的工厂主们需要找到新的市场来销售他们的产品。因此，他们向英国政府施压，要求政府结束东印度公司在亚洲的贸易垄断，为其他商人开辟商路。然而，如果他们想在中国进行自由贸易，就必须想办法结束清朝对贸易体系的管控。由于在外交上没能成功让清政府做出让步，于是英国准备用军事手段迫使清政府就范。当时清政府正受困于民众吸毒成瘾的风潮中，鸦片走私（见272~273页）也给整个中国陷入了贫困和腐败。为解决这一问题，道光帝派出经验丰富的官员林则徐，让他到广州禁

香港

香港拥有天然的深水良港，顾名思义为“芳香之港”。在《南京条约》中，香港岛被正式割让给英国。香港的更多地区在 1860 年（九龙半岛南部）和 1898 年（新界）被割让或租借给英国。1997 年，中国恢复了对香港的主权。

绝鸦片的走私和吸食行为，并将鸦片销毁。

林则徐果断行动。他收缴了烟枪并逮捕了约 1600 名参与鸦片走私的中国人。他给英国的维多利亚女王写信，指责她因鸦片的危害将其在英国禁止，却允许鸦片走私在中国蓬勃发展。林则徐还从英国在广州的仓库里没收了约 2 万箱鸦片，并进行了销毁。

战争爆发

清政府下令禁烟后，英国人以此为借口发动战争。1840 年 6 月，英国舰队 40 余艘舰船及 4000 余名士兵到达中国海面，第一次鸦片战争开始。英军在珠江口和厦门没能取得军事优势，于是继续北上，先攻陷浙江定海，又进入天津白河口，威胁北京。清政府派出直隶总督琦善与英军谈判，换得英军南撤到广州。即使清政府将林则徐等大臣革职，英国仍然步步紧逼，先后攻陷广州、镇海、上海等地，直逼南京。

1842 年 8 月，战争以《南京条约》的签订画上句号，这是中国签订的第一个不平等条约。根据条约，中国支付 2100 万银圆作为赔款；正式割让香港岛给英国；向英国商人开放广州、厦门、福州、宁波、上海五个通商口岸；中国丧失关税自主权，必须得到英国的同意才能决定本国的关税。此后，清政府在条约附件中做出了更大的让步：英国被给予“治外法权”，因此英国公民在中国时只受自己国家的法律约束；英国得到片面最惠国待遇（编者注：最惠国待遇应是双方互惠，但英国并未给予中国同等待遇，因而是不平等的、片面的），这意味着中国给予其他国家的特权也必须给予英国。

对清政府来说，这是一次耻辱性的失败，中国内部的反清情绪开始滋长，很快引发了起义。

△ **虎门销烟**
1839 年，钦差大臣林则徐（中）受命监督广州的鸦片销毁工作。

◁ **《南京条约》**
1842 年 8 月 29 日，中英双方在停泊在南京附近江面上的英国军舰“康华丽”号上签署了《南京条约》。同年晚些时候，道光帝和维多利亚女王正式批准了该条约。

“凡大英商民在粤贸易……勿论与何商交易，均听其便……”

《南京条约》，1842年

华丽的仪仗盔甲

清朝的宫廷盔甲

清朝的宫廷盔甲十分华丽，到清朝末期时，多用于仪式场合。皇帝的将领和侍卫会在阅兵典礼时穿着这种钉甲形制的盔甲。钉甲里面是狭长的、相叠的方形铁片，它们被铆钉固定在厚厚的布料层内，铆钉头在布料外面清晰可见。在明朝，钉甲因其华丽的外形和良好的防御力而受到军队将领们的青睐。然而，随着现代武器的引进，盔甲在战场中的应用逐渐减少。尽管如此，钉甲仍然被视为一种重要的身份象征，标志着穿戴者是清朝官吏和统治阶层中的一员。

清朝盔甲

清朝在部分明甲样式的基础上，确立了盔甲的形制标准，并在全国范围内统一。清甲采用了上衣下裳的两件套式风格，将单独的身甲和一条长及脚踝的腿裙结合起来，但放弃了明朝时更受欢迎的及膝或者及胫的单片甲。满族人擅长骑射，这种独立的两件套式设计使他们在马背上的行动更加灵活，尽管这样也会暴露腿的后部。清朝的头盔有着独特的盔脊，这与形状平滑的明式头盔十分不同：它们保留了装饰性的羽毛（有的还用了翠鸟的羽毛），而不再使用盔旗。

清朝盔甲还对护面甲做了延伸，不仅可以保护面部和颈部，还可以护住咽喉。肩部和上臂由护肩甲保护，而且在腋下也有大面积防护。以右图中的这身清代盔甲为例，其肩部和肘部有明显的金属片保护，这些经过雕饰和抛光的金属片与甲衣上的金色绣龙和波浪图案相映成趣。最后，清朝对钉甲的改良还体现在增加了马蹄袖，这有助于穿戴者抵御寒冷，并增加防御力。

完整的盔甲还包括一双布制或皮制马靴。它们的跟是平的，但靴面宽，靴筒深，足以防止脚滑过马镫而被卡住。传统的马靴一般是黑色的，靴底为白色。清朝马的护甲、鞍具和辔头是和骑手盔甲的样式风格相匹配的，但是没有安装金属片。实际上，到了清朝末期，多数仪仗甲上的金属片已经成为了装饰性元素。

△ **镶在盔上的“智慧之言”**
这顶头盔上装饰着镀金的铜字，是西藏的兰札体文字。兰札体常用于书写神圣的宗教文本，如图中所示的佛教梵文咒语。

◁ **宫廷盔甲**

这件盔甲十分华丽，也拥有很好的防护性。它显示了其穿戴者在清朝上层社会中的重要地位。

△ **专业骑手**

为了给人一种防护性很强的错觉，马匹上套着嵌有铆钉的马衣。马衣很厚，有多层布料，但里面没有嵌入钢片。

△ **华丽的配件**

虽然只有在马上没有骑手的时候，马鞍的全貌才能被看到，但仪式用的马鞍仍有着很多装饰，以在风格上与骑手的盔甲相匹配。马鞍上的颜色和细节表明了骑手的社会地位。

太平天国运动

清朝灭亡的开始

太平天国运动是一场浩大的反清起义，其范围席卷了中国的大片地区。尽管它给清朝的统治者带来了永久性的沉重打击，但也造成了上千万人的死亡和数百座城市被毁。

自17世纪清朝建立后，国内曾发生过多次起义，如白莲教等民间宗教教徒的起义等。这些起义持续时间久，很难被彻底镇压，其中最为严重地动摇清朝统治的是长达14年的太平天国运动。

太平天国运动兴起于中国的南方。在当时，由于鸦片的输入，很多地区土匪横行，人们不仅吸毒成瘾，甚至公开交易鸦片。除此之外，由于清政府的腐败，农民还要为耕种的土地缴纳高昂的租金和税款。人们认为清政府不但遏制不了外国的威胁，还背叛了中国人民，民间的反清情绪十分高涨。

太平天国运动由建立“拜上帝教”的洪秀全领导。1851年1月11日，他领导发动金田起义，建号“太平天国”，太平天国的反清运动正式开始。太平军的人数不断增长，他们接连攻陷清军控制下的城市，并一路向北方进发。1853年，他们抵达防守森严的长江重镇武昌城下，只用了20天就成功攻克武昌。随后，太平军从武昌出发，沿着长江向东进军，一直到达南京。他们又击败了驻守在南京城的2万

▽ **攻占瑞州**
这幅画描绘了1857年身着红蓝色军装的清朝军队攻占起义军控制的瑞州的场景。

▷ **太平天国天王的玉玺拓片**
图为太平天国的领导者洪秀全的玉玺印文。太平天国善于通过印刷的标语和招贴等形式进行宣传。

清军，占领了这座城市。

新王朝的新国都

太平天国建都南京，并将南京改名为“天京”。他们在这里尝试建立“太平一统”的平等社会，实行圣库制度，没收一切财产。他们还把居民编入 25 人为一组的军营，男女分营。各营都被分配了特定的职责，比如做饭、纺织和护理病人等。但太平天国的男女隔离政策遭到了民众反对，最终被废除。

太平天国占据南京长达 11 年，并且多次尝试扩张领土。他们在长江上游地区取得了一些胜利，但是他们在 1855 年进攻北京及 1860 年进攻上海时都失败了。

太平天国对儒家文化秩序的破坏，令中国的官绅士大夫阶层感到震惊和恐惧。随着政府军队陷入混乱，官绅们开始组织地方武装力量，比如曾国藩领导下的湘军。1856~1858 年，曾国藩率军收复了江西大部分地区，同时湖北的湘军在胡林翼的领导下收复了武昌。湘军随即围攻南京。1864 年 6 月，洪秀全去世，1 个月后湘军攻破南京，镇压了太平天国运动。

> “有田同耕，有饭同食，有衣同穿，有钱同使，无处不均匀，无人不饱暖。”
>
> 《天朝田亩制度》，洪秀全，1853年

洪秀全

洪秀全 1814 年出生于今广州市花都区。他年幼时十分聪明，因此受到村里资助参加科举考试，但他屡试不第，结果精神崩溃。他在翻阅基督教布道书《劝世良言》时，萌发了信奉上帝，追求人人平等的观念。在信仰和强烈的反清情绪的推动下，他领导了太平天国运动，直到去世。

太平天国运动最终被镇压，但对清朝产生了巨大的影响。为击败太平军，清政府将权力下放给地方，允许地方组织军队，从此开始逐渐对地方失去控制。

▽ **李鸿章**
李鸿章是晚清时期重要的政治家、外交家和军事家，他组建淮军，与曾国藩组建的湘军一同参加了镇压太平天国运动的战争。他还参与领导了洋务运动。

△ **大沽口之战**
大沽口炮台始建于1816年，是拱卫天津和北京的门户。此图描绘的是第二次鸦片战争期间，英法联军和清军在大沽口炮台战斗的情景。

第二次鸦片战争

英法联合发动的侵华战争

为了从清政府手中得到更多的贸易特许权，西方列强开始制造新的战争，并且再次将清政府击败。在外国势力的压迫和国内民众的声讨之下，清政府的统治变得脆弱不堪。

1856年秋，当清政府竭力镇压太平天国运动（见278~279页）时，西方列强正试图进一步扩展他们在中国的影响力，于是又与清政府间爆发第二次鸦片战争。英国人对《南京条约》（见274~275页）中关于贸易许可的条款不满意，再次提出外国公使能常驻北京并开放更多的通商口岸等要求。1856年7月，当两广（广东、广西）总督叶名琛坚定拒绝英国提出的向中国输入鸦片的要求后，紧张局势再度升级。3个月后，英国以“亚罗号事件”为借口，对中国开战。

根据英国驻广州领事巴夏礼的说法，广州官员登上英国船只“亚罗”号，并以进口鸦片的罪名逮捕了船上的中国船员。他还故意声称，这些官员扯下了船上的英国国旗，这是对英国王室的严重侮辱。

“简直无法想象我们烧毁的地方有多么美丽和富丽堂皇。”

英国军官查理·乔治·戈登，1860年

于是，英国军舰突然闯入虎门海口，进攻珠江沿岸炮台，悍然挑起侵略战争。在当地军民的英勇抵抗下，英国军舰因兵力不足于1857年1月退出了珠江。

《天津条约》

1856年，法国也决定向中国索要更多的特许权，于是加入到这场战争中，一同对中国施压。1856年12月，英、法驻中国的全权代表额尔金和葛罗率领一支近6000人的联军攻占了广州，并继续沿海路向北方进军。1858年5月，英法联军炮轰位于海河入海口的大沽口炮台，大沽口失陷后，联军侵入天津城郊，扬言要进攻北京。别无选择的清政府于6月签订了《天津条约》。这一条约给予英国、法国以及俄国和美国在北京设立常驻公使的权利，并且允许传教士和商人在中国内地自由通行。中国被迫向胜利者支付赔款，同意再开放10个通商口岸。

◁ **清朝大臣**
图中人物是清朝重臣叶名琛，他曾拒绝英国的贸易要求。

圆明园的毁灭

由于英国代表团在和清政府谈判投降事宜时遭到监禁和折磨，额尔金下令摧毁圆明园进行报复。这种对文化的破坏行为十分可耻。英法联军劫掠了这座巨大园林宫殿中的无价之宝，其中有瓷器、玉石、黄金、纺织品和铜器（如右图这尊乾隆年间的牛首）等。英法联军随后放火焚烧了3.5平方千米的圆明园，大火烧了3天。许多从圆明园劫掠走的珍宝，现在可以在世界各地的博物馆中找到。

清政府向英国提出修改条约，结果遭到了拒绝。1859年6月，英、法公使拒绝了清政府的安排，坚持派军舰由天津大沽口溯白河而上，进入北京换约，导致战争再次爆发。在这次进军中，英军惨败，被迫从大沽口撤军。但英法联军在1860年3月卷土重来，溯海河而上攻占了北京。清朝的咸丰帝和官员逃到了承德，额尔金下令摧毁了清朝统治者的居住地圆明园。英法联军洗劫了圆明园的珍宝，然后放火烧毁了它（见上栏）。

1860年10月，咸丰帝的弟弟奕䜣签署了《北京条约》，结束了战争。条约批准了《天津条约》中的所有条款，对英国的赔偿增加了一倍，割让九龙半岛给英国，并且将天津加入通商口岸的名单中。中国在第二次鸦片战争中的战败，使清王朝向外国势力敞开了大门，但也激发了清朝的自我反省和改革，最终推动了洋务运动的发生（见284~285页）。

不平等条约

外国势力的影响以及中国主权的丧失

从1842年到20世纪初，中国的对外关系受制于一系列不平等条约。这些条约迫使中国向海外列强打开了贸易的大门，允许列强进一步扩大对中国腹地的控制。

1842 年，中英两国的第一次鸦片战争以签订《南京条约》而终止。在这之后，清政府又签订了一系列不平等条约，这些条约从根本上改变了中国的贸易格局。随着越来越多的港口对外国人开放，中国被迫将其丰富的资源提供给西方利益集团。

> 到1917年，因为不平等条约，中国已经向外国人开放了104个通商口岸供其进行贸易和居住。

《南京条约》给予英国进入中国多个港口（厦门、福州、上海、宁波和广州）的权利，并且将关税设定为 5%。英国后来被授予治外法权，允许英国公民在中国的领土上只受英国法律的管束，英国还得到了片面最惠国待遇，这意味着他们可以自动得到任何中国授予其他国家的权利。

美国和法国很快也提出了自己要求的条约，分别是《望厦条约》（1844 年）和《黄埔条约》（1844 年），且挪威和瑞典也在 1847 年加以效仿。这些条约对中国来说是灾难性的。它们剥夺了中国设定保护性关税，或通过运用贸易特权掌管自己外交政策的能力。

外国特权

1860 年第二次鸦片战争（见 280~281 页）之后，中国被迫开放了更多的通商口岸。在接下来的几十年里，清朝开放了数十个口岸，允许更多的国家进入中国。在很多港口，一片片土地通过清朝给予的特许权被租借给外国列强，并被划分成多块供外国商人开发。每个租界都由一位领事和他们自己的市政机构管理，这意味着一个港口内可能同时有几片不同自治权的区域，比如当时的上海租界就有这种情况。为了改善上海租界的混乱局面，英国和法国于 1854 年联合组建了市政机构，即“上海工部局”。1862 年时，法国退出这一联合机构，并使法租界保持独立；1863 年，英国和美国在上海的租界区合并，开始在上海居于主导地位。20 世纪 30 年代时，这片租界区在淞沪会战中受到严重破坏。这些地方也是革命思想的启蒙地：1895 年孙中山的兴中会在广州领导了一场起义；1921 年中国共产党在上海成立。

中国自 1919 年开始陆续收回各国租界。第二次世界大战期间收回英、美等国租界，战后又收回上海、天津等地的法租界和意租界。

△ 西方的野心

谢缵泰的漫画《时局图》表现了 19 世纪末西方列强对中国的瓜分与压迫。

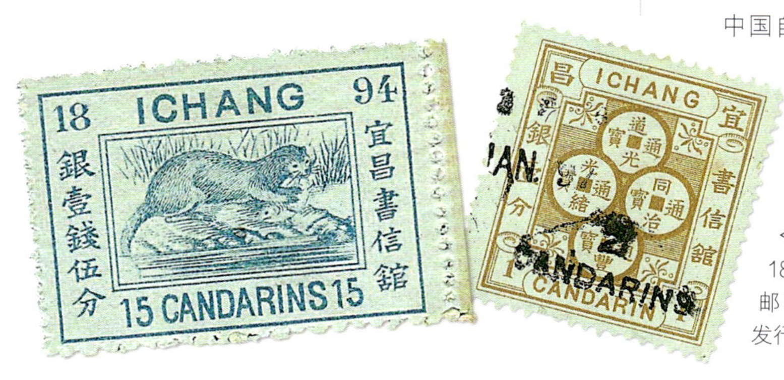

◁ 通商口岸邮票

1865~1899 年，中国的通商口岸发行了一系列邮票。图中是 1894 年（左）和 1896 年（右）发行的邮票。

▷ 19世纪末的上海外滩

这张拍摄于 1890 年左右上海外滩的照片呈现了港口熙熙攘攘的情景。从 19 世纪 60 年代到 20 世纪 30 年代，作为通商口岸，它一直是西方列强在中国势力的中心。

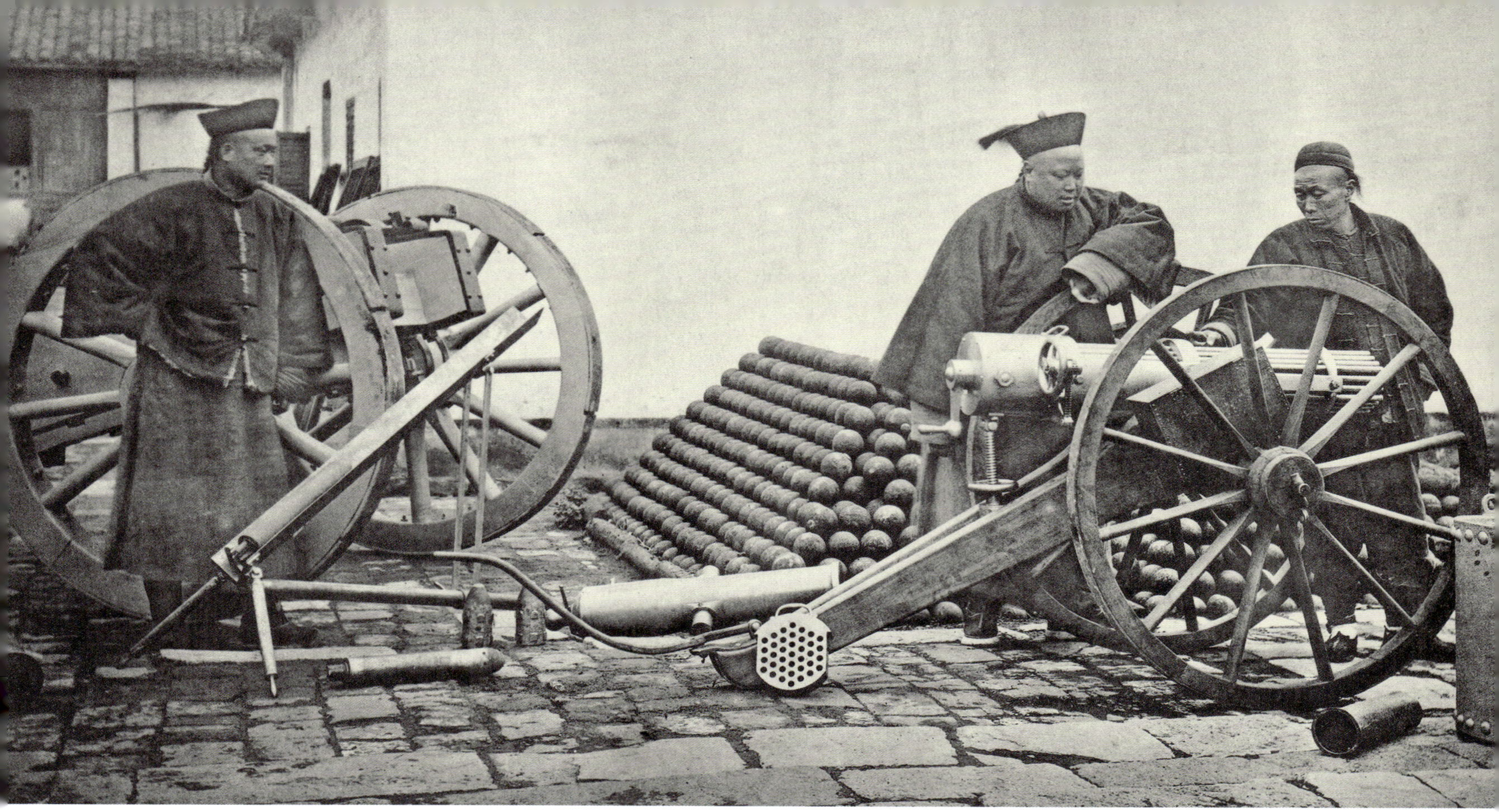

洋务运动

清朝恢复疲软的国家力量的尝试

△ 建设军事工业
图为清朝官员在南京金陵机器制造局的合影。这是一座由李鸿章于1865年建造的兵工厂。其他兵工厂也在同一时期落成，清政府力图实现中国的军事力量的工业化。

19世纪60年代开始，中国开始借鉴西方的技术专长，重建军事力量并进行经济转型。这一革新的举动就是著名的“洋务运动”，但这场运动没能使清朝从根本上摆脱列强的压迫与控制。

1860年，清政府仍然表现的软弱无能。太平军（见278~279页）仍然控制着南京，而为了结束第二次鸦片战争，清政府向外国列强做出了让步，但付出的代价高昂。逃亡的咸丰帝再也没能回到北京，1861年，咸丰帝去世，他5岁的儿子载淳继位成为皇帝。小皇帝的母亲慈禧太后和他的叔叔奕䜣发动了宫廷政变，即辛酉政变，从此开始摄政。他们开始了一项旨在实现经济和军事现代化的“自强运动”，希望这些措施可以恢复清朝早期的富饶和尊严。

中国与外部世界的交流

自强运动的第一步是了解外国的情况，并维持正常外交关系。1861年，清政府成立了以奕䜣为首的总理各国事务衙门，以办理外交事务为主，同时

蛇形的弯曲杠杆，可以点燃火药击发子弹

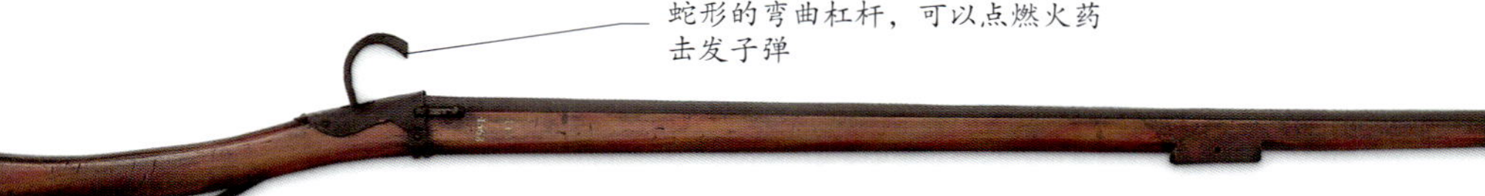

◁ 火绳枪
葡萄牙人在16世纪将火绳枪引入中国。中国的枪械匠人对其进行了改进，并在接下来的一个世纪内开始大量生产。直到19世纪它们还在被清军使用。

“师夷长技以制夷。”

《海国图志》，魏源，1842年

办理以“自强”“求富”为内容的洋务运动。他还创建了京师同文馆，教授西方语言，翻译科学、政治和社会理论方面的重要著作。1868 年，中国的第一个外交使团分别访问了伦敦、柏林以及美国等地，到 19 世纪 80 年代，中国在海外已经有了许多公使馆。这些举措有助于增进清朝对更广阔世界的了解。

工业建设

曾国藩、李鸿章、左宗棠等是推动工业化的主要力量。起初，他们专注于发展军事工业，建造兵工厂来生产武器和建造军舰。

工业化下一阶段的重点是基础设施建设。1877 年，开平煤矿开始筹建。1881 年，开平矿务局开始修建铁路，这是中国自建的第一条铁路。1879 年，中国人自建的第一条电报线路建成。而在 1890 年，武汉修建了一座大型钢铁厂（即汉阳铁厂）。然而，这些由政府监管的企业受到效率低下的官僚机构的制约，而这也是清朝衰落的体现。

洋务运动以“中体西用”为方针，目的是以科学技术为手段维护清朝专制统治。这就导致清朝无法改变旧有的落后制度，使国家全面革新，洋务运动也因此最终归于失败。

△ **率先改革**
李鸿章是 19 世纪 60 年代中国洋务运动的先驱。这位著名政治家的照片是由苏格兰摄影师约翰·汤姆森于 1871 年拍摄的。

▽ **“中国火箭”号**
中国第一个火车头“中国火箭”号是在中国北方唐山开平煤矿的一个车间制造的，于 1881 年投入使用。

军队改革

随着现代军事教育的引入，中国的武装力量得到加强。1866 年，洋务派在福州建立了一所海军学校（马尾船政学堂），随后又建立了技术人员和军官的培训学校。军官们还被派往英国、法国和德国学习数学、科学和航海等科目。中国建立了更为严格的军官训练制度，训练内容广泛，以实践经验为基础。

西方人画中的慈禧太后

慈禧太后邀请西方人为她画肖像画，以此来展示她的财富和时尚。这幅画由华士·胡博所画，慈禧太后的手上带着护甲套（见292页），表示她的社会地位高。

慈禧太后

晚清时期重要的女性政治人物

慈禧太后曾在晚清时期执掌大权近半个世纪之久。她在追求权力时冷酷无情，但她也为中国的近代化发展起到了积极作用。

慈禧太后出生于1835年。她是一位满族官员的女儿，其本名没有被记载。1851年，她在宫廷选秀女时被选中。她入宫后成为咸丰皇帝的妃子，先被封为兰贵人，最终被封为懿贵妃，"懿"字是一个尊称，意为"端庄"。起初，她在宫廷中的地位很低，直到1856年她生下了皇长子载淳才有所改观。即使这样，她的地位仍低于咸丰宠爱的孝贞显皇后。

1861年，咸丰帝去世，载淳继位成为同治帝；懿贵妃被尊为皇太后，徽号"慈禧"，意为"慈善和吉祥"。由于不满咸丰帝任命的八位辅政大臣专制擅权，她在26岁时发动政变（史称"辛酉政变"），与慈安太后和同治帝的皇叔恭亲王联手，将八大臣或革职或处死，夺取了清朝的统治大权。

改革的力量

尽管慈禧太后是一位阻碍中国进行彻底改革的保守统治者，但她掌权时也确实采取了许多推进近代化发展的举措。在清朝于19世纪中叶遭受外敌入侵和内乱的打击后，她寻求恢复清朝的独立和统一，整顿吏治、打击腐败、重用有才干的大臣，并支持洋务运动，促成了一些军用、民用的近代工业设施的兴建，创办了第一批新式学堂。

无情的掌权者

慈禧太后是个野心勃勃的人。她凭借着自己的政治手腕和残酷无情，长期稳固地掌控着权柄。由于戊戌变法（见296~297页）动摇了清王朝的专制统治根基，慈禧太后再次发动政变，囚禁支持改革的光绪帝，并废除已颁布的改革措施。1900年，她对义和团运动的支持（见298~299页）给中国带来了一场灾难。即便如此，众多清朝大臣仍然效忠于她。

在她生命的最后几年里，为了维护清朝的统治，她对外宣称支持实行君主立宪的改革。1908年11月，慈禧太后去世，她和光绪帝的去世时间仅差一天。她在遗命中指定醇亲王载沣为摄政王，并立其子溥仪为帝，年号为"宣统"。

△ **华丽的长袍**
慈禧太后对长袍的大胆设计在宫廷中树立了一种时尚。她对服装十分痴迷，曾经在一次短途旅行中随身携带了56箱衣物。

▽ **接见公使夫人**
慈禧太后在颐和园接见了公使夫人们。

1835年 出生于满洲镶蓝旗家庭，其父惠征是一个地方小官。

1861年 她的儿子继承了帝位，她在一场宫廷政变后掌权。

1889年 光绪帝亲政，但她仍然把持朝政。

1898年 囚禁光绪帝并恢复个人统治。

1900年 支持义和团运动，抗击外国势力。

1908年 安置好小皇帝溥仪的继位后逝世。

社会中的女性

中国历史上的女性角色

在传统文化中，对女性角色的描述可以追溯到先秦时期。在儒家的重要典籍《易经》中，以坤卦来表现对女性特质的期待与描述；坤卦代表着“厚德载物”，也代表着女性的温柔、包容和承载能力。此外，咸卦、家人卦、渐卦的内容中也体现了对女性顺从、重视家庭、重视婚姻等责任的要求。随着儒家思想成为主流思想，《仪礼》《周礼》等书都从礼教方面对女性加以规训，要求女性遵循“三从”“四德”（三从指未嫁从父、既嫁从夫、夫死从子；四德指妇德、妇言、妇容、妇功）等道德规范。到了宋朝，理学对女性的行为约束更加严苛。到了明朝，儒家宣扬的贞洁崇拜则对女性产生了进一步的压迫，甚至为守寡保持贞洁的女性修建牌坊以表彰其行为。

另一方面，也有很多儒家伦理体系外的女性处于更加悲惨的命运中，比如被划入贱籍的女性乐师、舞者以及妓女。人们一方面歌颂她们的美丽、顺从和才华，甚至将对她们的培养构建成产业链，以此谋取利益；另一方面又以鄙视的态度对待她们。这种情况在前现代的社会屡见不鲜，无论中外的文明，在古代社会概莫能免。

著名的女性历史人物

即便如此，中国历史上仍然有很多女性凭借自

△ **女性教育**
班昭是东汉时期的宫廷女教师，也是中国已知最早的女性历史学家。她出生于显赫的班氏家族，一生致力于学术研究。她关于妇女教育的专著《女诫》流行了几个世纪。

△ **妻与妾**
这幅 19 世纪的手绘绢本画，描绘了隋炀帝宠幸的女子吴绛仙正在画眉的场景。在中国古代，皇帝拥有后妃的数量是财富、威望和权力的象征。

△ **女性的娱乐活动**
在中国古代，其中一种允许女性玩的游戏是围棋，这是一种策略游戏。这幅明朝的画作展现了女性在宫廷内玩围棋的场景。当时的人们认为，这种游戏能够防止女性变得贪吃和懒惰。

> “忠臣不事二君，贞女不更二夫。”
>
> 《史记·田单列传》，司马迁

己的才干、见识与独立的个性，在史书中留下了精彩的一笔。蔡文姬、谢道韫、李清照等女性文学家，以出色的文笔名垂千古；上官婉儿、邓太后、孝庄太后等女政治家，以政坛上的干练手段留名青史；平阳公主、杨妙真、秦良玉等女将军，以统率三军，指挥若定的才能被传颂至今。这些古代历史上的女性是幸运的，因为她们得到了适合展现自己才能的机遇，因而被史册所记录。

古代艺术作品中的女性角色

总的来说，留名青史的独立女性还是少数，但在文艺作品中，古人也寄托了对这种女性形象的敬仰和认可。花木兰从军的故事人尽皆知，樊梨花征西的评书扣人心弦，穆桂英战洪州的唱段脍炙人口，虽然这些角色出自虚构，但她们的事迹也成为了中国古代文学中著名的故事，经久不衰。

△ **明朝的女乐师**
在这幅明朝的画作中，女乐师们分别演奏着月琴、古筝和琵琶。尽管乐师在古代中国的地位低下，但还是有一些女性成为了有名的音乐家并留名青史。

△ **旗人妇女**
这张照片拍摄于19世纪60年代末，展示了两位旗人妇女时尚、精致的发型。清朝时期，旗人妇女被禁止缠足，但有些人会穿厚底鞋或尖头鞋，以使她们的脚看起来小巧而时尚。

△ **穆桂英**
穆桂英是中国传统戏曲和小说《杨家将》里的女性角色。她武艺高强、智勇双全，在与杨宗保结婚加入杨家后屡立战功。在中国，她的名字至今仍然是女英雄的代名词。

凤冠

皇后至高无上的荣耀

从公元前 2 世纪开始，人们就将凤凰与皇后、皇太后联系在一起，唐朝壁画中已有头戴凤冠的宫廷女子形象。凤冠是明朝的后妃在仪式场合和官方场合佩戴的，而在清朝时期，皇后的冠帽则被称为“朝冠”，虽然清朝的朝冠在形制上与明朝大为不同，但同样会有凤凰形的装饰元素，并且也镶嵌有大量的珍珠和宝石。明朝的凤冠上除了饰有蓝色凤凰外，还装饰着工艺复杂的金龙，这些都标志了佩戴者的地位。对于皇帝的后妃和皇子的妃子来说，龙和凤（或翟鸟）的数量直接反映了她们的等级，而其他贵族女性的头饰只能用珍珠和宝石装饰。

凤冠的设计

从明朝皇后的画像可以看到皇后所佩戴的凤冠和服饰的变化。洪武至永乐时期，凤冠上有 9 条龙和 4 只凤。到了明朝万历年间，凤冠变得更加精致。明朝的凤冠仅出土 4 顶，都是考古学家在 1957 年从昌平天寿山脚下的定陵地下宫殿中发掘出来的。定陵是万历帝和孝端显皇后、孝靖皇后的安息之地。其墓葬品中就包括装在朱漆匣里的 4 顶凤冠：两顶属于孝端皇后，其中一顶上面有 9 条龙和 9 只凤；另外两顶属于孝靖皇后。

羽毛带来的美感

孝端皇后的九龙九凤冠（右图）高 27 厘米，重量超过 2 千克，这意味着它很难被长时间戴在头上。凤冠是由一个上过漆的竹架支撑起来的，上面衬着青色的丝绸。凤冠上面的龙是用金丝编织、焊接而成的，周围还镶嵌着上百颗宝石和 4000 多颗珍珠。凤凰的底托是镀银的，凤凰边缘为金丝，上面镶嵌着翠鸟的羽毛。在首饰上使用翠鸟的羽毛进行装饰，是中国一种古老的装饰方法，被称为“点翠”（意为“用翠鸟羽毛进行点缀”）。凤冠上云彩和花朵形状的装饰物也是用同样的工艺制作的。

在凤冠后方的两侧各有 3 个可活动的部分，即博鬓。它们的形状像翅膀，上面装饰着金丝加工成的龙形图案，还镶嵌着珍珠、玉石、红宝石和蓝宝石。这些饰物会随着皇后的行走而颤动，显得十分华丽。

博鬓增强了凤冠的华丽感

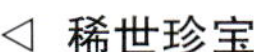

◁ **稀世珍宝**
在 1957 年发现的 4 顶凤冠中，孝端皇后的凤冠上面一共有 9 条龙和 9 只凤凰。每一条龙和凤凰的嘴上都衔着珍珠、蓝宝石或红宝石。

用金丝和羽毛制成的凤凰

镶嵌着蓝宝石的装饰

青色丝绸的衬里遮住了凤冠里用漆竹扎成的帽胎

凤冠上装饰着4000多颗珍珠

"她享有宫廷内的一切尊荣，但是缺乏一个普通妻子可以得到的快乐。"

《万历十五年》，黄仁宇，1981年

△ **在位长久的皇后**
孝端皇后被万历帝册封时年仅 13 岁，侍奉皇帝 40 多年。她是中国历史上在位时间最长的皇后。

地位的象征

中国明清时期的饰品

明清时期的珠宝和服饰以华丽著称，反映了中国工匠驾驭丝绸和贵金属的高超技艺。然而，许多饰品并不只是为了华丽美观，它们只在特定场合使用，用来象征使用者的地位。

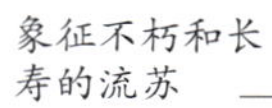

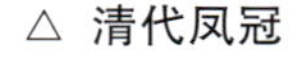

△ **清代凤冠**
这顶19世纪的凤冠采用鎏金、累丝、点翠等工艺制成，上面有红色毛绒和嵌珠等饰物。冠顶有一只凤凰，还有其他象征着吉祥的装饰物。

▽ **官帽**
这顶清代的吉服冠（暖帽）上有红缨、翎管、花翎和顶珠，表明穿戴者是重要官员。

▷ **后妃的帽子**
这顶帽子是用丝绸和珍珠制成的，只有清宫的后妃才能佩戴。

▷ **带钩**
装饰华丽的带钩在清朝是地位的象征。这件玉制带钩上雕刻着龙的图案。

△ **高底鞋**
旗人妇女穿的“马蹄底”鞋使她们看起来个子更高，也让她们以更加自信和摇摆的姿态行走。

▷ **团扇**
带有装饰的团扇在中国有着悠久的历史，男女皆可携带。这柄团扇是在1840年左右制作的。

画在折扇扇面上的画

◁ **折扇**
明朝以前，团扇在中国更加受欢迎。到明清时，折扇逐渐盛行起来。这把19世纪中期的折扇是由纸、木头和象牙等材料制成的。

护甲套的长度超过15厘米

▷ **护甲套**
清朝上流社会的妇女戴着长长的护甲套，表明她们不从事体力劳动。这对护甲套是慈禧太后的。

▷ **云肩**
这是一件清代的珠绣云肩，采用金线、玉石和珍珠等材料制成。

△ **凤形吊坠**
这件明代吊坠中间的部件，一面是凤凰，而另一面是麒麟，应该是新娘在成婚当天佩戴的首饰。凤凰往往象征着男女之间的结合。

△ **豹纹补子**
这幅 19 世纪的方形织物是朝廷官员官服上的补子，上面不同的猛兽代表着官员的不同品级（武官官服的补子图案为猛兽，文官的为禽鸟）。

◁ **红宝石冠顶**
左图是清代朝冠的顶子，最上部有一颗红宝石，中部镶嵌着珍珠，全高达到了 11.5 厘米。

▷ **蝴蝶围涎**
在 18 世纪和 19 世纪，富裕家庭的孩子们都穿着各种形状的围涎。这件围涎可能是给小女孩穿戴的，它的设计灵感来自蝴蝶。

甲午战争

一场令清政府统治陷入空前危机的战争

19世纪末，中日甲午战争中清朝的失利，不仅在国际舞台上将清朝的虚弱展露无遗，而且标志着洋务运动的失败。

自1867年幕府政权被推翻、明治天皇即位后，日本成为君主立宪制国家，并开始推行多项激进的现代化政策，改变闭关锁国的外交态势，积极接触西方文明，大力发展资本主义，进而走上军国主义的道路。为了在亚洲建立起霸权，日本将侵略矛头指向了朝鲜和中国。1874年，日本进犯中国台湾岛，继而进一步侵略琉球群岛。为加强对外来侵略的防御，清政府在1885年将台湾府升格为台湾省。

◁ **明治天皇**
在明治天皇统治的45年间，日本发生了巨大转变。日本原是一个封建国家，到1912年明治天皇统治结束时，日本已经成为一个现代化强国。

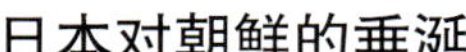

日本对朝鲜的垂涎

日本将朝鲜定为扩张目标，不仅因为朝鲜国内有丰富的煤矿和铁矿资源，还因为在地缘位置上，朝鲜可以成为战争缓冲地带。1875年，日本派军舰进入汉江口，迫使朝鲜开放口岸。朝鲜被日本的军力震慑，被迫签订了《江华条约》。该条约否认了朝鲜和清朝间的藩属关系，并要求朝鲜向日本开放通商口岸，以及授予多项特许权。在随后的几年里，朝鲜内部也发生了分裂，日本支持朝鲜的激进势力，而清朝继续支持朝鲜的保守势力。

紧张局势的升级

1884年，朝鲜亲日的改革派“开化党”发动政变（甲申政变），清政府派出1500名士兵平息动乱。清政府代表李鸿章和日本代表伊藤博文签订条约，同意双方从朝鲜撤军，制止了战争的爆发。然而，1894年，“甲申政变”的领导者金玉均被刺客暗杀于中国，同年朝鲜爆发东学党起义，朝鲜政府军被迫向清朝求援。日本认为发动战争时机已至，向清政府发函，诱使清朝出兵朝鲜，以此作为借口出兵朝鲜，挑起战争。

△ **57毫米速射炮炮弹**
图为定远舰上安装的法国哈乞开斯公司生产的57毫米速射炮使用的炮弹。这种炮虽然口径较小，但射速更快。

△ **“定远”号等比例纪念舰**
图中是等比例还原的“定远”号战舰，它在最初服役时战力堪称亚洲第一。该舰在黄海海战中作为主力击伤日军多舰，后在刘公岛保卫战中被日本鱼雷艇重创，最终为防止落入敌手而在管带（舰长）命令下自爆。

▽ **武器装备的差距**
在甲午战争中，清军使用的武器并不统一，甚至还有军队装备着老旧的火绳枪。明治维新前的日本军队也使用火绳枪这种在19世纪时已经很落后的枪支。但甲午战争时的日军，已经换上了统一的后装式线膛步枪，其轻武器水平和欧美列强相差无几。落后的武器装备很大程度上削弱了甲午战争中清军的战斗力。

战争爆发

1894 年 7 月下旬，中日两军在朝鲜境内开战。双方陆军先于 9 月 15 日在平壤展开会战，清军在武器装备、战斗技能和军事纪律方面难以与日军匹敌，作战失利后仓皇撤退。撤退途中又遭日军多次伏击，伤亡惨重，被迫退回中国境内。

几乎同一时间，中日海军也在黄海北部展开了海战，清军北洋水师以 10 艘战舰迎战日军 12 艘战舰。由于指挥失当、装备落后等因素，北洋水师 5 艘战舰沉没，而日军 5 艘战舰重伤。随后北洋水师退回旅顺、威海并困守基地，日本海军掌握了制海权。

清朝陆军退入中国境内后，又在“鸭绿江江防之战”中战败，日军长驱直入，紧逼辽东半岛。1894 年 11 月 21 日，日军占领旅顺口，残酷屠杀了成千上万的居民。

1895 年 1 月，北洋水师困守威海刘公岛与日本舰队交战，孤立无援，最终于 2 月全军覆没。同月，日本陆军接连击败清朝陆军，占领辽东半岛。

《马关条约》

清朝政府被迫向日本提出停战，并于 1895 年 4 月 17 日签订《马关条约》，承认了朝鲜独立，将中国辽东半岛和台湾割让给日本，并向日本增开新的通商口岸，给予日本船只在长江上的航行权等条款。这场战争宣告了中国洋务运动的失败（见 284~285 页），并引发了中国的新一波改革浪潮。

戊戌变法

清末的资产阶级改良运动

在1898年从6月11日到9月21日的103天里，光绪帝和以康有为为首的维新派尝试实施文化、政治和教育方面的改革。

中国在甲午战争（见294~295页）中的战败激起了一波新的外国入侵浪潮：德国租借了山东的胶州湾，英国租借了威海卫和香港新界，俄国租借旅顺和大连。对列强来说，清朝在多场战争中的失败已经将其虚弱展露无遗。如果中国想要生存下去，就迫切需要进行重大改革。

朝廷中的洋务派呼吁进行西式的工业化，但前提是仍然在制度上坚持中国的儒家传统。同时，以康有为为首的1200余名年轻学者们签署了“万言书”。这份万言书呼吁朝廷抵制《马关条约》，并主张在制度和意识形态上进行激进而广泛的改革，其中一项重要的举措，就是从专制主义中央集权制度转向君主立宪制。

前进之路

康有为的特别之处，在于他进行的“托古改制”，在儒家思想和西方现代化模式之间架起一座桥梁。他提出，孔子自己就是一个创新者，能够适应当时的社会环境，因此清朝不必墨守成规，而是要着眼未来向前进发。

▷ **康有为**
康有为是一位卓越的中国哲学家和政治思想家。他引领着清朝一群年轻的进步青年，力劝政府实行根本的改革。康有为还是一位才华横溢的书法家。

▽ **《马关条约》**
图中是日本强迫清政府于1895年4月17日签订的《马关条约》。空前的民族危机，促使了中华民族的觉醒。

講和條約
大清帝國
大皇帝陛下及
大日本帝國
大皇帝陛下為訂定和約俾兩國及其臣民重修平和
共享幸福且杜絶將來紛紜之端
大清帝國
大皇帝陛下特簡
大清帝國欽差頭等全權大臣太子太傅文華殿大學士北洋通商大臣直隸總督一等肅毅伯爵李鴻章
大清帝國欽差全權大臣二品頂戴前出使大臣李經方
大日本帝國
大皇帝陛下特簡

1889年，光绪帝在大婚后开始名义上的亲政。在此之前，他的姨母慈禧太后（见286~287页）垂帘听政，一直把持着朝政。随着甲午战争中国的惨败，以及随之而来的外国势力的掠夺，光绪帝意识到了实行真正变革的必要性。1898年6月，光绪帝开始采纳康有为的提议，开展了著名的“戊戌变法”（又称“百日维新”）。

积极举措

光绪帝任命康有为为总理衙门章京，并且对他的追随者梁启超、谭嗣同等人都有任命。在之后的100天里，光绪帝发布了上百道变法诏令，几乎触及了中国社会的方方面面。这些措施包括在北京建立京师大学堂，在学校引入西式课程，并且改革科举制度，废除八股，改试策论等。光绪帝精简机构，删改则例，推动了政府和司法的现代化。他还改革

诗歌改革

19世纪晚期，诗人和文学改革家黄遵宪提出“古岂能拘牵”，并且在创作上放弃了盛行已久的、对格律有严苛要求的旧体诗形式。他提倡使用明晰、直白的语言，建立了全新的诗歌流派“新派诗”。这与康有为“托古改制”的理念相契合。他和他的改革核心人物们采纳了“新派诗”的创作理念，创作了一些宣传改革和现代化的诗歌。

了军队，促进了西式工业、科技、医学和商业的发展。光绪帝还允许民众为改革提出建议，并且采取措施遏制官员的腐败行为。

变法夭折

这场改革的方向激怒了朝廷中的保守派。1898年9月，他们联合慈禧太后，于9月21日发动政变，夺回了统治权，并将光绪帝软禁在瀛台。她废止了大部分光绪帝的改革政令，并且除掉了改革领袖们：康有为和梁启超逃往日本，他们在那里成立了保皇会，继续推动君主立宪制改革；谭嗣同等6位改革者被当众处决。

1901~1911年，为了避免清朝的崩溃，慈禧太后勉强支持了一系列温和的改革。然而，“戊戌变法”是清王朝最后一次激进的现代化尝试。它的失败让民众更加确信：国家发展的阻碍，不仅在于现代化的失败，更在于清朝统治者自身的保守。

“盖风俗弊坏，由于无教。”

《上清帝第二书》，康有为，1895年

△ **力推改革的清朝皇帝**
这张光绪帝的肖像画，表现了皇帝穿着常服坐在书桌前的场景。1908年11月14日，光绪帝离奇去世，享年37岁。那天正好是慈禧太后去世的前一天。

义和团运动

清朝末年的群众性反帝爱国运动

19世纪末到20世纪初，中国境内爆发了一场反对帝国主义的群众性运动。这场运动促进了民众的觉醒，加速了清朝的灭亡。

19 世纪末，在甲午战争结束之后，一场来自民间的反帝爱国运动开始在中国山东、河北一带的民间悄悄酝酿。有说法认为，义和团始于传播武术的民间团体。由于自然灾害和外国侵略者的压迫，民间的武师们结成秘密会社“义和拳”，并于 1898 年竖起“扶清灭洋”的旗号。尽管一开始该组织遭到清朝地方政府镇压，但后来也受到了一些地方官员的同情。该组织在清朝官员给朝廷的奏章中被称为“义和团”。

进军北京与八国联军侵华

义和团自建立起遭受过清朝多次镇压，但河北、山东各地的义和团运动此起彼伏，再加上慈禧太后对外国列强势力的不满，清朝对待义和团的方针也从镇压转为利用。1900 年 1 月，慈禧太后不顾西方外交人员的抗议，发布维护义和团的诏令。清朝官员遂由主张剿灭义和团转变成主张扶助义和团，甚至向团民发放饷银。

翰林院的大火

1900 年 6 月，义和团团员在公使馆附近纵火，大火蔓延到了翰林院，这里保存着大量的古典文献。数以百计的典籍在这场地狱般的大火中被焚毁，其中包括共 11095 册的类书《永乐大典》（见 209 页）中的大量分册。还有几百册古籍在义和团失败后被洗劫北京的外国士兵们掠走。

◁ **全副武装的义和团团员**
义和团运动起源于山东西北部最贫困、受压迫最深的地方，西方和日本的帝国主义的行径点燃了不满的年轻人的怒火。这张照片拍摄于 1900 年，这位义和团团员全副武装，手里拿着武器和义和团的旗帜。

◁ **北京城的风暴**
这幅图描绘了 1900 年 8 月 14 日八国联军以消灭义和团之名攻入北京城的情景。

1900 年 6 月，义和团开始向北京大举进军。此时义和团摧毁教堂、袭击外国人的排外行为引起了列强的警惕，列强开始组织联军前往北京镇压义和团。此时清政府也在慈禧太后的命令下向西方 11 国同时宣战，义和团和清军联合围攻北京的外国使馆区，但却久攻不下。很快，列强在天津组成八国联军，沿路击破义和团和清军的阻击，于 1900 年 8 月攻陷北京，慈禧太后和光绪帝仓皇出逃。

《辛丑条约》

1900 年 12 月，面对八国联军的全面入侵，清政府被迫与列强和谈，并于 1901 年 9 月与各国签订了《辛丑条约》。该条约是自《南京条约》以来，清政府签订的丧权辱国程度最为深重的不平等条约。之后，清政府惩办了众多支持义和团的大臣，并将战争爆发的责任推向义和团，下令各地清军进行镇压。义和团运动因而失败。

尽管义和团的主要宗旨是爱国和反对帝国主义，但由于其历史局限性，其活动中也有一些落后愚昧的迷信行为，而且非理性的排外色彩十分显著。不过，义和团运动和八国联军侵华事件使得官绅、民众都看清了清政府对外国势力无能为力的虚弱状态，朝廷威信大幅下降。这不仅使得各地开始逐渐脱离清政府控制，还促进了中国人民族意识的觉醒，加速了清朝的灭亡。

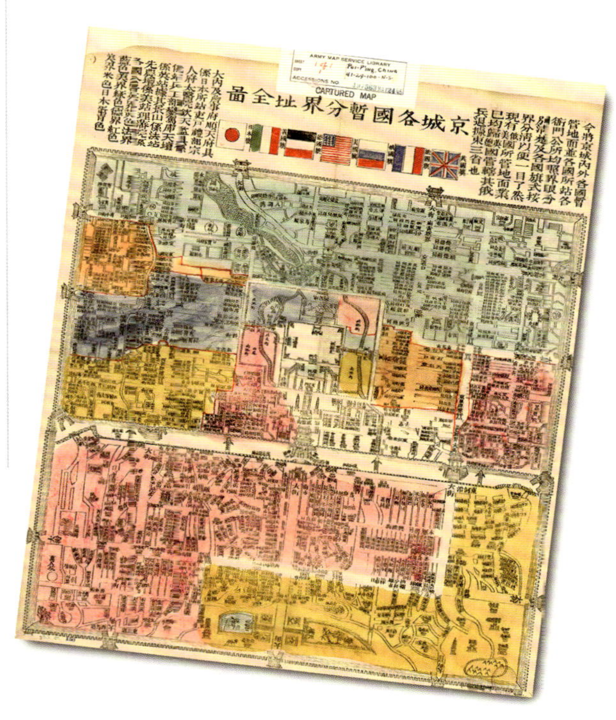

▷ **外国军队的分布**
这张地图展示了义和团运动期间，列强在北京的一些军事驻地的分布；黄色表示英国的区域，蓝色表示法国的区域，红色表示德国的区域，绿色表示美国的区域，米色表示意大利的区域，蛋青色表示日本的区域。

> “扶清灭洋。”
>
> 义和团口号，1898年

现代中国的建立

帝制的终结

辛亥革命终结了清政府的统治和中国持续2000多年的君主专制制度。在孙中山的带领下，中国首次建立了资产阶级民主共和国。

到了 1900 年，为了应对外国列强对其土地和资源的掠夺，并解决自身的内部问题，中国迫切需要政治变革。全国各地形成了多个革命团体。1905 年，孙中山和宋教仁（当时在日本）等人联合各革命团体，组建了中国同盟会。该组织以孙中山的三民主义——民族、民权、民生三大主义为纲领。

辛亥革命

1908 年，光绪帝和慈禧太后去世，小皇帝溥仪（见 302~303 页）继位，朝政由无能的摄政者们把持。这给民主共和运动的发展创造了空间。1911 年，清政府强行将川汉、粤汉铁路收为“国有”，但转而与外国银行签订筑路借款合同，这一行为引发国民强烈的排外和民族主义情绪。随着反清情绪升级，斗争日趋激烈，成都发生了大规模罢工、集会等运动。9 月，清政府试图用武力镇压这些人，逮捕其领袖并对示威者开火。

这些举动进一步引发了社会各界的不满和动荡，最终导致了辛亥革命的爆发。1911 年 10 月 10 日，武昌发生了大规模起义，起义军占领了总督署。之后，许多省份宣布脱离清政府独立。为了抵挡革命浪潮，清廷匆忙通过了一部宪法，还任命北洋军阀首领袁世凯为内阁总理大臣。然而，到 1911 年 12 月，共有 17 个省脱离了清政府，孙中山也回到国内，在南京当选为临时大总统。

起义军与清军陷入相持，经过多方谈判，袁世凯对南京临时政府极为不满，外国列强也拒绝承认新政权。为避免南北对立，孙中山同意辞去临时大总统职务，支持袁世凯担当此任。作为交换，袁世凯同意强迫清朝皇帝退位。1912 年 2 月 12 日（辛亥年农历十二月二十五，根据传统纪年法仍在 1911 年内），清帝退位，结束了中国 2000 多年的帝制。

1912 年 8 月，同盟会与支持革命的较小政党们合并，成立了国民党，由孙中山任国民党理事长。国

△ **革命时代**
这张明信片上展示了一些革命的象征，其中包括铁血十八星旗，一把长刀和一门大炮，还有革命斗争中重要人物的肖像等元素。

◁ **革命先驱孙中山**
照片中的人物是孙中山，他带领中国摆脱了帝制的束缚，使中国走上了共和制的道路。

△ **党部**
这张1912年的照片上，革命军士兵们正站在江浙一带的共和党党部门外。

民党在1913年2月的国会选举中获胜，但袁世凯很快开始越权，并且暗杀了宋教仁。这引发了1913年7月孙中山领导的“二次革命”，但这次革命未能将袁世凯赶下台。袁世凯驱逐了国民党人，其中许多人逃到了日本。1915年12月，袁世凯宣布称帝。但云南的蔡锷等将领发起护国运动，出兵讨伐袁世凯并号召全国反对恢复帝制。在全国的声讨下，就连袁世凯的支持者们也开始反对他的统治。不久袁世凯就退位了，随后病逝。在此后的乱局中，中国陷入了地方军阀混战的状态。

共和之路

1917年，为了维护被北洋军阀废弃的《临时约法》，孙中山发起了护法运动，但最终失败。1919年，他将自己创立的党派正式更名为“中国国民党”，并于1921年在广州建立革命政权，与北洋军阀抗衡。1923年，在苏联顾问鲍罗廷的支持下，孙中山在1924年初的国民党“一大”上提出“联俄、联共、扶助农工”的政策。然而，没等孙中山实现推翻军阀统治的目标，他就于1925年病逝了。

华侨工人

由于鸦片战争后中国内部秩序的动荡，以及列强对中国的劳动力掠夺，成千上万的农民被迫前往西方国家及其殖民地，从事体力劳动。其中一些人选择成为铁路工人（见下图），他们不得不面对很高的劳动强度与恶劣的生存条件。

伪“满洲国”的傀儡皇帝
图为担任伪“满洲国”皇帝时佩戴勋章、身着伪“满洲国”陆军式御服正装的溥仪。1945年日本投降后，溥仪在苏联度过了5年的战俘生活。

溥仪：末代皇帝

中国最后一个王朝清朝的终结

溥仪在两岁时登基成为皇帝，经历了非同寻常的一生。他见证了清朝的灭亡和中华人民共和国的成立。他出生时是皇族，逝世时却是一位普通的公民。

△ **溥仪的家庭照片**
图中的照片约拍摄于1908年，这是溥仪（站立的小男孩）、父亲醇亲王和弟弟溥杰的合影。

溥仪于1906年2月7日出生于北京，父亲是醇亲王载沣。他被慈禧太后选中，继承他的伯父光绪帝的帝位。1908年12月，在他3岁生日的前两个月，他在大臣拥立下登基为帝，次年改年号为"宣统"。溥仪的生活和外界相隔绝，除了他的奶妈，所有人都顺从于他。他逐渐养成了暴戾的性格，经常鞭打伺候他的太监取乐。

辛亥革命后，溥仪被迫于1912年退位，但仍被允许保留皇帝尊号，并依靠国民政府提供的丰厚津贴继续住在紫禁城内。溥仪在其英文老师庄士敦的影响下，接受了西方的生活习惯，还取名"亨利"，并减少了宫中的铺张浪费。溥仪曾经想逃离中国，到英国牛津大学学习，因为此时的他不仅没有权力，生活也处处受限制。他和皇后婉容（一位大臣的女儿）之间的婚姻也不幸福。然而，根据某些资料记载，他的计划遭到了英国大使馆的反对，使馆拒绝了他的申请。

伪"满洲国"的皇帝

1924年11月，溥仪被驱逐出紫禁城，军阀冯玉祥控制了北京。溥仪曾入住日本公使馆避难，后来移居天津的日本租界，在那里度过了6年奢侈的生活。1931年末，日本人制定了一个计划，扶植他成为伪"满洲国"的皇帝。这样一来，溥仪就可以重登皇位，恢复皇权统治。虽然他在1934年被加冕为伪"满洲国"的皇帝，但他只不过是一个傀儡统治者，而且大部分时间被禁足于长春的伪满皇宫内。

从皇帝到公民

1945年，苏联红军攻入伪"满洲国"，俘获了溥仪。1950年，溥仪回到中国。为了避免被处决，他对自己与日本人勾结之事有所隐瞒，后在监狱中经过改造成为一名普通的中国公民。他出狱后曾在植物园工作。后来，他成为了政协委员和中央文史馆馆员，撰写了自传《我的前半生》。溥仪于1967年10月去世，享年61岁。

▷ **奢侈品**
20世纪20年代中期，溥仪开始喜欢购买西方商品，如汽车。这辆1932年的凯迪拉克是他购买的奢侈品之一。

- **1906年** 诞生于北京醇亲王府。
- **1908年** 在光绪帝去世后登基。
- **1912年** 辛亥革命后被迫退位。
- **1934年** 成为伪"满洲国"的傀儡统治者。
- **1945年** 逃亡途中被苏联红军俘获。
- **1950~1959年** 接受改造，1959年获特赦后成为中华人民共和国公民。
- **1967年** 因尿毒症在北京去世。

中国历史与世界历史

朝代、国家、事件对照表

中国是最早建立起延续性传统的文明，并将这一传统延续至今。下方的图表将中国历史置于更广阔的世界背景中，并选取了一些重要事件和发明，以此对比中国和世界上一些其他国家在同一时期的文明进展。

- **约公元前2100年** 大禹治水。
- **公元前1600年** 二里头文化已能制造出青铜礼器。
- **约公元前1300年** 商朝把都城迁到了殷。
- **约公元前1046年** 周武王在牧野之战打败了商王。
- **公元前770年** 周朝把国都迁到了洛阳。
- **公元前551~前479年** 哲学家和政治家孔子的一生。
- **约公元前500年** 中国的金属冶炼技术发生了重大突破。
- **公元前217年** 秦长城开始修建。

中国朝代

- 约公元前2070~前1600年 夏朝
- 公元前1600~前1046年 商朝
- 公元前1046~前221年 周朝~战国末期
- 公元前 221~前 207 年 秦朝
- 公元前20
- 公元220年 汉朝

公元前2000年 | 公元前1500年 | 公元前1000年 | 公元前500年

世界帝国与王国

- 阿卡德王国
- 古埃及
- 古希腊
- 波斯帝国
- 古罗马

- **约公元前2600年** 巨石阵出现在英格兰南部。
- **约公元前2500年** 古埃及建立吉萨金字塔。
- **约公元前2000年** 克里特岛上建立了米诺斯文明的克诺索斯王宫。
- **约公元前1790年** 巴比伦王国统治者汉穆拉比制定了一部法典。
- **公元前1325年** 埃及法老图坦卡蒙去世并被埋葬。
- **公元前1003年** 犹太国王大卫统一了以色列和犹太。
- **约公元前750年** 中欧开始进入铁器时代。
- **公元前480年** 希腊城邦击败了波斯统治者薛西斯的入侵。
- **约公元前427~前347年** 雅典哲学家柏拉图的一生。
- **公元前330年** 亚历山大大帝征服了波斯帝国。
- **约公元前4~公元30年** 耶稣的一生。

· 1258年 忽必烈在蒙哥汗命令下开始进攻南宋。

· 1862年 中国制成了自己的第一台蒸汽机。

· 208年 曹操败于赤壁之战。

· 1351年 红巾军起义爆发。

· 629年 佛教高僧玄奘从中国去往印度取经。

· 1900年 义和团被镇压，外国列强侵占北京。

· 184年 黄巾起义动摇了汉朝根基。

· 1405~1433年 郑和下西洋。

· 约808年 火药已发明，是中国古代四大发明之一。

· 1557年 葡萄牙人进入澳门，并开始长期居留。

05年 蔡伦发展了造纸术。

· 605年 隋炀帝下令开凿大运河。

· 1790年 徽班进北京之始。

907~979年 五代十国

1206~1368年 元朝

· 1912年 末代皇帝溥仪被迫退位。

220~589年 三国两晋南北朝

581~618年 隋朝

618~907年 唐朝

960~1279年 宋朝

1368~1644年 明朝

1616~1911年 清朝

公元500年 公元1000年 公元1500年 公元2000年

玛雅文明古典期

拜占廷帝国

倭马亚王朝

日本平安时代

日本江户时代

奥斯曼帝国

朝鲜王朝

莫卧儿帝国

俄罗斯帝国

· 793年 维京人袭击了离英国海岸不远的林地斯法恩修道院。

· 约1440年 约翰内斯·谷登堡发明了印刷机。

· 约200年 墨西哥的特奥蒂瓦坎古城建立太阳金字塔

· 1760~1840年 工业革命改变了西方社会。

· 1325年 伊本·白图泰开始离乡出游，先后游历了非洲、亚洲的一些国家和地区。

· 380年 基督教成为罗马帝国国教。

· 800年 查理曼大帝在西欧称帝。

· 1775~1783年 美国爆发独立战争。

· 1079年 奥马尔·海亚姆为塞尔柱帝国编订了更为精确的历法。

· 1914~1918年 第一次世界大战爆发。

· 1492年 克里斯托弗·哥伦布横渡大西洋到达美洲。

· 632年 伊斯兰教创始人穆罕默德去世。

· 约1450年 印加帝国在秘鲁建造马丘比丘古城。

◁ **玉玺**

这是清朝嘉庆帝的玉玺。根据从乾隆时期沿袭下来的制度，清朝皇帝共有 25 方玉玺。

中国历代帝王列表

中国历代帝王列表

统治者的名字

在中国历史的早期阶段，如周朝，最高统治者往往被称为“王”。然而，在公元前 221 年时，秦朝的建立者嬴政认为自己的功绩远超其他统治者。为了加以区分，开始使用“帝”的称号。每位统治者都会有包括“本名”和“年号”在内的几个不同称呼。例如，明朝的开国皇帝，其本名是朱元璋，年号是“洪武”。在不同的朝代，指称统治者时使用的规则也常有不同。例如，唐朝皇帝通常只记其庙号。除开国皇帝外，他们的称号中都含有一个“宗”字，意为“祖先”。中国的最后一位皇帝，他的年号是“宣统”，但人们更为熟知的是他的本名溥仪。

在下列目录中，所列统治者的称谓，通常选取他们最为人们所熟知的称谓；而在其后相应的条目中，我们也列出了他们在史书中的其他称谓。

神话中的君主

约公元前2070年之前

伏羲
神农
黄帝
少昊
颛顼
帝喾
帝挚
尧
舜

夏朝

约公元前2070 ~ 前1600年

禹
启
太康
仲康
相
少康
杼
槐
芒
泄
不降
扃
廑
孔甲
皋
发
桀

商朝

公元前1600 ~ 前1046年

公元前 1600 ~ 前 1300 年

汤
外丙
中壬
太甲
沃丁
太庚
小甲
雍己
太戊
中丁
外壬
河亶甲
祖乙
祖辛
沃甲
祖丁
南庚
阳甲
盘庚（迁殷前）

公元前 1300 ~ 前 1251 年

盘庚（迁殷后）
小辛
小乙

武丁	公元前 1250 ~ 前 1192 年

公元前 1191 ~ 前 1148 年

祖庚
祖甲
廪辛
庚丁

武乙	公元前 1147 ~ 前 1113 年
文丁	公元前 1112 ~ 前 1102 年
帝乙	公元前 1101 ~ 前 1076 年
帝辛	公元前 1075 ~ 前 1046 年

西周

公元前1046 ~ 前771年

文王	约公元前 1099/ 公元前 1056 ~ 前 1050 年
武王	公元前 1046 ~ 前 1043 年
成王	公元前 1042 ~ 前 1021 年
康王	公元前 1020 ~ 前 996 年
昭王	公元前 995 ~ 前 977 年
穆王	公元前 976 ~ 前 922 年
共王	公元前 922 ~ 前 900 年
懿王	公元前 899 ~ 前 892 年
孝王	约公元前 891 ~ 前 886 年
夷王	公元前 885 ~ 前 878 年
厉王	公元前 877 ~ 前 841 年
共和	公元前 841 ~ 前 828 年
宣王	公元前 827 ~ 前 782 年
幽王	公元前 781 ~ 前 771 年

东周

公元前770 ~ 前256年

平王	公元前 770 ~ 前 720 年
桓王	公元前 719 ~ 前 697 年
庄王	公元前 696 ~ 前 682 年
釐王	公元前 681 ~ 前 677 年
惠王	公元前 676 ~ 前 652 年
襄王	公元前 651 ~ 前 619 年
顷王	公元前 618 ~ 前 613 年
匡王	公元前 612 ~ 前 607 年
定王	公元前 606 ~ 前 586 年
简王	公元前 585 ~ 前 572 年
灵王	公元前 571 ~ 前 545 年
景王	公元前 544 ~ 前 520 年
敬王	公元前 519 ~ 前 476 年
元王	公元前 475 ~ 前 469 年
贞定王	公元前 468 ~ 前 441 年
考王	公元前 440 ~ 前 426 年
威烈王	公元前 425 ~ 前 402 年
安王	公元前 401 ~ 前 376 年
烈王	公元前 375 ~ 前 369 年
显王	公元前 368 ~ 前 321 年
慎靓王	公元前 320 ~ 前 315 年
赧王	公元前 314 ~ 前 256 年
东周惠公	公元前 255 ~ 前 249 年

秦朝
公元前221 ～ 前207年

始皇帝 公元前 221 ～前 210 年
二世皇帝 公元前 210 ～前 207 年

西汉
公元前202 ～ 公元8年

高祖 公元前 202 ～前 195 年
惠帝 公元前 195 ～前 188 年
文帝 公元前 180 ～前 157 年（吕后于公元前 188~ 前 180 年临朝称制）
景帝 公元前 157 ～前 141 年
武帝 公元前 141 ～前 87 年
昭帝 公元前 87 ～前 74 年
宣帝 公元前 74 ～前 49 年
元帝 公元前 49 ～前 33 年
成帝 公元前 33 ～前 7 年
哀帝 公元前 7 ～前 1 年
平帝 公元前 1 ～公元 6 年
孺子婴 公元 6 ～ 8 年

新朝
公元8 ～ 23年

王莽 公元 8 ～ 23 年

东汉
公元25 ～ 220年

更始帝（玄汉） 公元 23 ～ 25 年
光武帝 公元 25 ～ 57 年
明帝 公元 57 ～ 75 年
章帝 公元 75 ～ 88 年
和帝 公元 88 ～ 106 年
殇帝 106 年
安帝 106 ～ 125 年
前少帝 ? ～ 125 年
顺帝 125 ～ 144 年
冲帝 144 ～ 145 年
质帝 145 ～ 146 年
桓帝 146 ～ 168 年
灵帝 168 ～ 189 年
少帝 189 年
献帝 189 ～ 220 年

三国

魏
220 ～ 265年

文帝 220 ～ 226 年
明帝 226 ～ 239 年
齐王 239 ～ 254 年
高贵乡公 254 ～ 260 年
元帝 260 ～ 265 年

蜀
221 ～ 263年

昭烈帝 221 ～ 223 年
后主 223 ～ 263 年

吴
222 ～ 280年

大帝 222 ～ 252 年
会稽王 252 ～ 258 年
景帝 258 ～ 264 年
末帝 264 ～ 280 年

三国时期结束。

西晋
265 ～ 316年

武帝 265 ～ 290 年
惠帝 290 ～ 307 年
怀帝 307 ～ 313 年
愍帝 313 ～ 316 年

东晋
317 ～ 420年

元帝 317 ～ 323 年
明帝 323 ～ 325 年
成帝 325 ～ 342 年
康帝 342 ～ 344 年
穆帝 344 ～ 361 年
哀帝 361 ～ 365 年
海西公 365 ～ 372 年
简文帝 372 年
孝武帝 372 ～ 396 年
安帝 396 ～ 419 年
恭帝 419 ～ 420 年

十六国
304 ～ 439年

十六国包括前凉、成汉、前赵、后赵、北凉、西凉、后凉、南凉、前燕、后燕、南燕、北燕、夏、前秦、西秦、后秦。

南北朝

宋
420 ～ 479年

武帝 420 ～ 422 年
少帝 422 ～ 424 年
文帝 424 ～ 453 年
孝武帝 453 ～ 464 年
前废帝 464 ～ 465 年
明帝 465 ～ 472 年
后废帝 472 ～ 477 年
顺帝 477 ～ 479 年

齐
479 ～ 502年

高帝 479 ～ 482 年
武帝 482 ～ 493 年
郁林王 493 ～ 494 年
海陵王 494 年
明帝 494 ～ 498 年
东昏侯 498 ～ 501 年
和帝 501 ～ 502 年

梁
502 ～ 557年

武帝 502 ～ 549 年
简文帝 549 ～ 551 年
豫章王 551 年
元帝 552 ～ 554 年
贞阳侯 555 年
敬帝 555 ～ 557 年

陈
557 ～ 589年

武帝 557 ～ 559 年
文帝 559 ～ 566 年
废帝 566 ～ 568 年
宣帝 569 ～ 582 年
后主 582 ～ 589 年

南朝时期结束。

北魏
386 ～ 534年（北魏于439年统一北方，进入北朝时期。）

道武帝 386 ～ 409 年
明元帝 409 ～ 423 年
太武帝 423 ～ 452 年
南安王 452 年
文成帝 452 ～ 465 年
献文帝 465 ～ 471 年
孝文帝 471 ～ 499 年
宣武帝 499 ～ 515 年
孝明帝 515 ～ 528 年
孝主帝 528 ～ 531 年

长广王 530 ~ 531 年
节闵帝 531 ~ 532 年
安定王 531 ~ 532 年
孝武帝 532 ~ 534 年

东魏
534 ~ 550年

孝静帝 534 ~ 550 年

西魏
535 ~ 557年

文帝 535 ~ 551 年
废帝 551 ~ 554 年
恭帝 554 ~ 557 年

北齐
550 ~ 577年

文宣帝 550 ~ 559 年
废帝 559 ~ 560 年
孝昭帝 560 ~ 561 年
武成帝 561 ~ 565 年
后主 565 ~ 577 年
幼主 577 年

北周
557 ~ 581年

孝闵帝 557 年
明帝 557 ~ 560 年
武帝 560 ~ 578 年
宣帝 578 ~ 579 年
静帝 579 ~ 581 年

北朝时期结束。

隋朝
581 ~ 618年

文帝 581 ~ 604 年
炀帝 604 ~ 618 年
恭帝（李渊拥立） 617 ~ 618 年
恭帝（王世充拥立） 618 ~ 619 年

唐朝
618 ~ 907年

高祖 618 ~ 626 年
太宗 626 ~ 649 年
高宗 649 ~ 683 年
中宗 684 年；705 ~ 710 年
睿宗 684 ~ 690 年；710 ~ 712 年
武后 690 ~ 705 年
玄宗 712 ~ 756 年
肃宗 756 ~ 762 年
代宗 762 ~ 779 年
德宗 779 ~ 805 年
顺宗 805 年
宪宗 805 ~ 820 年
穆宗 820 ~ 824 年
敬宗 824 ~ 827 年
文宗 827~ 840 年
武宗 840 ~ 846 年
宣宗 846 ~ 859 年
懿宗 859 ~ 873 年
僖宗 873 ~ 888 年
昭宗 888 ~ 904 年
哀帝 904 ~ 907 年

五代十国

后梁
907 ~ 923年

太祖 907 ~ 912 年
废帝 912 ~ 913 年
末帝 913 ~ 923 年

后唐
923 ~ 936年

庄宗 923 ~ 926 年
明宗 926 ~ 933 年
闵帝 933 ~ 934 年
末帝 934 ~ 936 年

后晋
936 ~ 947年

高祖 936 ~ 942 年
出帝 942 ~ 947 年

后汉
947 ~ 951年

高祖 947 ~ 948 年
隐帝 948 ~ 951 年

后周
951 ~ 960年

太祖 951 ~ 954 年
世宗 954 ~ 959 年
恭帝 959 ~ 960 年

五代时期结束。

杨吴
892 ~ 937年

太祖 902 ~ 905 年
烈祖 905 ~ 908 年
高祖 908 ~ 920 年
睿帝 920 ~ 937 年

前蜀
891 ~ 925年

高祖 907 ~ 918 年
后主 918 ~ 925 年

吴越
893 ~ 978年

武肃王 907 ~ 932 年
文穆王 932 ~ 941 年
忠献王 941 ~ 947 年
忠逊王 947 年
忠懿王 948 ~ 978 年

闽
893 ~ 945年

太祖 909 ~ 925 年
嗣王 925 ~ 927 年
惠宗 927 ~ 935 年
康宗 935 ~ 939 年
景宗 939 ~ 944 年
天德帝 943 ~ 945 年

南汉
905 ~ 971年

高祖 917 ~ 942 年
殇帝 942 ~ 943 年
中宗 943 ~ 958 年
后主 958 ~ 971 年

南平
907 ~ 963年

武信王 924 ~ 928 年
文献王 928 ~ 948 年
贞懿王 948 ~ 960 年
贞安王 960 ~ 962 年
德仁王 962 ~ 963 年

楚
896 ~ 951年

武穆王 907 ~ 930 年
衡阳王 930 ~ 932 年

文昭王　932 ~ 947 年
废王　947 ~ 950 年
恭孝王　950 ~ 951 年
马希崇　951 年

后蜀
1115 ~ 1234年

后蜀

926 ~ 965年

高祖　934 年
后主　934 ~ 965 年

南唐

937 ~ 976年

烈祖　937 ~ 943 年
元宗　943 ~ 961 年
后主　961 ~ 976 年

北汉

951 ~ 979年

世祖　951 ~ 954 年
睿宗　954 ~ 968 年
少主　968 年
英武帝　968 ~ 979 年

十国时期结束。

北宋

960 ~1127年

太祖　960 ~ 976 年
太宗　976 ~ 997 年
真宗　997 ~ 1022 年
仁宗　1022 ~ 1063 年
英宗　1063 ~ 1067 年
神宗　1067 ~ 1085 年
哲宗　1085 ~ 1100 年
徽宗　1100 ~ 1125 年
钦宗　1125 ~ 1127 年

南宋

1127 ~ 1279年

高宗　1127 ~ 1162 年
孝宗　1162 ~ 1189 年
光宗　1189 ~ 1194 年
宁宗　1194 ~ 1224 年
理宗　1224 ~ 1264 年
度宗　1264 ~ 1274 年
恭帝　1274 ~ 1276 年
端宗　1276 ~ 1278 年
帝昺　1278 ~ 1279 年

辽朝

916 ~ 1125年

太祖　916 ~ 926 年
太宗　927 ~ 947 年
世宗　947 ~ 951 年
穆宗　951 ~ 969 年
景宗　969 ~ 982 年
圣宗　982 ~ 1031 年
兴宗　1031 ~ 1055 年
道宗　1055 ~ 1101 年
天祚帝　1101 ~ 1125 年

西辽

1134 ~ 1218年

德宗　1134 ~ 1143 年
仁宗　1150 ~ 1163 年（萧塔不烟于1143~1150 年临朝称制）
末主　1177 ~ 1211 年（耶律普速完于 1163~1177 年临朝称制）
屈出律　1211 ~ 1218 年

西夏

1038 ~ 1227年

景宗　1038 ~ 1048 年
毅宗　1048 ~ 1068 年
惠宗　1068 ~ 1086 年
崇宗　1086 ~ 1139 年
仁宗　1139 ~ 1193 年
桓宗　1193 ~ 1206 年
襄宗　1206 ~ 1211 年
神宗　1211 ~ 1223 年
献宗　1223 ~ 1226 年
末主　1226 ~ 1227 年

金朝

1115 ~ 1234年

太祖　1115 ~ 1123 年
太宗　1123 ~ 1135 年
熙宗　1135 ~ 1149 年
海陵王　1149 ~ 1161 年
世宗　1161 ~ 1189 年
章宗　1189 ~ 1208 年
卫绍王　1208 ~ 1213 年
宣宗　1213 ~ 1223 年
哀宗　1223 ~ 1234 年
末帝　1234 年

元朝

1206 ~ 1368年

太祖　1206 ~ 1227 年
太宗　1229 ~ 1241 年（孛儿只斤·拖雷于 1227~1229 年监国）
定宗　1246 ~ 1248 年（乃马真·脱列哥那于 1242~ 1246 年临朝称制）
宪宗　1251 ~ 1259 年（斡兀立·海迷失于 1248~ 1251 年临朝称制）
世祖　1260 ~ 1294 年
成宗　1294 ~ 1307 年
武宗　1307 ~ 1311 年
仁宗　1311 ~ 1320 年
英宗　1320 ~ 1323 年
泰定帝　1323 ~ 1328 年
明宗　1329 年
文宗　1328 ~ 1332 年
宁宗　1332 年
惠宗　1333 ~ 1368 年

明朝

1368 ~ 1644年

太祖　1368 ~ 1398 年
惠帝　1398 ~ 1402 年
成祖　1402 ~ 1424 年
仁宗　1424 ~ 1425 年
宣宗　1425 ~ 1435 年
英宗　1435 ~ 1449 年；1457 ~ 1464 年
代宗　1449 ~ 1457 年
宪宗　1464 ~ 1487 年
孝宗　1487 ~ 1505 年
武宗　1505 ~ 1521 年
世宗　1521 ~ 1567 年
穆宗　1567 ~ 1572 年
神宗　1572 ~ 1620 年
光宗　1620 年
熹宗　1620 ~ 1627 年
思宗　1627 ~ 1644 年
安宗（南明）　1644 ~ 1645 年
绍宗（南明）　1645 ~ 1646 年
鲁王（南明）　1645 ~ 1653 年
绍武帝（南明）　1646 ~ 1647 年
昭宗（南明）　1646 ~ 1662 年

清朝

1616 ~ 1911年

太祖　1616 ~ 1626 年
太宗　1626 ~ 1643 年
世祖　1644 ~ 1661 年
圣祖　1661 ~ 1722 年
世宗　1722 ~ 1735 年
高宗　1735 ~ 1796 年
仁宗　1796 ~ 1820 年
宣宗　1820 ~ 1850 年
文宗　1850 ~ 1861 年
穆宗　1861 ~ 1875 年
德宗　1875 ~ 1908 年
溥仪　1908 ~ 1912 年

编者注：由于记载出入，退位时间和纪年方式的问题，本表朝代起止年份和皇帝执政时间会存在不一致的情况，已做出说明。

神话中的君主

（约公元前2070年之前）

根据中国古代传说，在王朝时代开始之前，古代神话中的统治者创造了文明，并用文明来引导人们。许多这样的君主后因其发明与仁政而受到人们的尊敬。

伏羲

又称：包牺、庖牺、太昊

在位时间：约公元前2070年之前，具体不详

在传统文献中，伏羲（见28~29页）是上古时期的一位重要统治者。他发明了乐器，教授民众渔猎之法，而他最著名的贡献是创立了八卦体系，用这套符号来进行占卜。随着时间的推移，伏羲与另一个神太昊的形象合二为一。提到伏羲，人们还会想到女娲。据说女娲是伏羲的妹妹，也是他的妻子。在古代描绘二人的图画中，往往会出现两人的下半身像蛇一样缠绕在一起的形象。在中国的古代神话中，他们被认为是人类的始祖。

神农

又称：炎帝

在位时间：约公元前2070年之前，具体不详

古人认为，神农教会了人类农业种植技术，以及用草药治病的方式。神农是中国农业文化的创造者，他发明了耒耜，并教会人们辨别不同品质的土壤。在他开始统治之前，人们靠采集果子和打猎为生，经常遭受食物中毒和消化问题的困扰。于是，为了了解植物的药性，神农品尝了所有已知的植物。在神农的统治时期内，人们过着男耕女织的生活，部落内部没有刑罚，也没有战争，这是一个和平而幸福的时代。

黄帝

名号：轩辕氏

在位时间：约公元前2070年之前，具体不详

黄帝是古代神话中的一位伟大统治者，他因居于轩辕之丘而得名轩辕。黄帝也有许多发明，比如弓箭、衣冠等。黄帝带领部落击败了许多敌对的部落首领和联盟领导权的争夺者，比如在阪泉之战中击败了炎帝、在涿鹿之战中击败了善于制造兵器的蚩尤等。传说黄帝有25个儿子，但只有其中的14人被分封并得到了姓。人们认为黄帝最终乘龙升天了。

△ 图为宋代画家马麟创作的《伏羲坐像》。

少昊

名：玄嚣

在位时间：约公元前2070年之前，具体不详

根据某些文献记载，少昊是黄帝与嫘祖所生的长子。也有文献称，他是黄帝与次妃女节（方雷氏）所生的儿子。女节看到一颗彩虹般的星星坠落，之后便神奇地怀孕了。《左传》中的记载认为，少昊的儿子穷奇不忠不信，性格恶劣。

颛顼

号：高阳氏

在位时间：约公元前2070年之前，具体不详

颛顼是黄帝的孙子。有文献称，他是黄帝的直接继承人；但也有记载称，他辅佐他的伯父少昊有功，因而继承了少昊的位置。为了争夺帝位，颛顼曾与共工交战。根据《列子》的记载，战败的共工极为愤怒，用头去撞不周山，折断了支撑着天的柱子，导致大地往东南方向倾斜，因而中国的江河都向东南方向流淌。颛顼在位时进行仁德的统治，有说法称他是后来舜和禹的祖先。

帝喾

号：高辛氏

在位时间：约公元前2070年之前，具体不详

帝喾是蟜极之子，也是颛顼之侄。根据《史记》的说法，帝喾是黄帝的曾孙，他的继位延续了黄帝后裔的统治。帝喾是一名既有能力又道德高尚的统治者，他订立了四时节气，并命令手下的乐官创造了鼙鼓、钟、磬等新乐器。据说，帝喾的四个孩子中，挚和尧成为了统治者，而契和后稷则成为了商人和周人的始祖。

帝挚

名：挚

在位时间：约公元前2070年之前，具体不详

帝挚是帝喾的长子，母亲是常仪（或被称作“娵訾氏女”）。文献中对他的记载很少。根据《史记》的说法，他可能缺乏治理国家的能力，于是让位给了同父异母的弟弟尧。

尧

号：陶唐氏；名：放勋

在位时间：约公元前2070年之前，具体不详

尧是帝喾的另一个儿子，母亲是庆都（或被称作“陈锋氏女”）。有史料记载，尧直接继承了父亲的位置，也有史料称，他继承了自己同父异母的兄长帝挚之位。尧道德高尚，治理有方，允恭克让，性格坚毅。尧让他的大臣观察天象并加以记录，制订出了更加精确的历法。据说，在尧的统治期间，天空中出现了10个太阳，而地上的长江和黄河泛滥，炎热和洪水给民众带来了灾难。神射手后羿射下了9个太阳，解决了炎热的问题，而颛顼的后代鲧受命治理洪水，但最终失败了。尧之后禅位给了出身平民但道德高尚的舜。

舜

号：有虞氏；名：重华

在位时间：约公元前2070年之前，具体不详

舜是颛顼的后裔，父亲是盲人瞽叟。瞽叟的妻子去世后，又娶了一位妻子。继母和她的儿子对舜加以迫害，甚至想要杀掉他。即便如此，舜还是对家人十分善良恭敬。他勤于制陶、捕鱼和耕地等劳作活动，并吸引了很多人追随他，展现出了很强的领导能力。尧对他的印象很好，不仅将自己的两个女儿嫁给了他，还在年老后禅位于舜，没有选择传位于自己的儿子丹朱。舜成为统治者后，挑选有才能的大臣治理国家，并让鲧的儿子禹负责治理洪水。舜还击败了三苗部落，流放了作恶的“四凶”。最后，舜选择像尧一样，指定治水英雄禹为自己的继承人，而没有传位给自己的子嗣。

△ 这幅17世纪的画作由日本画家久隅守景绘制，描绘了尧拜访舜的场景。

夏朝

（约公元前2070~前1600年）

夏朝是中国古代文献记载中的第一个世袭王朝。尽管目前仍然没有找到与夏王朝同时期的铭文和文字记载，但近年来可以证明其存在的考古实据越来越多。

禹

姓名：姒文命；尊称：大禹

在位时间：公元前2070~前1600年间，具体不详

禹的父亲鲧是尧舜时期负责治水的大臣。在传说故事中，禹是从去世的父亲鲧的肚子里剖出后降生的；而《史记》的记载则认为，禹的母亲在吃了薏苡后就怀上了他。禹的妻子是涂山氏女娇，他们的儿子名叫启。禹受命治理洪水后，设法疏通了泛滥的黄河周围的水道，拯救了受灾的民众。舜认为禹的能力强，而且值得信任，于是选择他作为自己的继承人。之后，禹成为了夏朝的第一位君王。禹生前分别在在涂山和会稽山召开了两次部落首领大会，而他在去世之后也安葬在了会稽山。因为他的种种伟大成就，后人尊称他为“大禹”。

启

又称：夏启

在位时间：公元前2070~前1600年间，具体不详

启是禹的儿子。关于启的继位，史料中有着不同的说法：一种说法认为禹指定大臣伯益为继承人，但伯益自愿放弃王位，将王位让给了启；另一种说法认为，启和支持他的大臣们从伯益手中夺取了王位。无论是哪种说法，这种父子相继的王位传承方式，开创了世袭制的先例，并取代了之前的禅让制。史料中对启的统治时间没有明确的记载。启在位时击败了拒绝臣服的有扈氏，他还流放了自己发动叛乱的小儿子武观。

太康

姓名：姒太康

在位时间：公元前2070~前1600年间，具体不详

启去世后，启的长子太康继承了王位，他是夏朝的第3位统治者。关于太康的史料记载不多，主要观点都认为他是一位昏君，缺乏治国能力，沉迷打猎和享乐。在太康继位的第4年，有穷国首领后羿（与神话中射日的后羿不是一人）趁他外出打猎时率军攻陷夏朝都城斟鄩，太康失去了王位，并在十年后去世。

仲康

姓名：姒中康

在位时间：公元前2070~前1600年间，具体不详

后羿废黜太康后控制了夏王朝，但后来迫于诸侯的压力，不得不将政权还给启的后人，于是推举启的另一个儿子，即太康的弟弟仲康为王，而自己继续掌控实权。仲康被列入夏王世系一事是有争议的，因为有关他的记载只出现在相对较晚的文献中。据记载，仲康曾惩治主管天文和历法的大臣，因为大臣酗酒误事，没能预测到日全食的到来，造成了国内的恐慌。

相

姓名：姒相

在位时间：公元前2070~前1600年间，具体不详

相继承了父亲仲康的王位。相继位不久之后，后羿将相驱逐，并自行称王。但后羿在位时

△ 考古学家从二里头遗址发掘出了庞大的都邑遗迹和大量的陶器、铜器和玉器等遗物。

沉迷游猎，结果被部下寒浞所杀。寒浞称王后，继续攻打相的残余势力，并将相杀死。然而，相已经怀有身孕的妻子后缗设法逃回了自己的家乡避难，并生下了相的儿子少康。

少康

姓名：姒少康

在位时间：公元前2070~前1600年间，具体不详

少康是相和后缗的儿子。寒浞之子寒浇继续派人追杀少康，于是少康逃到了舜的后裔有虞氏的领地内。少康娶了有虞氏的君主之女为妻，并获得了一小块封地。少康暗中联系忠于夏朝的遗臣伯靡，并收聚逃散的族人，恢复自身力量。之后，少康与伯靡一同攻打寒浞，并消灭了寒浞和他的儿子寒浇的势力，重新恢复了夏朝的统治。

杼

别名：予

在位时间：公元前2070~前1600年间，具体不详

杼是少康的儿子，他在少康去世后继承了王位。根据《竹书纪年》的记载，杼在位时先定都于原（在今河南济源），后迁都老丘（在今河南开封）。关于他的文献记载不多，主要提到他在年轻时协助父亲在复国战争中取胜，继位后又对东夷各部落展开征伐，并在战争中发明了皮甲等事迹。

槐

又名：芬

在位时间：公元前2070~前1600年间，具体不详

槐是杼的儿子，他在父亲去世后继承了王位。文献中关于他统治时期的记载很少，主要与朝廷官员的任命和集会有关。

芒

又名：帝芒

在位时间：公元前2070~前1600年间，具体不详

芒是槐的儿子，他继承了父亲的王位。但关于他的统治，人们所知甚少。主要的事迹是他曾举行过隆重的祭祀黄河的仪式。

泄

又名：后泄

在位时间：公元前2070~前1600年间，具体不详

泄继承了其父芒的王位。关于他的统治，文献中的记载不多，但有两件事较为知名：其一是在他统治期间，夏朝的诸侯之一、商部落的王亥到有易氏部落进行交易时被杀害，王亥之子上甲微对有易氏发起了复仇战争。另一事件是，泄在位时曾对周边的夷族进行封爵。

不降

姓名：姒不降

在位时间：公元前2070~前1600年间，具体不详

不降是泄的儿子，他继承了父亲的王位。关于他统治的记载不多，但提到了他是一位比较有作为的君主。他曾带领军队讨伐九苑地区的有莘氏部族。据说，不降在位59年后，把王位传给了他的弟弟扃。不降在扃统治的第10年时去世。

扃

姓名：姒扃

在位时间：公元前2070~前1600年间，具体不详

扃是不降的弟弟，他继承了哥哥的王位。史料中对其事迹缺乏详细记载。

廑

姓名：姒廑

在位时间：公元前2070~前1600年间，具体不详

廑是扃的儿子，他在父亲去世后继承了王位。他将夏都从老丘（在今河南开封）迁到了西河（在今河南安阳）。在他的统治时期内，发生过“幻日”的异常天象。

孔甲

姓名：姒孔甲

在位时间：公元前2070~前1600年间，具体不详

孔甲是不降的儿子，廑的堂兄弟。根据《竹书纪年》和《史记》的记载，孔甲沉迷于祭祀鬼神，疏于政事，并且肆意淫乱、沉湎酒色。夏朝在他的统治时期开始走向衰落。在《左传》和《史记》的记载中，孔甲曾得到两条龙，但是由于他任命的饲养者处理不善，其中一条龙没过多久就死了。

皋

又名：简皋

在位时间：公元前2070~前1600年间，具体不详

皋是孔甲的儿子。人们对他的统治知之甚少。

发

姓名：姒发

在位时间：公元前2070~前1600年间，具体不详

发是皋的儿子。根据《竹书纪年》记载，他继位时的典礼十分盛大，前来的诸夷都为他表演乐舞。他在位第7年时，泰山发生地震。发在位时曾经寻得贤臣关龙逄，并将其提拔为相，夏朝在关龙逄的治理下更加繁荣。

桀

又称：夏桀

在位时间：公元前2070~前1600年间，具体不详

桀是发的儿子。所有的史料都将他描述成一位腐化而残酷的统治者。传说他曾命人修建酒池，并在这里终日饮酒作乐。批评他的大臣遭到了残忍地处决，就连贤臣关龙逢也因劝谏桀而被杀。桀的行为在诸侯中引发了极大的不满。此时，商国开始吞并周围的小国，实力日渐增长。地方诸侯支持商汤讨伐夏朝，桀在鸣条之战中被打败。桀设法逃走，但被商军俘获。根据《尚书》的记载，商汤将桀流放到南巢（在今安徽巢湖）。至此，夏朝灭亡。

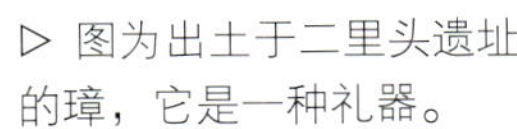

▷ 图为出土于二里头遗址的璋，它是一种礼器。

商朝

（公元前1600~前1046年）

商朝是中国第一个同时具备确凿的实物史料和同时期文献记录的王朝，虽然传统文献记录的内容有时与甲骨文的内容有出入，但对应的信息大体可信。早期的商王带有半神话色彩，但从武丁开始，商王都有明确的证据证明其存在。商王的主要政治活动在河南一带进行，并进行过多次迁都。

汤

又称：大乙、成汤、商汤、武汤、天乙

在位时间：公元前1600~前1300年间，具体不详

在甲骨文中，汤被称为“唐”和“大乙”。汤是商王国的君主，其父名叫主癸。根据传说，他的祖先是帝喾的儿子契，契因帮助大禹治水有功而封于商地。夏朝的最后一位君主桀性情残暴，人们求助于汤，希望汤能够推翻桀的统治。汤手下的贤臣伊尹劝说汤讨伐夏朝，于是汤带领军队逐渐攻取了今河南一带的土地，最终推翻夏朝的统治，建立商朝并成为开国君主。

汤保留了夏朝的社稷祭祀（也就是继续祭祀夏朝确立的土神），改革了历法，并将朝服的颜色改为白色。汤在立国后定都于亳（在今河南商丘）。在他统治期间，发生了很多次干旱，汤经常需要组织救灾。

外丙

姓名：子胜；又称：卜丙

在位时间：公元前1600~前1300年间，具体不详

由于汤的长子太丁早逝，所以太丁的弟弟外丙成为了商朝的第二任君王。他继位时由伊尹承担摄政之责。

中壬

姓名：子庸

在位时间：公元前1600~前1300年间，具体不详

中壬是外丙的弟弟。和他的父亲、哥哥一样，中壬也由伊尹辅佐。然而，在甲骨文中目前尚未发现关于他的记录。

太甲

姓名：子至

在位时间：公元前1600~前1300年间，具体不详

中壬去世后，伊尹拥立汤的嫡孙、太丁之子太甲继位，成为商朝的第4位君王。在太甲的统治初期，他表现的无能而暴虐，违背了汤的治国之道，于是伊尹将他赶下了王位，放逐到汤的坟墓所在的桐宫，自己摄政当国。据《史记》记载，太甲在被放逐后悔过自新，伊尹又将他迎回，归政于太甲。而根据《竹书纪年》的记载，太甲逃出了桐宫，并将伊尹杀死。

沃丁

姓名：子绚；又称：羌丁

在位时间：公元前1600~前1300年间，具体不详

沃丁是太甲之子，他在父亲死后继位。沃丁在位期间，辅佐多位商王的老臣伊尹去世，沃丁以隆重的礼节将其安葬。之后，沃丁任命另一位老臣咎单辅政。甲骨文中并没有关于沃丁统治时期的记载。

太庚

姓名：子辩；又称：大庚

在位时间：公元前1600~前1300年间，具体不详

太庚是前代商王沃丁的弟

△ 图为后人通过想象创作的商汤画像。

弟。关于他的统治，史料缺乏详细记载。

小甲

姓名：子高

在位时间：公元前1600~前1300年间，具体不详

小甲是太庚之子（一说为太庚之弟），但他的统治时间很短，人们对其知之甚少。

雍己

姓名：子密（一说为“伷”）

在位时间：公元前1600~前1300年间，具体不详

雍己是小甲之弟，他在哥哥去世后继承了王位。据记载，他在位时昏庸无能，导致商朝衰落，商朝的诸侯也因此不来朝贡。在有些甲骨文中他的名字被写作“邕己”，是商朝的第8位君王。也有甲骨文记载，他是在弟弟太戊之后继位的。

太戊

姓名：子伷（一说为“密”）；
又称：大戊、天戊、中宗

在位时间：公元前1600~前1300年间，具体不详

雍己死后，他的弟弟太戊继承了王位。他任命伊尹的儿子伊陟辅佐他。《史记》中记载了一个有关他的传说故事，商朝的国都里，两棵怪异的桑树和楮树合生于朝堂之上，一夜之间就长得非常巨大。太戊害怕这是不祥之兆，而伊陟建议太戊改革朝政，以德治民，灾祸自然会消除。太戊听从了他的建议，果然两棵树也就枯萎了。从此以后，商朝繁荣起来，诸侯纷纷前来归顺。甲骨文中也有关于他的不同记载，记载称太戊是在小甲之后继承王位的，再下一任商王才是雍己。

中丁

姓名：子庄；又称：仲丁

在位时间：公元前1600~前1300年间，具体不详

中丁是太戊之子。他将国都迁到了嚣（在今河南郑州）。根据《竹书纪年》的记载，他在继位后的第6年时，出兵击退了来犯的蓝夷。也有甲骨文记载称，他是在雍己之后继位的。

外壬

姓名：子发；又称：卜壬

在位时间：公元前1600~前1300年间，具体不详

外壬是太戊之子，中丁之弟。他在哥哥中丁去世之后继承了王位。在他的统治时期，姺与邳两个侯国发动了叛乱。

河亶甲

姓名：子整；又称：戋甲

在位时间：公元前1600~前1300年间，具体不详

河亶甲继承了他哥哥外壬的王位。河亶甲继位后，为缓解商朝内部矛盾而迁都于相（在今河南安阳）。据史料记载，河亶甲在商朝方国大彭国的帮助下，出兵击败了邳国，使邳国重新臣服于商朝。之后，河亶甲又出兵征讨东方的蓝夷。当时姺国结交班方，河亶甲派彭伯和韦伯两员大将率军去征讨班方，最终班方臣服于商朝。由于失去班方的支持，姺国最终也臣服于商朝。

祖乙

姓名：子滕
又称：中宗、高祖

在位时间：公元前1600~前1300年间，具体不详

祖乙继承了父亲河亶甲的王位（但也有甲骨文记载河亶甲是他的哥哥）。他在继位后将国都从相（在今河南安阳）迁到了耿（在今山西河津），商朝再次繁荣起来。他在位时，选用大臣巫贤辅政。后来因为耿被洪水冲毁，他又将国都迁到了邢（在今河北邢台），再之后则迁到了庇（在今山东菏泽）。

祖辛

姓名：子旦

在位时间：公元前1600~前1300年间，具体不详

祖辛继承了父亲祖乙的王位，国都仍然在庇地。他在位时，商朝因内乱而进一步衰落。

沃甲

姓名：子逾；又称：羌甲、开甲

在位时间：公元前1600~前1300年间，具体不详

沃甲是祖辛之弟，祖辛去世后，沃甲继承了王位。沃甲的生平事迹不详。

祖丁

姓名：子新

在位时间：公元前1600~前1300年间，具体不详

祖丁是祖辛之子，沃甲之侄。祖丁的生平事迹不详。

南庚

姓名：子更

在位时间：公元前1600~前1300年间，具体不详

南庚是沃甲之子，继承了其堂兄祖丁的王位。他在位时，将国都从庇迁到了奄（在今山东曲阜）。然而，在甲骨文记载中，他是祖辛之子，祖丁之弟。

阳甲

姓名：子和；又称：象甲

在位时间：公元前1600~前1300年间，具体不详

阳甲是祖丁的儿子，他在南庚去世后继位。在他的统治时期，商朝的王位继承陷入混乱，导致国家内乱不止，陷入衰落，诸侯也不来朝贡。有史料称，阳

△ 这件鸟形的青铜器原本被安装在战车上，其历史可追溯到大约公元前11世纪。

甲曾经出兵西征丹山戎。

盘庚

姓名：子旬

在位时间：公元前1300~前1251年间（迁殷后），具体不详

盘庚是阳甲的弟弟，他在阳甲去世后继承了王位。他将国都从奄（在今山东曲阜）迁到黄河以南的殷（见42~43页）。根据《史记》的记载，臣民们不满盘庚的迁都举动，然而盘庚说服了众人，并完成了迁都。盘庚在位时努力效仿商汤的治国之道，商朝再次繁荣起来，商朝的诸侯们也都再次来朝了。根据《竹书纪年》记载，盘庚将都城迁往的地方也被称为“北蒙”。

小辛

姓名：子颂

在位时间：公元前1300~前1251年间，具体不详

小辛在其兄盘庚死后继位。在他统治期间，商朝再次陷入衰落。有关他统治的记载很少。

小乙

姓名：子敛；又称：小祖乙、后祖乙

在位时间：公元前1300~前1251年间，具体不详

小乙继承了他的哥哥小辛的王位。根据《竹书纪年》记载，小乙安排自己的儿子武丁向大臣甘盘求学。《史记》中则记载他安排武丁去田里耕作，使武丁从中体会到了耕种的艰难。

武丁

姓名：子昭

在位时间：公元前1250~前1192年

武丁是小乙之子，商朝在他的统治下恢复了繁荣。他在位时，任命刑徒出身的贤臣傅说为相辅佐朝政，并对周围的方国和部落发起过一系列战争。

妇好（见42~43页）是武丁的妻子之一，她曾率商朝军队远征，主持过各类祭祀，还担任过占卜官。妇好是中国历史上第一位有文献记载的女将军。妇好墓在1976年被发现于安阳附近，里面的墓葬品丰厚，其中包括468件青铜器，这也显示出她的地位远高于当时的其他女性。虽然妇好的相关信息并未出现在周朝或之后朝代的文献中，但商朝的青铜器铭文和甲骨文描绘了她作为商王之妻和军队将军的重要身份。据记载，她曾带领1.3万名士兵出征羌方，俘获大批羌人。

◁ 图为后人通过想象塑造的妇好雕像。妇好是武丁之妻，也是一名将军。

祖庚

姓名：子跃（曜）

在位时间：公元前1191~前1148年间，具体不详

祖庚是武丁之子。武丁曾想传位于长子祖己，但祖己因为武丁的一位妻子进谗言而被流放外地，后来抑郁而终。后来武丁曾想立祖庚之弟祖甲为继承人，祖甲认为应该由哥哥祖庚继位，于是逃到了民间。之后，祖庚继位，他延续父亲在位时的政策，但在政治上没有什么建树。在他的统治时期内，商朝处于一个相对和平的环境之中。

祖甲

姓名：子载

在位时间：公元前1191~前1148年间，具体不详

祖甲是祖庚的弟弟。祖庚生前便立逃到民间的祖甲为继承人，于是祖甲在祖庚死后继承了王位。在祖甲统治期间，他改革了商朝的历法和祭祀制度。他推行的对祭祀制度的改革，加强了君王的权威及其统治的正统性。在他统治期间，商朝总体处于和平之中，但在他统治后期也曾对西戎部族用兵。

廪辛

姓名：子先；又称：冯辛

在位时间：公元前1191~前1148年间，具体不详

廪辛是祖甲之子。在他统治期间，由于来自西戎的羌方多次入侵商朝，商朝多次开展抵御外敌的军事行动，并给对方造成了严重打击。

庚丁

姓名：子嚣；又称：康丁

在位时间：公元前1191~前1148年间，具体不详

庚丁是祖甲之子，廪辛之弟。他在廪辛死后继承了王位。在庚丁统治期间，商朝的衰落变得更加严重。商朝不仅面临着周边部族的不断侵扰，国内也不断发生动荡。

武乙

姓名：子瞿

在位时间：公元前1147~前1113年

武乙是庚丁之子。在他统治期间，商朝多次迁都。有史料记载，商朝多次与周围部族发生了战争，但与方国周国关系良好。在《史记》的记载中，武乙昏庸无道，进行过侮辱天神的举动，最后被雷击致死。

文丁

姓名：子托；又称：太丁

在位时间：公元前1112~前1102年

文丁是武乙之子。据记载，在文丁的统治时期，周国的军事力量在首领季历的领导下开始变得强大起来。季历在几年之内击败了许多部族。当时周国臣属于商，但文丁害怕季历的影响越来越大，就派人杀害了他。这一举动导致商朝和周国的矛盾加剧，并最终导致了商朝的灭亡。

帝乙

姓名：子羡

在位时间：公元前1101~前1076年

帝乙是文丁之子。除了修筑朔方城和遭遇一次偶然的地震，史书上有关他的统治记载极少。然而，与其同时代的铭文显示：他也曾带兵讨伐东部敌人。为了强化自己的权力，他也进行了祭祀制度的改革。

帝辛

姓名：子受（一说为“受德”）；
又称：纣、受辛

在位时间：公元前1075~前1046年

帝辛是商朝的最后一位君王，他在帝乙死后继承了王位。帝辛与帝乙的关系不是很明确，《史记》称帝辛是帝乙的小儿子，但也有说法认为帝辛是帝乙的弟弟。帝辛曾在商朝领土的周边地区进行多次军事征伐。史书将帝辛描述成一位极端残暴的君主，类似夏朝末代君主桀。帝辛沉迷享乐，并且折磨、杀死那些向他进谏之人，受害者中就有他的叔叔比干和周国的国君姬昌。帝辛曾经囚禁姬昌，后来又将他释放。姬昌被释后，继续征讨周边势力，扩充周国的国力。天下诸侯多归附于周国，导致帝辛日益被孤立。姬昌之子，也就是后来的周武王继续讨伐商朝，最终终结了商朝的统治。

△ 这件明代雕像描绘了想象中的帝辛形象。明代小说《封神演义》就是以他的统治时期为背景创作的。

西周

（公元前1046~前771年）

周朝推翻了商朝的统治，一位位强有力的统治者相继统治周朝。西周被认为是古典时代的一个伟大朝代和中华文明的形成和发展时期。

文王

姓名：姬昌

在位时间：约公元前1099/公元前1056~约前1050年

姬昌是周国统治者季历之子，周国人居住在今陕西省渭河流域。在首领季历统治时期，周国的军事力量不断壮大，这让商朝的文丁十分担忧，于是他下令杀掉了季历。季历死后，姬昌成为周国的首领，此后商朝与周国交恶。帝辛认为姬昌是商朝的隐患，于是关押了姬昌多年。周国大臣向帝辛进贡，这才赎回了姬昌。帝辛允许他继续在商朝以西地区进行军事征伐。随着姬昌不断开疆拓土，周国的实力越来越强，对商朝的威胁与日俱增。姬昌之子姬发灭商之后，将姬昌追尊为“文王”。

△ 图为后人通过想象绘制的周文王画像。

武王

姓名：姬发

在位时间：公元前1046~前1043年

姬发是周文王与正妻所生10个儿子中的次子。周文王死后，姬发继位，史称周武王。周武王继位后，带领周国与其他诸侯组成的联军攻入了商朝的核心地带。在诸侯军队的支持下，他于公元前1046年在牧野之战中击败了商朝军队。商王帝辛被击败后自杀身亡。在周武王的命令下，商朝的都城名义上仍由帝辛的儿子武庚统治，但周武王的弟弟们时刻在周边监视着武庚。周武王的另一个弟弟姬旦留在周朝的国都丰京（在今陕西西安），辅佐武王。商朝被推翻3年后，周武王去世。

成王

姓名：姬诵

在位时间：公元前1042~前1021年

周武王去世后，他的长子姬诵继位，史称周成王。然而，由于姬诵当时年纪很小，周武王的弟弟姬旦开始摄政，他也被称为周公。这一举动遭到了姬旦的兄弟们管叔、蔡叔和霍叔的反对，他们与末代商王帝辛之子武庚联合发动叛乱。两年后，周公用武力平息了叛乱，诛杀了武庚和管叔，并将蔡叔流放，而霍叔则被降为庶民。周公的军队继续向东讨伐，击败了几个沿海地区的民族，使之归顺于周朝。周公建立了东都成周（在今河南洛阳），之后将领土分封给王室成员，建立了六个主要的诸侯国。周公还提出了“天命”思想（见48~49页），这也是周朝统治的思想基础。周成王长大后，周公不再摄政，归政于成王，而在周成王的治理下，周朝的社会十分安定。

康王

姓名：姬钊

在位时间：约公元前1020年~前996年

姬钊是周成王的长子，也是周成王指定的继承人，史称周康王。他的继位遵循了周朝的嫡长子继承制，也就是由周王与正妻所生最年长的儿子继承王位的制度。随后的周朝君王在继承问题上都受到了这一制度的影响。与周成王统治的后半期一样，周康王的统治时期繁荣和平，其统治的主要精力放在了巩固已有领土上。获得周康王信任的诸侯被派去管理新的战略要地，这些诸侯也在北方展开征伐，为周朝开拓了新的领土。后来的史家将成王、康王的统治时期称为“成康之治”。

昭王

姓名：姬瑕

在位时间：公元前995~前977年

周昭王姬瑕是周康王的儿子。他继位时，周朝的领土已经向北部和东部扩张了许多，但长江流域仍在周朝的势力范围之外。公元前977年，周昭王率军南征楚蛮，结果惨败。周朝军队受到重创，周昭王也因此身死。这次战败还削弱了周朝的实力，阻碍了周朝的扩张。

穆王

姓名：姬满

在位时间：公元前976~前922年

周穆王姬满，是周昭王的儿子。当他的父亲因南征楚蛮而去世后，他继承了王位。当时，周朝军队实力尚未恢复，东部的徐戎趁机发动入侵。周穆王带领军队反击徐戎，两方最终休战，徐戎宣布效忠周朝，以此保全了自己的自治地位。周穆王还面临着王朝内部秩序的瓦解，因为宗周王室与各家诸侯之间的联结关系越来越弱。为了挽救这一局势，他改革了官制，建立了新的朝廷规范，以加强中央与诸侯之间的联系。

共王

姓名：姬繄扈

在位时间：公元前922~前900年

姬繄扈继承了父亲周穆王的王位，史称周共王。无论是文献资料还是考古实据，都没有提供有关他统治时期的详细信息，只提到他全面巩固了官僚体制，并推行了土地改革。

懿王

姓名：姬囏

在位时间：公元前899~前892年

周懿王是周共王之子，对于他的统治时期内发生的事件，文献记载并不多。史料记载，在周懿王统治时期，周朝遭到了来自北部和东部外敌攻击，整个王室全面衰落。周懿王将国都迁往犬丘（在今陕西兴平）。后来，他的叔父姬辟方继承了王位。

孝王

姓名：姬辟方

在位时间：约公元前891~前886年

姬辟方是周懿王的叔父，周共王的弟弟。他继承了侄子的王位。有关他统治时期的资料也不是很多。史料记载，他去世后，诸侯又立周懿王的太子为王。

夷王

姓名：姬燮

在位时间：公元前885~前878年

姬燮是周懿王之子，周孝王之侄孙，他在叔父去世后继位为王，史称周夷王。在他统治时期，他听信谗言，烹杀了齐国的国君。在他统治的时期，周王室的实力和权威进一步衰落。朝廷对各地诸侯的约束力越来越弱，一些诸侯甚至公然藐视王权。南方的楚国觉察到周朝的衰弱，乘机兴兵入侵，而周朝中央已无法发起有力的反击。周夷王只统治了8年就去世了。

厉王

姓名：姬胡

在位时间：公元前877~前841年

姬胡是周夷王之子，史称周厉王。他继位时十分年轻，无法解决周朝统治逐渐分崩离析的问题。史料将他描述成一位贪婪残暴、奢靡无度的君王，对大臣的规劝无动于衷，还严禁国人议论他的过失。公元前841年，周朝的国人发动大规模暴动，周厉王被迫出逃。一位大臣救下了周厉王的儿子姬静，并将他藏了起来，直到周厉王去世。

△ 图为后人凭想象绘制的周穆王与西王母相见的场景。

共和

又称：共伯和

在位时间：公元前841~前828年

周厉王出逃后，周朝曾经陷入过一段没有君王主政的时期，这一时期被称为“共和行政”。有一种说法认为，诸侯推举名为“和”的共国国君代行天子事。在共和执政14年后，周厉王去世，其子姬静成为新的统治者。

宣王

姓名：姬静

在位时间：公元前827~前782年

姬静是周厉王之子，史称周宣王。为了恢复周朝的权威，他采取了一些举措，并短暂恢复了周朝的国力。公元前823年，周宣王在大臣尹吉甫（又称兮甲）的辅佐下，击败了西边曾入侵周朝的部落猃狁。为了恢复对周朝诸侯国的控制，他曾在继位早期大会诸侯，但后来他不得不用武力去干涉诸侯国之间接连不断的冲突。在周宣王晚年时，他发动的军事行动屡遭失败，再加上他变得独断专行、不听忠言，结果为西周的灭亡埋下了祸根。

幽王

姓名：姬宫涅

在位时间：公元前781~前771年

姬宫涅是周宣王的儿子，史称周幽王。在他继位后，国内发生了一连串的自然灾害，人们认为这是周朝的不祥之兆。根据史料记载，周幽王因宠爱妃子褒姒，废黜了正妻申后和他所生的太子，改立自己与褒姒所生的儿子为太子。原先合法的太子逃走了，这位太子也就是后来的周平王姬宜臼。之后，申后的父亲申侯决定为他的女儿所遭受的侮辱复仇。他与西边的部落结为联盟，然后攻打周朝，不仅洗劫了都城，杀掉了周幽王，还抓住了褒姒。周朝的都城被毁，西边的很多土地也被犬戎侵占。周朝的权贵阶层逃离了渭河地区，他们向东迁移，成周成为了周朝新的都城。

△《史记》中记载了周幽王命人点燃烽火台的烽火戏弄诸侯，只为博得褒姒一笑的故事。

东周

（公元前770~前256年）

东周时期，王室的力量开始衰弱。齐国、晋国和卫国等诸侯国为争夺主导地位而战。东周经历了漫长的春秋和战国时期，而直到公元前256年东周灭亡，各国间的争斗也还没有结束。

平王

姓名：姬宜臼

在位时间：公元前770~前720年

周幽王逃亡在外的儿子姬宜臼登基为王，史称周平王。不久，他迁都成周。与此同时，一些诸侯拥立周幽王之弟姬余臣为王，史称周携王。两个周王之间的斗争就此展开，最终周携王被杀，周平王获得胜利，巩固了王位。郑国的统治者郑庄公不仅帮助王室抵御外敌，还提防着周朝其他的诸侯国。周平王忌惮郑庄公在王室的权力地位，他准备擢升另一位诸侯国国君虢公来平衡郑庄公的权力。这让郑庄公十分愤怒。周平王为了确保郑庄公的忠诚并缓解紧张的关系，只好与他互换人质。这一事件将周天子的虚弱暴露无遗。

桓王

姓名：姬林

在位时间：公元前719~前697年

姬林是周平王之孙，史称周桓王。随着郑庄公实力日益强大，周桓王为了消除威胁，不再让他参与朝政。为了报复周桓王，郑庄公便不再朝觐周王室。作为回应，周桓王于公元前707年集结军队攻打郑国，繻葛之战爆发。在此战中，郑国的军队打败了王室军队，周桓王也在战争中受伤。这次战争失利严重损害了周王室的地位。自此以后，周王室的统治已是有名无实了。同时，郑国在诸侯国中确立了霸主地位，一直到公元前701年郑庄公去世。

庄王

姓名：姬佗

在位时间：公元前696~前682年

姬佗是周桓王的儿子，史称周庄王。自周桓王统治以来，王室的权威更加衰微，周朝变得四分五裂。此时，南方的楚国日益强大，齐国在齐桓公的统治和他的大臣管仲的改革之下也迅速崛起。周庄王继位后，周公的后人周公黑肩打算发起政变，拥立他的弟弟王子克，但最终事变，史称“王子克之乱”。

釐王

姓名：姬胡齐

在位时间：公元前681~前677年

姬胡齐是周庄王之子，史称周釐王。在他短暂的统治时期内，王室权力依旧被齐国压制。齐国治理有方，能利用经济和军事手段控制他国。同时，在这一时期内，晋国发生“曲沃代翼”事件，晋国贵族曲沃武公在内战中击败晋国原来的国君，并得到了周釐王的承认，取得了正统的国君地位。

惠王

姓名：姬阆

在位时间：公元前676~前652年

姬阆是周釐王之子，史称周惠王。在他统治的初期，他的叔父王子颓篡夺王位，周惠王被迫流亡。郑国军队杀死王子颓后，周惠王重新恢复了王位，这一事件史称“子颓之乱”。周惠王承认了齐桓公的霸主地位，齐桓公得以凭借扶助王室的名义发起军事行动。公元前667年，齐桓公召集鲁国、宋国、陈国和郑国等国的君主会盟，并当选为盟主。他发动战争，讨伐支持王子颓的卫国。他的征伐行动还遏制了崛起的楚国的扩张。

襄王

姓名：姬郑

公元前651~前619年

周惠王死后，其子姬郑继位，史称周襄王。在周襄王统治的初期，齐桓公曾几次召集列国会盟，商议军事行动，确保各诸侯对周天子的忠诚，以及诸侯国之间对彼此领土边界的相互尊重。然而，公元前643年，齐桓公去世，齐国失去了霸主地位。晋文公领导的晋国成为新一代霸主。后来，周襄王的弟弟王子带试图篡位，晋文公率兵勤王，杀死王子带，并帮助周襄王重回王位。公元前632年，楚国为争夺霸权而对晋国开战，但在城濮之战中被晋国击败。晋国取胜后，在践土召集诸侯会盟，确立自己的霸主地位。

顷王

姓名：姬壬臣

在位时间：公元前618~前613年

姬壬臣是周襄王之子，史称周顷王。周顷王继位时，周王室的财政状况已经十分糟糕，甚至无法将周襄王按天子之礼安葬，最后依靠鲁国送来的钱款才办完了周襄王的葬礼。在他短暂的统治时期内，一代霸主晋文公去世。之后，晋国在晋襄公的统治下，继续为维持霸主地位而斗争。齐国和秦国是晋国的两个实力强大的邻国，当时这两个国家已经开始挑战晋国的霸主地位，但几次战争之后，双方陷入僵局。同时，被晋文公击败的楚国已经恢复了实力，开始准备反击。

匡王

姓名：姬班

在位时间：公元前612~前607年

周匡王是周顷王之子，他在位共6年时间。在这段时间，晋国、秦国和齐国等大国以及其他几个小国继续进行着权力斗争，但没有决出胜负。

定王

姓名：姬瑜

在位时间：公元前606~前586年

姬瑜是周匡王之弟，史称周定王。在他统治期间，邻国之间继续爆发军事冲突。楚国开始再次向北入侵，并逼近周朝的都城，向周王室示威。公元前597年，楚国在邲之战中击败晋国（周王室的同盟）。几年后，晋国与吴国结为同盟，楚国被迫两面迎战。

简王

姓名：姬夷

在位时间：公元前585~前572年

姬夷是周定王之子，史称周简王。公元前579年，晋厉公提出晋、楚、宋之间的三国联盟，即第一次弭兵会盟。从而击败了楚国，暂时结束了晋、秦、齐、楚之间长久的斗争。但休战只是暂时的，之后不久，各国之间的冲突再次爆发。公元前575年，晋国军队在鄢陵之战中打败楚国。晋厉公的继任者晋悼公恢复了晋国的内部稳定，并重新赢得霸主地位。

灵王

姓名：姬泄心

在位时间：公元前571~前545年

姬泄心是周简王之子，史称周灵王。在他的统治时期，周朝王室的影响力日益低落。当时的诸侯国都已经确立了自己的势力范围和文化特性，只是在名义上还与周朝保持着关联。霸主的作用也极大地偏离了最初宣称保护周王室的目的。公元前546年，晋国、秦国、齐国和楚国四个大国进行第二次弭兵会盟，达成了和平协议，承认了他们各自的独立地位，进一步削弱了周王室的权威。

景王

姓名：姬贵

在位时间：公元前544~前520年

姬贵在父亲周灵王去世后继承王位，史称周景王。晋国、秦国、齐国和楚国在弭兵会盟的和平协议维系下，度过了一段和平时期。在大国之间的争斗中陷入风雨飘摇境地的小国们也获得了喘息之机。然而，周景王的去世引起了一场王朝之乱。周景王最初的太子过早死亡，又立嫡出的王子姬猛为太子（即周悼王）。周景王去世之后，他的庶长子姬朝发动政变并杀死了周悼王。但后来，姬朝被后来的周敬王姬匄所击败。

敬王

姓名：姬匄

在位时间：公元前519~前476年

姬匄是周景王之子。他的统治时期正是孔子（见62~63页）生活和讲学的时期。周敬王早期主要处理与姬朝的纷争，他在后来与姬朝的冲突中兵败出逃，但最终在晋国帮助下于公元前503年回到国都，巩固了王位。

此时，北方的诸侯国维持着和平的局面，但南方的吴国开始大举进攻楚国，并于公元前506年大败楚国。吴国随后遭到了越国的挑战。公元前494年，吴王夫差打败越王勾践（见59页）。夫差想要成为霸主，于是又继续向北进军，接连打败了齐国和晋国。

△ 孔子生活在周灵王、周景王和周敬王统治的时代。

元王

姓名：姬仁

在位时间：公元前475~前469年

姬仁是周敬王之子，继位为王，史称周元王。在他的统治时期，吴国逐渐衰落，越国逐渐崛起。很快，越国灭亡吴国，并开始干预北方诸侯国的军政事务。在后来的会盟中，各大诸侯国承认了越国的霸主地位，但周元王在位时期也见证了越国霸权的衰落。

贞定王

姓名：姬介

在位时间：公元前468~前441年

姬介是周元王之子，史称周贞定王。在他的统治期间，各诸侯国继续向外扩张。晋国大夫架空了晋国的国君，彼此之间又爆发了内斗，导致公元前453年晋国分裂成赵国、魏国和韩国三国。在周贞定王去世之后，他的儿子们为争夺王位而开始相互残杀。

考王
姓名：姬嵬

在位时间：公元前440~前426年

姬嵬是周贞定王的儿子。周贞定王去世后，他的长子姬去疾继位，史称周哀王。但仅3个月后，他就被哥哥姬叔（史称周思王）杀害。之后，姬叔又被弟弟姬嵬杀害。姬嵬称王，史称周考王。在周考王统治期间，周朝王畿分裂出东周公国和西周公国两个小国。

威烈王
姓名：姬午

在位时间：公元前425~前402年

姬午从他的父亲周考王那里继承了王位，史称周威烈王。公元前403年，周威烈王正式册封魏、赵、韩三家大夫为诸侯，周王室失去了同为姬姓的晋国这一靠山。这三家诸侯史称“三晋”，在这一时期首先结成以魏国为主导的联盟。其中最重要的人物是魏文侯，在他的领导下，“三晋”开始向东北部和西部扩张。

安王
姓名：姬骄

在位时间：公元前401~前376年

姬骄是周威烈王之子，史称周安王。在周安王统治期间，魏国日益强大，赵国脱离了原来的“三晋”联盟，并且迁都邯郸。公元前383年，赵国进攻魏国，而魏国进行了干预，赵国因而向楚国求助。楚国派兵救赵攻魏，并夺取了魏国的城池，魏国双线作战失利。这场冲突建立了类似于东周后期典型的合纵连横的模式，也预示着楚国的崛起。

烈王
姓名：姬喜

在位时间：公元前375~前369年

姬喜是周安王之子，继位为王，史称周烈王。在他统治期间，“三晋”之间的格局变化仍在继续。齐国恢复力量后，收复了一些原来的领土，并向南方扩展疆域。魏国当时正处于王位继承权之争当中，实力暂时被削弱，赵国和韩国乘虚进攻，但都没有成功。经过这次斗争，魏国的魏惠王成为3个诸侯国中最有实力的君王。

显王
姓名：姬扁

在位时间：公元前368~前321年

姬扁是周烈王的弟弟，史称周显王。在他统治期间，秦国开始崛起。经过几个世纪的衰落，秦国终于在公元前366年击败了韩国和魏国的军队。秦国分别在公元前364年和公元前362年打败了魏国。魏国失败后，魏惠王将国都从安邑（在今山西运城）迁到了更加安全的大梁（在今河南开封），并巩固了与韩国和赵国接壤地区的边防。公元前356年，秦国内部由商鞅主导开始变法，这使得秦国的军事力量增强，行政效率也增加了。公元前344年，魏惠王宣布称王，之后其他几个大国也进行了效仿，纷纷称王。魏国与齐国在桂陵之战、马陵之战等战役中激烈交手，魏国最终战败，开始走向衰落。

慎靓王
姓名：姬定

在位时间：公元前320~前315年

姬定是周显王之子，史称周慎靓王。在他统治期间，秦国的力量日益壮大。公元前318年，在魏国国相公孙衍的策划下，燕国、赵国、韩国、魏国和楚国合纵攻秦，但最终失败。秦国进一步向西南部扩张，将巴蜀之地兼并入秦国领土。

赧王
姓名：姬延

在位时间：公元前314~前256年

姬延是周慎靓王之子，史称周赧王。此时，周王畿早已分为东周和西周两个小公国，在秦国于公元前307年驱逐周赧王后，周赧王被迫迁入西周公国。秦国巩固了它的西部边疆，并于公元前312年在蓝田之战中击败了楚国的军队，极大地削弱了楚国国力。但秦国的王位继承权斗争迫使他在公元前298年与齐国、韩国和魏国组成的联盟议和。虽然秦国吞并了楚国的部分土地，但赵国仍然有能力与秦国一战。秦国放弃与齐国交战，集中精力对付赵国，并于公元前260年的长平之战中打败了赵国。4年后，秦国击败并罢黜了周赧王，灭亡了西周公国。

▷ 青铜镜经常被周王室当作礼物赐给诸侯，也是诸侯之间送礼的选择之一。图中的青铜镜可追溯到战国时期。

东周惠公
姓名：姬班

在位时间：公元前255~前249年

秦国的军队于前256年攻入西周公国后，周赧王病逝，东周灭亡。由于他没有继承人，东周惠公遂代为天子。西周公国灭亡7年后，由于东周惠公与其他诸侯谋划伐秦，秦国军队彻底消灭了东周公国，并将东周君迁入秦国。在周朝灭亡后，秦国继续扩张，最终在公元前221年统一了中国。

秦朝

（公元前221~前207年）

中国西部的秦国兼并了战国时期的其他国家，首次建立了一个大一统的王朝。在短暂的统治时期内，秦朝取得了惊人的成就，特别是在建筑工程方面。但秦朝最终还是被起义军所推翻，其中的一支起义军继而创立了汉朝。

始皇帝

姓名：嬴政

在位时间：公元前221~前210年
生卒年：公元前259~前210年

嬴政是秦庄襄王之子，他在13岁时就继承父亲的王位，成为秦国的统治者。在他统治的前9年，大臣吕不韦把持着朝政。在李斯等能力出众的大臣的帮助下，嬴政以武力攻灭了其余六国，一统天下。公元前221年，他自称为始皇帝。他将领土划分为多个郡县，每个郡县由自己信任的官吏进行管理。秦始皇取得了很多伟大的成就，其中包括统一文字、规范度量衡和修建运河等。他还鼓励在其领土内修建新的道路。他下令拆掉了其疆域内分隔各国的城墙，但加固了北方的长城来保卫疆土，防御匈奴进攻。秦始皇下令禁止并烧掉了许多儒学典籍以及其他方面的书籍。如果有人私藏禁书，他们也会被治罪。秦始皇曾遭遇3次暗杀，但他都幸免于难。

秦始皇晚年时下令在全国范围内寻找长生不老药，但他服下得很有可能是有毒的汞。他最著名的事就是下令建造兵马俑（见82~83页），以便在他死后还能保护他。秦始皇陵兵马俑坑出土了约4万多件青铜兵器，还有步兵俑、骑兵俑和马俑，它们全部以整齐的军事阵形排列在皇陵中。公元前210年，秦始皇于第5次东巡途中去世。

二世皇帝

姓名：胡亥

在位时间：公元前210~前207年
生卒年：公元前230~前207年

胡亥是秦始皇的小儿子。他从小就受到父亲的喜爱，跟随中车府令赵高学习秦法。公元前210年，秦始皇驾崩，赵高和丞相李斯设计致使秦始皇的长子扶苏自杀身亡，让胡亥登上了皇帝宝座。他是秦朝的第2位皇帝，史称二世皇帝，或秦二世。

秦二世的统治时间很短，他并不是一个受人尊敬的皇帝。比起治理国家，他更耽于享乐。他继续完成了秦始皇生前遗留下的一些未完工的工程，其中包括宫殿建筑群等。上到皇室成员，下到平民百姓，都有人被他关入牢狱或是处决，人们对他的不满与日俱增。陈胜、吴广在大泽乡首先发动起义，随后秦朝多地的民众也随之响应。尽管陈胜、吴广的起义最终失败，但秦朝已经无力镇压接连爆发的起义。这场战争摧毁了秦朝的大部分军队，也象征着秦朝统治的终结。

宦官赵高势力强大，为了逃脱秦军战败的罪责，他强迫秦二世自杀，甚至不以皇家礼制埋葬他。赵高拥立秦二世的侄子子婴为秦王。但子婴也只统治了几周的时间。刘邦带领的起义军接受了子婴的投降，但子婴被随后赶来的项羽率领的起义军杀死；之后刘邦又通过在楚汉战争中击败项羽，统一中国并建立汉朝。

△ 考古学家发掘出保卫秦始皇陵的兵马俑。

西汉

（公元前202~公元8年）

西汉由刘邦建立。汉朝统治的前半段，因都城设在西边的长安，而被后世称为西汉。刘邦的后人统治国家近两个世纪，但西汉政权曾遭到过反叛的诸侯王和匈奴的威胁。最终西汉政权被王莽所篡夺。

高祖

姓名：刘邦

在位时间：公元前202~前195年
生卒年：公元前256~前195年

刘邦出生于一个农民之家，曾做过秦朝的亭长。后来他带领起义军反抗秦朝，攻入秦朝腹地，并接受了秦王子婴的投降。公元前206年，刘邦在秦末各路诸侯的分封中受封汉王，之后他陆续消灭其他各路诸侯，最终击败诸侯中实力最强的项羽，于公元前202年开国称帝、建立汉朝。刘邦的庙号为“太祖”，谥号为“高皇帝”。因司马迁在《史记》中将刘邦的传记命名为“高祖本纪”，因此后世多称刘邦为“汉高祖”。

惠帝

姓名：刘盈

在位时间：公元前195~前188年
生卒年：公元前211~前188年

刘盈是汉高祖与皇后吕雉的儿子，6岁时被册立为太子。刘盈继位后，采取宽刑减税的政策，并且修建宗庙以纪念高祖。在汉惠帝统治期间，他完成了国都长安城的修建，并且和外族保持相对的和平。

然而，他在位期间掌握实权的却是他的母亲吕后，史称高后。她为了巩固自己的地位，杀掉了汉惠帝同父异母的弟弟刘如意。汉惠帝去世后，吕后拥立汉前少帝并临朝称制，让吕家的亲属执掌朝廷大权，并且清除异己。后来，她废黜了汉前少帝，又改立汉后少帝刘弘。高后去世后，吕氏家族的势力被消灭，刘邦的后人重新执掌了政权。

文帝

姓名：刘恒

在位时间：公元前180~前157年（吕后于公元前188~前180年临朝称制）
生卒年：公元前203~公元前157年

刘恒是汉高祖与妃子薄姬所生的儿子。公元前196年，他

△ 这幅宋代的《汉高祖入关图》描绘了刘邦率军进入关中的场景。

被封为代王，高后去世后，刘恒继位成为汉朝皇帝，史称汉文帝。为了维护汉朝的统一，削弱诸侯的力量，汉文帝实行“众建诸侯”的政策，将大的诸侯国分割为若干小的诸侯国，以此削弱各诸侯国的面积和实力。他曾多次镇压诸侯叛乱，主持救灾，发展农业，减免税收以缓解百姓压力，并允许私人铸造钱币。汉文帝还注重发展与外族间的外交关系，进一步强化边境的防务。后世认为汉文帝是一位德高望重的统治者。

景帝

姓名：刘启

在位时间：公元前157~前141年
生卒年：公元前188~前141年

刘启是汉文帝和皇后窦氏所生的嫡长子，他在父亲去世后继位，史称汉景帝。他因一系列政治举措而青史留名：重视宗庙祭祀、提升粮食产量、扩大军队规模、打击贪污腐败、大力发展马政。汉景帝曾尝试推行削藩政策，进一步弱化国内诸侯王的势力，却激起了公元前154年的“七国之乱”。汉景帝起用将军周亚夫，最终平定了这次叛乱。汉景帝在位期间，匈奴多次侵扰汉朝，但他没有发起大规模反击。

武帝

姓名：刘彻

在位时间：公元前141~前87年
生卒年：公元前156~前87年

刘彻是汉景帝之子。他继位时只有16岁，后来却成为了中国最伟大的皇帝之一，在位时间长达50多年，史称汉武帝。公元前130年左右，汉武帝开始在北方和南方扩展疆土范围，并保卫其边疆安全。当时国力强大的匈奴被汉军击败，后向汉朝求和。汉武帝在位期间，朝廷收回铸币权，并实行盐铁官营以筹集军费。汉武帝还将西域纳入汉朝版图，这也为丝绸之路沿线的贸易铺平了道路。汉武帝下令将儒家思想定为汉朝的主导政治思想，并大力鼓励文学发展。但汉武帝晚年沉迷于占卜、巫术和追求长生。太子刘据原本深受汉武帝喜爱，然而却被诬陷密谋发动政变，最终丧命。

昭帝

姓名：刘弗陵

在位时间：公元前87~前74年
生卒年：公元前94~前74

刘弗陵是汉武帝与婕妤赵氏之子，史称汉昭帝。刘弗陵继位时只有8岁，由大臣霍光辅政。汉昭帝在位时，在霍光的帮助下镇压了自己同父异母的哥哥燕王刘旦发起的叛乱。他支持恢复农业生产，减免税收，并在南北方边境上驻军屯田。汉昭帝去世时还没有亲政，也没有留下子嗣。

宣帝

姓名：刘询；原名：刘病已

在位时间：公元前74~前49年
生卒年：公元前92~前49年

刘询是汉武帝曾孙，幼年时他的家庭因卷入“巫蛊之祸”而家破人亡。他在收留他的外舅公家中长大。汉昭帝的继承人原本是昌邑王刘贺，但刘贺继位不到一个月就被废黜，霍光拥立刘询为帝，史称汉宣帝。汉宣帝继位时，朝政仍由霍光掌控，霍光去世后，汉宣帝清除霍氏家族势力并开始亲政。他颁布了多条法令，改进选官流程，改善国内贫困状况，控制食物价格。在他的统治后期，匈奴发生内乱，汉朝趁机介入，削弱了匈奴实力，并与一些匈奴部族的首领建立了和平关系。

△ 这幅画出自阎立本的《历代帝王图》，描绘了汉昭帝（中）的形象。

元帝

姓名：刘奭

在位时间：公元前49~前33年
生卒年：公元前76~前33年

刘奭是汉宣帝和皇后许平君之子，他在公元前49年继位，史称汉元帝。他在继位后尝试贯彻儒家的德政思想。汉元帝时期汉朝没有进行改革，国内也没有发生叛乱。这一时期汉朝和匈奴保持着良好的外交关系，汉元帝将美丽的宫女王昭君许配给了匈奴的呼韩邪单于。汉元帝在书法和音乐方面颇有造诣，他大力支持儒家思想，并鼓励艺术创作。然而在他统治时期，宦官逐渐得势，开始掌握权力。

成帝

姓名：刘骜

在位时间：公元前33~前7年
生卒年：公元前51~前7年

刘骜是汉元帝和皇后王政君之子。他在年幼时表现优异，给祖父汉宣帝留下了深刻印象。但他长大后却变得荒淫无道，沉迷享乐，并将政务推给王太皇太后家族的外戚处理，使得王氏家族掌握了大权。虽然汉成帝治国不力，但他的统治时期却十分和平。在他的诏令下，国内官员收集了很多重要的文学和科技著作。

哀帝
姓名：刘欣

在位时间：公元前7~前1年
生卒年：公元前25~前1年

汉成帝去世时没有子嗣，于是他同父异母弟弟的儿子刘欣继位为帝，史称汉哀帝。虽然汉哀帝能言善辩，而且有能力，但还是很快被掌权的王太皇太后所控制。在汉哀帝统治时期，丁氏、傅氏两大家族的势力崛起，威胁到了王氏家族在朝廷中的地位。汉哀帝宠幸同性近侍董贤，封他为大司马，掌管汉朝军队。汉哀帝统治时期，朝廷减少了支出，汉哀帝也继续支持从汉成帝时期开始的文献收集与编纂工作。汉哀帝的身体不太健康，年仅25岁就去世了。

平帝
姓名：刘衎；原名：刘箕子

在位时间：公元前1~公元6年
生卒年：公元前9~公元6年

汉哀帝死后，王太皇太后立汉元帝之孙刘箕子为帝，史称汉平帝。他继位时只有8岁，仍然受到王太皇太后的控制。王太皇太后消灭了朝中的政敌，并迫使汉哀帝的男宠董贤自杀。后来，王太皇太后的侄子王莽开始掌权。汉平帝娶了王莽的女儿，但没有生下子嗣。在他统治期间，政府鼓励粮食和丝绸的生产，并且大量招募学者、官员和军事专家。

孺子婴
姓名：刘婴

在位时间：公元6~8年
生卒年：公元5~25年

汉平帝14岁时去世，王莽选择汉宣帝年纪最小的后代刘婴作为继承人。他当时年仅1岁，并未真正继承帝位。王莽将其立为太子，并称之为“孺子”。刘氏皇族和地方官员为此起兵反抗王莽，其中规模最大的一次起义发生在公元7年，但最终失败。王莽于公元8年篡汉自立，建立新朝。刘婴则被封为安定公，一直被软禁至死。

新朝

（公元8~23年）

汉朝的权臣王莽篡夺了西汉政权，但他推行的改革接连失败，而他建立的新朝也很快被起义军推翻。

王莽
姓名：王莽

在位时间：公元8~23年
生卒年：公元前45~公元23年

王莽出身外戚，身份显赫。他在身为太皇太后的姑姑王政君的帮助下，于汉成帝统治末期开始掌权。汉哀帝时期，丁氏、傅氏两大家族得势，王莽隐居在自己的封地。汉哀帝去世后，王莽复出并逐渐把持朝政，最终篡位，并建立新朝。虽然他善于收买人心，但他的一系列改革却引发了贵族和平民的不满。他不断改换币制，结果造成了通货膨胀，而税收方面的新政策也未能解决腐败问题。王莽还将匈奴等国的统治者爵位降低，导致匈奴等政权拒绝继续臣服。王莽进行的土地改革也不成功，再加上洪水和饥荒等问题，引发了绿林、赤眉的起义。最终，起义军攻入国都，杀死了王莽和他的追随者。

△ 图为王莽统治时期使用的刀币。

东汉

（公元25~220年）

虽然东汉在军事上取得了重大成功，但也面临着许多内部问题。外戚与宦官争权夺利，最终导致了王朝的毁灭。

更始帝（玄汉）

姓名：刘玄

在位时间：公元23~25年
生卒年：?~公元25年

刘玄是汉景帝的后代，被推翻新朝（见110页）的起义军拥立为皇帝，史称更始帝。他将政务交给大臣赵萌处理，自己却沉迷享乐。赵萌滥用职权，导致国政开始崩坏。而更始帝害怕当初拥立他的支持者们觊觎皇位，因此尝试将他们除去。在这一过程中，更始帝与拥立他的刘秀决裂。随后，反对更始帝的赤眉军攻占了他的都城，并将他杀害。

光武帝

姓名：刘秀

在位时间：公元25~57年
生卒年：公元前6~公元57年

刘秀是起兵反抗王莽的起义军将领之一，他重建了汉政权。刘秀在河北称帝，史称汉光武帝。他把东部的洛阳定为国都，而没有选择靠西边的汉朝故都长安，因此他建立的政权被称为“东汉”。他击败了赤眉军后，又逐步消灭了其他地方割据势力。为了防止叛乱再次发生，汉光武帝恢复了西汉的行政政策，管控朝政、整顿吏治，推行货币改革，并取消了地方上的征兵制。

明帝

姓名：刘庄

在位时间：公元57~75年
生卒年：公元27~75年

刘庄是汉光武帝的第4个儿子，史称汉明帝。汉明帝促进了东汉农业和贸易的发展。东汉的经济复苏后，他在都城洛阳内修建了很多新建筑，并治理河流。他还在公元59年和公元73年分别对羌人和匈奴展开了军事行动，并且获得胜利。汉明帝重建了西域都护府，恢复了汉朝在亚洲内陆的影响力。汉明帝在位时，朝政十分清明。他尊崇儒家思想，并且兴办教育，支持学术和艺术的发展。当时，国内出现了大量的学术著作，因而他后来受到了很多赞誉。

章帝

姓名：刘炟

在位时间：公元75~88年
生卒年：公元58~88年

刘炟是汉明帝与贾贵人的儿子，史称汉章帝。因汉明帝的马皇后无子，就将刘炟作为自己的儿子养育。汉章帝十分关心民生，但后来为了国家的财政收入，他不得不重新实行盐铁官营这一不受民众欢迎的政策。他在位期间，东汉将领班超击退了匈奴的进攻，进一步稳固了丝绸之路沿线的秩序。汉章帝对朝廷礼仪进行了改革，引进了新的历法，并且鼓励对儒家经典的讨论和研究。

和帝

姓名：刘肇

在位时间：公元88~106年
生卒年：公元79~106年

刘肇是汉章帝之子，他取代了同父异母的哥哥刘庆成为继承人，由窦太后摄政。为了独立掌权，汉和帝与宦官密谋了一场政变，并于公元92年成功清除了窦氏家族的势力。由此，宦官在东汉朝廷中的影响力越来越大。在和帝统治时期，他重视民生和福利，并且支持学术发展。北方边境之外的几支外族给东汉的国土防御带来了压力，整个国家的财政开始紧缩。

殇帝

姓名：刘隆

在位时间：106年
生卒年：105~106年

刘隆是汉和帝与某位无名妃子所生的儿子。汉和帝去世后，他的遗孀邓皇后将刚出生的刘隆推上了皇位。然而刘隆继位不久就去世了，去世时仅1岁，史称汉殇帝。

△ 这幅画出自阎立本的《历代帝王图》，描绘了汉光武帝（中）的形象。

安帝

姓名：刘祜

在位时间：106~125年
生卒年：公元94~125年

刘祜在12岁时登基，之后长期由邓太后摄政，直到121年邓太后去世，他才开始亲政。当时，汉安帝面临着来自西部的危机。被朝廷征召派往边疆的羌人发生兵变，并形成了一股强大的反叛力量，东汉朝廷直到118年才将其平定。这场战争导致国家陷入财政危机，需要大幅削减开支。摄政的邓太后设法支撑住了危在旦夕的国家。

前少帝

姓名：刘懿

在位时间：125年
生卒年：？~125年

刘懿是汉章帝的孙子。阎太后为稳固自己在朝中的势力，拥立刘懿继位。刘懿当时很小，登基后很快死于一场疾病。他去世后，宦官孙程发动政变，清除了阎氏家族的势力。

顺帝

姓名：刘保

在位时间：125~144年
生卒年：115~144年

刘保是汉安帝唯一的儿子，为汉安帝与宫人李氏所生，史称汉顺帝。120年，汉安帝立刘保为太子，但由于他人诬陷，汉安帝在124年改变了主意。然而，宦官发动的政变将刘保推上了帝位。他在行政上的改革经常受到反对势力的阻挠。汉顺帝在位期间，东汉朝廷多次在国内外发起军事行动，国家财政吃紧，各地只能自行解决财政问题。汉顺帝设法扩建了太学规模，以便能够招收更多太学生。同时，顺帝还严厉打击干政的宦官势力。

冲帝

姓名：刘炳

在位时间：144~145年
生卒年：143~145年

刘炳是汉顺帝唯一的儿子，他继位后由梁太后摄政。这使得外戚梁氏家族的权力日渐扩张，尤其是梁太后的哥哥梁冀，得以长期把持朝政。刘炳登基后没过几个月就去世了。

质帝

姓名：刘缵

在位时间：145~146年
生卒年：138~146年

刘缵7岁时就登基了，史称汉质帝。梁冀此时仍然把持着朝政，梁氏家族的势力也越来越大。刘缵继位一年多后就去世了，死因可能是中毒。

桓帝

姓名：刘志

在位时间：146~168年
生卒年：132~168年

刘志是汉章帝的曾孙，14岁时就继位为帝，因其谥号而史称汉桓帝。150年，梁太后去世，他本应开始亲政，但大将军梁冀仍然把持着朝政。汉桓帝任用了大量宦官，并发起政变铲除了梁冀及其势力。他在位时，制定了中国古代历史上第一个成文的任官回避制度“三互法”（不得任命本地人为本地官员；如果两家人有姻亲关系，任官时也要回避；如果甲州人在乙州任刺史，那么乙州人就不能在甲州任刺史）。这一时期，汉桓帝还平定了羌乱，恢复了东汉和罗马、天竺及亚美尼亚的外交。但汉桓帝依靠宦官发起“党锢之祸”，打击豪族官僚来加强君权，导致宦官势力越发膨胀。尽管他有很多妃嫔，但去世时仍无男性继承人。

灵帝

姓名：刘宏

在位时间：168~189年
生卒年：156~189年

刘宏是汉章帝的玄孙，他在12岁时登基，因谥号而史称汉灵帝。他继位后，东汉再次发生党锢之祸，外戚尝试推翻宦官，但因计划泄露失败，牵连120余人被下狱处死。之后，宦官开始把持朝政，汉灵帝沉迷享乐，聚敛无度，甚至卖官鬻爵。同时，东汉的太平道势力在184~192年领导了黄巾起义，给东汉朝廷以沉重打击。189年，汉灵帝去世。

少帝

姓名：刘辩

在位时间：189年
生卒年：176~190年

汉灵帝死后，何皇后设法让她的儿子刘辩继承了帝位，史称汉少帝。何皇后的哥哥何进想要清除朝廷中的宦官，他向大将军董卓请求帮助，结果何进被宦官杀死。在何进与宦官的斗争中，有几位宦官带着刘辩以及他同父异母弟弟刘协一起逃走。但董卓发现了他们，又将他们带回了国都，并掌握了朝政。董卓废黜了刘辩，并逼死了他，立刘协为帝。

△ 军阀曹操以汉献帝之名号令天下。

献帝

姓名：刘协

在位时间：189~220年
生卒年：181~234年

董卓废黜了刘辩，而立汉灵帝的另一个儿子刘协为帝，史称汉献帝。董卓强迫他由洛阳迁都长安。192年，董卓死于一场朝廷政变，而随后东汉政府彻底瘫痪，全国陷入军阀割据的分裂状态。汉献帝再次回到了洛阳，之后却被曹操所控制。曹操要挟他移驾到自己管辖的许县内，并以汉献帝的名义号令天下。220年，曹操去世，他的儿子曹丕逼迫汉献帝退位。东汉就此灭亡。

三国

（220~280年）

东汉灭亡后，整个国家被三家势力所分割，即北部的魏、西南部的蜀和东南部的吴。

魏

（220~265年）

魏是东汉灭亡后出现的三国之一，也被称为“曹魏”。这是一个短暂的王朝，由东汉末年统一中国北方的军阀曹操奠基。

文帝

姓名：曹丕

在位时间：220~226年
生卒年：187~226年

曹丕是曹操的长子。东汉末年，军阀曹操统一中国北方。220年，曹丕强迫汉献帝退位，自立为帝，成为魏国的开国皇帝，因其谥号而史称魏文帝。他没有像他父亲那样继续与其他势力争夺南方的领土，而是专注于内政。曹丕也是一位很有才华的诗人。他与父亲曹操、弟弟曹植在中国文学史上一起并称为“三曹”。

明帝

姓名：曹叡

在位时间：226~239年
生卒年：205~239年

曹叡，因其谥号而史称魏明帝，是一位颇具争议的统治者。在他的统治下，魏国获得了巨大的军事成就，也任命了很多有才干的官员。魏明帝还下令编纂新的法典《魏律》，对汉朝的法典进行了系统修订。另一方面，他过度营建宫室，宠幸众多妃子，极大地消耗了魏国的国库。

齐王

姓名：曹芳

在位时间：239年~254年
生卒年：232年~274年

曹芳是魏明帝的养子，被封为齐王。他在位15年，是魏国所有皇帝中统治时间最长的一位。然而，在他统治期间，他并没有实际掌权，政事都由辅政大臣来处理，其中就包括后来建立晋朝的司马家族。最后他被权臣司马师废黜，改封号为“齐王”。

高贵乡公

姓名：曹髦

在位时间：254~260年
生卒年：241~260年

曹髦是曹丕的孙子，史称高贵乡公。他是一位有才气的统治者，但未能亲自掌握国家权力，19岁时就被权臣司马昭的手下杀害。

元帝

姓名：曹奂

在位时间：260~265年
生卒年：246~302年

曹奂，史称魏元帝。他继位后一直受到司马氏操纵。在权臣司马昭去世后，他被迫退位。

蜀

（221~263年）

蜀（蜀汉）是另一个存在时间较短的国家，东汉被推翻后，他们在中国的西南部建立起政权。

昭烈帝

姓名：刘备

在位时间：221~223年
生卒年：161~223年

△ 这幅画出自阎立本的《历代帝王图》，描绘了魏文帝曹丕的形象。

刘备宣称自己是汉景帝的后裔。他是东汉末年的军事集团领袖之一，并且建立了蜀汉政权。刘备虽然是汉室后裔，但幼年时出身卑微。他在帮助东汉朝廷镇压黄巾起义的过程中崛起，并且聚集起一批追随者，和他一同对抗在北方地区控制着东汉朝廷的军阀曹操。尽管经历过多次失败，刘备最终还是建立了自己在西南地区的统治。他因谥号而史称汉昭烈帝。

后主

姓名：刘禅

在位时间：223~263年
生卒年：207~271年

刘禅，史称蜀后主。在他的统治初期，他任用了著名的政治家和策略家诸葛亮来处理国家事务。263年，由于无力抵抗魏国的进攻，刘禅率群臣出降，被迫移居魏国的国都洛阳，并在那里安度余生。

吴

（222~280年）

吴，也被称为东吴，是东汉灭亡后于222年在中国东南部建立的政权。

大帝

姓名：孙权

在位时间：222~252年
生卒年：182~252年

孙权，因其谥号而史称吴大帝。他继承了他的哥哥孙策的权位，成为中国东南部的军阀，并建立了吴国。他比他的对手曹操和刘备要年轻得多。他不是一个出色的军事指挥家，但他拥有卓越的管理才能和政治技巧，因而吸引了大量的将军、文人、学者和艺术家。在孙权的统治期间，吴国与大量国家进行贸易往来，甚至包括遥远的罗马帝国，国都建业（在今江苏南京）成为了文化繁荣之地。孙权在位30年，是吴国所有统治者中统治时间最长的。

会稽王

姓名：孙亮；又称：吴废帝

在位时间：252~258年
生卒年：242~261年

孙亮在10岁时登基。在他统治期间，国家事务仍由上一位统治者孙权选出的辅政大臣控制。258年，孙亮计划刺杀权臣孙綝。孙綝得知这一密谋后，举兵包围了皇宫并废黜了皇帝。他对外宣称孙亮的精神不稳定，不适合统治，并将孙亮贬为“会稽王”。

景帝

姓名：孙休

在位时间：258~264年
生卒年：234~264年

权臣孙綝罢黜孙亮后，选择了孙亮的弟弟孙休为新的皇帝。孙休，史称吴景帝。在短暂的和平过后，吴景帝设法处决了孙綝并掌控了权力。之后，他将国家事务委托给那些帮助他扳倒孙綝的大臣们。

末帝

姓名：孙皓

在位时间：264~280年
生卒年：242~284年

△ 这张画作描绘了“三顾茅庐”的故事场景。

吴国的最后一位皇帝是孙皓，史称吴末帝。吴末帝是上一位统治者吴景帝的侄子。在他统治初期，人们认为他聪慧且仁慈，是朝廷所期待的优秀的统治者。然而，他很快暴露出残暴无道的本性。他穷奢极侈，为此向百姓征收重税。起义和叛乱相继爆发，吴国最终于28C年被晋朝灭亡。它是三国中最后灭亡的国家。吴末帝和他的家族最终投降，并被押送至晋朝的国都洛阳居住。

西晋

（265~316年）

三国时期之后，西晋短暂地统一了中国，但它在半个世纪后被外敌所灭。

武帝

姓名：司马炎

在位时间：265~290年
生卒年：236~290年

三国末期，司马炎篡夺了魏国并建立了晋国。司马炎因其谥号而史称晋武帝。在他统治早期，他加强了宗室掌控的军事力量，并减轻了国家的刑罚。但晋国的情况稳定后，他开始大肆享乐，追求感官上的刺激。据说，他的后宫有一万名嫔妃，晚上他会坐在山羊拉的车里在宫内游走，然后选择一位嫔妃与之共度良宵。山羊停在哪里，司马炎就会在其附近的嫔妃那里留宿。他给予宗室诸王较为独立的军事权力，这使得宗室诸王在他死后开始争夺中央权力。

惠帝

姓名：司马衷

在位时间：290~307年
生卒年：259~307年

司马衷，因其谥号而史称晋惠帝。据记载，他可能有智力方面的障碍。在他统治期间，很多人包括辅政大臣、宗室王公，甚至是他的皇后，都争相控制他。整个国家陷入内战之中，这场内战被称为"八王之乱"。相传，晋惠帝最终被毒害身亡。

怀帝

姓名：司马炽

在位时间：307~313年
生卒年：284~313年

司马炽，因其谥号而史称晋怀帝，是晋惠帝的侄子。他喜欢读史书，但并不是个野心勃勃的政治家和有力的统治者。国内对权力的争夺和外族势力的进攻使得晋朝衰落。311年，前赵的军队攻入晋朝的国都洛阳，晋怀帝被俘虏，后被杀害。

愍帝

姓名：司马邺

在位时间：313~316年
生卒年：300~317年

司马邺，因其谥号而史称晋愍帝。他继位时，西晋既缺少军力，也缺少足以抵挡外敌的资源。"愍帝"的意思是"令人痛心的皇帝"。当时，国都长安（在今陕西西安）被包围，食物也得不到补给。之后，晋愍帝被迫向匈奴政权汉赵（前赵）的一位将军刘曜投降，最终被杀害。

△ 这块画有骆驼的画像砖出自魏晋时期的一座墓葬。

东晋

（317~420年）

东晋是由西晋皇室的后裔建立的。晋朝虽然失去了北方的领土，但仍在南方继续统治了一个多世纪。

元帝
姓名：司马睿

在位时间：317~323年
生卒年：276~323年

司马睿，史称晋元帝。在西晋的贵族迁移到南方后，他登上了皇帝宝座。在他统治期间，晋朝在北方的领土不断减少，但在以建康（在今江苏南京）为国都的南方仍占据统治地位。

明帝
姓名：司马绍

在位时间：323~325年
生卒年：299~325年

司马绍，史称晋明帝。在他还是太子的时候，他就因孝顺、文学天赋、军事才能和尊重贤才而受到大家的尊敬。在他短暂的统治时期内，他平定了企图篡位的军阀王敦之乱。

成帝
姓名：司马衍

在位时间：325~342年
生卒年：321~342年

司马衍，史称晋成帝。他在4岁时就继位了。在他统治的大部分时间里，朝廷事务通常由辅政大臣来处理。在他统治的末期，他实施了一些政策，将来自中国北方和中部的流民编入他们迁入地区的户籍，从而增加了当地的军事力量。

康帝
姓名：司马岳

在位时间：342~344年
生卒年：322~344年

司马岳，史称晋康帝。他只统治了两年。在他统治期间，最引人注目的事件就是他对北方的后赵进行的一次失败的军事行动。

穆帝
姓名：司马聃

统治时间：344~361年
生卒年：343~361年

司马聃，史称晋穆帝。他登基的时候只有1岁，实权掌握在他的母亲和朝廷大臣手中。虽然东晋在北方的战役中遭遇了一系列的失败，但东晋灭亡了位于现今四川省的成汉，收复了四川地区的故地。

哀帝
姓名：司马丕

在位时间：361~365年
生卒年：341~365年

司马丕，史称晋哀帝。他以痴迷追求长生不老而闻名。当时，东晋的朝廷被领导三次北伐的将军桓温所控制。晋哀帝沉迷于佛教和道教，最终因服用仙丹中毒而死。

海西公
姓名：司马奕；又称：废帝

在位时间：365~372年
生卒年：342~386年

司马奕在23岁时登基，但实权掌握在司马昱（后来的晋简文帝）和将军桓温手中。在第三次北伐失败后，桓温在朝廷散布谣言，称皇帝没有生育能力，他的儿子都非亲生。最终，他被废黜并被迁到其他地方居住，封号也被降为“海西公”。

简文帝
姓名：司马昱

在位时间：372年
生卒年：320~372年

司马昱，史称晋简文帝。在被将军桓温拥立为皇帝之前，他就在朝廷中扮演着重要角色。他只统治了不到1年的时间，平日以擅长玄学而闻名。

孝武帝
姓名：司马曜

在位时间：372~396年
生卒年：362~396年

司马曜，史称晋孝武帝，10岁登基。他是东晋最后一位掌有实权的皇帝。383年，晋朝军队以少胜多，在淝水打败了前秦宣昭帝苻坚。这次战争胜利后，他开始沉迷于饮酒与享乐。他因与宠姬张贵人酒后戏言，而被张贵人派人用被子闷死。

安帝
姓名：司马德宗

在位时间：396~419年
生卒年：382~419年

司马德宗，史称晋安帝，历史学家认为他有智力缺陷。在他统治时期，实权被他的叔父司马道子所掌控。当时，国内发生了叛乱和内战，将军桓玄篡位。军阀刘裕（也就是后来的宋武帝）在击败桓玄后掌权。刘裕最终将晋安帝杀害。

恭帝
姓名：司马德文

在位时间：419~420年
生卒年：386~421年

司马德文，史称晋恭帝，是晋安帝的弟弟。晋安帝死后，军阀刘裕拥立司马德文为皇帝，但很快又逼迫他退位。刘裕最终派人用被子将他闷死。

十六国
（304~439年）

304年，匈奴人和氐族人分别在今山西和四川建立汉赵和成汉政权，拉开了十六国时期的序幕。在这一时期，匈奴、鲜卑、羯、氐、羌先后共建立了16个存在时间短暂的政权。439年，北魏灭亡最后一个十六国政权北凉，北方统一并进入北朝时期。

南北朝

（420~589年）

西晋灭亡后，中国的统一状态再次被打破，进入南北朝时期。南朝经历了宋、齐、梁、陈四个朝代，而北朝在北魏的长期统治后分裂为东、西魏，继而东、西魏又被北齐、北周取代，北周灭北齐后被隋朝取代，最终隋朝统一中国。

宋

（420~479年）

晋朝灭亡后，继之建立的宋（也称刘宋）是南朝的第一个政权，也是南北朝存在时间较长的朝代之一。刘宋的建立者是东晋的将军刘裕。刘宋在南方的统治大约持续了60年，最终被权臣萧道成篡夺。

武帝

姓名：刘裕

在位时间：420~422年
生卒年：363~422年

刘裕出身卑微，但后来他成为了东晋的政治家和将军，并强迫东晋的最后一个皇帝让位给他。他改国号为“宋”（即刘宋），因其谥号而史称宋武帝。他称帝后的统治时间十分短暂，其最显著的成就是他在东晋时期发起的北伐战争，成功结束了北方十六国之中两个少数民族政权后秦和南燕的统治。

少帝

姓名：刘义符

在位时间：422~424年
生卒年：406~424年

宋武帝死后，他的长子刘义符继位，史称宋少帝。少帝没有按照礼法的规定举哀，他父亲的大臣们认为他不适合统治。在他统治的第2年，大臣们就将他废黜并杀掉了。

文帝

姓名：刘义隆

在位时间：424~453年
生卒年：407~453年

宋少帝被废黜后，刘义隆继位，因其谥号而史称宋文帝。他是一位聪颖而勤奋的统治者，为了改善民生而采取了一系列有效的举措，并且强调吏治监督，还在国内建设了一批学堂。在他统治期间，大多时候国家繁荣昌盛。然而，在他29年的统治生涯接近尾声的时候，他再次发动大规模的北伐战争，结果和之前的战争一样都失败了，并极大地削弱了国家实力。宋文帝的长子刘劭发动了宫廷政变，将他杀害。

△ 宋武帝刘裕是南朝宋的开国皇帝。

孝武帝

姓名：刘骏

在位时间：453~464年
生卒年：430~464年

宋文帝被长子暗杀3个月后，他的另一个儿子刘骏夺取帝位，因其谥号而史称孝武帝。人们认为他是一个贪婪的统治者，他贪图享乐、为人傲慢且生活淫乱。孝武帝经常酗酒，并沉迷赌博，但这些似乎都没影响到他作为统治者的良好判断力。他改革官制，限制宗室的权力，从而达到集中皇权的目的。

前废帝

姓名：刘子业

在位时间：464~465年
生卒年：449~465年

刘子业，史称前废帝。他只统治了1年，年少时就被杀害了。根据史料记载，他为人残暴，且生活十分淫乱。他杀害了很多想要推翻他的大臣和宗室成员，甚至包括他的叔叔。

明帝

姓名：刘彧

在位时间：465~472年
生卒年：439~472年

刘彧，因其谥号而史称宋明帝。他曾屠杀了许多宗室兄弟和侄子，他认为这些人有可能威胁到他的皇位。在他统治期间，接连不断的内乱和北魏的南征，导致刘宋的国力迅速衰竭。

后废帝

姓名：刘昱

在位时间：472~477年
生卒年：463~477年

刘昱是宋明帝选定的继承人，他在父亲死后继位。童年时，人们认为他极其聪慧，但并不喜欢学习。他继位后，变得越来越残忍。据说，他在尚未成年时，就以屠杀人和动物取乐。刘昱只统治了5年的时间。他的一位侍者在他熟睡时砍下了他的头。有资料记载，他去世时，他的宫殿侍卫甚至为此而庆祝。最终，他被追废为苍梧王。史书称其为“废帝”，为和前废帝进行区分，故记录为“后废帝”。

顺帝

姓名：刘准

在位时间：477~479年
生卒年：467~479年

刘准，因其谥号而史称宋顺帝。后废帝刘昱被杀后，年仅10岁的刘准被大臣萧道成（后来的齐高帝）拥立为皇帝。两年后，萧道成逼迫宋顺帝退位，刘宋因此而终结。退位后还不到一个月，宋顺帝就被杀了。

齐

（479~502年）

齐，又称南齐，是南朝中一个短暂的朝代。它由萧道成建立，仅存在了23年。

高帝

姓名：萧道成

在位时间：479~482年
生卒年：427~482年

萧道成生于刘宋时期一个将军家庭。他夺取了政权并建立了南朝齐，因其谥号而史称齐高帝。虽然他唆使他人伺机杀了刘宋的统治者刘昱，并强迫另一位统治者宋顺帝让位于他，但齐高帝仍然被公认是一位明君。他反对前任统治者奢侈的生活方式，提倡节俭。他对文学和书法怀有极大兴趣，并且十分擅长下棋。482年，齐高帝病逝。

武帝

姓名：萧赜

在位时间：482~493年
生卒年：439~493年

萧赜，因其谥号而史称齐武帝，被认为是一位勤奋且有能力的统治者。他与北魏通好，为南朝齐争取了一段从战争和政治动荡中恢复的时期。齐武帝继续其父的检籍政策，通过校籍官查明了许多为逃避赋役而伪造的户籍。这引发了485年庶族地主阶层的反抗，但他们很快就被镇压了。493年，齐武帝病逝。

郁林王

姓名：萧昭业

在位时间：493~494年
生卒年：473~494年

萧昭业登基后不久，就彰显出他的奢侈欲望。最初，他把朝政都委托给他的叔祖父萧鸾处理，但后来他开始怀疑萧鸾有野心。不久，萧鸾发动了反对他的政变。萧昭业被杀后，被追废为“郁林王”。

海陵王

姓名：萧昭文

在位时间：494年
生卒年：480~494年

萧昭文只在位3个多月就被他的叔祖父萧鸾废黜，并降封为“海陵王”。萧鸾控制着他的饮食，并于494年将他毒杀。

△ 南北朝时期，佛教盛行。这一佛教石刻就是在这一时期制作的。

明帝
姓名：萧鸾

在位时间：494~498年
生卒年：452~498年

萧鸾是齐高帝的侄子。他先后推翻了两位皇帝，他们都是萧鸾的侄孙。他继位后杀害了许多皇室宗亲，以确保自己地位的稳固。他自立为帝，因其谥号而史称齐明帝。在他统治期间，他的生活方式与齐高帝一样节俭。

东昏侯
姓名：萧宝卷

在位时间：498~501年
生卒年：483~501年

498年，齐明帝去世，萧宝卷继位，史称东昏侯（他死后被剥夺帝号，追贬为“东昏侯”）。他是中国历史上最臭名昭著的统治者之一，曾杀害许多位居高职的大臣，并导致了民众一系列的起义。南朝齐的大将萧懿曾带领齐军镇压叛乱，却被萧宝卷认为有谋反之心而杀害。501年，萧宝卷在萧懿的弟弟萧衍（后来的梁武帝）领导的政变中被杀死。

和帝
姓名：萧宝融

在位时间：501~502年
生卒年：488~502年

萧宝融被发动政变的将军萧衍拥立为皇帝，因其谥号而史称齐和帝。当时他残暴的哥哥萧宝卷（东昏侯）仍然在位，萧衍打着齐和帝的旗号夺取了政权。萧宝卷被杀后，拥立齐和帝的萧衍（后来的梁武帝）自己取而代之当了皇帝。

梁
（502~557年）

南朝梁是萧衍建立的一个南朝政权，他之前是南朝齐的将军。这个朝代在南方统治了55年。

武帝
姓名：萧衍

在位时间：502~549年
生卒年：464~549年

萧衍，因其谥号而史称梁武帝。其统治时间在南方政权中最长。梁武帝是一位有能力的将领，同时也是一位诗人，崇尚文化艺术。他登基后不久，就抛弃了早期对儒教和道教的兴趣，转而将自己和国家资源投入到佛教中。根据他对佛教戒律的理解，他下令所有僧人都禁止食肉，从而开启了汉传佛教的素食传统。548年，将军侯景发动武装叛乱，最终导致梁武帝于549年去世。

简文帝
姓名：萧纲

在位时间：549~551年
生卒年：503~551年

萧纲是梁武帝的第3个儿子。他支持诗人创作，自己也写诗。他偏爱的诗歌风格被人们称为“宫体诗”。梁武帝在“侯景之乱”中死去，之后将军侯景拥立萧纲为帝，因其谥号而史称梁简文帝。但他只是一个傀儡皇帝，在他短暂的统治时期，他从未掌握实权。551年，侯景下令将他闷死。

豫章王
姓名：萧栋

在位时间：551年
生卒年：?~552年

萧栋，史称豫章王，在将军侯景控制南朝梁的国都建康（在今江苏南京）时，萧栋被他拥立为皇帝。然而，只过了3个月，侯景就逼迫豫章王退位了。后来侯景兵败被杀，梁元帝命人将豫章王和他的兄弟淹死在长江中。

元帝
姓名：萧绎

在位时间：552~554年
生卒年：508~554年

将军侯景死后，萧绎在江陵（在今湖北荆州）登基，因其谥号而史称梁元帝。他与其他梁朝的统治者不同，他的都城设在江陵。他喜爱文学，收集了很多古书。他要求重新划定北方的疆界，因而得罪了当时西魏的权臣宇文泰。554年，宇文泰率领西魏军队南下，攻陷了江陵。此后，梁元帝命人放火烧毁了皇家收藏的大量图书，并声称读书无用。554年12月，宇文泰下令杀害了梁元帝。

贞阳侯
姓名：萧渊明

在位时间：555年
生卒年：?~556年

547年，南朝梁的宗室萧渊明在与东魏的战争中被俘。554年12月，梁元帝被杀，齐文宣帝

△ 梁武帝萧衍是一位虔诚的佛教徒。他是南朝所有皇帝中在位时间最长的一位。

强行立萧渊明为新皇帝。然而，萧渊明只在位几个月就被其他将军赶下台。之后他在建康（在今江苏南京）去世。

敬帝

姓名：萧方智

在位时间：555~557年
生卒年：543~558年

梁元帝去世后，在北齐文宣帝拥立萧渊明之前，梁朝的将军本希望萧方智能够继位。萧方智在梁朝的旧国都建康登基，因其谥号而史称梁敬帝。梁敬帝只统治了两年时间。557年，梁朝将军陈霸先（后来的陈武帝）逼迫梁敬帝退位，梁朝因此终结。558年，梁敬帝被杀。

陈

（557~589年）

陈朝以其创建者陈霸先的封号“陈王”命名，这是南朝最后一个政权。在陈氏统治的12年中，南方在长江以北仅存的领土逐渐被北朝夺走。最终，陈朝被隋朝灭亡，隋朝统一了南方和北方。

武帝

姓名：陈霸先

在位时间：557~559年
生卒年：503~559年

陈霸先是梁朝的一位杰出的将军，因其谥号而史称陈武帝。当他登基建立陈朝之时，南方政权的疆域已经大大减少了。中国的西南部和北部被北周和北齐占领。他在位时间不长，被认为是一位节俭且宽容的统治者。

文帝

姓名：陈蒨

在位时间：559~566年
生卒年：520/522~566年

陈武帝唯一存活的儿子被北周挟为人质，所以陈武帝的侄子继承了王位，因其谥号而史称陈文帝。有资料记载，陈文帝是一位聪明勤奋的统治者。他成功地扩展了陈朝的领土，并对抗那些表面忠于陈朝的地方独立军阀，维护了中央朝廷的地位。

废帝

姓名：陈伯宗；又称：临海王

在位时间：566~568年
生卒年：554~570年

陈伯宗，史称陈废帝。他在陈文帝死后登基，当时还是一名少年。陈伯宗的叔叔陈顼（后来的陈宣帝）控制着朝廷，很快将他废黜，降封为“临海王”。

宣帝

姓名：陈顼

在位时间：569~582年
生卒年：530~582年

陈顼，因其谥号而史称陈宣帝。他曾扩张了陈朝的领土，在与北齐的对抗中短暂收复了长江与淮河之间的失地。但这一地区很快又被北周夺走了，南朝陈在战争中损失惨重。

后主

姓名：陈叔宝

在位时间：582~589年
生卒年：553~604年

陈叔宝，史称陈后主。他被后人认为是一位无能的统治者。在他短暂的统治时期内，他沉迷于感官享受、文学和宴会。尽管当时的陈朝正面临新成立的隋朝（见134~135页）的军事压力，但他仍对国家的治理不以为意。陈朝被隋朝灭亡后，隋文帝仍善待陈叔宝，任其放纵自己。

南朝时期结束。

▷ 图为青瓷莲花尊，是从北齐墓葬中发掘出的器物，其纹饰与佛教有关。

北魏
（386~534年）

北魏是南北朝时期第一个统一中国北方的朝代。十六国之中的前秦在淝水之战中被东晋击败后，鲜卑族拓跋部趁势崛起，并于386年建立北魏。北魏统治了北方将近150年。北魏结束时，北方分成了两个政权——东魏和西魏。

道武帝
姓名：拓跋珪；又称：什翼圭

在位时间：386~409年
生卒年：371~409年

拓跋珪是鲜卑族政权代国的继承人，先是臣服于前秦，后来在383年，前秦在淝水之战（见126~127页）被东晋打败。拓跋珪在盛乐（近今内蒙古呼和浩特）重建代国，之后改国号为“魏”。他曾在后燕的帮助下与其他部落作战，但北魏和后燕的关系却在390年左右破裂。两国之间的战争持续了将近10年的时间。在拓跋珪统治时期，北魏也不断与后秦发生冲突。

在拓跋珪的统治末期，他越发猜疑周围的人，并且残暴地对待他的官员。409年，拓跋珪囚禁了他的一位妃子（贺夫人），导致他们的儿子拓跋绍将拓跋珪杀死。其长子拓跋嗣诛杀拓跋绍一伙并继位。拓跋珪因其谥号而史称北魏道武帝。

明元帝
姓名：拓跋嗣；字：木末

在位时间：409~423年
生卒年：392~423年

拓跋嗣是拓跋珪的儿子，他在杀死弟弟拓跋绍后继位。人们认为他是一位富有智慧的统治者，他巩固了北魏在北方的统治，并且善于采纳汉人官员的建议。422年，刘裕（南朝刘宋的开国皇帝）去世，拓跋嗣决定南征刘宋。422年秋，他出兵进攻刘宋，这场战争的胜利使得北魏控制了刘宋在北方的许多领土。423年，拓跋嗣因吃了所谓能长生不老的丹药而中毒身亡。他因其谥号而史称北魏明元帝。

太武帝
姓名：拓跋焘；又称：佛狸伐

在位时间：423~452年
生卒年：408~452年

拓跋焘是拓跋嗣的长子。423年，拓跋焘在父亲死后登基。在他统治的29年中，北魏的领土面积几乎扩展了一倍。他不到16岁就已成为皇帝，但他很快证明了自己是一位有能力的统治者，最终统一了中国北方。他实施了一系列政策，将生活在北方的汉人士族纳入北魏政权中。但在他统治后期，南征刘宋使国家实力减弱。拓跋焘还消灭了几个汉人高门士族。他笃信道教，下令废弃佛教，因而导致佛经被焚，僧人被杀。452年，他被宦官宗爱弑杀，因其谥号而史称北魏太武帝。

△ 图中的陶制骆驼可追溯到北朝时期。

南安王
姓名：拓跋余；字：可博真

在位时间：452年
生卒年：？~452年

拓跋余，史称南安王，他被杀掉前统治者拓跋焘的宦官宗爱拥立为皇帝。拓跋余沉迷饮酒和打猎，登基仅8个月就被宗爱的手下暗杀。

文成帝
姓名：拓跋濬；字：乌雷

在位时间：452~465年
生卒年：440~465年

拓跋濬是魏太武帝的孙子和拓跋余的侄子。他受到魏太武帝的喜爱，并在12岁被推翻宦官宗爱的大臣们拥立为皇帝。宗爱因杀害了前两位皇帝而被处决。在拓跋濬统治期间，他尝试让北魏从之前皇帝的多次大规模征战而造成的破坏中恢复过来。他还废止了他的祖父太武帝对佛教的禁令，并命人在今山西省大同市近郊建造了云冈石窟，其中包括许多早期中国佛教艺术的杰作。拓跋濬因其谥号而史称北魏文成帝。

献文帝
姓名：拓跋弘；字：第豆胤

在位时间：465~471年
生卒年：454~476年

拓跋弘是文成帝的长子，他在父亲死后登基，当时年仅

11岁。在他统治期间，整个朝廷由他的养母冯太后操控。471年，他将帝位让给了4岁的儿子拓跋宏（后来的魏孝文帝），但他在退位后仍然控制着部分国家事务。他可能是被冯太后下令杀死的。其谥号是献文帝。他因其谥号而史称北魏献文帝。

孝文帝

姓名：拓跋宏、元宏

在位时间：471~499年
生卒年：467~499年

拓跋宏登基时年仅5岁，因其谥号而史称北魏孝文帝。他的祖母冯太后本是汉族人，在他登基后进行摄政。魏孝文帝亲政后，以推行旨在解决政权矛盾的汉化政策而闻名。他将国都迁到了洛阳，诏令官员一律穿汉服，并规定汉语为官方语言。他还下令将鲜卑复姓改为单音汉姓，将皇族的拓跋氏改为元氏。他发起了全面的政治改革，继承南方汉人的社会体制。在某种程度上，孝文帝的改革为之后中国的统一奠定了基础，但这也损害了鲜卑族军户的利益，最终引发了导致北魏分裂的六镇起义。

宣武帝

姓名：拓跋恪、元恪

在位时间：499~515年
生卒年：483~515年

元恪的鲜卑姓名是拓跋恪，他是北魏孝文帝的次子，在父亲死后继位，因其谥号而史称魏宣武帝。在他统治期间，北魏对南朝梁展开了几次征战，并扩张了北魏的领土。在魏宣武帝之前，皇子被立为太子后，其生母会被赐死，以防止未来统治者的母系亲戚干预政治。而魏宣武帝结束了这一贯例。在他后来的统治中，他的朝廷日趋腐败，他的舅舅高肇专权。他于515年被杀。

孝明帝

姓名：元诩

在位时间：515~528年
生卒年：510~528年

元诩登基时年仅5岁，整个朝廷在他的母亲宣武灵皇后胡氏和她的宠臣的掌控之下。528年，18岁的元诩试图抑制母后的力量，但被她和她的男宠郑俨投毒杀死。元诩去世后，北魏陷入混乱和内战之中，元氏家族再也没能真正重掌政权。元诩因其谥号而史称北魏孝明帝。

孝庄帝

姓名：元子攸

在位时间：528~531年
生卒年：507~531年

元子攸被将军尔朱荣拥立为皇帝，并娶了尔朱荣的女儿。528年，尔朱荣屠杀了大量曾为北魏效力的皇室成员和汉族官员。530年，尔朱荣去国都见怀孕的女儿时，元子攸和手下的人抓住机会将他杀死。然而，同年尔朱荣的侄子尔朱兆拥立元晔（后来的东海王）为帝。次年，尔朱兆攻打洛阳。他将元子攸囚禁在一座寺庙中，并将他勒死。他因其谥号而史称北魏孝庄帝。

△ 上图是一座北魏墓葬中的屏风漆画的局部，描绘的是舜娶了尧的两个女儿的故事。

△ 图为北魏时期拄刀俑。北魏后期像尔朱荣这样的将军甚至能掌控朝政。

长广王

姓名：元晔；又称：东海王

在位时间：530~531年
生卒年：509~532年

长广王元晔是太武帝的玄孙，出生于一个宗室疏支。他是尔朱荣妻子的侄子，在尔朱荣被前任统治者元子攸杀死后，他曾短暂地当过一段时间的皇帝。尔朱家族拥立元晔作为他们操控的傀儡皇帝，但4个月后，他们强迫他退位，而改立元恭（后来的节闵帝）为皇帝。他们认为元恭是更合常理的继承人。最终，元晔被与尔朱家族对立的军阀高欢处死。

节闵帝

姓名：元恭；又称：广陵王

在位时间：531~532年
生卒年：498~532年

元恭被掌控朝政的尔朱家族推上了皇位，在他的短暂统治期间，这一家族一直控制着朝廷。然而，军阀高欢打败了尔朱家族，元恭被废后被赐死。之后，高欢先后拥立元朗、元脩为新任皇帝。

安定王

姓名：元朗；又称：后废帝

在位时间：531~532年
生卒年：513~532年

当军阀高欢击败尔朱家族后，他拥立元朗为皇帝。次年，元朗禅位，高欢改立元脩（后来的孝武帝）为帝，元朗被降封为“安定王”，后被赐死。

孝武帝

姓名：元脩；又称：出帝

在位时间：532~534年
生卒年：510~534年

528年，尔朱荣屠杀了大量皇族成员，孝文帝的曾孙元脩逃到了乡下。高欢打败了尔朱家族后，他找到了元脩并拥立他为新皇帝。元脩立即采取行动消灭其他觊觎皇位的人，并试图除掉高欢。随后他与高欢决裂。534年，当高欢的军队进攻洛阳时，元脩向西逃到了长安（在今陕西西安）。高欢随即立元善见为帝，并将都城从洛阳迁至邺城（在今河北邯郸）。自此，北魏正式分裂为东魏和西魏。534年，元脩被宇文泰毒杀。他因其谥号而史称北魏孝武帝。

东魏

（534~550年）

东魏是由势力强大的军阀高欢建立的。北魏的最后一位皇帝元脩逃到了长安，并在那里重建了朝廷，以此来宣称自己是北魏政权的合法统治者。这导致北魏分裂为东魏和西魏。这个朝代只有一个皇帝，在朝廷没有实权。

孝静帝

姓名：元善见

在位时间：534~550年
生卒年：524~552年

元善见被高欢拥立为皇帝时年仅10岁。在他统治期间，整个朝廷由高欢和他的两个儿子控制，即高澄和高洋（后来的齐文宣帝）。高欢将东魏的国都迁到了邺城（在今河北邯郸），因为前国都洛阳更靠近东魏边境，易受到西魏进攻。547年，高欢去世。高澄掌控朝政，但他在549年被自己的奴仆暗杀。他的弟弟高洋继承了他的权位，并逼迫元善见退位，自立为皇帝。元善见在被废黜2年后就被毒杀了。他因其谥号而史称东魏孝静帝。高洋结束了元氏家族（原拓跋氏）的统治。他受禅成为皇帝，建立北齐。

△ 山西大同的云冈石窟是由北魏文成帝下诏建造的，后来的北魏皇帝继续进行修造。石窟的建造终止于525年，因为当时北魏国力衰退，附近地区爆发了六镇起义。

西魏
（535~557年）

西魏的建立者是将军宇文泰，这一政权与东魏是敌对关系。虽然最初西魏的土地面积和人口都比东魏少，但随着经济的发展，它逐渐变得强大起来，超过了东魏，并攻占了南朝梁的部分西部领土。

文帝
姓名：元宝炬

在位时间：535~551年
生卒年：507~551年

534年，元宝炬跟随堂兄元脩（北魏孝武帝）从洛阳逃到了长安。535年，元宝炬继位。551年，元宝炬因病去世，因其谥号而史称西魏文帝。

废帝
姓名：元钦

在位时间：551~554年
生卒年：525~554年

元钦是前任统治者文帝的儿子，他与父亲一样在统治期间都没有什么实权。将军宇文泰控制着西魏的朝廷。元钦想要得到宇文泰女婿的帮助并杀掉宇文泰，但这个计划在执行之前就被泄露出去了。最终，宇文泰将元钦废黜，并把他处死。

恭帝
姓名：拓跋廓

在位时间：554~557年
生卒年：537~557年

在拓跋廓统治期间，势力强大的宇文泰继续像之前那样掌控着朝政。他将皇帝的汉姓“元”改回鲜卑的姓氏“拓跋”。556年，宇文泰死后，他的侄子宇文护强迫拓跋廓将皇位让给宇文泰的儿子宇文觉（后来的北周孝闵帝）。557年，拓跋廓被杀。

北齐
（550~577年）

北齐是由汉人高氏家族建立的，他们结束了元氏家族的统治。定都于邺城（在今河北邯郸）。高氏家族建立的这个朝代被称作北齐，以此与萧氏家族在南方建立的南朝齐区分开来。北齐的统治时期与西魏和陈朝大致相当，它曾是这一时期最繁荣的国家。

文宣帝
姓名：高洋

在位时间：550~559年
生卒年：529~559年

高洋是北齐的第一位皇帝，因其谥号而史称北齐文宣帝。在他统治期间，北齐的军事力量达到了巅峰。北齐文宣帝是一位很有智慧的统治者，善于任用有能力的大臣。这一时期，北齐比西魏和陈朝更加繁荣。但他在统治后期，变得放纵无度，最终可能死于酗酒。

废帝
姓名：高殷；又称：闵悼王

在位时间：559~560年
生卒年：545~561年

高殷14岁登基。在他统治初期，他的大臣们为了权力相互斗争。他的叔叔高演最终胜出并夺取了帝位，史称北齐孝昭帝。高殷被废黜后，高演于561年命人将其杀害。

孝昭帝
姓名：高演

在位时间：560~561年
生卒年：535~561年

高演最初是一位有能力的大臣，辅佐他的侄子高殷执政。在夺取帝位后，高演被认为是一位勤奋且有能力的统治者。他特意修改了法律，确保法律不会对百姓过于严苛，他制定的税收政策也较为温和。561年，他在狩猎时从马上跌落，因摔断肋骨而亡。他因其谥号而史称北齐孝昭帝。

武成帝
姓名：高湛

在位时间：561~565年
生卒年：537~569年

高湛是高演（北齐孝昭帝）的弟弟，曾帮助他从侄子高殷那里夺取皇帝宝座。561年，哥哥高演死亡，高湛继位。与高演不同，高湛沉迷美色享乐，不理朝政。在他统治期间，他将国事交给了他信任的大臣来处理。565年，高湛将帝位传给了自己的儿子高纬，但他仍在幕后掌握权力。他因其谥号而史称北齐武成帝。

后主
姓名：高纬

在位时间：565~577年
生卒年：556~578年

高纬从他的父亲北齐武成帝手中继承了一个濒临崩溃的国家，然而他并没有采取什么措

△ 这幅图来自北齐时期贵族娄睿的墓室壁画，表现了当时北朝高官的日常生活场景。

△ 这一局部图出自山西太原的北齐大臣徐显秀墓葬中的壁画。壁画描绘了典型的鲜卑人服装。

施来挽救局面。相反，他杀掉了几个有能力的将军，因为他怀疑他们密谋叛变。这一举动极大地削弱了北齐的军事力量，导致整个国家更容易受到敌国北周的攻击。与北齐相反，北周武帝宇文邕却在加强军事实力。当北周的军队占领了北齐的国都时，高纬知道战局已经无可挽回。他匆忙将皇位传给了他的儿子高恒，然而高恒当时只是一个年幼的孩子。高纬害怕自己的生命受到威胁，于是决定向南方的陈朝政权投降。然而，他还没有逃到陈朝的领土，就被北周的军队俘虏了。他们把他带到了北周的国都，最终将他赐死。

幼主

姓名：高恒

在位时间：577年

生卒年：570~577年

北周攻占了北齐的国都，北齐的统治者从国都出逃，这时高恒被他的父亲高纬推上了皇帝宝座。高纬、高恒等一行人被北周俘获，而后高纬被诬告密谋反叛，北周武帝将包括高恒在内的北齐宗室全体赐死，北齐灭亡。

北周

（557~581年）

北周由鲜卑族的宇文氏家族建立，取代了从北魏分裂出来的西魏的统治。在北周政权存在的多一半的时间里，朝廷并不为在位的皇帝所掌控，而是落入权臣宇文护手中。北周最终被隋朝篡夺，隋朝统一了中国的北方和南方。

孝闵帝

姓名：宇文觉；字：陀罗尼

在位时间：557年

生卒年：542~557年

宇文觉是势力强大的西魏将军宇文泰的继承人。宇文泰死后，他的侄子宇文护成为了宇文觉的监护者，并帮助他取得了帝位。宇文觉因其谥号而史称北周孝闵帝。他短暂的统治生涯，他初期使用的称号是“天王”。孝闵帝不满宇文护对朝廷的控制，密谋要除掉他，然而最终却被宇文护废黜。宇文护随即拥立宇文觉的哥哥宇文毓作为皇帝。557年，北周孝闵帝被宇文护弑杀。

◁ 这幅画出自阎立本的《历代帝王图》，描绘了北周武帝宇文邕的形象。他是北周统治者中寿命最长、也最有才能的人。

明帝

姓名：宇文毓；又名：统万突

在位时间：557~560年
生卒年：534~560年

宇文毓是前任皇帝孝闵帝的哥哥，因其谥号而史称北周明帝。在他3年的统治时间内，宇文毓不断尝试从堂兄宇文护手中夺回被他控制的朝廷。人们认为北周明帝聪明能干，这让宇文护十分担心自己的权力。560年，宇文护将北周明帝毒杀。他在死之前，将皇位传给了他的弟弟宇文邕（后来的北周武帝），而没有传给自己的儿子。这是因为他认为他们太幼小，无法有效统治国家。

△ 在北周武帝的统治下，北周以战争手段灭亡了北齐并统一了北方。这些身披盔甲、骑着战马的陶俑可追溯到北周时期。

武帝

姓名：宇文邕；字：祢罗突

在位时间：560~578年
生卒年：543~578年

宇文邕在哥哥宇文毓死后登基，因其谥号而史称北周武帝。在他统治的初期，他不敢得罪宇文护。宇文护是他的堂兄，也是当时朝廷中势力最强大的权臣，曾经杀害过3位皇帝，其中就包括北周武帝的两个哥哥。然而，572年，北周武帝突袭了宇文护并将他杀死，从而铲除了他对朝廷的影响。

北周武帝被认为是一位有能力的统治者。他有效地加强了北周的军队实力，并消灭了他的对手北齐。他吞并了主要在黄河下游一带的北齐领土。北周武帝的父亲宇文泰之前曾尝试恢复鲜卑人的旧文化习俗，但他急于扭转这一局面，并制定了一套汉式的行政体制。当时，货币、土地和资源逐渐集中在越来越多的寺院中。为了解决这一问题，他禁止佛教在北周的传播，并没收寺院的资产以用于军队建设。北周武帝希望能够统一中国的南北方。578年，他在实现统一的心愿之前就病故了。仅仅几年之后，隋朝重新统一了全国。

宣帝

姓名：宇文赟

在位时间：578~579年
生卒年：559~579年

宇文赟是前任统治者宇文邕（北周武帝）的儿子。他的父亲对他的要求十分严格，因此宇文赟十分憎恨父亲。578年，宇文赟登基并短暂地统治了一段时间。人们认为他是一位行为放纵的统治者，最终导致了北周政权的终结。他娶了将军杨坚（后来的隋文帝）的女儿。宇文赟统治了没多久就将帝位传给了年仅6岁的儿子宇文阐，以便他继续沉迷享乐之中。宇文赟因其谥号而史称北周宣帝。

静帝

姓名：宇文阐

在位时间：579~581年
生卒年：573~581年

宇文阐登基时年仅6岁，他的父亲宇文赟为了享乐而让位给他。因为宇文阐的年纪太小，整个朝廷被将军杨坚（后来的隋文帝）所控制，他也是宇文赟的岳父。581年，杨坚逼迫宇文阐让位给他，由宇文氏家族统治的北周至此灭亡。不久后，杨坚称帝，建立隋朝，后来还统一了中国的南北方。宇文阐随后被杨坚所杀。宇文阐因其谥号而史称北周静帝。

北朝时期结束。

隋朝

（581~618年）

隋朝结束了南北朝时期的分裂局面。虽然它的存在时间短暂，但也取得了不少伟大的成就，如开凿大运河等。最终，隋朝在农民起义中灭亡，隋末的军阀李渊重新统一中国并建立了唐朝。

文帝

姓名：杨坚；又称：普六茹坚

在位时间：581~604年
生卒年：541~604年

杨坚建立了隋朝，史称隋文帝。他的父亲杨忠曾效力于奠基北周的西魏权臣宇文泰。580年，杨坚成为了北周静帝的辅政大臣。经过与宇文氏家族及其支持者的多次斗争，杨坚取得了胜利，进爵为隋王。581年，杨坚逼迫北周静帝退位，建立隋朝。589年，隋朝攻灭了陈朝，统一了中国的大部分地区。

△ 图中是隋朝的开国皇帝隋文帝。

隋文帝是一名虔诚的佛教徒，他和皇后扶持、资助了很多僧人和寺庙。他对朝政和律法进行了改革，批准了很多惠民政策，并在长安（在今陕西西安）附近建立了新国都大兴城。他还开始着手修凿大运河。602年，隋文帝最喜爱的皇后去世。两年后，他也去世了。

炀帝

姓名：杨广

在位时间：604~618年
生卒年：569~618年

杨广是隋文帝的次子，史称隋炀帝。他的哥哥杨勇本来是继承人，但杨广和将军杨素密谋，指控杨勇诽谤他的弟弟。杨广通过这一阴谋在600年被定为继承人。杨广还使计让其他弟弟都失宠于皇帝。虽然没有明确证据，但有人推测杨广有可能参与了谋害他的父亲隋文帝的阴谋。杨广登基之后，他做的第一件事就是派杨素镇压他的弟弟杨谅的叛乱。

在隋炀帝的统治时期，他经常沿着黄河、长江和大运河在大兴城、洛阳城和江都（在今江苏扬州）这三城之间巡视。许多运河支流、粮仓、宫殿和其他建筑都在这一时期完成。在隋炀帝统治的末期，全国各地爆发了起义和军事暴动，隋朝失去了对中国北方的控制。618年，隋炀帝信任的大臣宇文述的儿子宇文化及发动政变，隋炀帝被令狐行达勒死。

恭帝（李渊拥立）

姓名：杨侑

在位时间：617~618年
生卒年：605~619年

杨侑，史称隋恭帝。他是杨广的嫡长子杨昭的儿子，并在将军李渊（后来唐朝的开国皇帝）的帮助下取得了帝位。李渊在长安一带建立起权力的根基，并于618年逼迫杨侑禅让，建立唐朝。杨侑在一年后去世。

恭帝（王世充拥立）

姓名：杨侗

在位时间：618~619年
生卒年：604~619年

隋炀帝去世后，效忠隋朝的大臣在洛阳城拥立越王杨侗为皇帝。他和李渊立的恭帝一样，也是杨广的嫡长子杨昭的儿子。杨侗的统治只持续了不到一年的时间，之后就被将军王世充废黜了。王世充派人害死杨侗，也谥杨侗为“恭帝”。

唐朝

（618~907年）

唐朝是中国最伟大的大一统王朝之一，其统治时间持续了近3个世纪。这个拥有很大的世界影响力的政权，疆域范围比之前任何一个朝代都要广阔。然而，唐朝的统治者经常要面对很多的宫廷阴谋和内部挑战。这些问题威胁着王朝的稳定；在对外方面，唐朝也不得不持续与北部和西部的突厥等政权交战。安史之乱之后，内部的叛乱加速了唐朝的灭亡，中国再一次陷入动荡之中。

高祖

姓名：李渊

在位时间：618年~626年
生卒年：566年~635年

李渊出生于北周时期，其祖父李虎曾任西魏的柱国大将军，效力于西魏权臣宇文泰。北周建立后，李虎之子李昞受封唐国公，其子李渊承袭了他的爵位。隋朝时期，李氏家族势力强大，李渊出任太原留守。隋炀帝对李渊多有猜忌，这使得李渊十分不安。隋末农民起义爆发后，李渊获得了突厥人的军事支持，并与李密等起义军领袖达成协议。李渊在两个儿子李建成和李世民的帮助下，率军攻入关中，夺取长安，并于617年拥立隋恭帝继位。

618年，隋炀帝去世后，李渊逼迫隋恭帝禅让，自己称帝，建国号为“唐”，史称李渊为唐高祖。

建立唐朝后，唐高祖相继击败、收降各地其他势力，统一了中国。唐高祖沿袭了隋朝的很多政治体制，并将土地重新分配给平民百姓。626年，李世民与太子李建成决裂，发动“玄武门之变”，将李建成和支持李建成的弟弟李元吉一并杀死。唐高祖被迫改立李世民为太子，很快自己也退位，将权力交给了李世民。退位后，唐高祖与李世民之间原本紧张的关系有所缓和。635年，唐高祖去世，享年69岁。

太宗

姓名：李世民

在位时间：626~649年
生卒年：599~649年

李世民是唐高祖李渊的次子，他在建立唐朝的过程中发挥了巨大的作用，建立了卓著的战功。626年，唐高祖让位于他，史称他为唐太宗。李世民有着雄才大略，且擅长骑马、作战，同时还是一位出色的书法家。他是一位务实的统治者，并不重视所谓的天命和预兆之类的说法。

李世民于626年继位后，东突厥汗国军队南下进攻唐朝，李世民为获得休养生息的时间，与颉利可汗在长安城外的渭水便桥签署和平协议，支付给突厥财物。之后，唐朝军队于630年击败并降服了东突厥汗国，巩固了唐朝的边境安全。635年，唐朝军队击败吐谷浑。

在内部治理方面，唐太宗在全国合并了许多州县，以加强朝廷对地方的控制。他精简政府机构，减免税赋，组织救灾，并且任用了许多贤能的官员。他在位的时期史称“贞观之治”，是古代中国历史上有名的盛世。

唐太宗的两个儿子李承乾和李泰曾争夺过太子之位，后李承乾因为密谋造反被废为庶民，李泰也被降封为郡王。在大臣长孙无忌的建议下，唐太宗立另一个儿子李治为太子。649年，唐太宗去世，后人评价他是中国古代历史上最伟大的皇帝

△ 图为唐代画家阎立本的《步辇图》。右侧坐着的是唐太宗，他正在接见吐蕃的使节。

之一。

高宗
姓名：李治

在位时间：649~683年
生卒年：628~683年

李治是唐太宗的第9个儿子，母亲是长孙皇后，史称唐高宗。他登基之后，主要实权掌握在长孙无忌和褚遂良两位辅政大臣手中。唐高宗的嫔妃也在争夺皇后之位，最后武则天胜出，并以皇后身份开始主导政治事务。唐高宗和武则天联手击败重臣集团，将长孙无忌和褚遂良外贬，实现了君主集权。660年，唐高宗因风眩病而暂时失明，将朝政委托给武则天，从此武则天掌控了唐朝朝政。665年，唐高宗在泰山举行封禅仪式。

唐高宗在位时，曾经大兴土木，修建了大量宫殿、寺院和道观，同时也努力推行科举制度。683年，唐高宗去世。

中宗
姓名：李显；原名：李哲

在位时间：684年；705~710年
生卒年：656~710年

李显是唐高宗和武则天的儿子，史称唐中宗。他在唐高宗去世后登基，但之后很快被武则天废黜，然后立唐中宗的弟弟李旦为帝。随后，李显和怀孕的韦皇后被流放到在今湖北境内的房州，直到698年时，李显才受召重回洛阳并被立为太子。705年，武则天在“神龙政变”后宣布还政于唐，李显被再次拥立为皇帝，国号也恢复为“唐”。重回帝位的唐中宗纵容韦皇后和安乐公主扰乱朝政。同时，权臣武三思陷害唐中宗的太子李重俊，迫使李重俊在707年发动政变。但政变没有成功，李重俊兵败出逃，最后被部下杀死。710年，唐中宗去世，有说法认为他的死因是被韦皇后和安乐公主下毒致死。

△ 武则天是武周政权的建立者。

睿宗
姓名：李旦；又名：李旭轮、李轮

在位时间：684~690；710~712年
生卒年：662~716年

李旦是唐高宗和武则天的儿子，唐中宗李显的弟弟，史称唐睿宗。684年~690年，他被武则天立为傀儡皇帝，武则天称帝后李旦退位。唐中宗于710年去世后，他的儿子李重茂曾短暂继位，但唐睿宗的儿子临淄王李隆基联合太平公主发动政变，诛杀韦皇后和安乐公主。之后，李重茂让位给李旦，于是李旦继位为帝。712年，唐睿宗让位给李隆基，但他仍在背后掌控朝政，直到李隆基发动政变，将太平公主除去之后，李旦才彻底退出历史舞台。唐睿宗于716年去世。

武后
姓名：武则天；又名：武曌

在位时间：690~705年
生卒年：624~705年

武后（见144~145页）是中国历史上唯一的正统女皇帝。690年，武则天称帝，改唐为周。她在一次政变中被推翻，几个月之后就去世了，享年82岁。

玄宗
姓名：李隆基

在位时间：712~756年
生卒年：685~762年

李隆基是唐睿宗的第3个儿子，史称唐玄宗。在710年爆发的推翻韦皇后和安乐公主的政变中，李隆基发挥了重要作用。712年，唐睿宗传位给李隆基。太平公主后来发动政变，于713年被赐死。在李隆基统治的初期，他发起了许多改革，以恢复人们对官僚机构、国家财政和法律制度的信心。他还改革了户籍制度和征兵制度，上调了士兵的军饷，但唐朝边境军队的军费开支变得难以为继。为了解决这一问题，中央朝廷向边境的军政长官节度使下放了更多权力。唐玄宗任命的宰相也在改革中起到了很大作用。721年，唐玄宗任用老臣张说为宰相。到了730年，宰相裴光庭改变了用人制度，按年资来擢用官吏，推行“论资排辈”。之后，张九龄、裴耀卿和李林甫等人亦被任命为宰相，但他们之间又爆发了派系斗争。

736年，李林甫获得了政治斗争的胜利，并得到了皇帝的信任，之后唐玄宗日渐怠慢朝政。李林甫掌权后，唐玄宗开始沉迷美色，并把原本是儿媳的杨玉环纳入自己的后宫之中，杨贵妃成为了他的宠妃（见150~153页）。杨贵妃的堂兄杨国忠因此受到宠信，在753年李林甫去世后接替他成为宰相。此后，杨国忠与同样受到唐玄宗宠信的粟特人安禄山争权夺利，矛盾激烈。杨国忠屡次告发安禄山意图谋反。安禄山随后开始与手下史思明密谋叛乱，史称“安史之乱”。安禄山叛乱开始于755年，首先攻陷了洛阳，然后又进

△ 图为元代画家钱选所绘的《杨贵妃上马图》，图中唐玄宗注视着他的爱妃杨贵妃上马。

占长安。唐玄宗带着杨贵妃逃往成都，但他的禁军先杀死杨国忠，又逼迫他赐死杨贵妃。当唐玄宗得知他的儿子李亨自立为帝，他便退位了。李亨重新夺回长安后，唐玄宗也回到了长安，但并没有重登帝位。他退位后郁郁寡欢，于762年驾崩。

肃宗

姓名：李亨；又名：李玙、李绍

在位时间：756~762年
生卒年：711~762年

唐肃宗的本名是李亨，他是唐玄宗的儿子。他称帝之后于757年夺回了长安。他开始从安史叛军手中收复领土，并镇压了其他一些因唐玄宗统治时期的混乱引起的叛乱。在唐肃宗统治期间，宦官李辅国的势力开始崛起，他甚至谋求成为宰相，但遭到了大臣的反对。当唐肃宗病危之际，张皇后密谋要废掉太子李豫，改立越王李系，还要诛杀李辅国等人。但这一消息败露，李辅国幽禁了张皇后及服侍唐肃宗的人，事发当晚唐肃宗去世。

代宗

姓名：李豫；原名：李俶

在位时间：762~779年
生卒年：727~779年

李豫是唐肃宗之子，他幼时颇受唐玄宗喜爱。唐肃宗前往灵武（在今宁夏）时，李豫也跟随左右。后来，唐肃宗任命他为“天下兵马元帅”，让他讨伐叛军。他带领唐军与回纥军队夺回了长安和洛阳，但也导致城池遭到了劫掠与破坏。762年，唐肃宗去世，宦官李辅国拥立他为帝，他因庙号而史称唐代宗。唐代宗继位后，设计诛杀李辅国等宦官，他任用郭子仪等将领平定了安史之乱。但安史之乱结束后，唐朝进一步陷入衰落。国内的众多节度使割据一方，不接受中央政府的指挥。唐朝还面临着吐蕃的军事威胁，在763年，吐蕃军队甚至攻入了长安。唐代宗是一位虔诚的佛教徒，为弘扬佛教投入了大量财力。779年，唐代宗去世。

德宗

姓名：李适

在位时间：779~805年
生卒年：742~805年

李适是唐代宗的长子，他在37岁时登基，因庙号而史称唐德宗。他在统治初期励精图治，减少宫廷支出，实行“两税法”来改善国家的财政状况。他还努力加强中央集权，打击地方藩镇势力，但因为条件不成熟而引发多次叛乱，唐德宗被迫于783年逃离长安。之后，他无力继续打击藩镇，并开始信任那些在叛乱时保护他的宦官，甚至让宦官指挥禁军。在他统治晚期，唐德宗还改变了早年节俭的政策，大肆聚敛钱财。805年，唐德宗因病去世。

顺宗

姓名：李诵

在位时间：805年
生卒年：761~806年

李诵是唐德宗的儿子，因庙号而史称唐顺宗。在他登基之前，他就因患中风而无法讲话。在他短暂的统治时期内，唐顺宗实施了巩固皇权、限制地方军阀和宦官势力的政策，并重用王叔文、王伾、柳宗元、刘禹锡等大臣，推行“永贞革新”。但这些举动引起了宦官的警觉，顺宗只统治了几个月，就被势力强大的宦官逼迫，让位给他的儿子李纯。主持改革的官员们则被李纯贬谪。806年，顺宗去世。

△ 这张名为《引路菩萨》的绢画出自敦煌莫高窟的藏经洞。

宪宗

姓名：李纯

在位时间：805~820年
生卒年：778~820年

唐宪宗的名字是李纯，他在宦官的拥立下继位为帝，因其庙号而史称唐宪宗。作为回报，他保证这些宦官在朝廷中继续掌控权力。他继位之后，改革税制以减轻民众负担，鼓励大臣直言进谏，并继续推行削藩政策，打击藩镇，使唐朝迎来中兴。然而，在他的统治晚期，他因追求长生不老而服用仙丹，这使他身体恶化，并且变得易怒。服侍他的宦官经常受到惩罚，甚至因为极小的错误就被处决。820年，唐宪宗被宦官谋害而死。

穆宗

姓名：李恒；原名：李宥

在位时间：820~824年
生卒年：795~824年

李恒是唐宪宗的儿子，因其庙号而史称唐穆宗。他与其父一样，被宦官拥立为皇帝。在唐穆宗统治期间，他无心治理朝政，而是追求享乐、盛宴和狩猎。同时，朝廷大臣爆发了“牛李党争”，互相倾轧。由于唐穆宗推行裁军政策，大量被裁撤的士兵啸聚山林，在唐宪宗时期受到压制的藩镇势力再度反叛。唐穆宗一次在与宦官进行马球游戏时中风，之后因服用丹药而中毒去世。

敬宗

姓名：李湛

在位时间：824~827年
生卒年：809~827年

李湛是唐穆宗的长子，他在15岁时继位，因庙号而史称唐敬宗。他继位后沉湎享乐，赏赐宦官，不理朝政，国内也爆发了自然灾害。他性情暴躁，身边宦官经常因为小的过失就被辱骂和处罚。827年，他在宴饮时被宦官谋杀。

文宗

姓名：李昂；原名：李涵

在位时间：827~840年
生卒年：809~840年

唐文宗是唐穆宗的次子，唐敬宗的弟弟，因庙号而史称唐文宗。他是一位勤奋的统治者，在继位之初减少宫廷开支、裁汰冗员，重视整顿吏治，鼓励农业生产。这一时期朝廷内派系斗争盛行，地方藩镇也发动叛乱。835年，唐文宗与大臣谋划扳倒势力强大的宦官，然而却因计划泄密而引发“甘露之变”，导致1000多名官员被宦官杀害。唐文宗最终在软禁中于840年抑郁成病去世。

武宗

姓名：李炎；原名：李瀍

在位时间：840~846年
生卒年：814~846年

唐武宗是唐穆宗的儿子，唐文宗的弟弟，他被宦官拥立为皇帝，因庙号而史称唐武宗。唐武宗重用李德裕推行改革，反击回鹘的进攻，抑制宦官权力，并设立仓库储备物资。他还发起了“会昌灭佛”，打击佛教势力，下令拆毁寺庙，让僧人与尼姑还俗。唐武宗推崇道教，晚年因服用丹药而病情恶化，于846年去世。

宣宗

姓名：李忱；原名：李怡

在位时间：846~859年
生卒年：810~859年

李忱是唐宪宗的儿子，在宦官拥立下继位，因庙号而史称唐宣宗。他是唐朝最后一位有能力的统治者。宦官们认为李忱性格软弱，也不聪明，易于控制。但他登基后，很快就证明了自己的能力。唐宣宗打击朝廷之内的党争，抑制宦官势力，减轻民众负担。他还效仿唐太宗，选拔有能力的官员。他在位期间，将领张议潮收复了河湟诸州，这些安史之乱时期被吐蕃占领的土地被重新归入了唐朝版图。但唐宣宗的改革没能触及藩镇割据、宦官专权等关键问题，他在859年也因服用丹药而中毒去世。

懿宗

姓名：李漼；原名：李温

在位时间：859~873年
生卒年：833~873年

李漼是唐宣宗长子，他在宦官拥立下继位，因庙号而史称唐懿宗。唐懿宗继位后懈怠政事，沉迷享乐，酗酒成性。同时，他还在广建佛寺和兴办法会道场上花费了无数钱财。在他统治期间，官僚贪污腐败，赋税沉重，饥荒不断，导致国内叛乱频发。唐懿宗于873年病逝。

僖宗

姓名：李儇；原名：李俨

在位时间：873~888年
生卒年：862~888年

唐僖宗是唐懿宗的第5个儿子，因其庙号而史称唐僖宗。在他统治期间，他不理政事，沉迷享乐，将朝政交给了他最信任的宦官田令孜。他继位之后，国内连年出现自然灾害，并爆发了大规模农民起义。881年，国都长安被黄巢起义军占领。唐僖宗逃到了成都，直到885年才回到长安。885年，宦官田令孜与河中节度使王重荣爆发冲突，河东节度使李克用支援王重荣，进逼长安，唐僖宗再一次被迫离开国都。888年，他再次回到长安，但不久之后就去世了。在他统治的末期，唐朝已经名存实亡，朝廷和皇帝沦为了藩镇之间争斗的工具。

昭宗

姓名：李晔；原名：李杰；又名：李敏

在位时间：888~904年
生卒年：867~904年

唐昭宗是唐僖宗的弟弟，因其庙号而史称唐昭宗。在他登基之前，唐朝就已经出现了多年的动乱，唐昭宗一直试图重振皇权，尝试借藩镇之力讨伐宦官，但反而被藩镇控制。他被迫3次逃离国都。903年，节度使朱全忠（后梁太祖）控制了朝廷，并屠杀了大批的宦官和大臣，并胁迫唐昭宗迁都洛阳。904年，朱全忠下令杀害唐昭宗。

哀帝

姓名：李柷；原名：李祚

在位时间：904~907年
生卒年：892~908年

李柷是唐昭宗的第9个儿子，他在12岁时被朱全忠拥立为傀儡皇帝，因谥号而史称唐哀帝。此时唐朝朝廷已经完全在朱全忠的控制之下。在李柷统治期间，朱全忠杀害了很多皇室成员及外戚。907年，朱全忠逼迫李柷退位，自己继位，并建立后梁。次年，李柷被毒杀。他的死亡标志着唐朝的终结，中国再次进入一个动荡不安的时期。

△ 图为敦煌莫高窟的壁画。佛教既受到过唐朝统治者的庇护，也受到过他们的打击。

五代十国

（907~979年）

在公元10世纪时，亦即唐、宋两个伟大的朝代之交，中国经历了70年左右的动荡期。在这一时期，中国北方先后出现了5个大的中原政权，史称“五代”；同时，还有10个割据地方的小政权。它们主要集中在南方，被称为“十国”。这些政权的存在时间都较为短暂。

后梁

（907~923年）

后梁是五代之一，统治着中国北方的大片地区。它由唐朝将军朱温建立，朱温代唐称帝，唐朝灭亡。

太祖

姓名：朱温；又名：朱全忠、朱晃

在位时间：907~912年
生卒年：852~912年

朱温是唐朝晚期一位势力强大的军阀。他原本是混混出身，后加入反唐的黄巢起义军，又向唐朝投降，转而镇压起义军。在此期间，他和唐朝节度使李克用发生了冲突。之后，朱温打败了北方的众多军阀，占据了大片领土，控制了唐昭宗。为巩固自身势力，他弑杀唐昭宗，拥立还是孩童的唐哀帝，并很快废黜了唐哀帝，建国号为“梁”。为了与南北朝时期的梁朝相区分，他所建立的这个朝代史称后梁。

由于和李克用的势力长期缠斗，朱温称帝后的军事行动都进展不大，没能继续大范围扩张领土。他很有才能，但也很残暴，在位仅5年就被自己的儿子朱友珪杀害。朱温因其庙号而史称后梁太祖。

废帝

姓名：朱友珪；又名：朱友球

在位时间：912~913年
生卒年：？~913年

朱友珪是后梁太祖朱温的次子。太祖病重时打算传位于养子朱友文，并将朱友珪赶到地方上担任莱州刺史。朱友珪遂带领禁军进宫弑杀太祖，篡位称帝。但朱友珪没能控制住国内局面，再加上生活荒淫无度，很快失去人心，被发动政变的弟弟朱友贞推翻，朱友珪绝望之下令手下将自己杀死。他死之后被朱友贞追废为庶人。

末帝

姓名：朱瑱；原名：朱友贞

在位时间：913~923年
生卒年：888~923年

朱友贞是废帝朱友珪的异母弟。朱友贞称帝后，将主要精力放在与晋国（晋王李克用建立的政权，是后唐的前身）的对抗上。他在与晋国的战争中多次因优柔寡断而丧失优势，导致后梁军队战败。晋军攻占后梁首都后，朱友贞命令将军皇甫麟将自己杀死，后梁灭亡。

后唐

（923~936年）

后唐是五代之一。它是由后梁朱温的敌手李克用的儿子李存勖建立的。

庄宗

姓名：李存勖

在位时间：923~926年
生卒年：886~926年

李存勖是著名的沙陀族唐军将领李克用之子。李克用曾在895年被唐昭宗封为晋王。当军

△ 此图出自后梁画家赵岩的绢本画作《八达春游图》。

阀朱温废黜了唐朝的末代皇帝后，李克用拒绝臣服于后梁，并继续奉唐朝为正统。908年，李克用去世，李存勖接手了父亲的事业。他改革了李克用建立的军队，并在一系列战役中取胜。最终李存勖灭亡了后梁，占据了中国北方和中原的大部分土地，并继位为帝。李存勖仍使用“唐”作为国号，为了与唐朝区分，史称其为后唐。

李存勖擅长军事，但治国理政水平不高。因为诸多政治方面的失误，他很快失去了军队的支持，多地发生兵变。他在位仅3年，就在兵变中被人杀害。他因其庙号而史称后唐庄宗。

明宗

姓名：李嗣源；又名：李亶

在位时间：926~933年
生卒年：867~933年

李嗣源是李克用的养子。他是一名出色的将军，先后效命于李克用和李存勖。李存勖死后，李嗣源在兵变军队的支持下夺取了皇位，史称后唐明宗。后唐明宗继位后，多个南方割据政权上表请求归附后唐朝廷。后唐明宗生病后，作风散漫的养子李从荣担心自己无法继承皇位，于是试图以武力篡位，但却兵败被杀。后唐明宗得知后受惊病逝。随后，李从荣的弟弟李从厚继承了皇位。

闵帝

姓名：李从厚

在位时间：933~934年
生卒年：914~934年

李从厚是后唐明宗的儿子之一。后唐明宗在位期间，他曾在军中任职。李从厚继位后并没有掌握实权，因为平息李从荣政变的官员控制了整个朝廷，他们甚至不需要经过皇帝的同意，就可以进行决策。

政变上位的官员们还试图削弱皇族的权力，造成了李从厚的兄弟李从珂的反叛。李从珂利用禁军的兵变，先将李从厚废黜，然后又将他杀死。李从厚因其谥号而史称后唐闵帝。

末帝

姓名：李从珂

在位时间：934~936年
生卒年：885~936年

李从珂是后唐明宗的养子，他是后唐的一位重要将领。他篡夺了后唐明宗之子后唐闵帝的皇位。为了奖赏追随他篡位的士兵，李从珂纵容他们搜刮平民，导致百姓民怨沸腾。他与节度使石敬瑭之间的关系也在恶化。石敬瑭曾与李从珂一同对抗李从厚，但当他的势力开始膨胀之后，这也引起了李从珂的警惕。李从珂准备铲除石敬瑭的势力，他下令将石敬瑭调往他处任职，反而迫使石敬瑭起兵谋反。石敬瑭选择割让领土，来换取契丹势力的支持。在契丹军队的支持下，石敬瑭的军队攻克了后唐的首都，李从珂看到大势已去，便自焚而死，后唐灭亡。他没有谥号和庙号，史称末帝。

△ 图为后唐庄宗李存勖的画像。

后晋

（936~947年）

后晋是五代之一。这个朝代只持续了11年的时间，就被契丹人出兵推翻。947年，后晋的统治终结。

高祖

姓名：石敬瑭

在位时间：936~942年
生卒年：892~942年

石敬瑭曾是后唐的一位重要的军事将领，也是后唐明宗的女婿。他起兵反叛后唐皇帝李从珂，称帝后以“晋”为国号，史称后晋。石敬瑭因其庙号而史称后晋高祖。为寻求契丹的军事支持，后晋高祖将幽云十六州割让出去作为交换条件，并向契丹称臣，甚至自称儿皇帝。然而，他对契丹的这种态度激怒了国内的一些将领，他们发动了两场大的兵变，给国家造成了短暂的混乱，但没能推翻后晋高祖。后晋高祖病重后，希望他仅存的儿子能够继承皇位。但宰相冯道却拥立他的侄子石重贵，因为他更加年长，也更有经验。942年，石敬瑭去世，石重贵继位。

出帝

姓名：石重贵

在位时间：942~947年
生卒年：914~974年

△ 这幅画像描绘的是后晋高祖石敬瑭。

石重贵是后晋高祖的侄子，之前是一位军事将领。石重贵继位后，不肯继续向契丹称臣，契丹以此为借口对后晋发动了两次大规模进攻。但是在944年，石重贵亲自率军击败了入侵的契丹军队。然而，当946年契丹军再次南下进攻时，采取了调虎离山的策略，诱使后晋的大军远离国都，不料主帅杜重威想效仿石敬瑭勾结契丹称帝，遂向契丹投降。契丹军队趁机进入毫无防御能力的国都，石重贵投降后被废黜，后来被流放到辽朝境内。后晋就此灭亡。

后汉

（947~951年）

后汉是五代之一。它的统治时期十分短暂，只有短短的4年，两代皇帝掌握的权力也并不牢固。

高祖

姓名：刘知远；又名：刘暠

在位时间：947~948年
生卒年：895~948年

刘知远曾在后唐和后晋担任将领。后晋灭亡后，刘知远遣人向契丹奉表投降。但使臣来后，提出契丹人无法长居中原，于是刘知远决心反抗辽朝。辽朝皇帝耶律德光集结军队向他进攻，但辽朝占领区内的后晋旧将领纷纷反叛，宣布对刘知远效忠。刘知远重新夺回洛阳和开封等地后宣布称帝，改国号为“大汉”，史称后汉。他在短暂的统治时期内，一直与反复无常的反晋叛将杜重威做斗争。刘知远称帝后不久就患病去世了，他因其庙号而史称后汉高祖。

隐帝

姓名：刘承祐

在位时间：948~951年
生卒年：931~951年

刘承祐是后汉高祖的儿子，他在18岁时继承皇位。在他统治初期，他的权力并不稳固，于是开始诛杀权臣。这导致了节度使李守贞起兵反叛，但没能成功，李守贞最后兵败自焚而亡。后来，将军郭威也成了他的诛杀目标，但是郭威设法逃脱，并集结军队进攻国都。刘承祐在与郭威的战争中被手下杀死。

后周

（951~960年）

后周是五代中的最后一个朝代，共存续了9年，历经3代皇帝。

太祖

姓名：郭威

在位时间：951~954年
生卒年：904~954年

郭威曾任后唐庄宗李存勖的亲军，因协助刘知远称帝而崛起。他因为功勋卓著、实力雄厚而受到刘承祐猜忌。在被迫起兵造反之后，郭威成功夺取皇位，建立了后周，史称后周太祖。他稳固住了新生的政权，而且治国有方：他巩固边疆防线，削减不必要的开支，并发起多项改革，增加农业生产和财政收入，提高农民的生产积极性。后周太祖计划收回后晋时期被辽朝占领的领土，但这一计划因他生病而中止。在他去世之前，他将皇位传给养子郭荣。

世宗

姓名：柴荣；又名：郭荣

在位时间：954~959年
生卒年：921~959年

柴荣本因被太祖郭威收为养子而改名郭荣，但后世的史书记载中仍使用其本姓，称为柴荣。他曾在后汉、后周担任将领。就在他继位不久后，柴荣击退了北汉和辽朝的联军，彰显了自己的军事才干。之后他继续执行郭威时期的政策方针，并通过削弱将领权力和改组军队来加强中央集权。他命令大臣修订法律，颁布了新的刑律。他还改革赋税，打击腐败，兴修水利来助力商贸发展。柴荣还先后征讨后蜀、南唐和辽朝，收复和扩张了大片领土。在病危之际，他将皇位传给了他年轻的儿子柴宗训。柴荣因其庙号史称后周世宗。

恭帝

姓名：柴宗训

在位时间：959~960年
生卒年：953~973年

柴宗训是后周世宗的儿子，7岁时继承皇位。尽管后周世宗留给他的国家已经很强大，但得知后周世宗去世、幼帝继位的周边各国，很快就开始在边境上对后周施压。当北汉和辽朝的军队来袭的消息传到朝廷时，赵匡胤受命率领禁军御敌。但禁军在出发后发动兵变，拥戴赵匡胤夺取帝位。赵匡胤迫使柴宗训禅让，并且迅速平定了两个反对他的节度使掀起的叛乱。柴宗训在政变中幸免于难，但还是被迁出了都城。

杨吴

(892~937年)

在吴的鼎盛时期，其辖境包括今江西及江苏、安徽、湖北的部分地区。它的都城是江都（在今江苏扬州）。为了与三国时期孙权的吴国区分开，历史上又称之为“杨吴”或“南吴”。

太祖

姓名：杨行密；又称：孝武王

在位时间：902~905年（892~902年任节度使）
生卒年：852~905年

杨行密是唐朝的淮南节度使，其治所在今扬州一带。他稳固了淮南和周边地区的秩序，为自己的政权打下了基础，逐渐将这个本来隶属于唐朝的行政区变成了一个独立王国。人们普遍认为他是一位英明的统治者，在他的治理下，长江和淮河之间地区的经济十分繁荣。他因其庙号而史称吴太祖。

烈祖

姓名：杨渥；又称：景王

在位时间：905~908年
生卒年：886~908年

杨渥是太祖的长子，因其庙号而史称吴烈祖。在他继位前，一些大臣认为他不适合当统治者。在他统治时期，他和他的心腹欺凌文臣武将，并最终导致了他们在907年发动“兵谏”。“兵谏”的两位领军人物分别是张颢和徐温（南唐开国皇帝李昪的养父），他们控制了朝廷，并于908年将杨渥杀害。

高祖

姓名：杨隆演；又名：杨渭

在位时间：908~920年
生卒年：897~920年

杨隆演是吴烈祖的弟弟，因其庙号而史称吴高祖。在他统治期间，朝廷实际由权臣徐温控制，而徐温也是南唐开国皇帝李昪的养父。杨隆演经常被徐温的儿子徐知训欺辱，十分害怕他。据记载，杨隆演沉迷饮酒，健康状况不佳。他于920年死于疾病。

睿帝

姓名：杨溥

在位时间：920~937年
生卒年：901~938年

杨溥是吴高祖和吴烈祖的弟弟。他是杨吴第一个称帝的统治者，史称吴睿帝。与吴高祖一样，杨溥没有掌握实权。937年，徐知诰（即南唐的开国皇帝李昪）强迫杨溥禅让于他。退位后，杨溥的大部分时间都用于研究道教。

前蜀

（891~925年）

前蜀是由王建建立的，他曾担任过唐朝的剑南西川节度副使。前蜀，又称大蜀。它的都城位于今四川成都。

高祖

姓名：王建

在位时间：907~918年（891年受封节度副使，903年受封蜀王）
生卒年：847~918年

王建出生于许州舞阳（在今河南舞阳），出身卑微。年轻时，他曾以屠宰和贩卖私盐为生。后来，他加入忠武军，从征王仙芝，在为唐僖宗护驾的行动中受到信任，因而逐步崛起。王建率军占领了四川的大片地区，成为了唐朝末年西南地区最强大的军阀。随着唐朝的灭亡，王建在川中称帝，建国号为“蜀”，史称前蜀。

后主

姓名：王衍；原名：王宗衍

在位时间：918~925年
生卒年：899~926年

王衍是王建的第11个儿子。根据史料记载，他继位后表现得颓废而无能，沉迷女色，不理朝政。在他统治期间，后唐向前蜀发动进攻。925年，王衍向后唐投降，后被后唐庄宗李存勖派人杀死。他是前蜀的最后一位皇帝。

吴越

（893~978年）

吴越的疆域相当于今浙江、上海和江苏等的部分地区。它的都城在今天的杭州。纵观整个历史，吴越长期在名义上臣服于中国北方的统治政权。吴越的统治者从来没有称帝。吴越是五代十国中持续时间最长的政权。

武肃王

姓名：钱镠；庙号：太祖

在位时间：907~932年（893年任镇海军节度使，907年受封吴越国王）
生卒年：852~932年

钱镠出身平民，年轻时曾贩卖私盐。后来他加入了浙西的军队，并展现出高超的军事才能。黄巢起义期间，钱镠逐渐成为了当地的军事长官，并让他的兄弟和堂兄弟指挥当地的武装力量。钱镠统军击退了黄巢的军队，并在唐朝灭亡后建立了吴越政权。在解决了江浙地区的军事冲突后，钱镠开始在国内发展文化和贸易。他下令修筑海堤，鼓励海上贸易，还命人在杭州钱塘江修筑了著名的捍海石塘。钱镠是一位虔诚的佛教徒，支持建造和修复寺庙，其中一些寺庙至今尚存。他的谥号是“武肃”。

文穆王

姓名：钱元瓘；原名：钱传瓘

在位时间：932~941年
生卒年：887~941年

钱元瓘是武肃王的第7个儿子。在武肃王和当地另一军阀田頵的斗争中，钱元瓘自愿前去做人质，最终成为了田頵的女婿。在田頵战死后，钱元瓘回到了杭州，并带领吴越的军队对抗其他军阀，赢得了一系列胜利。934年，后唐闵帝封钱元瓘为吴越王。937年，后晋封钱元瓘为吴越国王。941年，钱元瓘遭遇了一场大火，这场大火几乎烧毁了整个宫室。他也因受惊而身患重病，当年就去世了。钱元瓘因其谥号而史称文穆王。

忠献王

姓名：钱弘佐；又名：钱佐

在位时间：941~947年
生卒年：928~947年

钱弘佐是文穆王的第6个儿子。他是一位脾气温和、勤勉用功且有能力的统治者。在他统治期间，吴越南部的邻国闽遭到南唐进攻，闽遂向吴越称臣以换得支援。钱弘佐派兵救援并取得胜利，保卫了南部国境的和平。钱弘佐于947年去世，谥号为“忠献王”。他没有把王位传给自己年幼的儿子，而是传给了自己的异母弟钱弘倧。

忠逊王

姓名：钱弘倧；又名：钱倧

在位时间：947年
生卒年：928~971年

钱弘倧是忠献王的弟弟。他的在位时间只有7个月。钱弘倧被将军胡进思在一场政变中废黜，之后钱弘倧的弟弟钱弘俶成为了新的国王。虽然胡进思多次试图杀掉钱弘倧，但钱弘俶以软禁的名义保护了哥哥的安全。钱弘倧在被废黜后又活了20多年，去世后的谥号为“忠逊王”。

忠懿王

姓名：钱弘俶；又名：钱俶

在位时间：948~978年
生卒年：929~988年

钱弘俶是文穆王的第9个儿子。在钱弘俶统治期间，他遵循前朝向北方中原王朝称臣的政策，相继臣服于控制中国北方的后汉、后周和北宋几个政权。因为这一原因，北方的政权基本尊重吴越的自治，允许这一政权自行发展经济。在北宋的庇护下，钱弘俶继续保留着“吴越国王”的头衔，但后来又被改封为“淮海国王”。北宋吞并其邻国南唐后，吴越尽献所据土地给宋朝，并入宋朝领土。

▷ 这座位于杭州钱王祠的石碑，是为了纪念吴越的国王而修建的。

闽

（893~945年）

闽由后梁太祖朱温册封而建，位于今福建省。其都城是福州。闽存续到945年，后被南唐消灭。

太祖

姓名：王审知；谥号：忠懿王

在位时间：909~925年（893年任福建观察副使，909年受封闽王）
生卒年：862~925年

平民出身的王审知出生在光州固始（在今河南信阳）。他和两位兄弟一起加入唐朝军队，之后随军进入福建作战，在当地建立起自己的势力。统领势力的兄长王潮去世后，王审知继承了王潮的权位。唐朝灭亡后，后梁太祖封王审知为“闽王”。根据史书记载，他是一位节俭而大度的统治者。王审知在位时减轻了当地赋税，并且欢迎那些为了躲避北方战争而来到闵地的士人。王审知和他的兄弟王潮、王审邽并称为“开闽三王”，至今仍被福建人民所缅怀。他因其庙号而史称闽太祖。

嗣王

姓名：王延翰

在位时间：925~927年
生卒年：？~927年

王延翰是闽太祖的长子。根据史料记载，他残暴而荒悖，甚至在父亲的丧期享乐，不遵礼法。王延翰继位之后与自己的兄弟矛盾很深，结果不久就在他的兄弟王延钧、王延禀领导的政变中被杀。

惠宗

姓名：王延钧；又名：王鏻

在位时间：927~935年
生卒年：？~935年

王延钧是闽国首位称帝的统治者。他最初在他的哥哥王延翰手下为官，但他在926年杀死了王延翰。931年，他又俘杀了闽太祖的养子王延禀。933年，他自立为皇帝，并将姓名改为王鏻。他十分谨慎，避免让国家卷入邻国之间的冲突中。935年，王延钧患病，后在一场政变中身受重伤。据说，其宫中的一位宫人不忍看到他继续遭受痛苦，因而结束了他的生命。他因其庙号而史称闽惠宗。

康宗

姓名：王昶；原名：王继鹏

在位时间：935~939年
生卒年：？~939年

王继鹏是闽惠宗王延钧之子。据《新五代史》记载，王延钧的死亡是因为王继鹏发动政变所导致。他猜疑其他宗室成员，并软禁自己的叔叔王延羲。939年，王继鹏以及皇后、子嗣被堂兄王继业杀害。

景宗

姓名：王延羲；又名：王曦

在位时间：939~944年
生卒年：？~944年

王延羲与他的侄子王继业密谋，推翻了自己的另一个侄子王继鹏（闽康宗）的统治，之后继位为帝。他多疑而残暴，生活奢侈无度。王延羲的弟弟王延政起兵反抗，并在943年称帝，建国号为“大殷”，将闽一分为二。944年，王延羲在两位将军朱文进、连重遇发动的政变中被杀，而这两位将军曾帮助他推翻王继鹏的统治。王延羲因其庙号而史称闽景宗。

天德帝

姓名：王延政

在位时间：943~945年
生卒年：？~951年

王延政是闽景宗的弟弟。他曾多次因哥哥荒淫的行为而向他进谏。931年，王延政受命出任建州刺史，之后长期驻扎建州。943年，他建国称帝，在建州（在今福建建瓯）成立了自己的“大殷”政权。然而，他称帝后的统治与其哥哥如出一辙，国内饱受战乱与重税摧残。随后，闽国爆发内乱，南唐军队顺势进攻王延政，王延政在战败后向南唐军队投降。之后，他被押往南唐的都城金陵（在今江苏南京），并于951年去世。

南汉
（905~971年）

南汉是十国之一，其统治者自称汉高祖刘邦后裔。南汉全境横跨今广东、广西、海南和中南半岛的北部。其都城在番禺（在今广东广州）。

高祖
姓名：刘龑；又名：刘陟

在位时间：917~942年（905年其兄任节度使同平章事，911年继承其兄官位，917年称帝）
生卒年：889~942年

刘龑的祖先是今河南人，因经商而迁居到了中国的东南部。刘龑的父亲刘谦在唐朝任封州刺史。刘龑的哥哥刘隐继承了父亲的势力和官职，并臣服于后梁。刘隐死后，刘龑继承他的权位，并自行称帝。他宣称自己是汉朝宗室后裔，因此也以“汉”为国号，史称“南汉”。刘龑在位期间，任用文人治理地方，并在国内实行科举考试，延揽士人为官。刘龑虽有才干，但也性情残暴，曾经大建宫殿、滥施酷刑。刘龑于942年去世，庙号是“高祖”。

殇帝
姓名：刘玢；原名：刘弘度

在位时间：942~943年
生卒年：920~943年

刘玢是刘龑之子。根据史料记载，他为人骄横，对治国理政毫无兴趣，沉湎于饮酒、弹唱和美色。在他短暂的统治时间里，循州（在今广东惠州）爆发了一场农民起义，起义者攻陷了南汉东部许多地区。943年，刘玢的弟弟刘晟策划了一场政变，在宴会上让表演手搏的人将醉酒的刘玢击杀。

中宗
姓名：刘晟；原名：刘弘熙

在位时间：943~958年
生卒年：920~958年

刘晟是南汉殇帝之弟，曾被封为晋王。刘晟杀死南汉殇帝后登上帝位。因为担心其他兄弟夺走他的皇位，他诛灭兄弟和侄子，并将侄女纳入后宫。据记载，他以折磨人为乐，还建造奢华的宫殿来储存和使用刑具。当后周的军队平定江北时，刘晟派使者向后周表示臣服并进行朝贡，然而使者被南唐拦截，于是他放弃了朝贡的打算，继续沉迷享乐。

后主
姓名：刘鋹；原名：刘继兴

在位时间：958~971年
生卒年：942~980年

刘鋹是南汉中宗的长子。由于南汉中宗杀害了他几乎所有的兄弟和大臣，当他登上皇位时，身边只剩下了宦官与宫女。刘鋹认为有家室的男性都不会对他忠诚，于是他下令所有男性必须要进行阉割后才能为官，这导致他的宫中出现了2万名宦官。他与父亲和叔叔一样沉迷感官享受，并且有很多荒淫和残暴的举动。971年，宋朝出兵进攻南汉，刘鋹本来准备从海上逃走，但他的宦官与卫兵偷走了所有船只，于是他只能向宋朝军队投降。他是南汉的最后一位统治者，史称南汉后主。

南平
（907~963年）

南平是十国之中最小的割据政权，在唐朝灭亡后建立于南方。其都城在江陵（在今湖北荆州）。它又被称作荆南或北楚。南平虽小，但它因为在中国中部的地理位置，而成为了重要的贸易地区。它几乎毫无抵抗就归降了宋朝。

武信王
姓名：高季兴

在位时间：924~928年（907年任节度使）
生卒年：858~928年

高季兴出身卑微，曾做过商人的家奴。因为五代十国时期的统治者频繁更迭，高季兴一生中也曾效忠过多位不同的统治者。起初，高季兴效忠于后梁，当后唐庄宗李存勖于923年灭后梁之后，高季兴又选择效忠于后唐。924年，他受封为南平王，后又向后唐朝廷索要属地，这激怒了后唐明宗，后唐明宗准备出兵讨伐他。于是，高季兴又向南吴称臣。928年，高季兴去世，谥号为“武信王”。

▷ 这件鸱吻（殿脊装饰）可能是南汉宫殿屋顶的装饰。

文献王

姓名：高从诲

在位时间：928~948年
生卒年：891~948年

高从诲是高季兴之子，谥号是“文献王”。他的父亲曾向南吴称臣，但因为南平离后唐比南吴要近，高从诲决定向后唐谢罪并重新称臣。他与父亲一样善于利用南平的地理优势，经常扣留途经南平来向北方政权进贡的其他政权使节，并夺取他们的贡品。高从诲也曾多次向不同政权称臣。因为这一原因，这对父子后来被称为“高赖子”。

贞懿王

姓名：高保融

在位时间：948~960年
生卒年：920~960年

高保融是高从诲的第3个儿子。据史料记载，高宝融才智不足，大多数事务都由他的弟弟高保勖来处理。960年，宋朝建立，高保融出于恐惧，一年内就向宋朝进贡4次。高保融的谥号是“贞懿王”。

贞安王

姓名：高保勖

在位时间：960~962年
生卒年：924~962年

因为高保融的儿子年纪太小，高保勖成为了南平的统治者。据说，他在年幼时十分聪慧，但他登基后却沉迷淫乐，奢侈放纵。他曾斥巨资建造亭台楼阁，耗费了大量的人力物力。962年，高保勖去世，谥号为“贞安王”。

德仁王

姓名：高继冲

在位时间：962~963年
生卒年：943~973年

高保勖死后，他的侄子高继冲成为了统治者。963年，宋朝军队假意镇压其相邻地区的叛乱，乘机夺取了南平的都城，高继冲只得纳地归降宋朝。后来，高继冲成为了宋朝的一名节度使。

楚

（896~951年）

唐末时期，马氏家族崛起于今日湖南地区，并建立了楚（南楚或马楚）政权。鼎盛时期的楚政权控制着今湖南全省地区，和广西、贵州、广东的部分地区。

武穆王

姓名：马殷

在位时间：907~930年（896年任判湖南军府事，907年受封楚王）
生卒年：852~930年

马殷年轻时是一位木匠，后来加入了唐朝的军队。马殷追随的军阀死后，他成为了军队首领，率军驻扎在今湖南境内。后梁建立后，马殷向后梁遣使纳贡，被封为楚王。后梁灭亡后，马殷又效忠于后唐，并在927年被后唐明宗封为楚国王。在他统治期间，楚国的环境较为和平，这也使得楚国繁荣了一段时间。他的谥号是“武穆王”。

衡阳王

姓名：马希声

在位时间：930~932年
生卒年：899~932年

马希声是马殷之子，他在继位后声称自己奉父亲遗命，去除楚国的规制，恢复作为藩镇时的旧制。马希声听说后梁太祖喜欢吃鸡，十分羡慕。他成为南楚的统治者后，每天要杀50只鸡供自己食用。据说，他甚至在父亲的丧期内都要吃鸡，并不在意当时的礼法。他死后被追封为“衡阳王”。

文昭王

姓名：马希范

在位时间：932~947年
生卒年：899~947年

马希范是马希声的弟弟。他曾经被马殷派去洛阳向后唐进贡，后唐皇帝对他的聪慧印象很深。后唐灭亡后，南楚又成为了后晋的藩属。据说，马希范很怕自己的治家得法的妻子彭氏。她去世后，马希范沉迷于奢靡的生活方式，国库被挥霍一空，国内官僚也变得腐败起来。他的谥号是“文昭王”。

废王

姓名：马希广

在位时间：947~950年
生卒年：？~950年

947年马希范去世后，一些将吏支持马希范的弟弟马希广上位。但当时马殷在世的最年长的儿子马希萼与他争夺权位，率军发动兵变，并在950年擒获马希广，将其处死。

恭孝王

姓名：马希萼

在位时间：950~951年
生卒年：900~953年

马希萼是马希广的哥哥。马希萼认为他的弟弟得到了后汉的支持，于是向南唐称臣，并请求南唐支持他废黜马希广。马希萼杀害马希广后，成为了南楚的统治者。他变得傲慢、残暴，不理国政，纵酒淫乐。951年，马希萼的部下发起兵变，将其囚禁，拥立其弟马希崇。南唐灭楚之后，马希萼在入朝时被扣留在南唐国都金陵（在今江苏南京），几年后在金陵去世。

马希崇

在位时间：951年
生卒年：912~?

因为前任楚王马希萼不理朝政，他的属下大将在951年发动了兵变，将他抓住。他们拥护马希萼的弟弟马希崇为“武安留后”，并把马希萼转移到衡山（在今湖南衡阳）。然而，马希崇继位后也纵酒荒淫，丧失了国内的民心。之后，南唐军队攻入楚地，马希崇选择投降，南楚政权的统治到此终结。马氏家族被迁到了南唐境内，南唐灭亡后，又被迁到了后周。

后蜀
（926~965年）

后蜀的都城在今四川成都。这个国家也被称为孟蜀，以此来区分被王氏家族统治的前蜀。

高祖
姓名：孟知祥

在位时间：934年（925年任节度使）
生卒年：874~934年

孟知祥是后唐将领，他娶后唐宗亲之女为妻，成为李克用的侄女婿。925年，后唐灭亡前蜀，孟知祥被委任为西川节度使，治所在今成都。他联合邻近的东川节度使对抗朝廷，之后又吞并东川。934年，孟知祥称帝，建国号为“蜀”，但他只在位7个月就因疾病去世。他的庙号是“高祖”。

后主
姓名：孟昶

在位时间：934~965年
生卒年：919~965年

孟昶是高祖的第3个儿子。他继位后铲除了掌权的前朝旧臣，巩固了自己的权力。孟昶在位31年间，后蜀十分繁荣，成为了当时文学和艺术的中心。同时，后蜀在北方的疆域也有所扩大。

然而，孟昶在位后期，荒淫无度，沉湎酒色，国家日益衰败。宋朝军队进攻后蜀，将后蜀军队击溃，孟昶遂向宋朝投降，后蜀至此灭亡。后蜀灭亡后，孟昶被押送到了宋朝的国都开封，7天后就去世了，史称后蜀后主。

南唐
（937~976年）

南唐定都金陵（在今江苏南京）。为了与中原地区各个政权相抗衡，南唐十分重视与周边政权的外交关系。

烈祖
姓名：李昪；又名：徐知诰

在位时间：937~943年
生卒年：888~943年

李昪出身卑微，在今安徽一带各地流浪，后被杨吴权臣徐温收养。徐温去世后，李昪控制了杨吴的朝廷。937年，他强迫杨吴的皇帝杨溥让位于他，并在金陵称帝。939年，他将自己的姓氏改为李姓，并改国号为“唐”。史料记载，李昪是一位勤奋且能干的统治者。但他常年服用仙丹，身体情况日渐恶化，后于943年去世。

元宗
姓名：李璟；又称：南唐中主

在位时间：943~961年
生卒年：916~961年

李璟是李昪的长子，他在父亲去世后登基。与保境安民的父亲不同，李璟在继位后投入大量精力进行领土扩张。在他统治期间，南唐的领土范围达到了顶峰。李璟在生活上奢侈无度，而且对5位谄媚于他的大臣十分信任，让他们负责处理朝政。不过，他也是一位有才华的诗人和书法家。在他当政时期，南唐成为了南方的文化中心。他的扩张政策耗费了南唐大量的财富，导致南唐无力应对957年时后周军队的进攻。958年，他被迫放弃帝号，向后周称臣。

后主

姓名：李煜

在位时间：961~976年
生卒年：937~978年

李煜是李璟的第6个儿子，他在宋朝建立的第2年（961年）继位。他向宋朝称臣并进贡，以示自己无意向宋朝挑战。然而，宋朝却对南唐步步紧逼，李煜也几度称病拒绝宋太祖对他的召见，宋朝遂向南唐开战。975年，宋朝军队包围了南唐的都城，李煜投降，被送到宋朝的国都开封。978年，他被毒害身亡。虽然他作为统治者十分失败，但他却是中国历史上成就最高的词人之一，史称南唐后主。

北汉
（951~979年）

北汉是一个位于今山西省的小国。它处于两个强大政权（先是辽朝和后周，之后是辽朝和北宋）之间，受到来自双方的压力。北汉的国都是晋阳（在今山西太原西南）。

世祖

姓名：刘崇；又名：刘旻

在位时间：951~954年
生卒年：895~954年

刘崇是后汉的皇室宗亲。当郭威（后周太祖）夺取后汉的国都开封后，刘崇本想举兵南下，却因听说郭威会立他的儿子刘赟为皇帝而作罢。不料郭威自立为帝，并把刘赟杀死。之后，刘崇也在晋阳称帝，仍以“汉”为国号，并继续使用后汉的年号。他称帝后力求加强北汉的军队实力，同时向强大的邻国辽朝寻求帮助。刘崇认辽朝皇帝为自己的叔叔，自称为“侄皇帝”，并改名为刘旻。然而，他向后周发动的战争却大多失败。954年，刘崇去世。

睿宗

姓名：刘钧；原名：刘承钧

在位时间：954~968年
生卒年：926~968年

刘钧是刘崇的次子，也是北汉统治时间最长的一位皇帝。人们认为他是一位善良的统治者，因为他在位时减少了对南方的战事。他与刘崇一样，继续臣服于辽朝，并在向辽朝上表时自称为“男”。然而，他对待辽朝不像刘崇那样恭敬，因此辽朝对他的援助也逐渐变少。

少主

姓名：刘继恩

在位时间：968年
生卒年：935~968年

刘继恩是刘承钧的外甥和养子。他只统治了北汉2个月，就在一场宴会上被杀，史称北汉少主。

英武帝

姓名：刘继元

在位时间：968~979年
生卒年：942~991年

刘继元是刘继恩同母异父的弟弟。他在位期间尝试恢复北汉与辽朝的友好关系，并处死了建议他投降宋朝的宰相郭无为。979年，宋朝军队攻打北汉，并击败了北汉与辽朝的联军，猛攻北汉都城晋阳。刘继元走投无路，遂向宋朝投降，北汉灭亡。刘继元于991年去世。

△ 五代十国时期最著名的画作之一，就是顾闳中所画的《韩熙载夜宴图》，它反映了南唐元宗和南唐后主时期的艺术风貌。

北宋

（960~1127年）

北宋从五代十国的乱世中应运而生，这一时期儒学复兴，还产生了许多伟大的诗词作品。北宋在中后期进行的经济、行政制度的改革，本来有望振兴国家、维持王朝的存续；然而，北宋却因无力抵御金朝的进攻而最终灭亡。

△ 图为南宋时期绘制的《宋真宗后像》。宋真宗的皇后刘氏曾经摄政11年。

太祖

姓名：赵匡胤

在位时间：960~976年
生卒年：927~976年

赵匡胤是五代最后一个政权后周的一位将领之子。他也选择从军之路，并凭借卓著的战功而上位。赵匡胤的军队发动兵变，以相对和平的方式逼迫年幼的后周皇帝退位，而后赵匡胤宣布建立宋朝。赵匡胤因其庙号而史称宋太祖。为了避免相似的军事政变在宋朝发生，他解除了将军们的兵权，并赐予他们荣誉头衔和优厚的待遇。宋太祖在统治时期内致力于统一中国，他攻占了南方和北方的大部分地区。他依靠朝中有才干的文官们强化了中央集权，并推动经济改革，促进了国力增长。

太宗

姓名：赵光义；又名：赵匡义、赵炅

在位时间：976~997年
生卒年：939~997年

宋太祖的弟弟赵光义在哥哥去世后继位，史称宋太宗。在他统治的最初几年，他继续推进由他的哥哥开启的统一进程，吞并了南方的吴越，并消灭北汉，收复了部分北方领土。然而，宋太宗对北方的契丹人和西方的党项人的军事行动都没能成功。在内政方面，宋太宗延续了宋太祖的中央集权政策，重用文官，压制宦官和宗室成员。他扩大了科举考试的取士规模，并有效地开展了农业方面的改革。宋太宗还大力发展文化事业，鼓励典籍的搜集整理和类书的编纂。

真宗

姓名：赵恒；又名：赵元休、赵元侃

在位时间：997~1022年
生卒年：968~1022年

宋太宗的第3个儿子赵恒在父亲去世后继位为帝，史称宋真宗。在宋真宗统治期间，宋朝与北方邻国间的关系仍然紧张。宋真宗同意与辽朝签订和约，承认辽朝与宋朝的平等地位，并承诺给辽朝岁币。作为回报，辽朝也承认后周此前从辽朝收复的土地为宋朝领土。宋真宗和辽圣宗互称兄弟，双方约为“兄弟之国”。这份和约带来了一段宋辽和平共处的时期，也促进了贸易发展。宋真宗在其生命的最后两年饱受疾病折磨，主要依靠他的妻子刘皇后处理朝政。

仁宗

姓名：赵祯

在位时间：1022~1063年
生卒年：1010~1063年

赵祯是宋真宗的第6个儿子，史称宋仁宗。宋仁宗在位初期，刘太后一直垂帘听政，直到她1033年去世。宋仁宗是宋朝历代统治者中在位时间最长的。党项人在1038年彻底脱离宋朝自立，建立西夏，因此宋朝和西夏发生了多次战争。1044年，西夏与宋朝议和，向宋朝称臣，但条件是宋朝要给他们岁赐。宋朝和西夏之间的和平得到了保证，但宋仁宗的养兵政策却使国家的财政状况变得紧张。对此，改革派大臣们向他提议实行“庆历新政”，整顿吏治，减轻财政负担。在仁宗统治时期，国家鼓励对儒家典籍的搜集整理，知识分子也对科学研究更加关注，因而儒学和科

△ 这幅《瑞鹤图》和上面的题诗是宋徽宗创作的。

学领域的研究得以蓬勃发展。

英宗

姓名：赵曙

在位时间：1063~1067年
生卒年：1032~1067年

由于宋仁宗的3个儿子都先于他去世，宋仁宗立他的堂兄濮王赵允让的儿子宗实为继承人，并给他改名为赵曙。宋仁宗死后，赵曙继位为帝，史称宋英宗。然而，宋英宗继位后因为患病而无力处理朝政，由宋仁宗的遗孀曹太后垂帘听政一年。宋英宗在对待亲生父母名分的问题上与群臣产生了分歧，而朝廷官员们的分化也给他的统治带来了困扰。

神宗

姓名：赵顼

在位时间：1067~1085年
生卒年：1048~1085年

宋英宗的长子赵顼在父亲去世后继位，史称宋神宗。这位谨慎的年轻皇帝支持王安石进行变法，以改善经济状况、加强军队战斗力。但是，宋神宗时期对西夏的军事行动惨败，削弱了宋朝的实力。尽管高官、富商和地主们反对变法，但王安石采取的措施还是在财政和军事方面取得了一些成果。王安石的改革一直持续到宋神宗统治结束。宋神宗在位时，科技和文化继续繁荣发展。宋神宗还下令撰写和编纂了一些重要的历史和军事著作。

哲宗

姓名：赵煦；原名：赵佣

在位时间：1085~1100年
生卒年：1077~1100年

宋神宗身患重病后，他的第6个儿子赵佣被立为太子，改名为赵煦。宋神宗病逝后，8岁的赵煦登基，史称宋哲宗。宋哲宗的祖母、太皇太后高氏临朝听政，她任命保守派人士为官，废除王安石的变法措施。改革派和保守派之间的分歧因此加深。1093年，太皇太后高氏去世后，宋哲宗重新请回改革派官员，逐步恢复王安石的变法措施。宋哲宗对西夏的军事胜利，也为宋朝带来了短暂的和平。宋哲宗在1100年病逝。

徽宗

姓名：赵佶

在位时间：1100~1125年
生卒年：1082~1135年

赵佶是宋哲宗的弟弟。宋哲宗的儿子早逝，所以大臣拥立赵佶为帝，史称宋徽宗。1101年，支持保守派的向太后去世后，宋徽宗依靠改革派恢复变法政策，但此时宋朝的财政状况已经变得十分糟糕，改革也无法从根本上拯救宋朝。宋徽宗对朝政不感兴趣，只专注于他爱好的绘画、书法、音乐和诗歌。与此同时，宋朝正面临着来自北方的危机。为了夺取后晋时期割让给辽朝的领土，宋徽宗于1120年与女真人建立的金朝结盟，宋金夹击消灭了辽朝，但金朝察觉到宋朝的软弱，于是对宋朝宣战。宋徽宗宣布退位，传位给自己的儿子赵桓，然后逃到南方。

钦宗

姓名：赵桓

在位时间：1125~1127年
生卒年：1100~1156年

赵桓是宋徽宗和王皇后的长子。当他的父亲宋徽宗为躲避金军的南下而退位后，赵桓不情愿地继位，史称宋钦宗。宋钦宗留在首都开封，组织了一次对金军的抵抗。金军解除了对开封的围攻，但要求宋朝支付巨额的战争赔款，向金朝上贡并派遣人质，同时向金朝称臣。金军的围攻结束后，宋徽宗回到了开封。然而，几个月后，金军再次进攻开封，宋钦宗投降。金朝将宋钦宗和他的父亲宋徽宗废为庶人，并掳至金朝境内囚禁。最终，父子二人均在金朝境内去世。

南宋

（1127~1279年）

北宋灭亡后，赵宋朝廷室南迁至淮河以南并定都临安，重建的政权史称南宋。此后，南宋长期努力抵御金朝进攻，但始终难以收复失地。南宋在经济、思想学术和文学艺术方面取得了一定成就，但最终被南征的蒙古人灭亡。

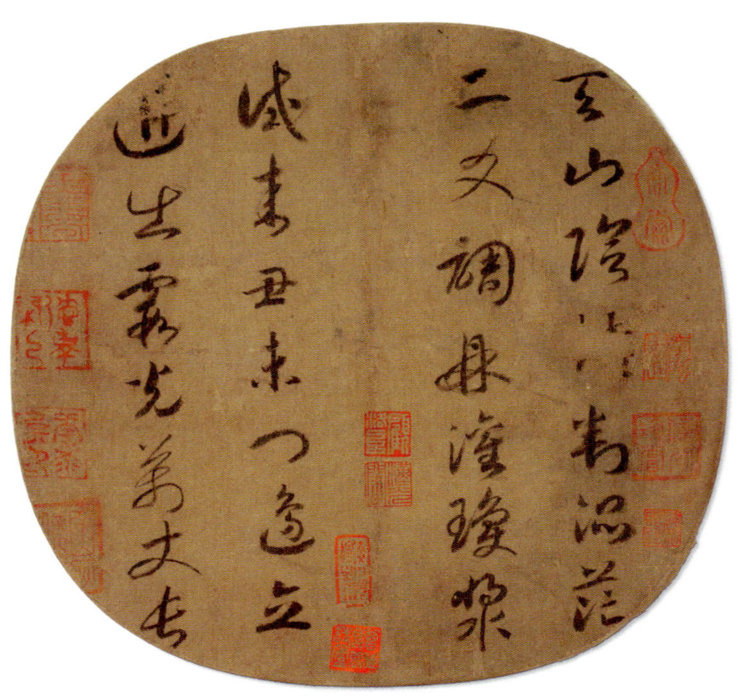

△ 图为宋高宗的诗作《七绝天山诗》。

高宗

姓名：赵构

在位时间：1127~1162年
生卒年：1107~1187年

赵构是宋徽宗的第9个儿子，生母是韦皇后（韦贤妃）。他因其庙号而史称宋高宗。北宋都城开封被金军攻陷后，赵构与北宋朝廷的残余势力一起南下，并继位为帝。起初，宋高宗的手中缺乏正规军，在金军的追击下不得不四处逃窜，直到1138年才将临安（在今浙江杭州）定为行在（名义上的临时都城）。尽管之后南宋在战场上一度对金朝取得优势，但宋高宗还是在1141年和金朝签订的"绍兴和议"中向金称臣，并每年向金朝缴纳贡银。宋高宗建立起一个稳固的行政体系，从而为文化和科技的复兴提供支持。在1161年南宋打败南侵金军之后，双方再次形成对峙局面。宋高宗随后退位，传位给他的养子赵昚。

孝宗

姓名：赵昚

在位时间：1162~1189年
生卒年：1127~1194年

赵昚是宋太祖的七世孙，此前自宋真宗起的宋朝皇帝均为宋太宗一脉。宋高宗的养子赵昚于1162年登基，但宋高宗仍保留着干预政事的权力。赵昚因其庙号而史称宋孝宗。在他统治期间，宋军与金军再次爆发战争，但宋军战败，1164年宋金达成"隆兴和议"。由于宋朝的陆路贸易通道有限，宋孝宗将重心转向海上贸易，建立了繁荣的海上贸易网络。海上贸易推动了南宋经济的繁荣，进而促进了人口的稳定增长。

光宗

姓名：赵惇

在位时间：1189~1194年
生卒年：1147~1200年

1187年，宋孝宗的养父宋高宗驾崩后，他开始逐渐远离政务。宋孝宗最终在1189年退位，传位给他的第3个儿子赵惇。赵惇于1189年登基，史称宋光宗。宋光宗与宋孝宗的关系变得紧张起来，而宋光宗的皇后李氏也借宋光宗生病而操纵朝政。宋孝宗弥留之际，李氏甚至不让宋光宗去探望他。宋孝宗死后，宋光宗拒绝参加大殓的仪式。于是，宋高宗的遗孀太皇太后吴氏以不孝为名迫使宋光宗退位。

宁宗

姓名：赵扩

在位时间：1194~1224年
生卒年：1168~1224年

宋宁宗是宋光宗唯一在世的儿子，名叫赵扩。强势的太皇太后吴氏拥立他成为皇帝。他登基后，太皇太后吴氏的外甥韩侂胄控制了朝廷，他也是宋宁宗第一任皇后的叔祖父。1206年，他下诏伐金，但不仅未能收复宋朝在北方失去的领土，反而还带来了灾难性的后果。1207年，韩侂胄死于暗杀，随后宋金之间签订"嘉定和议"，宋朝被迫增加给金朝的岁币。

宋宁宗的第二任皇后杨氏，把朝廷大权交给了她的哥哥杨次山和大臣史弥远。在此期间，南宋境内的通货膨胀日益加剧。而蒙古人从北方的进攻，迫使金朝向南迁都到开封，距离南宋更近了。

理宗

姓名：赵昀

在位时间：1224~1264年
生卒年：1205~1264年

宋宁宗的9个儿子全部夭折了，因此他选择了宋太祖的后裔赵竑，作为自己的继承人。然而，权臣史弥远不赞成宋宁宗的选择。宋宁宗死后，他拥立另一位宋太祖的后裔赵昀为帝，也就是宋理宗。宋理宗对朝政不感兴趣，便把自己的理政职责交给了史弥远。这位皇帝更喜欢艺术方面的东西，并且追求感官享受，于是把朝政交给了他的大臣们处理。此时，南宋的经济状况比以前有所好转，但长期的宋金战争大大消耗了国力。南宋朝廷在1233年与蒙古人结盟来对抗金朝。然而，蒙古人在1234年灭亡了金朝，随后将进攻目标转向南宋。

度宗

姓名：赵禥

在位时间：1264~1274年
生卒年：1240~1274年

由于宋理宗的儿子早夭，他选择侄子赵禥作为继承人。赵禥因其庙号而史称宋度宗。宋度宗在政治上很无能，和他的叔叔一样，把政务留给他的大臣们处理。在对南宋的多年军事行动中，忽必烈领导的政权逐渐对南宋形成优势。南宋朝廷试图阻止蒙古人的南下，但在宋度宗在位时的1273年，重要的战略城市襄阳沦陷。宋度宗在襄阳沦陷后暴毙，他是最后一位可以真正执掌政权的南宋皇帝。

恭帝

姓名：赵㬎

在位时间：1274~1276年
生卒年：1271~1323年

宋度宗死后，他4岁的儿子赵㬎即位，史称宋恭帝。赵㬎的母亲全太后和祖母谢太皇太后垂帘听政，而权臣贾似道则拥有行政和军事方面的权力。贾似道集结了一支大军，希望阻止蒙古人的南侵，但遭到惨败。蒙古人于1276年攻占南宋都城临安，废黜赵㬎，并将其囚禁。忽必烈在元上都接见了他，并封他为瀛国公，然后令他进入吐蕃（在今西藏）学佛修行。赵㬎于1323年被元英宗赐死。

端宗

姓名：赵昰

在位时间：1276~1278年
生卒年：1269~1278年

蒙古人攻占临安后，南宋的残余势力逃到了福建，并护送此前宋恭帝的两个同父异母的兄弟安全到达此处。逃亡的大臣们拥立其中一人，即7岁的赵昰为皇帝，也就是宋端宗。在蒙古人的追击下，宋端宗和他的大臣们进一步南撤到广东，被迫从那里出海逃离。宋端宗的船在飓风中倾覆，虽然他当时幸免于难，但几个月后却因病去世，年仅9岁。

帝昺

姓名：赵昺

在位时间：1278~1279年
生卒年：1272~1279年

年幼的宋端宗死后，逃亡的南宋大臣们又拥立赵昺为宋朝皇帝。蒙古人追击逃亡者到崖门（崖山，位于广东江门），然后将他们围困于海上。随后，崖山海战爆发，蒙古水军封锁了海湾。南宋的残余势力进行了最后的抵抗，但最终还是战败了。在这场战役中，左丞相陆秀夫背着年幼的赵昺投海殉国，南宋至此灭亡。

△ 这是一幅宋理宗的画像，出自《宋理宗坐像轴》。

辽朝

（916~1125年）

契丹人是来自中国东北的草原民族，他们建立了契丹国，也称辽、大契丹、大辽。它的创建者耶律阿保机建立了一个强大的王朝，将草原上的军事制度与汉人的行政制度、农业实践进行了结合。辽朝的统治持续了两个多世纪。他们逐渐占据了中国北方，迫使西夏称臣，但后来内部发生动乱，原本附庸于辽朝的一些民族也开始反叛。最终，辽朝被女真人建立的金朝灭亡。

太祖

姓名：耶律阿保机；又名：耶律亿

在位时间：916~926年
生卒年：872~926年

耶律阿保机因其庙号而史称辽太祖。他带领迭剌部夺取了契丹族的统治权，取代了遥辇氏。901年，耶律阿保机成为迭剌部的军事首领。几年后，他成为契丹军队的统帅，之后他率军入侵中原，并与使唐朝灭亡的军阀朱温结盟。不过，耶律阿保机也与朱温的敌手李克用结盟过。907年，凭借自己在军事方面的强大领导力，耶律阿保机被选为契丹可汗。之前，契丹的可汗每3年改选一次，而耶律阿保机废除了这种制度，这导致他的兄弟们失去了被选为可汗的机会。他的兄弟们因此几次掀起叛乱，但都被耶律阿保机镇压。916年，他正式称帝，并建立了一个仿照中原体制的朝廷，成为了与南边中原王朝的皇帝对等的统治者。918年，他建立了契丹国的皇都，也就是后来的辽上京（在今内蒙古境内）。他在城中建造了孔子庙、佛寺、道观等建筑。

耶律阿保机本希望能继续向南进攻，但他却在926年去世，一种说法认为他可能是死于疾病。

△ 图为辽代银质镀金冠。

太宗

姓名：耶律尧骨；又名：耶律德光

在位时间：927~947年
生卒年：902~947年

耶律德光继承了他的父亲耶律阿保机的帝位。他因其庙号而史称辽太宗。耶律德光的母亲是曾在阿保机驾崩后短暂摄政的应天皇太后，她推举耶律德光登上帝位，而没有支持原定的继承人皇太子耶律倍。在耶律德光统治时期内，他继续在草原上开疆拓土，并战胜了党项人。皇太子耶律倍投奔后唐，但在937年被后唐末代皇帝李从珂派人杀死。

辽太宗给了石敬瑭大量军事方面的支持，使石敬瑭能够控制华北，并且称帝建立后晋。作为交换，石敬瑭向契丹称臣、称儿，还把幽云十六州割让给契丹。而中国北方的其他几个支离破碎的割据政权，也不得不向契丹称臣。943年，石敬瑭的儿子石重贵不再向契丹称臣，只称孙，还囚禁契丹使节、杀害契丹商人，并取消了契丹商人的贸易权，致使耶律德光入侵中原。947年，经过数年各有胜负的战争，耶律德光终于攻克了后晋的都城开封，并在此称帝，改国号为“辽”，后晋皇室被他俘虏后押送往辽地。然而，由于中原的汉人群起反抗，耶律德光又需要维持辽朝本土的秩序，于是被迫率军撤退。几个月后，耶律德光在回撤的路上因病去世。

世宗

姓名：耶律阮；又名：耶律兀欲

在位时间：947~951年
生卒年：917~951年

耶律阮是耶律倍的长子，他深得辽太宗的喜爱。耶律阮擅长骑射，勇武过人。他因其庙号而史称辽世宗。耶律德光死后，他在争夺继承权的斗争中战胜了应天皇太后，之后平定了接二连三的贵族政变，并处死了多位反对者。为了便于行政管理，辽世宗设立了“南北面官制”：在辽朝的南方地区，通过南面官进行施政，以汉人制度来管理汉人；在辽朝的北方地区，则用契丹族的制度进行管理。951年，辽世宗带着太后和两位皇后，准备率领军队南下攻打后周。一天晚上，辽世宗喝醉了酒，被辽朝宗室耶律察割等人杀害，死时并未指定继承人。

△ 在这幅辽代墓葬壁画中，一群乐师正在为一位舞女伴奏。辽朝贵族墓葬中的壁画多取材于他们的日常生活。

穆宗

姓名：耶律璟；又名：耶律述律

在位时间：951~969年
生卒年：931~969年

耶律璟是辽太宗的长子，庙号为“穆宗”。他经常喝醉，然后在白天睡觉，因此他被称为“睡王”。在960年前，他平定了辽朝宗室和契丹贵族的多次政变。他喜欢打猎，醉酒时会做出暴虐的举动。959年，后周开始进攻辽朝控制的幽云十六州，并攻克了其中的3座关口和3个州，但后周皇帝郭荣在北伐过程中患病驾崩，辽穆宗得以重整兵力据守地盘。穆宗是一个有暴力倾向的酒鬼，他杀死过自己的不少随从，最后被自己的侍从暗杀。

景宗

姓名：耶律贤

在位时间：969~982年
生卒年：948~982年

耶律贤是辽世宗的次子，因其庙号而史称辽景宗。在976年，景宗派兵援助北汉，以抵御宋朝的进攻。979年，他又向北汉派遣了一支援军，却被宋朝击败。北汉灭亡，北汉的土地被并入宋朝。随后宋军北进征伐辽朝，开始进攻辽朝的南京（即幽州城，在今北京）。此战中辽军大败宋军，之后辽景宗率领军队夺回了华北的部分地区。辽景宗在位时也与其他民族作战，这一时期，党项人从西面袭击辽朝，而女真人也从东北骚扰辽朝。981年，景宗镇压了一次重大政变，但他在第2年的一次外出狩猎时驾崩。

圣宗

姓名：耶律隆绪

在位时间：982~1031年
生卒年：972~1031年

辽圣宗的名字是耶律隆绪，他是辽景宗的儿子。他的父亲驾崩时，他还只是个小孩。他的母亲承天皇太后萧绰，在圣宗统治期间摄政达27年之久，这段时间里，她是辽朝的实际统治者。她得力的朝臣们在税收、法律体系、基础设施和农业方面进行了一系列改革。辽朝还

◁ 这件金舍利塔，展现了辽朝时期佛教艺术的辉煌。

在988年开始实行科举取士制度。辽朝时期，佛教也在他们的支持下蓬勃发展。与此同时，其他耶律氏的男性成员掌控着辽朝军队。

11世纪初，承天皇太后和辽圣宗指挥军队进攻宋朝。1005年，辽与宋订立“澶渊之盟”。宋朝同意向辽缴纳岁币，并且划定边界。辽圣宗也和宋真宗以兄弟相称。辽圣宗于1031年去世。

兴宗

姓名：耶律宗真；又名：耶律只骨

在位时间：1031~1055年
生卒年：1016~1055年

耶律宗真是辽圣宗的儿子，他被辽圣宗指定为继承人，他因其庙号而史称辽兴宗。他的生母是辽圣宗的妃子萧耨斤，但他由齐天皇后抚养长大。萧耨斤逼死了齐天皇后，并自立为皇太后，临朝摄政。自此萧耨斤成为辽朝实际的统治者，并给她的支持者们加官晋爵。她还密谋废除辽兴宗，立自己的小儿子耶律重元为帝。最后，萧耨斤被放逐，但她和她的家族仍然强大。

辽兴宗在位时，国家与北宋、西夏间的关系十分复杂。1043年，西夏请求辽朝一同攻打北宋，但辽兴宗拒绝了。后来，辽朝于1044年进攻西夏，但被打败了。辽兴宗于1049年进攻西夏的战役也陷入先胜后败的局面，直到1053年辽朝与西夏才恢复和平。1055年，辽兴宗因病去世。

道宗

姓名：耶律洪基；又名：耶律查剌

在位时间：1055~1101年
生卒年：1032~1101年

辽道宗名为耶律洪基，是辽兴宗的长子。辽道宗于早年在位时期限制了在辽兴宗时期十分强势的萧氏家族势力。辽道宗还处决了一些发起叛乱的大臣。他努力应对朝廷中的斗争。据说，他还下令让所有的朝臣，甚至契丹人都必须穿汉族服装。辽道宗的叔父耶律重元在辽道宗出猎时掀起叛乱，叛军袭击了辽道宗。但叛军的袭击失败了，辽道宗派兵反击，耶律重元兵败自杀。许多耶律重元的同谋者也被辽道宗处决。之后，权臣耶律乙辛又掌管了朝廷，并害死了道宗的太子耶律浚和他的生母（皇后萧观音）。1070年，道宗令耶律乙辛等大臣参照汉人的法律修订辽朝法律，但最终推行失败，在新法律推行多年后，又恢复了旧的契丹法律。耶律乙辛于1081年被流放。辽道宗在世时专注于对佛教的传播。

天祚帝

姓名：耶律延禧；又名：耶律阿果

在位时间：1101~1125年
生卒年：1075~1128年

耶律延禧是辽道宗的孙子。他下令对耶律乙辛及其同党进行剖棺、戮尸。天祚帝在位时，辽朝与北方的女真政权发生冲突。当女真人在完颜阿骨打的统治下崛起时，天祚帝派出一支军队去镇压他们。女真人打败了这支军队，天祚帝被迫求和。1115年，他再次出兵征讨完颜阿骨打，但同时又要应对他的叔叔耶律淳发动政变的企图。完颜阿骨打与辽朝先后交战了许多年。在1122年的乱局中，耶律淳在南京（在今北京）称帝，但仅仅几个月后，他就去世了。天祚帝则逃往西夏。1125年，女真军队俘虏了他，结束了他的统治。

西辽

（1134~1218年）

西辽也称哈剌契丹（或黑契丹），起初是耶律大石率领的一支西进的辽军建立的政权。西辽在中亚地区建立了一个强大的王朝，然而最终被蒙古乃蛮部的王子屈出律夺取了政权。

德宗

姓名：耶律大石；又名：耶律重德

在位时间：1134~1143年
生卒年：1087~1143年

耶律大石是西辽王朝的开创者，因其庙号而史称辽德宗。他是辽朝建立者耶律阿保机的八世孙。他擅长骑射，兼通契丹文和汉文。1115年，耶律大石在辽朝科举中考中进士。1124年，辽朝被金朝灭亡，耶律大石率部队抵达漠北地区的可敦城，自立为王。1130年，他带领契丹军队西进，迫使高昌回鹘称臣，将领土扩展到中亚。

1132年，耶律大石称帝，称号为“菊尔汗”（即突厥语中的“汗中之汗”），汉文尊号为“天祐帝”。1134年，他攻占了喀剌汗王朝的八剌沙衮城（在今吉尔吉斯斯坦），该城后来成为西辽的都城。耶律大石曾几次进攻金朝，但都没有取得很大的成功，所以他转而与喀喇汗王朝开战，在费尔干纳地区发起了更多的战役。1141年，在卡特万（在今撒马尔罕）战役中，耶律大石的军队打败了强大的塞尔柱王朝的苏丹桑贾尔，而当时的塞尔柱王朝统治着中亚、伊朗、中东和安纳托利亚的大部分地区。这使得西辽（也称哈喇契丹）一度成为中亚最强大的国家。

仁宗

姓名：耶律夷列

在位时间：1150~1163年（萧塔不烟于1143~1150年临朝称制）
生卒年：？~1163年

辽德宗死后，他的皇后萧塔不烟代使皇帝职权，她被称为感天皇后。这一时期回鹘人向金朝进贡，西辽受到威胁。1146年，皇后在打猎时，接见了一位金朝使者，这位使者威胁西辽，并命令她下马接诏。皇后下令把金朝使者拉下马，强迫金使下跪，然后将他处决。西辽拒绝承认金朝的威权。1150年，感天皇后还政于儿子耶律夷列，在多年之后去世。

耶律夷列是辽德宗和感天皇后的儿子。由于史料不足，人们对他统治时期的情况知之甚少。1150年，他从母亲手中接过权力亲政。他因其庙号而史称辽仁宗。辽仁宗曾下令在国内进行户籍清查。他于1163年去世。

末主

姓名：耶律直鲁古

在位时间：1177~1211年（耶律普速完于1163~1177年临朝称制）
生卒年：？~1213年

辽仁宗驾崩时，他的儿子太小，无法亲自处理政事，所以辽仁宗的妹妹耶律普速完代使皇帝职权。她的尊号是“承天太后”。她的公公是先帝辽德宗的大将萧斡里剌。她执政期间，多次击败了花剌子模。她的丈夫萧朵鲁不拥有军权。承天太后与萧朵鲁不的弟弟萧朴古只沙里之间发生了私情，导致她的公公萧斡里剌发动政变，杀死了承天太后和自己的儿子萧朴古只沙里。

耶律直鲁古是辽仁宗的儿子之一，也是最后一位统治西辽的耶律氏皇帝，史称西辽末主。萧斡里剌在控制西辽国都并杀死了耶律直鲁古的长兄之后，拥立耶律直鲁古继位为帝。在耶律直鲁古的统治早期，西辽军队仍在花剌子模的土地上作战。1185年，耶律直鲁古试图与西夏结盟，准备攻打金朝，但最后一无所获。

1208年，耶律直鲁古接纳了父亲被成吉思汗杀害的乃蛮部王子屈出律。当回鹘人与成吉思汗联手时，耶律直鲁古同意派屈出律去召集一支军队。屈出律在几年的时间里四处劫掠，但他却没有因此受到惩罚。

屈出律随后与花剌子模人结盟，直接攻击西辽本土。1211年，在耶律直鲁古打猎时，屈出律率领一支军队袭击了他的人马，并将他俘虏。耶律直鲁古于1213年去世。之后，屈出律控制了西辽政权，直到1218年西辽被蒙古人灭亡。

屈出律

姓名：屈出律

在位时间：1211~1218年
生卒年：？~1218年

屈出律是蒙古乃蛮部太阳罕之子，其父在和成吉思汗的战争中战死。屈出律率领部众西迁，投奔叔叔不亦鲁黑汗，之后不亦鲁黑汗也被成吉思汗击败。屈出律被迫继续西逃至西辽，被耶律直鲁古招为驸马。后来，屈出律趁花剌子模背叛西辽之际发起叛乱，擒获西辽末主耶律直鲁古，自己称帝，并继续使用西辽的国号。1218年，蒙古将军哲别率军进攻西辽，屈出律弃城出逃，最终被蒙古军队俘获。哲别将屈出律斩首并招降西辽各地，西辽灭亡。

西夏

（1038~1227年）

11~13世纪，中国西北部的党项人政权以“夏”为国号立国，史称西夏。党项人的身上融合了吐蕃、羌人和汉人等多个族群的文化和血统。9世纪时，党项首领因对唐朝的支持而获封西北部的定难军节度使职位。党项人逐渐扩张自身势力，到了11世纪，嵬名家族的李元昊正式以“大夏”为国号建国。

△ 西夏的统治者以佛教为主要信仰，佛教因而在西夏得到蓬勃发展。榆林石窟中的这幅佛教壁画可以追溯到西夏时期。

景宗

姓名：李元昊；又名：赵元昊，嵬名元昊，拓跋元昊

在位时间：1038~1048年
生卒年：1003~1048年

李元昊在中国的西部建立了独立的西夏王朝。他的祖父李继迁是党项人首领，曾领导过一场反对宋朝的起义。李元昊的父亲李德明采取“依辽和宋”的策略，以此在两国间谋求生存空间，并将自己的领土向西扩展到回鹘人控制的绿洲地带。

李元昊既有很高的文化水平，又是一位骁勇善战的武将。他于1038年建国称帝，并在兴庆府（在今宁夏银川）建都，还下令在那里建造了一座仿五台山佛寺的寺庙。他宣称自己是建立北魏的拓跋氏鲜卑人的后裔，来增加自己统治的合法性，并在国内使用基于汉字笔画发明出来的西夏文字。李元昊本不愿向宋朝称臣，后来两国之间爆发了战争。西夏在战争中遭受了巨大的损失，李元昊被迫宣布向宋朝称臣，接受宋朝的封号。后来，李元昊夺娶儿子宁令哥的妻子为新皇后，结果被宁令哥与大臣没藏讹庞密谋弑杀。宁令哥动刀削去了李元昊的鼻子，李元昊最终死于鼻创的感染。

毅宗

姓名：李谅祚

在位时间：1048~1068年
生卒年：1047~1068年

李谅祚继位为帝的时候只有几个月大。他继位不久之后，辽朝进攻西夏。在辽朝的国力因战争受到巨大损耗之后，辽、夏两国又恢复了和平。西夏毅宗的母亲没藏太后下令在兴庆府建造一座新的佛教寺庙，名为承天寺。西夏毅宗小时候和母亲一起在那里听僧人讲经。

与此同时，李谅祚的舅舅没藏讹庞扩大了西夏的疆界，并将民众安置到新占领的宋朝土地上。1056年，没藏讹庞谋害了没藏太后。之后，他全面控制了西夏朝廷，还将自己的女儿嫁给了西夏毅宗，并于1057年派兵攻打宋朝边境地区。西夏毅宗与没藏讹庞之子的妻子梁氏有私情，梁氏怂恿他除掉他的舅舅。除掉没藏讹庞之后，西夏毅宗立梁氏为皇后。

梁氏在西夏朝廷里有很大的影响力。西夏毅宗对宋朝提出了几项要求，为西夏人向宋朝争取地位上的让步，并对宫廷服饰和礼仪进行了汉化改革。1067年，宋朝的边将出兵占领了西夏的绥州。西夏毅宗出兵报复宋朝，据说他在和宋军交战时中箭伤，后来箭伤复发而死。

惠宗

姓名：李秉常

在位时间：1068~1086年
生卒年：1061~1086年

1068年，西夏毅宗和梁皇后所生的儿子李秉常继位，他因其庙号而史称西夏惠宗。1069年，摄政的梁太后以儿子的名义下令恢复党项人本族的礼俗。西夏惠宗本应在11

世纪70年代后期亲自执掌政权，但遭到了梁太后的阻挠。到了1080年，西夏惠宗试图恢复汉礼和汉服，但第2年时有传闻说他打算将黄河以南之地划给宋朝，以此拉拢宋朝帮助他对付梁氏势力。与此同时，西夏惠宗的舅舅梁乙埋发动政变，将皇帝囚禁起来。宋朝以此作为借口发起对西夏的进攻。1083年时，梁氏势力同意以称臣纳贡的方式与宋朝谈和，但西夏惠宗始终没能夺回实权亲政，最终忧愤而死。

崇宗

姓名：李乾顺

在位时间：1086~1139年
生卒年：1083~1139年

李乾顺在3岁时登基为帝，因其庙号而史称西夏崇宗，朝政由他母亲梁氏家族势力把持。在此期间，西夏崇宗的舅舅梁乙逋与吐蕃人联络结盟。后来，西夏崇宗的母亲与梁乙逋发生了冲突。1094年，一场由嵬名、仁多两氏族发起的政变导致梁乙逋被杀，梁氏家族中梁乙逋一系异己势力被梁太后消灭。此后，宋朝和吐蕃不断试图从西夏手中夺取青海的部分地区和青唐城（在今青海西宁），而西夏崇宗则与嵬名宗族的元老们联合统治国家。西夏的外部威胁随后平息。西夏崇宗推行的佛经翻译工程继续进行。西夏崇宗在1105年娶了一位契丹公主，并援助即将灭亡的辽朝抵抗金朝的进攻。西夏崇宗死后，其次子李仁孝即位。

仁宗

姓名：李仁孝

在位时间：1139~1193年
生卒年：1124~1193年

李仁孝是中国历史上在位时间较长的皇帝之一，因其庙号而史称西夏仁宗。李仁孝15岁时继位，他把国家的军事事务和平定叛乱的任务交给了他的将领们处理，特别是汉族将军任得敬。12世纪40年代时，西夏仁宗发起了改革，在西夏建立了儒家的科举考试制度。

12世纪60年代，任得敬被封为楚王，并开始吞并西夏的大片土地，将其置于他个人的控制之下。后来，他的阴谋败露，西夏仁宗将任得敬处死。西夏仁宗在69岁时驾崩，他的统治在和平中结束。

桓宗

姓名：李纯祐

在位时间：1193~1206年
生卒年：1177~1206年

李纯祐是西夏仁宗和罗皇后的长子，因其庙号而史称西夏桓宗。1205年，蒙古人首次从西部突袭西夏。蒙古人撤退后，西夏桓宗将首都“兴庆府”改名为“中兴府”。1206年，西夏桓宗的堂兄李安全废黜并软禁了他，之后，西夏桓宗暴毙。

襄宗

姓名：李安全

在位时间：1206~1211年
生卒年：1170~1211年

李安全是西夏崇宗的孙子，史称西夏襄宗。1206年，李安全发动政变，从西夏桓宗手中夺取了权力，并让他的伯母罗太后去请求金朝承认他的帝位。1207年，成吉思汗袭击了西夏城市斡罗孩城。西夏襄宗派使节前往金朝，希望与金朝建立军事同盟，但新任金朝统治者完颜永济拒绝了。从1209年起，蒙古人联合回鹘人洗劫了西夏西部的许多城镇，并包围了西夏的首都中兴府。1210年，西夏襄宗向蒙古人投降，成为蒙古的附庸。

神宗

姓名：李遵顼

在位时间：1211~1223年
生卒年：1163~1226年

李遵顼发动了一场政变，推翻了他的宗室远亲西夏襄宗。他的父亲是李彦宗，与西夏襄宗同辈。李遵顼是第一位考中进士的西夏宗室。1217年，当成吉思汗要求西夏派部队跟随蒙古军队西征时，西夏神宗拒绝了。1223年，蒙古人威逼西夏神宗退位。1226年，李遵顼病逝。他因其庙号而史称西夏神宗。

献宗

姓名：李德旺

在位时间：1223~1226年
生卒年：1181~1226年

李德旺继承了他父亲的帝位，史称夏献宗。他统治时期的唯一突出成就是他试图争取金朝的支持，以抵抗大蒙古国的进攻。1225年，西夏和金朝宣布结为兄弟之国。此时，西夏的朝廷由朝臣控制着，一名叫阿沙敢不的朝臣曾对成吉思汗出言不逊。西夏献宗最后因担忧大蒙古国的进攻而受惊去世。

末主

姓名：李睍

在位时间：1226~1227年
生卒年：？~公元1227年

李睍是西夏献宗的弟弟，清平郡王的儿子。他被称为“末主”。在蒙古军队的进攻下，他的统治仅持续了一年。1227年，成吉思汗围攻西夏都城中兴府5个月，直到西夏末主被迫投降，但随后蒙古军队还是攻灭了西夏政权。成吉思汗本人在这次围攻中病逝。李睍作为最后一位西夏皇帝走出城门，进入蒙古人的营地，之后被杀。蒙古人随后进入中兴府屠城，结束了西夏的统治。

△ 这座西夏皇陵位于今日的宁夏回族自治区。

金朝

（1115~1234年）

建立金朝的女真人居住在中国东北，过着以渔猎为主的生活。他们长期臣服于契丹人，后来在首领完颜阿骨打的带领下建立金朝，继而灭亡辽朝。随后，他们攻占中国北方地区，灭亡北宋，迫使南宋缴纳岁币，并使之臣服。后来，金朝逐渐放弃了女真人的传统制度与生活方式，接受宋朝的文化习俗。金朝晚期由于内乱和制度崩溃而国力衰微，最终被大蒙古国的窝阔台汗攻灭。

太祖

姓名：完颜阿骨打，完颜旻

在位时间：1115~1123年
生卒年：1068~1123年

金太祖名叫完颜阿骨打，是金朝的创立者。完颜阿骨打年轻时，听命于契丹人，与其他女真部落作战。1112年，完颜阿骨打的哥哥完颜乌雅束担任部落联盟长时，完颜阿骨打出席了辽朝皇帝举办的宴会，并公开拒绝为辽朝皇帝跳舞。

完颜乌雅束在1113年去世后，完颜阿骨打继任联盟首领，并于次年进攻辽朝。他的每一次胜利，都在女真族中为他带来了更多的追随者，之后他统一了女真各部落。完颜阿骨打在1115年称帝并建立金朝。他的军队以少胜多，击败了强大的辽朝边防军，势不可挡。完颜阿骨打和他的部族在几年内攻克了辽朝的所有都城（即辽朝的五京），并于1122年攻克燕京（在今北京）。完颜阿骨打可能要求过辽朝承认他的帝位，来作为和谈的条件，但未能完全如愿。之后，他便灭掉了辽朝。完颜阿骨打与宋朝谈判，签订“海上之盟”。

太宗

姓名：完颜吴乞买；又名：完颜晟

在位时间：1123~1135年
生卒年：1075~1135年

完颜吴乞买继承了他的哥哥完颜阿骨打的帝位，史称金太宗。他改革了勃极烈制度，并用这项制度管理着这个日益壮大的国家，同时派出他的兄弟在外征伐。金太宗掌权后，于1124年与西夏结盟，并要求他们臣服于金朝。在金军将领们要求继续扩张的压力下，金太宗于1125年向宋朝宣战并打败宋朝。宋朝将北方的大部分领土割让给金朝，还派出一名皇子作为人质，同意以战争赔款换取和平。即便如此，金朝仍在第二年再次进攻宋朝，攻占了宋朝的都城开封。金朝把宋朝的残余势力逼得逃向南方，金太宗扶植伪齐政权的傀儡皇帝刘豫，来安抚和统治金朝占领的宋朝中部领土。

熙宗

姓名：完颜合剌；又名：完颜亶

在位时间：1135~1149年
生卒年：1119~1150年

完颜合剌是完颜阿骨打的嫡长子完颜绳果的儿子。他是金太宗指定的继承人，史称金熙宗。1137年，他废黜了伪齐政权皇帝刘豫的帝位。1141年，宋金签订“绍兴和议”，宋朝向金朝称臣，并每年向金朝纳贡。金熙宗还与西夏维持了和平关系。金熙宗无法控制朝廷内的女真派系，也无法控制他那些有权势的叔叔们，结果他变得酗酒和暴虐，处决了他身边的许多官员和亲人。最后，他被堂弟完颜迪古乃领导的政变推翻，遭到弑杀。

海陵王

姓名：完颜迪古乃；又名：完颜亮

在位时间：1149~1161年
生卒年：1122~1161年

完颜迪古乃是完颜阿骨打的庶子完颜宗干的儿子。他弑君后继位，通过残害其他宗室来巩固自己的权力，甚至将他们

△ 这张肖像画的是金太祖完颜阿骨打。

的妻子强行纳入自己的后宫。他还杀尽了金太宗的后代及几位嫔妃，境内曾统治契丹族的耶律氏贵族和宋朝的赵氏皇族也被杀死。完颜迪古乃把都城迁往燕京，称之为金中都，并拆除了旧都上京城的宫殿。因为他暴虐的行为，国内叛乱频发，契丹人和女真人都反抗他的统治。完颜迪古乃想成为统一全中国的皇帝。1161年，他的军队向中国南方挺进，但南宋军队在长江阻止了他们的前进。完颜迪古乃的将领在进攻扬州的战役中背叛了他，并将他弑杀。根据历史记载，完颜迪古乃是一个无道昏君，因此他没有皇帝谥号。他被降封为“海陵王”，之后又被追降为庶人。

世宗

姓名：完颜乌禄；又名：完颜雍

在位时间：1161~1189年
生卒年：1123~1189年

完颜乌禄是金朝宗室完颜宗尧的儿子，史称金世宗。完颜迪古乃被杀之前的几个月，他在金朝的东京（在今辽宁辽阳）领导了一场女真人的起义，并且被拥立为皇帝。金世宗接受了汉化教育，尽管如此，他还是倡导女真旧俗和传统的军事组织形式“猛安谋克制”。金世宗于1162年平息了契丹人的起义，并于1164年与宋朝签订“隆兴和议”。此后，金朝和宋朝间的和平持续了40年。在12世纪80年代初期，金世宗下令进行人口、土地和资产方面的清查，并进行税收领域和军事领域改革，以改善金朝的经济状况。他也尊崇儒学，这些中原文化改善了女真人的生活方式。他还下令进行女真进士科的科举考试，将儒家经典翻译成女真文字。他同时信仰佛教和道教，但更加仰慕道士王处一。

章宗

姓名：完颜麻达葛；又名：完颜璟

在位时间：1189~1208年
生卒年：1168~1208年

完颜璟是金世宗的孙子，因其庙号而史称金章宗。他的父亲完颜允恭是金世宗的皇太子，但完颜允恭于1185年病逝了。金世宗之所以选择金章宗继位，是因为金章宗受过良好的汉文和女真文教育。金章宗登基后，大臣们劝他为了确保安全不要再去北方出猎。金章宗对女真猛安谋克的生活习俗颁布了新的规定。在他统治时期，黄河泛滥，给人民带来了灾难。蒙古人变得越来越强大，金章宗下令在边境上修建防御工事，史称金长城。在金章宗统治末年，南宋将领韩侂胄开始北伐金朝，并于1206年攻入金朝领土。金朝击败了南宋的北伐并进行报复，直到南宋求和并增加缴纳岁币才停止。不久后金章宗驾崩。

卫绍王

姓名：完颜允济；又名：完颜永济

在位时间：1208~1213年
生卒年：？~1213年

完颜允济是金章宗的叔叔。他之所以能成为统治者，是因为金章宗没有可以继承帝位的子嗣。完颜允济曾经在边境地区负责接受蒙古人的贡品时遭到蒙古人的无礼对待，所以当他作为皇帝派使者要求蒙古人进贡时，成吉思汗记起了这一点，并表现出对完颜允济的轻蔑。1211年，成吉思汗与金朝的契丹人组成的乣军联手，进攻金朝并击退金军，一直进军到金中都（在今北京）。之后，蒙古人撤军，但在1213年又出兵逼近中都。金朝将军胡沙虎命令太监们毒杀了完颜允济。完颜允济死后没能保有帝号，被降封为“东海郡侯”，后又复为卫王，谥号为“绍”，故史称卫绍王。

宣宗

姓名：完颜吾睹补；又名：完颜珣、完颜从嘉

在位时间：1213~1223年
生卒年：1163~1223年

金朝将军胡沙虎拥立金世宗的孙子完颜珣为帝。完颜珣因其庙号而史称金宣宗。1214年，南宋拒绝给金朝岁币，而金朝被迫与蒙古人签订一项对金朝不利的和平协议。金宣宗将都城迁至开封后，成吉思汗又出兵围攻金中都，并在1215年攻陷中都并进行屠城。金朝因此失去了在中国北部的领土。1219年，金宣宗再次进攻南宋，并在长江一线被南宋击败。成吉思汗要求他放弃皇帝头衔，金宣宗拒绝了，几年后他因病驾崩。

哀宗

姓名：完颜宁甲速；又名：完颜守绪、完颜守礼

在位时间：1223~1234年
生卒年：1198~1234年

完颜宁甲速是金宣宗的第3子，因为长兄（原定继承人）和侄子都已去世，所以他继位为帝，史称金哀宗。他曾和金宣宗的次子争夺帝位。金哀宗被认为是一位称职的统治者。1224年，他集结军队对抗蒙古人，停止进攻宋朝，并与西夏和平相处。成吉思汗在1227年对西夏的战役中去世，这使得金哀宗得以重新集结力量。他抵挡了成吉思汗的儿子拖雷的进攻，但最终还是被击败，蒙古窝阔台汗与大将速不台在1232年时开始围攻开封。金哀宗逃往蔡州，在蒙古人围攻城市时自杀身亡。

△ 这只彩绘花瓶可能是金朝的官窑烧制的。

末帝

姓名：完颜呼敦；又名：完颜承麟

在位时间：1234年
生卒年：？~公元1234年

完颜承麟是金世祖完颜劾里钵的后裔，在金哀宗最后的日子里一直陪伴着他。金哀宗自杀前传位给完颜承麟。这位金朝最后的皇帝在与蒙古人的巷战中战死。

元朝

（1206~1368年）

元朝的统治者是大蒙古国的建立者成吉思汗的后裔。大蒙古国征服了亚欧大陆的大片领土，是世界历史版图上最大的国家之一。在元朝时期，中国成为了多元文化交流的中心，在商贸方面也处于世界领先地位。蒙古的中央汗廷设在元朝疆域内，元朝皇帝也是蒙古大汗，对其他的藩属的汗国拥有宗主权。尽管元朝统一了中国，但元朝宗室间爆发过多次内战。到了后期，元朝的中央政府不再具有强劲、稳固的领导力，无力控制地方和臣民，最终被农民起义推翻，明朝建立。

△ 这幅图出自伊利汗国的拉施特编纂的《史集》。图中成吉思汗坐在宝座上，他的儿子窝阔台和术赤侍奉左右。

太祖

姓名：孛儿只斤·铁木真；
又称：成吉思汗

在位时间：1206~1227年
生卒年：1162~1227年

孛儿只斤·铁木真生于蒙古贵族世家，其父也速该在当地有着“拔阿秃儿”（勇士）的称号，孛儿只斤家族也是蒙古诸部中颇有实力的一支。铁木真9岁时，父亲被塔塔儿人毒死，其部众也纷纷离散，铁木真和家人们只好在挣扎中求生存。他在幼时就订婚的妻子孛儿台也被蔑儿乞人掳去，铁木真与自己的结拜兄弟札木合一同出兵将她救了回来。后来，铁木真逐渐在蒙古诸部中募集追随者、结纳政治盟友，力量日渐壮大。1196年，金朝给蒙古诸部中强大的克烈部的脱里汗封王（即王汗），以表彰他在与塔塔儿人作战中做出的贡献，铁木真多次在战争中支持他，与他共同作战。后札木合、王汗均与铁木真反目，铁木真分别于1201年、1203年击败两家势力。到1206年时，铁木真统一蒙古诸部，召开忽里台大会，并获得“成吉思汗”称号，建立大蒙古国。

统一蒙古诸部后，成吉思汗按照十进制改组了庞大的蒙古军队，将扈从大汗出征的怯薛军扩充至万人。1211年，成吉思汗率领大军南下进攻金朝。1215年，蒙古军队攻占金中都（在今北京），之后又攻占了金朝的许多其他领土。

1218年，蒙古军队进攻并灭亡西辽；1219年，成吉思汗指挥20万蒙古军队发起第一次西征，在中亚地区展开大战，灭亡了庞大的花剌子模。成吉思汗将自己和孛儿台所生的四个儿子各自分封：长子术赤建立了金帐汗国（尽管其血统存疑）；次子察合台建立了察合台汗国；三子窝阔台继承成吉思汗的大汗位置；四子拖雷本应按蒙古人的幼子继承制成为大汗，但他选择拥立窝阔台，并在之后的战争中为大蒙古国进一步扩大了版图。

成吉思汗在大蒙古国内采取宽容的宗教政策，并制定了严格的蒙古成文法典《大扎撒》。成吉思汗在晚年曾召见了道教真人丘处机，想要寻求永生的秘密，但他还是于1227年最后一次攻打西夏时去世。他去世后的第二年，蒙古军队按照其遗命灭亡西夏。按照蒙古的习俗，蒙古人在成吉思汗去世后召开了忽里台大会，推举窝阔台为新任大汗。元朝建立后，成吉思汗被追尊为“元太祖”。

太宗

姓名：孛儿只斤·窝阔台；
又称：窝阔台汗

在位时间：1229~1241年（孛儿只斤·拖雷于1227~1229年监国）
生卒年：1186~1241年

孛儿只斤·窝阔台是成吉思汗的第三子，元朝建立后追尊他为"元太宗"。他年轻时的大部分时间都在追随父亲征战四方，参加了1203年成吉思汗和王汗之间的蒙古诸部内战。1204年，成吉思汗将俘获的蔑儿乞部女子脱列哥那赐予窝阔台为妻。1219年西征花剌子模时，窝阔台与兄弟术赤、察合台一同作战，后又随成吉思汗进攻西夏。成吉思汗去世后，窝阔台于1229年的忽里台大会上继任蒙古大汗，并开始着手治理占领的汉地。之后，他和自己的弟弟拖雷在中国北方分兵攻打金朝，于1233年攻克金朝都城开封，次年灭亡金朝。

1235年，窝阔台在鄂尔浑河谷建立了大蒙古国的新都城哈拉和林。窝阔台非常重视身边原契丹贵族耶律楚材的意见，采用中原式的政治制度来治理中国北方的土地。窝阔台于1241年因酗酒而突然去世。

定宗

姓名：孛儿只斤·贵由；
又称：贵由汗

在位时间：1246~1248年（乃马真·脱列哥那于1242~ 1246年临朝称制）
生卒年：1206~1248年

窝阔台在世时，曾指定他喜欢的孙子失烈门为继承人。然而，当窝阔台去世后，他的妻子脱列哥那（乃马真后）在察合台等宗王的支持下宣布临朝称制，剥夺了失烈门的继承权。之后，脱列哥那以"可敦"（"可汗"的对应头衔，相当于皇后）的身份监国5年。后来，她的长子贵由在成吉思汗的四子拖雷一系的后代支持下，于1246年在忽里台大会上被选为大汗。

在脱列哥那监国期间，蒙古军队在和南宋之间处于战争状态，而成吉思汗的幼弟铁木哥斡赤斤和窝阔台的次子阔端也反对她的统治。但脱列哥那还是稳固住了自己的地位，保证了贵由的顺利继位。贵由和他的堂弟拔都（术赤的次子）发生冲突，并在出兵西征拔都的途中因病逝世。

宪宗

姓名：孛儿只斤·蒙哥；
又称：蒙哥汗

在位时间：1251~1259年（斡兀立·海迷失于1248~ 1251年临朝称制）
生卒年：1209~1259年

贵由去世后，他的皇后斡兀立海迷失临朝称制，并且坚持要失烈门（窝阔台之孙）继承汗位。然而，拖雷的长子蒙哥却在拔都的支持下，于1251年在忽里台大会上被选为大汗，掌握了蒙古的最高权力，并将海迷失等支持失烈门的贵族赐死、流放。1256年，蒙哥宣布要大举出兵进攻南宋，并于1258年亲率主力军队攻入四川。当蒙哥于1259年围攻合州钓鱼城（在今重庆附近）时，他在军中染疾去世。

世祖

姓名：孛儿只斤·忽必烈；
又称：薛禅汗、忽必烈汗

在位时间：1260~1294年
生卒年：1215~1294年

忽必烈（见192~193页）是成吉思汗之孙，拖雷和正妻唆鲁禾帖尼所生的嫡次子。蒙哥死后，他在内战中击败了同母弟弟阿里不哥，成功夺得汗位。他重用汉族儒士，继续谋划对南宋的战争，并在1271年将国号从"大蒙古国"改为"大元"，建立元朝，定都元大都（也称汗八里，在今北京）。

世祖在建立元朝后，追尊了成吉思汗等多位此前大蒙古国的大汗为元朝皇帝。

成宗

姓名：孛儿只斤·铁穆耳；
又称：铁穆耳汗、完泽笃汗

在位时间：1294~1307年
生卒年：1265~1307年

忽必烈在世时曾立自己和察必皇后所生的次子孛儿只斤·真金为太子，然而真金却于1286年去世。随后，忽必烈将真金之子铁穆耳立为继承人，后铁穆耳于1294年继位。元成宗在位时，减少了元朝对外的军

△ 这幅绢本画卷描绘的是铁穆耳汗和他的部下打猎的场景。

事行动，并且减免赋税、整理律令，从而缓和了国内的矛盾，并且重振了元朝对其他汗国的宗主地位。但在他的统治期间，也存在着朝廷腐败和政治黑暗的问题。1307年，铁穆耳去世，他在位仅4年，去世时没有继承人。

武宗

姓名：孛儿只斤·海山；
又称：曲律汗

在位时间：1307~1311年
生卒年：1281~1311年

铁穆耳病重之时，各派系贵族开始争夺汗位继承权。铁穆耳的皇后卜鲁罕试图拥立真金的弟弟忙哥剌之子阿难答，但被统领怯薛军的大臣哈剌哈孙所阻止，并拥立真金的后代海山为元朝皇帝。元武宗继位后，指定弟弟爱育黎拔力八达为继承人，并采取了很多政治举措，如改革货币、强化海运、增加赋税等。同时，他还大兴土木，修建了许多寺庙。但元武宗还没等改革收到显著成效，就于1311年去世。

仁宗

姓名：孛儿只斤·爱育黎拔力八达；
又称：普颜笃汗

在位时间：1311~1320年
生卒年：1285~1320年

爱育黎拔力八达是海山的弟弟，本名寿山，“爱育黎拔力八达”是他名字的梵语音译。元武宗去世后，爱育黎拔力八达继位。他整顿朝政、裁汰冗员，停止了元武宗时期的许多土木工程。他还在1313年下诏恢复科举考试。在他统治期间，他还下令编纂法典，将儒家经典翻译成蒙文。但答己太后的宠臣铁木迭儿贪赃枉法、作恶多端，仁宗却无力管束他。爱育黎拔力八达于1320年去世，因其庙号而史称元仁宗。

△ 这张《元武宗海山像》绘制于元代。元武宗孛儿只斤·海山统治元朝4年。

英宗

姓名：孛儿只斤·硕德八剌；
又称：格坚汗

在位时间：1320~1323年
生卒年：1303~1323年

元英宗名为孛儿只斤·硕德八剌，他是元仁宗爱育黎拔力八达和庄懿慈圣皇后阿纳失失里所生的嫡长子。元仁宗去世前没有遵守和元武宗的约定，传位于元武宗之子，而是传给了自己的儿子硕德八剌。英宗任命大臣拜住为左丞相，遏制答己太后和铁木迭儿的势力，双方展开了激烈的权力斗争。后来，答己太后和铁木迭儿相继去世，元英宗得以重掌权力。元英宗在位时，继续推行以儒家思想治理国家的政策，大量起用汉族士人，下诏编纂并颁布了元朝的法典《大元通制》。然而，英宗在位仅不到4年，就死于铁木迭儿的余党发动的政变。

泰定帝

姓名：孛儿只斤·也孙铁木儿

在位时间：1323~1328年
生卒年：1293~1328年

也孙铁木儿是元世祖的太子真金的嫡孙，母亲是普颜怯里迷失。有说法推测他怀有篡位的野心，可能参与了刺杀元英宗一事的密谋。泰定帝继位后，首先诛杀了铁木迭儿的余党，并流放了涉嫌谋逆的蒙古贵族。在他统治期间，国内多次出现蝗灾、水灾、旱灾、地震等灾害。泰定帝下令继续通过海运将南方的粮食运到北方，努力维持住了经济的稳定。泰定帝还重新开设经筵，以表示他对儒家文化的重视。

泰定帝去世后，元朝爆发内乱，元武宗之子图帖睦尔和泰定帝的太子阿速吉八为争夺帝位兵戎相见，史称“两都之战”。最后，图帖睦尔获胜，但他在登基后又让位给自己的哥哥和世㻋。“两都之战”后，元朝中央朝廷不承认泰定帝和他的儿子阿速吉八的地位。因此，两人没有庙号，他们被后世称为泰定帝和天顺帝。

明宗

姓名：孛儿只斤·和世㻋；
又称：忽都笃汗

在位时间：1329年
生卒年：1300~1329年

和世㻋是元武宗的长子，图帖睦尔的异母哥哥，因其庙号而史称元明宗。根据元武宗和元仁宗的约定，元仁宗去世后本应由他继位。他曾和元武宗的旧臣共同发动叛乱，但不久叛军内部便发生内讧，于是元明宗只得远走察合台汗国。图帖睦尔在“两都之战”中获胜后，派人迎接和世㻋，并将皇位让给他。元明宗继位后将图帖睦尔立为继承人。但元明宗却在宴请图帖睦尔的过程中突然去世，据说他死于图帖睦尔的谋杀。

文宗

姓名：孛儿只斤·图帖睦尔；
又称：札牙笃汗

在位时间：1328~1332年
生卒年：1304~1332年

图帖睦尔是元武宗的小儿子，于1328年曾经在大都登基

△ 蒙古统治者和他们的军队以娴熟的骑术而闻名。这幅元代晚期的卷轴画描绘的是蒙古人展示马术技巧的场景。

为帝，后又邀请远在察合台汗国的哥哥和世瑓前来继位，将皇位让给他。和世瑓死后，图帖睦尔重回帝位，因其庙号而史称元文宗。元文宗继位后下诏创建奎章阁，编修政书《皇朝经世大典》。这套书籍涵盖了元朝1330年之前的大事，记录了元朝早期的众多政治实践，也是后来明朝编纂《元史》的重要资料来源。元文宗不仅重视文治，自己也创作书法、绘画和诗歌，其文化修养在元朝皇帝中位于前列。但他在位期间，权臣燕铁木儿和伯颜把控着朝政和军务。元文宗的权力被两人牵制，甚至立太子都要先征得同意。而这一时期，朝廷对佛教寺院赏赐过多，并给予寺庙减免租役的特权，导致朝廷财政状况恶化，入不敷出。

宁宗

姓名：孛儿只斤·懿璘质班；
又称：懿璘质班汗

在位时间：1332年
生卒年：1326~1332年

元文宗去世后，他的皇后卜答失里拥立元明宗的次子懿璘质班继位。懿璘质班曾颇受元文宗宠爱，因此受封为王，留在元文宗身边。他继位时只有7岁，继位后尚未来得及改元，便在继位53天后去世。懿璘质班因其庙号而史称元宁宗。

惠宗

姓名：孛儿只斤·妥欢帖睦尔；
又称：元顺帝、乌哈笃汗

在位时间：1333~1368年
生卒年：1320~1370年

妥欢帖睦尔是元明宗的长子，在权臣燕铁木儿去世后，伯颜拥立妥欢帖睦尔继位为帝。他继位时13岁，因其庙号而史称元惠宗。他在位早期，伯颜执掌大权，不但于1335年废除科举考试，并且横征暴敛。1340年，元惠宗将伯颜流放，伯颜的侄子脱脱接手了朝廷大权，并恢复了科举考试，实施了一系列的新政，还监督编纂了《宋史》《辽史》和《金史》三部正史。之后，脱脱因为多病而从朝中隐退，但又被多次召回朝廷。因为此时国内陷入危机，不仅灾害频发，而且爆发了红巾军起义。脱脱努力尝试扭转局面，调遣军队镇压起义，但元惠宗却变得多疑起来，将脱脱撤职流放。然而元惠宗并不能继续有效地治理国家，国家经济进一步恶化，各地军阀展开混战，社会动乱层出不穷，元惠宗也开始沉迷享乐，懈怠政事。之后，元朝宫廷内部也发生了祸乱。元惠宗的奇皇后和太子爱猷识理达腊试图夺权，并且引发内战。1364年，反对太子的蒙古军阀孛罗帖木儿攻入元大都，太子被迫出逃到另一位军阀扩廓帖木儿处，并在其帮助下重返元大都。于是，元惠宗任命扩廓帖木儿为左丞相，执掌朝政，这时元朝的宫廷内斗才告一段落。之后，元朝各地军阀互相攻伐，元惠宗已经失去了对政权的控制。

1368年，朱元璋派出的北伐军队逼近元大都。元惠宗带着太子仓皇出逃，元朝正式灭亡。之后，元惠宗在漠北建立了北元政权，并于1370年去世。元惠宗另有一谥号“顺帝”，意为“知顺天命，退避而去”，是明太祖朱元璋赠予他的谥号。

明朝

（1368~1644年）

明朝是中国历史上最伟大的朝代之一。它的创建者朱元璋推翻了元朝的统治，建立了一个繁荣昌盛的国家，并在经济和文化上都取得很大的成就。但明朝多次发生宦官专权和大臣党争，也频繁受到边境之外的威胁。这个王朝一直存续到了17世纪清军入关之时。

太祖

姓名：朱元璋；又称：洪武帝

在位时间：1368~1398年
生卒年：1328~1398年

朱元璋出生在一个穷苦的汉族农民家庭中。他年轻时参加了反抗元朝的红巾军起义，在战争中逐步发展壮大自己的政权，并在应天府（在今江苏南京）建立了明朝。他继位后以“洪武”为年号，因此史称洪武帝。在他统治明朝的30年间，洪武帝努力重建了这个饱受战争蹂躏的国家。他重新起用汉族儒生担任官员，恢复科举制度。同时，他也进行政治改革，制定新的法典，强化锦衣卫（明朝的军政情报搜集机构）的权力，清除了朝廷中的谋反者。在这一时期，明朝鼓励民众开垦、耕种土地，并在乡村推行里甲制度，强化对社会的管理。

△ 图为明代《出警图》。图中随嘉靖帝出行的大车由大象牵引。

惠帝

姓名：朱允炆；又称：建文帝

在位时间：1398~1402年
生卒年：1377~?

朱允炆是洪武帝的太子朱标的儿子。1399年，他的叔父朱棣密谋造反，发起了著名的“靖难之役”，建文帝在这场明朝的内战中败给了朱棣。朱棣攻占都城应天府后，朱允炆放火焚烧皇宫，之后下落不明，不知所终。因他以“建文”为年号，史称建文帝。

成祖

姓名：朱棣；又称：永乐帝

在位时间：1402~1424年
生卒年：1360~1424年

朱棣是洪武帝的第4个儿子，因年号而史称永乐帝。他在“靖难之役”中推翻了侄子的统治，然后登上了帝位。他开创了明朝的“永乐盛世”（见208~209页）。在他统治期间，永乐帝发起过多次北征，与鞑靼、瓦剌等蒙古部落交战。他还派遣郑和率领船队下西洋，扩大中国在世界各地的影响力，其航程远达非洲东海岸。

永乐帝在位时，还下令兴建过许多重大的工程。他下令疏通大运河，还下令在应天府（在今南京）修建了大报恩寺琉璃宝塔。他还于1406年计划迁都顺天府（在今北京），在顺天府花了14年时间营建了宏伟的紫禁城。此后的明朝中央朝廷一直设在此处，但同时明朝也在应天府保留了一套六部机构。

永乐帝在位期间的另一重大事件，是委任解缙来主持编修《永乐大典》。这部类书汇集了大约8000种从工艺到天文学领域的各类著作，并于1408年编纂完成。

仁宗

姓名：朱高炽；又称：洪熙帝

在位时间：1424~1425年
生卒年：1378~1425年

朱高炽是永乐帝和仁孝文皇后的长子，因年号“洪熙”而史称洪熙帝。朱高炽在位期间停止了大规模的军事行动，致力于发展生产，减免受灾地区赋税，并平反了许多之前的冤狱。他在位期间，明朝曾短暂地还都南京。他在位不到一年，就因病去世了。

宣宗

姓名：朱瞻基；又称：宣德帝

在位时间：1425~1435年
生卒年：1399~1435年

朱瞻基是洪熙帝的长子，因年号“宣德”而史称宣德帝。宣德帝年少时受到永乐帝的宠爱，还跟随永乐帝出征过。他继位后，将明朝的政治中心重新迁回应天府（在今北京）。宣德帝整顿了吏治和财政，精简政府机构，减少赋税，并节省人力和物力的支出，使民众得以休养生息。宣德帝的叔叔朱高煦在他继位后密谋造反，宣德帝率

△ 图为《明孝宗坐像轴》。明孝宗的在位时间为1487~1505年。

军亲征将他击败，朱高煦投降后仍不思悔改，于是宣德帝下令将朱高煦及其儿子们处死。

宣德帝在诗歌、书法和绘画领域也有着高超的才艺，他有不少动物题材的画作流传于世。他的统治时期也是青花瓷工艺发展的一个重要时期。最终他在继位十年后因病逝世。

英宗

姓名：朱祁镇；又称：正统帝

在位时间：1435~1449年；
1457~1464年
生卒年：1427~1464年

朱祁镇是宣德帝的长子，他去世后的庙号是“英宗”，曾用过正统、天顺两个年号。正统帝继位时只有8岁，他的祖母太皇太后张氏虽未垂帘听政，但仍在背后影响着国家事务。1442年，正统帝开始亲政，张氏也于同年去世。此时，宦官王振开始蛊惑正统帝，使得自己得以独揽大权。王振开始擅权专政，迫害大臣，并怂恿正统帝亲征瓦剌，结果英宗在1449年的“土木堡之变”中战败被俘。瓦剌以正统帝为人质，向明朝索要财物，明朝大臣们拥立正统帝的弟弟朱祁钰继位，是为景泰帝，并在随后的北京保卫战中将瓦剌击退。正统帝之后被放回明朝，并被弟弟软禁在宫殿之中。

1457年，支持正统帝的大臣们趁景泰帝病重发动“夺门之变”，拥戴正统帝复辟，忠于景泰帝的大臣们遭到了清算。不久，支持正统帝复辟的功臣们开始互相倾轧，甚至勾结叛乱，被英宗下令处死、贬谪。1464年，正统帝因病去世。

代宗

姓名：朱祁钰；又称：景泰帝

在位时间：1449~1457年
生卒年：1428~1457年

朱祁钰是正统帝的弟弟，因年号而史称景泰帝。正统帝被瓦剌俘虏后，他在大臣拥立下继位，并依靠能臣于谦击败了瓦剌。他在位时还致力于修复大运河，治理水灾，安抚流民，并减少了宫廷开支。景泰帝在1457年时病重，他的哥哥正统帝重夺皇位，并将他软禁。最终，景泰帝在软禁中去世，也有说法认为他死于宦官的谋杀。

宪宗

姓名：朱见深；又称：成化帝

在位时间：1464~1487年
生卒年：1447~1487年

朱见深是正统帝之子，因年号而史称成化帝。他从小口吃，由他的祖母、宣德帝的皇后孙氏抚养长大。在成化帝的统治期间，他经常直接通过宦官向官员传旨，并且不经过正常的选官和提拔程序来直接任命官员。成化帝平日多受到他的宦官和贵妃万氏的影响，而万贵妃凭借宠幸多次阻止宫中嫔妃怀上成化帝的孩子。但宫女纪氏成功隐瞒了自己怀孕的事实，为成化帝生下了儿子朱祐樘。1487年，成化帝去世。

孝宗

姓名：朱祐樘；又称：弘治帝

在位时间：1487~1505年
生卒年：1470~1505年

朱祐樘在父亲去世后继位，因年号而史称弘治帝。他将一批方士、宦官、外戚等奸佞之人斥逐出朝廷，并且勤于政事，改正成化帝在位时期的弊政，选贤任能，治理黄河，并改革了盐法。他还恢复了经筵制度，邀请名儒到宫廷进行讲学，并从中学习治国的道理。1505年，弘治帝因病去世。

武宗

姓名：朱厚照；又称：正德帝

在位时间：1505~1521年
生卒年：1491~1521年

朱厚照是弘治帝的长子，因年号而史称正德帝。正德帝好玩乐，因此弘治帝在去世前嘱托大臣好好辅佐他。他喜欢骑马、射箭和蹴鞠。由于他在宦官的陪伴下长大，因此他宠信宦官，并在许多施政问题上和大臣发生冲突。正德帝喜欢去都城内的一处名为“豹房”的场所享乐，但也有说法认为这里是他实际治理朝政的场所。

1510年，由于大臣横征暴敛，收集钱财来讨好宦官，边境军民极为不满，驻守宁夏的藩王安化王朱寘鐇乘机发起叛乱，但最终被镇压。从1517年起，正德帝不顾大臣劝谏，频繁外出打猎，并到北方边境地区巡游。他还率军在宣府（在今河北宣化）和蒙古军队交战，之后又自封“镇国公”，在宣府营建“镇国府”。1519年，宁王朱宸濠在江西发动叛乱。正德帝在镇压叛乱之后到南京游玩，但在回京途中坠入水中，从此患病。正德帝随后于1521年去世，没有留下子嗣。

世宗

姓名：朱厚熜；又称：嘉靖帝

在位时间：1521~1567年
生卒年：1507~1567年

正德帝去世后没有子嗣，因此内阁首辅杨廷和等人拥立成化帝第4子朱祐杬的儿子朱厚熜为帝，他因年号而史称嘉靖帝。嘉靖帝继位前，就因拒绝改称弘治帝为父亲，并要求追尊自己的生父为皇帝一事而和大臣发生冲突。他在继位后也一直力求强化皇权，抑制宦官、外戚的权力，并且整顿吏治，改革科举，还对国家的祭礼做出了变革。同时，嘉靖帝还任用胡宗宪、戚继光等将领在东南沿海抗击倭寇，保护了东南沿海地区的安定。

然而，嘉靖帝笃信道教，打击佛教，并让术士为他寻找长生不老的方法，又任用权臣严嵩执掌朝政，导致朝纲败坏。嘉靖帝于1567年去世。

△ 这是一幅长画卷的局部图，表现了嘉靖帝（左）坐在御船上的场景。

穆宗

姓名：朱载坖；又名：朱载垕；又称：隆庆帝

在位时间：1567~1572年
生卒年：1537~1572 年

朱载坖是嘉靖帝的第3个儿子，因其年号而史称隆庆帝。因为嘉靖帝的长子早夭，次子也英年早逝，因此嘉靖帝一直不册封朱载坖为太子，也不见这个儿子，直到嘉靖帝在位的最后一段时间，朱载坖才成为事实上的继承人。

隆庆帝继承的明朝，已经因此前多年的积弊而陷入困境，尽管他在位时不算热心于政事，但却任用了多位有才干的大臣。后来主持改革的名臣张居正，正是隆庆帝倚重的内阁辅臣之一。1567年，隆庆帝宣布解除明朝的海禁政策，开放海外贸易。1571年，隆庆帝册封蒙古的俺答汗为顺义王，并恢复了蒙汉互市。

虽然隆庆帝不像其父一样热衷道教、宠信道士，但他沉溺声色，放纵享乐，最终在36岁时就去世了。

神宗

姓名：朱翊钧；又称：万历帝

在位时间：1572~1620年
生卒年：1563~1620年

朱翊钧是隆庆帝的第3子，因其年号而史称万历帝。他在9岁时继位，由隆庆帝的皇后陈氏和他的生母李氏共同看护他，而真正的权力掌握在内阁首辅张居正和司礼监太监冯保手中。张居正为明朝进行了许多有益的财政改革，史称“张居正改革”，这使得明朝的国力得以振作。

1582年，张居正去世，万历帝开始亲政。万历帝与朝臣多次发生争执，在他执政的中后期，更是长期不上朝，不见群臣。他罢免了许多官员，但又不任命继任者，导致许多职位长期空缺。与此同时，他将国家收入转用于个人的支出，并为了增加这部分收入而专门下令开矿。在他的统治时期，明朝的大臣开始进行党争，而在他的统治末期，位于辽东的后金势力崛起，并在萨尔浒之战中大败明军。明神宗于1620年去世。

光宗

姓名：朱常洛；又称：泰昌帝

在位时间：1620年
生卒年：1582~1620年

朱常洛是万历帝的长子，由万历帝和一个偶然临幸的宫女所生，因其年号而史称泰昌帝。他继位后，分发白银以犒赏边防将士，取消其父设置的矿税。但他继位不久后就身患重病，后在服用了大臣所献的名为“红丸”的仙丹后突然去世。

熹宗

姓名：朱由校；又称：天启帝

在位时间：1620~1627年
生卒年：1605~1627年

朱由校是泰昌帝之子，因其年号而史称天启帝。他继位后的朝廷被宦官魏忠贤和宫女客氏所把持。支持魏忠贤的阉党，与江南士大夫组成的东林党激烈争斗。魏忠贤下令构陷、杀害了许多东林党人。天启帝在位时，后金在辽东多次击败明军。天启帝于1625年在乘船游玩时不慎落水，之后身患疾病，于1627年时去世。

思宗

姓名：朱由检；又称：崇祯帝

在位时间：1627~1644年
生卒年：1611~1644年

朱由检是天启帝的弟弟，因为天启帝的孩子都夭折了，所以朱由检继承了帝位，因其年号而史称崇祯帝。崇祯帝的母亲在他很小时就去世了，他由几位皇妃抚养长大。崇祯帝继位后，以政治手腕结束了魏忠贤和客氏的专权，但此时的明朝已经积重难返。他继位后国内爆发了自然灾害，崇祯帝试图通过裁撤驿站等方式来减少国家的支出，并增加税收来维持军费，但这导致大量驿卒失业，无法生存的底层民众也发动了大规模的起义。同时，由于从国际市场流入明朝的白银量下降，明朝发生了金融危机；后金政权改国号为清，并进一步在战场上击败明军，甚至劫掠明朝的北方的核心地区。1644年，李自成领导的农民起义军包围明朝首都，崇祯帝自缢身亡，明朝灭亡。

安宗（南明）

姓名：朱由崧；又称：弘光帝

在位时间：1644~1645年
生卒年：1607~1646年

崇祯帝死后，明朝的政治中心转移到南方。福王朱由崧是崇祯帝的孙子，在南方的明朝大臣拥立他继位，他因年号而史称弘光帝。重建的明朝政权仍以“明”为国号，史称南明。他在位期间，南明财政收入短缺，边境将领跋扈，朝廷无力保卫领土。弘光帝还尝试与清朝议和来维持统治，最终失败。清朝继续进攻南明朝廷，弘光帝逃离南京，后被清朝俘获。弘光帝于1646年在北京被清朝政权处死。

绍宗（南明）

姓名：朱聿键；又称：隆武帝

在位时间：1645~1646年
生卒年：1602~1646年

朱聿键是明太祖朱元璋的九世孙，因其年号而史称隆武帝。清军攻破南京后，他在福州被拥立为皇帝，继位后收编农民起义军的残部，并出兵抗击清军。后来，清军攻入福建，隆武帝被俘。一种说法说他死于清军之手，另一种说法说他因绝食而死。

鲁王（南明）

姓名：朱以海

在位时间：1645~1653年
生卒年：1618~1662年

朱以海是明太祖朱元璋的十世孙，封爵为鲁王。1645年，弘光帝被俘后，鲁王在南明大臣拥护下出任监国，代为处理国政，但没有称帝。他的政权和隆武帝的政权发生了冲突，双方互不相让。鲁王政权在舟山群岛一带坚持与清军作战，后被迫撤离，辗转来到郑成功军中，并自行去掉监国称号。1662年，鲁王在金门病逝。

绍武帝（南明）

姓名：朱聿𨮁

在位时间：1646~1647年
生卒年：1605~1647年

朱聿𨮁是隆武帝朱聿键之弟，因其年号而史称绍武帝。隆武帝死后，他在广东被明朝大臣拥立为帝，随后和永历帝的政权爆发内战，自相残杀。南下的清兵攻陷广州城后，绍武帝被俘，之后自缢而死。

昭宗（南明）

姓名：朱由榔；又称：永历帝

在位时间：1646~1662年
生卒年：1623~1662年

明朝的忠臣们拥立万历帝的孙子朱由榔为皇帝，年号“永历”。隆武帝的弟弟朱聿𨮁也被拥为皇帝，但很快就被清朝俘虏。尽管永历帝与清政府斗争了多年，最终他还是在1662年被俘获并处死。

△ 图为《明熹宗朱由校像》，绘于明代。

清朝

（1616~1911年）

来自中国东北的满族人灭亡了明朝，建立了清朝。清朝时期的中国是一个庞大而繁荣的国家，鸦片战争后被卷入世界现代化进程。有几位清朝皇帝的统治时间较长，在中国历史甚至世界历史中都位居前列。作为中国最后一个帝制王朝，清朝最终被一场资产阶级民主革命所推翻。

太祖

姓名：爱新觉罗·努尔哈赤
又称：英明汗

在位时间：1616~1626年
生卒年：1559~1626年

爱新觉罗·努尔哈赤是地方政权后金的创建者，也是清王朝的奠基者。他统一女真各部，于1616年创建后金政权。他建立八旗制度，创立满文，之后在1618年对明朝宣战，于萨尔浒之战中大败明军，占据辽东多座城市。1626年，努尔哈赤进攻宁远失败，于同年患病去世。

太宗

姓名：爱新觉罗·皇太极
又称：黄台吉

在位时间：1626~1643年
生卒年：1592~1643年

爱新觉罗·皇太极是努尔哈赤的第8个儿子。他继位之后巩固了八旗制度，设立汉军八旗和蒙古八旗，并且发展文教。1636年，他改国号为“大清”，同时称帝。1640~1642年间，清军与明军在松山、锦州一线展开激战，明军战败，清朝的势力进逼至山海关一带。1643年，皇太极因病去世。

世祖

姓名：爱新觉罗·福临
又称：顺治帝

在位时间：1644~1661年
生卒年：1638~1661年

顺治帝是清朝入关后的第一位皇帝。在他尚未成年之时，摄政王多尔衮主持朝政，并率领清军入关，占领北京。1650年，多尔衮死后，顺治帝开始亲政。他清理了朝中的敌对派系，并击败了南明的残余势力。顺治帝欣赏中原文化，也对西方科学感兴趣。他曾向耶稣会的传教士汤若望请教历法和天文知识。1661年，顺治帝死于天花。

圣祖

姓名：爱新觉罗·玄烨；又称：康熙帝

在位时间：1661~1722年
生卒年：1654~1722年

康熙帝（见248~249页）是历史上在位时间较长的君主之一。康熙帝成功地平息了“三藩之乱”，并收复了台湾。他的军事政策保证了清朝边疆的安全，有力抗击了准噶尔部的叛乱。1722年，他因病去世。

世宗

姓名：爱新觉罗·胤禛；又称：雍正帝

在位时间：1722~1735年
生卒年：1678~1735年

爱新觉罗·胤禛因其年号而史称雍正帝（见254~255页），他是康熙帝的第4个儿子。他战胜了自己的兄弟们，登基为帝，并囚禁和处决了一些反对者。雍正帝设立军机处来加强对朝廷的控制，从而巩固了皇权。雍正帝清除了康熙时期留下的许多腐败现象，还改革了赋税制度。他于1735年病逝，有观点认为他可能死于服用丹药。

高宗

姓名：爱新觉罗·弘历；又称：乾隆帝

在位时间：1735~1796年
生卒年：1711~1799年

爱新觉罗·弘历因其年号而史称乾隆帝，是康熙帝最宠爱的孙子，雍正帝的第4个儿子。在他的统治下，准噶尔叛乱被彻底平定。乾隆帝统治着一个庞大、多元、繁荣的国家。他于1796年禅位，3年后因病去世。

△ 这幅清代画作描绘的是年幼的嘉庆帝和他的母亲。

仁宗

姓名：爱新觉罗·颙琰；又称：嘉庆帝

在位时间：1796~1820年
生卒年：1760~1820年

爱新觉罗·颙琰是乾隆帝的第15个儿子，因其年号而史称嘉庆帝。1773年，他被秘密指定为皇位继承人，在乾隆帝禅位后继位为帝。他继位后，首先诛杀贪官和珅，又开始处理地方匪乱、白莲教起义、水灾、农民起义等问题。面对这些情况，他的政策只取得了部分成功，没能完全解决这些问题。1816年，英国阿默斯特勋爵使团来京，但因为礼仪方面的分歧而没能见到嘉庆帝。1820年，嘉庆帝病逝。

宣宗

姓名：爱新觉罗·旻宁
又称：道光帝

在位时间：1820~1850年
生卒年：1782~1850年

爱新觉罗·旻宁是嘉庆帝的次子，因其年号而史称道光帝。他从小喜欢写诗文，并将诗文结集成刊。为了恢复国库的储备，道光帝采取了紧缩的经济政策，整顿盐政，打破了盐商在国内的食盐垄断。同时，英国人正在向中国输入印度产的鸦片，道光帝的禁烟令引发了1840~1842年的鸦片战争。道光帝于1850年逝世。

文宗

姓名：爱新觉罗·奕詝；
又称：咸丰帝

在位时间：1850~1861年
生卒年：1831~1861年

咸丰帝爱新觉罗·奕詝是清朝最后一位拥有实权的皇帝。尽管他做出了努力，但他继承的国家已经失去了昔日的荣光。清朝正面临着西方列强的入侵和国内的农民起义，比如第二次鸦片战争和太平天国运动。1852年，17岁的叶赫那拉氏（即慈禧太后，见286~287页）经选秀进入紫禁城，后被晋封为咸丰帝的妃子，还曾协助咸丰帝处理国政。咸丰帝于1861年患病吐血，随后去世。

△ 在这张19世纪晚期的照片中，同治帝的母亲慈禧太后坐在一顶轿子上，周围的太监护卫着她。

穆宗

姓名：爱新觉罗·载淳
又称：同治帝

在位时间：1861~1875年
生卒年：1856~1875年

同治帝是咸丰帝和慈禧太后的独子，他在5岁时登基。咸丰帝原本任命了“顾命八大臣”辅政，但慈禧太后很快就发动政变夺权，改由她和慈安太后共同垂帘听政。慈禧太后对西方列强采取了绥靖政策。同治帝在1873年才开始亲政，而那时慈禧太后已经大权独揽，他几乎没有实权。同治帝在2年后驾崩，没有留下男性继承人。

德宗

姓名：爱新觉罗·载湉
又称：光绪帝

在位时间：1875~1908年
生卒年：1871~1908年

光绪帝是同治帝的堂弟。他在4岁时被慈禧太后选为皇位继承人，因为他是慈禧太后关系最近的血亲。慈禧太后几乎完全控制了他的早年生活。他在慈禧太后还政于他之后的1898年开始了“百日维新”，但慈禧太后再次发动政变，从他手中夺回了政权。之后光绪帝被软禁，最后病死。

溥仪

姓名：爱新觉罗·溥仪
又称：宣统帝

在位时间：1908~1912年
生卒年：1906~1967年

爱新觉罗·溥仪（见302~303页）是中国历史上的最后一位皇帝。他继位时不满3岁。他因其年号而史称宣统帝。但他的名字溥仪却更为人所知。溥仪在武昌起义爆发后，被袁世凯逼迫退位。他曾在1917年的张勋复辟中重回帝位，但很快就失败了。最后，他成为了一名普通的中国公民。

索引

D

E

F

L

M

N

P

W

X

Y

Z

致谢

Dorling Kindersley would like to thank the following:

Steve Crozier for retouching; Renata Latipova and Anna Scully for design assistance; Tom Morse for creative technical support; Simon Mumford and Ed Merritt for cartographic advice; Viola Wang for calligraphy; Sunhee Jin and Yuka Maeno for sales assistance.

Ankita Das for design assistance; Harish Aggarwal and Vijay Kandwal for DTP design assistance; Priyanka Sharma and Saloni Singh for their work on the jacket.

Guo Zhiping and Liu Changwei from the DK Beijing office.

Xing Yibo, Li Zheng, and Cui Guoqiang from Encyclopedia of China Publishing House.

Connor Judge, Davide Latini, and Dr. Liu Ruxinyang at the School of Oriental and African Studies, London, for compiling and writing the Directory of Rulers; Connor Judge also for consulting on the whole project.

John Moelwyn-Hughes at Bridgeman Images; Lucia Rinolfi at the British Museum, London; Gary Evans at Christie's; Ma Weidu, Liu Jin, and Li Xuan at the Guanfu Museum, Beijing; Li Lili and Liu Yuehan at the National Palace Museum, Beijing; Dai Di at National Museum of China, Beijing; Abigail Ng at Sotheby's Hong Kong; Liting Hung at Sotheby's Paris; and Cindy Qi at Sotheby's New York.

The publisher would like to thank the following for their kind permission to reproduce their photographs:
(Key: a-above; b-below/bottom; c-center; f-far; l-left; r-right; t-top)

1 Dorling Kindersley: Viola Wang. **2 iStockphoto.com**: BigGabig. **5 Alamy Stock Photo**: Artokoloro (c); Heritage Image Partnership Ltd (l). **Guanfu Museum:** (r). **6 Alamy Stock Photo:** Heritage Image Partnership Ltd (c). **© The Trustees of the British Museum. All Rights Reserved:** (r). **Guanfu Museum:** (l). **7 Dorling Kindersley**: Gary Ombler / University of Pennsylvania Museum of Archaeology and Anthropology. **8 akg-images:** De Agostini Picture Library. **10 Gil Azouri. 14 Alamy Stock Photo:** Heritage Image Partnership Ltd. **18–19 Frederic B. Konkel, fbk-photography.com:** (c). **18 iStockphoto.com:** KingWu (l). **19 Encyclopedia of China Publishing House:** (t). **Getty Images:** Pavliha (br). **20 Dreamstime.com:** Qin0377 (t). **21 Getty Images:** Jie Zhao (cr). **The Metropolitan Museum of Art, New York:** Purchase, The Dillon Fund Gift, 1984 (b). **22–23 Alamy Stock Photo:** Fabio Nodari. **24 Bridgeman Images:** Gift of Arthur M. Sackler (b). **Getty Images:** Yiming Li (t). **25 Alamy Stock Photo:** Peter Horree (bl). **Science Photo Library:** Philippe Plailly (cr). **27 Bridgeman Images:** © Heinrich Zinram Photography Archive (l). **Getty Images:** DEA Picture Library / De Agostini (tr). **Photo Scala, Florence:** Kimbell Art Museum, Fort Worth, Texas / Art Resource, NY (cr). **28 123RF.com:** sangemu (cr). **akg-images:** Science Source (bl). **29 Bridgeman Images**: © Leonard de Selva (l). Wellcome Collection: (br). **30 Alamy Stock Photo:** The Picture Art Collection (b). 视觉中国 (cr). **31 Harvard Art Museums:** Arthur M. Sackler Museum, Bequest of Grenville L. Winthrop (r). **National Palace Museum, Taipei, Taiwan:** (l). **32–33 Alamy Stock Photo:** Artokoloro. **36 Alamy Stock Photo:** Archive PL (cra). **Yan Li, Scotts Valley, CA:** (bl). **37 © Sotheby's**: Art Digital Studio / Louis Blancard (bc). **Nat Geo Image Collection:** O. Mazzatenta (r). **38 Alamy Stock Photo:** Granger Historical Picture Archive (bl). **© The Trustees of the British Museum. All Rights Reserved**: (cr). **The Cleveland Museum of Art:** Edward L. Whittemore Fund (c). **The Metropolitan Museum of Art, New York:** Charlotte C. and John C. Weber Collection, Gift of Charlotte C. and John C. Weber through the Live Oak Foundation, 1988 (bc); Purchase, Bequest of Dorothy Graham Bennett, 2006 (tr); Gift of Enid A. Haupt, in honor of Philippe de Montebello, 1993 (br). **The Palace Museum, Beijing:** (cl). **39 © The Trustees of the British Museum**. All Rights Reserved (tc). **The Metropolitan Museum of Art, New York:** Purchase, Bequest of Dorothy Graham Bennett, 2002 (tr). **Minneapolis Institute of Art:** Gift of Ruth and Bruce Dayton (crb, ca); The William Hood Dunwoody Fund and purchase through Art Quest 2002 (br). **The Palace Museum, Beijing:** (l). **40 Alamy Stock Photo:** Granger Historical Picture Archive (cr). **Dorling Kindersley:** Dave King / University Museum of Archaeology and Anthropology, Cambridge (bc). **41 akg-images:** De Agostini Picture Lib. / G. Dagli Orti. **42 Minneapolis Institute of Art:** Bequest of Alfred F. Pillsbury. **43 akg-images:** Bildarchiv Steffens (t). **Dreamstime.com:** Ji Yougang (b). **44–45 National Museum of China, Beijing**. **45 Alamy Stock Photo:** Granger Historical Picture Archive (tr). **British Library Board:** (br). **46 Bridgeman Images:** Pictures from History (b). **China Tourism Photo Library:** CTP Photo / fotoe (ca). **47 Alamy Stock Photo:** The Picture Art Collection (l). **48 Alamy Stock Photo:** The Picture Art Collection (tr). **Minneapolis Institute of Art:** Bequest of Alfred F. Pillsbury (b). **49 National Museum of China, Beijing:** (b). **50 The Metropolitan Museum of Art, New York:** Munsey Fund, 1931 (b). **51 Alamy Stock Photo:** INTERFOTO (cra). **Bridgeman Images:** (tl). **52 © The Trustees of the British Museum. All Rights Reserved:** (b, tr). **54 akg-images:** Roland & Sabrina Michaud (c). **Alamy Stock Photo:** Topham Partners LLP (l). **© The Trustees of the British Museum. All Rights Reserved:** (r). **55 The Art Institute of Chicago:** (r). **Bridgeman Images:** Look and Learn (c). **World Digital Library (WDL):** (l). **56 akg-images:** Erich Lessing (b). **Alamy Stock Photo:** The History Collection (cr). **57 akg-images:** Archives CDA / St-Genès (br). **© The Trustees of the British Museum. All Rights Reserved:** (l). **58 Getty Images:** Heritage Images (br). **58–59 The Metropolitan Museum of Art, New York:** Ex coll.: C. C. Wang Family, Gift of The Dillon Fund, 1973 (t). **59 Getty Images:** Corbis / Asian Art & Archaeology, Inc (br, fbr). **60 123RF.com:** Galyna Andrushko (bc). **Courtesy of Smithsonian. ©2020 Smithsonian:** Purchase: Charles Lang Freer Endowment Acc. No. F1934.10 (cla). **61 Alamy Stock Photo:** Robert Kawka (crb). **Bridgeman Images:** Freer Gallery of Art, Smithsonian Institution, US (t). **62 Alamy Stock Photo:** agefotostock (r); Lou-Foto (l). **Bridgeman Images:** © British Library Board. All Rights Reserved (c). **63 Bridgeman Images:** Giancarlo Costa (l); Pictures from History (c). **Getty Images:** DEA / W. BUSS (r). **64 Alamy Stock Photo:** Heritage Image Partnership Ltd (c). **Getty Images:** Bettmann (b). **65 Getty Images:** Print Collector. **66 Bridgeman Images:** Pictures from History (r). **Getty Images:** Print Collector (l). **Hunan Museum:** (c). **67 akg-images:** Pictures from History (l). **Alamy Stock Photo:** Imaginechina Limited (r). **The Metropolitan Museum of Art, New York:** Fletcher Fund, 1938 (c). **68 Getty Images:** Martha Avery (cra); Heritage Images (bl). **Xiling Yinshe Auction Co. Ltd www.xlysauc.com:** (bc). **69 The Metropolitan Museum of Art, New York:** Gift of Mrs. Heyward Cutting, 1942 (t). **70–71 Getty Images: Klaus Eulenbach / EyeEm. 72 ArtJapanese www.miwajapaneseart.com. All Rights Reserved:** Photo © Luigi Mascellino (r). **Bridgeman Images:** © Leonard de Selva (l). **Special Collections © University Archives, University of California, Riverside. Photo by Vlasta Rada:** (c). **73 Alamy Stock Photo:** Kevin Archive (l); Lebrecht Music & Arts (c). **Getty Images:** Historical (r). **74 Guanfu Museum**. **79 Nat Geo Image Collection:** O. Louis Mazzatenta (l, cr). **80 Alamy Stock Photo:** Granger Historical Picture Archive. **81 123RF.com:** Fedor Selivanov (br). **akg-images:** Erich Lessing (tr). **Getty Images:** Cecilia Alvarenga (cla). **82 © The Trustees of the British Museum. All Rights Reserved:** With kind permission of the Shaanxi Cultural Heritage Promotion Centre, photo by John Williams and Saul Peckham (bl). **83 akg-images:** Laurent Lecat (l, r).
84 Alamy Stock Photo: Henry Westheim Photography (c); Hu Zhao (l). **Dorling Kindersley:** Chester Ong (r). **85 Alamy Stock Photo:** Andrew Benton (r). **Bridgeman Images:** Alinari Archives, Florence (c); Pictures from History (l). **86 Bridgeman Images:** © British Library Board. All Rights Reserved (c); Gift of George and Julianne Alderman (br). **87 Bonhams Auctioneers, London**. **88–89 Getty Images:** Fine Art (b). **88 Getty Images:** Werner Forman (t). **89 Bridgeman Images:** © Christie's Images (tl). **Minneapolis Institute of Art:** Gift of Ruth and Bruce Dayton (bc). **90–91 Hunan Museum. 91 akg-images:** Pictures from History (tl). **Hunan Museum:** (tr). **92** 视觉中国(l, r, c). **93 akg-images:** Mark De Fraeye (c). **Getty Images:** Zhang Peng (r). Heritage Image Partnership Ltd (l). **94 Alamy Stock Photo:** Granger Historical Picture Archive (br); Heritage Image Partnership Ltd (cl). **Bridgeman Images:** © Christie's Images (tr). **Dorling Kindersley:** Gary Ombler / University of Aberdeen (cla). **Getty Images:** Print Collector (ca); Universal History Archive (cr). **National Museum of China, Beijing:** (bl). **95 Bridgeman Images:** © Christie's Images (tc, br). **The Brooklyn Museum, New York:** Gift of Samuel P. Avery Jr. (bl). **National Museum of China, Beijing:** (tl, tr). **96 National Museum of China, Beijing**. **97 © The Trustees of the British Museum. All Rights Reserved:** (cr). **National Museum of China, Beijing:** (bc). **98 akg-images:** Roland & Sabrina Michaud (l). **Bridgeman Images:** Pictures from History (c). **Getty Images:** Graphica Artis (r). **99 Alamy Stock Photo:** Science History Images (c, r). **Wellcome Collection:** (l).
100–101 Alamy Stock Photo: The Picture Art Collection (t). **100 The Metropolitan Museum of Art, New York:** Charlotte C. and John C. Weber Collection, Gift of Charlotte C. and John C. Weber, 1994 (br). **101 akg-images:** Pictures from History (cl). **102 akg-images:** Pictures from History (l, c). **Bridgeman Images:** Everett Collection (r).
103 akg-images: Roland & Sabrina Michaud (r). **Bridgeman Images:** (c). **Nat Geo Image Collection:** IRA BLOCK (l). **104–105 Getty Images:** AFP. **106–107 World Digital Library (WDL):** www.wdl.org/en/item/1787 (t). **106 akg-images:** Pictures from History (b). **107 Bridgeman Images:** (c). **108 akg-images:** (r). **© The Trustees of the British Museum. All Rights Reserved:** (c). **Getty Images:** South China Morning Post (l). **109 Alamy Stock Photo:** Heritage Image Partnership Ltd (l); zerega (r). **© The Trustees of the British Museum. All Rights Reserved:** (c). **110 Alamy Stock Photo:** The Picture Art Collection (b). **111 Bridgeman Images:** © Christie's Images (br). **National Museum of China, Beijing:** (t). **112**

Dorling Kindersley: Gary Ombler / University of Pennsylvania Museum of Archaeology and Anthropology (bl). **Sotheby's, Inc., New York:** (r). **113 iStockphoto.com:** zhuzhu (br). **Los Angeles County Museum of Art:** Purchased with Museum Funds (M.2000.15.31a-h) (l). **114 Alamy Stock Photo:**
B Christopher (c); CPA Media Pte Ltd (l); Heritage Image Partnership Ltd (r). **115 Alamy Stock Photo:** CPA Media Pte Ltd (l). **Dreamstime.com:** Tsangming Chang (r). **The Metropolitan Museum of Art, New York:** Gift of Florance Waterbury, 1943 (c). **116 akg-images:** Pictures from History (c). **Alamy Stock Photo:** CPA Media Pte Ltd (l); Heritage Image Partnership Ltd (r). **117 Alamy Stock Photo:** Granger Historical Picture Archive (l). 视觉中国(c, r). **118 Bridgeman Images:** © Christie's Images (b). **119 Alamy Stock Photo:** CPA Media Pte Ltd (tc). 视觉中国 (tl). **The Metropolitan Museum of Art, New York:** Bequest of Florance Waterbury, in memory of her father, John I. Waterbury, 1968 (br). **120 Bridgeman Images:** Pictures from History (l, c). **Getty Images:** Sepia Times (r). **121 Bridgeman Images:** Pictures from History (l). **Getty Images:** Keystone-France (c); Paolo Koch (r). **122 Alamy Stock Photo:** Artokoloro (ca); Liang-hung Ho (br). **Guanfu Museum:** (cla, bl, cb, bc, cr). **The Metropolitan Museum of Art, New York:** Gift of Ernest Erickson Foundation, 1985 (tr). **123 The Belz Museum of Asian and Judaic Art:** Owner: Peabody Place Museum Foundation (l). **Minneapolis Institute of Art:** The John R. Van Derlip Fund and Gift of the Thomas Barlow Walker Foundation (cra). **The Palace Museum, Beijing:** (tc, br). **124 Alamy Stock Photo:** Carlos Cardetas. **125 Alamy Stock Photo:** CPA Media Pte Ltd (bc); Image Professionals GmbH (cr). **The Metropolitan Museum of Art, New York:** Charlotte C. and John C. Weber Collection, Gift of Charlotte C. and John C. Weber, 1992 (tl). **126 Alamy Stock Photo:** CPA Media Pte Ltd (c); Heritage Image Partnership Ltd (br). **126–127 National Museum of Korea:** Acc. No: Jeung 7144 (t).
127 Dorotheum, Vienna: auction catalogue 4.4.2018 (b). **128–129 Alamy Stock Photo:** TAO Images Limited (b). **129 akg-images:** Rabatti & Domingie (cl). **Getty Images:** DEA Picture Library (t). **130 Guanfu Museum**. **134 Alamy Stock Photo:** The Picture Art Collection (tr). **Getty Images:** Barney Burstein (b). **135 Alamy Stock Photo:** Photo 12 (t). **136 Alamy Stock Photo:** Granger Historical Picture Archive (l). **Bridgeman Images:** © British Library Board. All Rights Reserved (r). **The Metropolitan Museum of Art, New York:** Purchase, Friends of Asian Art Gifts, 2003 (c). **137 Alamy Stock Photo:** (r). **Getty Images:** Print Collector (l); Royal Geographical Society (c). **138 Bridgeman Images:**
© Christie's Images (b). **138–139 Alamy Stock Photo:** The Picture Art Collection (t).
139 Alamy Stock Photo: CPA Media Pte Ltd (cr, b). **140–141 © The Trustees of the British Museum. All Rights Reserved**. **141 Alamy Stock Photo:** agefotostock (tr). **Bridgeman Images:** Freer Gallery of Art, Smithsonian Institution, US (br). **142 Bridgeman Images:** (bl). **Minneapolis Institute of Art:** Gift of Mr. Warren Erickson in memory of Alvin M. Erickson (cra). **143 akg-images:** Pictures from History (t). **Alamy Stock Photo:** agefotostock (bl). **Bridgeman Images:** Pictures from History (br). **144 Alamy Stock Photo:** Heritage Image Partnership Ltd. **145 akg-images:** François Guénet (clb).
Alamy Stock Photo: Artokoloro Quint Lox Limited (tr). **Dorling Kindersley:** Viola Wang (b). **146 Bridgeman Images:** Pictures from History (l). **Getty Images:** Zhang Peng (c, r). **147 akg-images:** Bruce Connolly (r). **Alamy Stock Photo:** Robert Harding (c). **Getty Images:** Feng Wei Photography (l). **148–149 Bridgeman Images:** © British Library Board. All Rights Reserved. **150 Alamy Stock Photo:** CPA Media Pte Ltd (cr). **Bridgeman Images:** © Paul Freeman (b). **151 Bridgeman Images:** (t). **Dorling Kindersley:** Gary Ombler / University of Pennsylvania Museum of Archaeology and Anthropology (br). **152** 台北故宫博物院 **153 Alamy Stock Photo:** CPA Media Pte Ltd (br); Heritage Image Partnership Ltd (t). **154 Alamy Stock Photo:** CPA Media Pte Ltd (c, r); Lebrecht Music & Arts (l). **155 Alamy Stock Photo:** CPA Media Pte Ltd (c). **Bridgeman Images:** © Christie's Images (r); Pictures from History (l). **156 akg-images:** Pictures from History (br); Rabatti & Domingie (cl). **The Art Institute of Chicago:** Gift of Mrs. Potter Palmer (tr). **Dorling Kindersley:** Durham University Oriental Museum (bl).
The Metropolitan Museum of Art, New York: Rogers and Seymour Funds, 2000 (c). **157 akg-images:** Rabatti & Domingie (tl, tc, c). **Alamy Stock Photo:** Artokoloro (bl). **Dorling Kindersley:** Gary Ombler / Durham University Oriental Museum (tr). **The Metropolitan Museum of Art, New York:** Anonymous Gift, 1992 (br). **159 Dorling Kindersley:** Angela Coppola / University of Pennsylvania Museum of Archaeology
and Anthropology (l, tc, tr, br). **160 akg-images:** Pictures from History (c, r). **Alamy Stock Photo:** CPA Media Pte Ltd (l). **161 Getty Images:** Alain Nogues (r). **Library of Congress, Washington, D.C.:** LC-DIG-stereo-1s19528 (c). **Wellcome Collection:** Reference no. 25248i (l). **162 Alamy Stock Photo:** CPA Media Pte Ltd (t).
163 © The Trustees of the British Museum. All Rights Reserved: (b). **China Tourism Photo Library:** Fotoe (t). **164 Alamy Stock Photo:** Heritage Image Partnership Ltd.
168 akg-images: Pictures from History (cr). **The Metropolitan Museum of Art, New York:** John M. Crawford Jr. Collection, Purchase, Douglas Dillon Gift, 1981 (bl). **169 Alamy Stock Photo:** Heritage Image Partnership Ltd (t). **Minneapolis Institute of Art:** Gift of Mr and Mrs Gene Quintana, 3237 (bl). **170** 视觉中国 (bl). **170–171 Bridgeman Images:** (t). **171 Guanfu Museum:** (br). **172 Alamy Stock Photo:** INTERFOTO (r); World History Archive (l); Science History Images (c). **173 Alamy Stock Photo:** Granger Historical Picture Archive (l); Prisma by Dukas Presseagentur GmbH (c); Jon Arnold Images Ltd (r). **174 Alamy Stock Photo:** Heinis (b). **The Metropolitan Museum of Art, New York:** Rogers Fund, 1923 (cra). **175 Alamy Stock Photo:** Photo
12. **176 Alamy Stock Photo:** agefotostock. **177 Alamy Stock Photo:** The Picture Art Collection (cb). **Dorling Kindersley:** Viola Wang (b). **Minneapolis Institute of Art:**
Gift of Ruth and Bruce Dayton (tr). **178 akg-images:** Roland & Sabrina Michaud (b). **179 From Huang Zongxi (1610–1695) and Quan Zuwang (1705–1755):** "Song Yuan Xuean," 1965 12.1a. Published Zhonghua shuju. (bl). **The Metropolitan Museum of Art, New York:** Gift of Robert Hatfield Ellsworth, in memory of La Ferne Hatfield Ellsworth, 1986 (t). **180 Alamy Stock Photo:** CPA Media Pte Ltd (br). **Getty Images:** Martha Avery (ca). **181** 视觉中国 (b); Gift of Lisbet Holmes, 1989 (t). **183 Minneapolis Institute of Art:** Gift of Ruth and Bruce Dayton. **184 Alamy Stock Photo:** CPA Media Pte Ltd (bl); The Picture Art Collection (cr). **The Metropolitan Museum of Art, New York:** Gift of Florence and Herbert Irving, 2015 (ca). **185 akg-images:** Roland & Sabrina Michaud. **186 Alamy Stock Photo:** Heritage Image Partnership Ltd (bl). **National Museum of Mongolia:** (cr). **187 Alamy Stock Photo:** CPA Media Pte Ltd (br, t).
188–189 Bridgeman Images: Freer Gallery of Art, Smithsonian Institution, US.
190 Guanfu Museum: (cl, ca). **The Metropolitan Museum of Art, New York:** Gift of Abby Aldrich Rockefeller, 1942 (cb); Gift of C. T. Loo, 1930 (bl); Rogers Fund, 1929 (r).
191 Guanfu Museum: (bc). **The Metropolitan Museum of Art, New York:** Gift of Florence and Herbert Irving, 2015 (c, cra); Purchase, The Dillon Fund Gift, in honor of Brooke Astor, 2000 (tc). **Minneapolis Institute of Art:** Gift of Ruth and Bruce Dayton (tl, tr). **The Palace Museum, Beijing:** (cl, bl, br). **192 Alamy Stock Photo:** The Picture Art Collection. **193 akg-images:** Pictures from History (cra, cb). **Dorling Kindersley:** Viola Wang (b). **194 Getty Images:** Werner Forman (c); Lucas Schifres (l). 视觉中国(r)**195 akg-images:** Pictures from History (c). **Alamy Stock Photo:** CPA Media Pte Ltd (r). 视觉中国 (l). **196 Bridgeman Images:** © Christie's Images (cla). **The Cleveland Museum of Art:** Edward L. Whittemore Fund 1947.3 (tr). **Dorling Kindersley:** Gary Ombler / Fort Nelson (br). **The Metropolitan Museum of Art, New York:** Purchase, Arthur Ochs Sulzberger Gift, 2001 (cl). **© Royal Armouries:** (ca, cra, crb). **The Palace Museum, Beijing:** (bl). **197 akg-images:** Interfoto / Hermann Historica (b). **Alamy Stock Photo:** INTERFOTO (tc). **Dorling Kindersley:** Gary Ombler / Firepower / The Royal Artillery Museum, Woolwich (c). **The Metropolitan Museum of Art, New York:** Purchase, Arthur Ochs Sulzberger Gift, 2001 (cl). **© Royal Armouries:** (tl, tr). **The Palace Museum, Beijing:** (crb). **198 Alamy Stock Photo:** CPA Media Pte Ltd (cr); World History Archive (cl). **Getty Images:** DEA / D. DAGLI ORTI (bc). **199 akg-images:** Erich Lessing (t). **200–201 Alamy Stock Photo:** Art Collection 2 (t). **200 Bridgeman Images:** Pictures from History (br). **201 The Metropolitan Museum of Art, New York:** Purchase, Lila Acheson Wallace Gift, 1992 (cr); Purchase, Gift of Elizabeth V. Cockcroft, by exchange, 2008 (bl). **202 © The Trustees of the British Museum. All Rights Reserved**. **206 akg-images:** (cb, cr). **207 Alamy Stock Photo:** Lou-Foto (tr). **The Metropolitan Museum of Art, New York:** Purchase, The B. Y. Lam Fund and Friends of Asian Art Gifts, in honor of Douglas Dillon, 2001 (l). **208 Alamy Stock Photo:** Heritage Image Partnership Ltd (cr). **Getty Images:** Photo 12 (bl). **209 Bridgeman Images:** © British Library Board. All Rights Reserved (br). **© The Trustees of the British Museum. All Rights Reserved:** (cra). **Getty Images:** GSinclair Archive (tl). **210 Bridgeman Images:** Freer Gallery of Art, Smithsonian Institution, US (tr). **© The Trustees of the British Museum. All Rights Reserved:** (cl). **Guanfu Museum:** (br). **The Metropolitan Museum of Art, New York:** (bl); Gift of Florence and Herbert Irving, 2015 (ca); Purchase, Sir Joseph Hotung and The Vincent Astor Foundation Gifts, 2001 (c). **The Palace Museum, Beijing:** (cr). **211 Guanfu Museum:** (br). **The Metropolitan Museum of Art, New York:** Bequest of Mary Stillman Harkness, 1950 (cra); Purchase, Friends of Asian Art Gifts, 2004 (ca); Rogers Fund, 1989 (bl). **Minneapolis Institute of Art:** Gift of Mr. and Mrs. James B. Serrin (tc). **The Palace Museum, Beijing:** (tl). **212 Bridgeman Images**.
213 Bridgeman Images: © Paul Freeman. **214 Bridgeman Images:** © Archives Charmet (bl). **Getty Images:** Xiaoyang Liu (cl). **215 Getty Images:** Heritage Images. **216 Alamy Stock Photo:** Sally Anderson (r). **Getty Images:** VW Pics (l). **217 Alamy Stock Photo:** Tuul and Bruno Morandi (l). **Getty Images:** feellife (r); Xia Yang (br).
218–219 Getty Images: Luis Castaneda Inc.. **220 Alamy Stock Photo:** ART Collection (r); Heritage Image Partnership Ltd (l); The History Collection (c). **221** 视觉中国 (l). **Alamy Stock Photo:** National Geographic Image Collection (c); Jose Luis Stephens (r). **222 Bridgeman Images:** (bl). **SuperStock:** agefotostock / Robana Picture Library (cr). **223 Alamy Stock Photo:** Chris Hellier (br). **Bridgeman Images:** Pictures from History (l). **224–225 Getty Images:** Sino Images (b). **225 akg-images:** (t). **226 akg-images:** Pictures from History (r). **Alamy Stock Photo:** Charles O. Cecil (l). **Bridgeman Images:**
© Christie's Images (c). **227 akg-images:** Pictures from History (c). **Alamy Stock Photo:** China Span / Keren Su (l); © **Oriental Graphic Art** (r). **228 Alamy Stock Photo:** Historic Collection (bl). **Heritage Auctions, HA.com:** (cra). **229 Alamy Stock Photo:** Uber Bilder (t). **The Metropolitan Museum of Art, New York:** Rogers Fund,
1919 (clb). **230 Getty Images:** Godong. **231** 视觉中国 (b). **Getty Images:** DEA Picture Library (tr); Universal History Archive (crb). **232 akg-images:** Roland & Sabrina Michaud (l). **Bridgeman Images:** (r). **Wellcome Collection:** (c).

233 Bridgeman Images: Leonard de Selva (c); Luca Tettoni (r). **Getty Images:** Alinari Archives (l). **234 Guanfu Museum:** (cla, ca, cr, clb, c, cb, crb, bl, bc). **235 Chinese Cultural Relics.** © **East View Press www.eastviewpress.com:** (crb, br). **Encyclopedia of China Publishing House:** (c). **Guanfu Museum:** (tl, cl, bl). **The Palace Museum, Beijing:** (tr). **236 Bridgeman Images:** Pictures from History. **237 Bridgeman Images:** Pictures from History (tl). **Minneapolis Institute of Art:** The John R. Van Derlip Fund (b). **238 Alamy Stock Photo:** The Picture Art Collection (c). **Peter Dekker of mandarinmansion.com:** (b). **239 Alamy Stock Photo:** Robert Kawka (b). **The Metropolitan Museum of Art, New York:** The Sackler Fund, 1969 (t). **240–241 Dorling Kindersley:** Gary Ombler / University of Pennsylvania Museum of Archaeology and Anthropology. **244 akg-images:** (br). **The Palace Museum, Beijing:** (c). **245 Alamy Stock Photo:** Heritage Image Partnership Ltd (tl). **The Palace Museum, Beijing:** (br). **246 Alamy Stock Photo:** SuperStock. **247 Alamy Stock Photo:** FineArt (b); FL Historical 1B (t). **248 Getty Images:** Fine Art. **249 Bridgeman Images:** © Christie's Images (cr). **Dorling Kindersley:** Viola Wang (b). **Getty Images:** South China Morning Post (c). **250–251 Alamy Stock Photo:** Artokoloro Quint Lox Limited. **252 akg-images:** Heritage Images / Fine Art Images. **253 Alamy Stock Photo:** The History Collection (tl); The Picture Art Collection (br). **The Metropolitan Museum of Art, New York:** Bequest of George C. Stone, 1935 (cra). **254 Bridgeman Images:** Pictures from History. **255 akg-images:** Pictures from History (r). **Dorling Kindersley:** Viola Wang (b). **Sotheby's Hong Kong:** (ca). **256 Bridgeman Images:** © Christie's Images. **257 Alamy Stock Photo:** Pump Park Vintage Photography. **258 Getty Images:** Universal Images Group. **259 Bridgeman Images:** © Christie's Images (cr). **Dorling Kindersley:** Peter Anderson / Wallace Collection, London (c); Viola Wang (b). **260 © The Trustees of the British Museum. All Rights Reserved. 261 Bridgeman Images:** © Heini Schneebeli. **262 Alamy Stock Photo:** The Picture Art Collection (c). **Bridgeman Images:** © Christie's Images (r). **Getty Images:** Sovfoto (l). **263 Alamy Stock Photo:** The Picture Art Collection (l); zhang jiahan (c); Xinhua (r). **264 Bridgeman Images:** Roy Miles Fine Paintings. **265 Alamy Stock Photo:** B Christopher (t). **Getty Images:** Heritage Images (b). **266 © The Trustees of the British Museum. All Rights Reserved:** (tr). **Dorling Kindersley:** Dave King / Durham University Oriental Museum (c). **The Metropolitan Museum of Art, New York:** Fletcher Fund, 1934 (cl); Gift of Mrs. Samuel T. Peters, 1926 (ca); Robert Lehman Collection, 1975 (cb); Purchase by subscription, 1879 (bl). **Minneapolis Institute of Art:** Gift of Ruth and Bruce Dayton (cla). **The Palace Museum, Beijing:** (br). **267 Alamy Stock Photo:** Heritage Image Partnership Ltd (br). © **The Trustees of the British Museum. All Rights Reserved:** (tc). **Bukowski Auktioner AB:** (l). **Dorling Kindersley:** Dave King / Durham University Oriental Museum (tr). **The Palace Museum, Beijing:** (cra, cr). **268 Alamy Stock Photo:** Lanmas (c). **The Metropolitan Museum of Art, New York:** Rogers Fund, 1930 (l). **The Palace Museum, Beijing:** (r). **269 akg-images:** UIG / Sovfoto (l). **Alamy Stock Photo:** Martin Thomas Photography (r); ZUMA Press, Inc. (c). **270 Bridgeman Images. 271 Bridgeman Images:** © Paul Freeman (t); Royal Collection Trust © Her Majesty Queen Elizabeth II, 2020 (b). **272 akg-images:** Science Source (b). **Bridgeman Images:** © Christie's Images (cr). **273 Alamy Stock Photo:** Science History Images. **274 akg-images:** Pictures from History. **275 akg-images:** Pictures from History (tr, b). **276 The Metropolitan Museum of Art, New York:** Bequest of George C. Stone, 1935. **277 The Metropolitan Museum of Art, New York:** Bequest of George C. Stone, 1935 (l, cra); Purchase, Gift of J. Pierpont Morgan, Bequest of Stephen V. Grancsay, The Collection of Giovanni P. Morosini, presented by his daughter Giulia, and Gift of Prince Albrecht Radziwill, by exchange, and Nicholas A. Zabriskie Gift, 1998 (crb). **278 Bridgeman Images:** Pictures from History. **279 akg-images:** Pictures from History (t, b). **280 Bridgeman Images:** © Christie's Images. **281 Alamy Stock Photo:** The History Collection (b). **Bridgeman Images:** Pictures from History (cra). **282 Bridgeman Images:** Pictures from History (cr). **Kelleher & Rogers Ltd. Fine Asian Auction:** (bl, bc). **283 Getty Images:** Library of Congress. **284 Alamy Stock Photo:** Artokoloro Quint Lox Limited (t). **Bridgeman Images:** (b). **285 akg-images:** Pictures from History (cr). **P. A. Crush Chinese Railway Collection and Historical Photographs of China, University of Bristol (www.hpcbristol.net):** (b). **286 Alamy Stock Photo:** History and Art Collection. **287 Alamy Stock Photo:** Granger Historical Picture Archive (crb); ZUMA Press Inc. (cra). **Dorling Kindersley**: Viola Wang (b). **288 akg-images:** Pictures from History (r). **Alamy Stock Photo:** Alamy / Art collection (l); Lebrecht Music & Arts (c). **289 Bridgeman Images:** Peter Newark Pictures (l). 视觉中国 (r); Hulton Archive (c). **291 Alamy Stock Photo:** History and Art Collection (br). **National Museum of China, Beijing:** (t). **292 Bridgeman Images:** Royal Collection Trust © Her Majesty Queen Elizabeth II, 2020 / Photograph: National Museums Scotland (cla). **The Fan Museum:** (cb). **Getty Images:** Werner Forman (br). **The Metropolitan Museum of Art, New York:** Bequest of Mary Strong Shattuck, 1935 (bl); Gift of Heber R. Bishop, 1902 (clb). **National Gallery of Victoria, Melbourne:** Felton Bequest, 1919 (tr); Lillian Ernestine Lobb Bequest, 2009 (crb). **RMN:** National Palace Museum, Taipei, Taïwan, Dist. (ca). **293 Getty Images:** Werner Forman (tl). **The Metropolitan Museum of Art, New York:** Anonymous Gift, 1946 (clb); Bequest of William Christian Paul, 1929 (br); Fletcher Fund, 1935 (tr). **National Palace Museum, Taipei, Taiwan:** (bc). **294 Dorling Kindersley:** (c). 视觉中国 (bl). **295** 视觉中国 (t). © **Royal Armouries:** (b). **296 Bridgeman Images:** Pictures from History (cr). **Wikipedia:** https://commons.wikimedia.org/wiki/File:Treaty_of_Shimonoseki_Qing.jpg (b). **297 Dreamstime.com**: Tulipmix. **298 Getty Images:** Time Life Pictures. **299 akg-images:** Universal Images Group / Universal History Archive (br). **Getty Images:** Library of Congress (t). **300 Alamy Stock Photo:** Chronicle (cr); Everett Collection Inc (b). **301 Getty Images:** DEA / Biblioteca Ambrosiana (t); George Rinhart (br). **302 Getty Images:** Photo 12. **303 Dorling Kindersley:** Viola Wang (b). **Dreamstime.com:** Zhaozhonghua (crb). **Getty Images:** Bettmann (cra). **306 Bridgeman Images:** Photo © AISA. **312 Alamy Stock Photo:** CPA Media Pte Ltd (tr). **313 Alamy Stock Photo:** Artokoloro (b). **314 Getty Images:** Sovfoto / Universal Images Group (bl). **315 Alamy Stock Photo:** Granger Historical Picture Archive (br). **316 Alamy Stock Photo:** CPA Media Pte Ltd (br). **317 The Metropolitan Museum of Art, New York:** Bequest of Alfred F. Pillsbury (br). **318 Alamy Stock Photo:** Xinhua (bl). **319 Alamy Stock Photo:** CPA Media Pte Ltd (tr). **320 Bridgeman Images:** © British Library Board (bl). **321 Alamy Stock Photo:** Lebrecht Music & Arts (tr). **322 Alamy Stock Photo:** Chronicle (b). **324 Alamy Stock Photo:** Icom Images (tr). **325 Alamy Stock Photo:** CPA Media Pte Ltd (br). **326 Getty Images:** Sovfoto / Universal Images Group (bl). **327 Alamy Stock Photo:** Granger Historical Picture Archive (b). **328 Alamy Stock Photo:** CPA Media Pte Ltd (tr). **329 akg-images:** Erich Lessing (br). **330 Alamy Stock Photo:** The Picture Art Collection (br). **331 Alamy Stock Photo:** Imaginechina Limited (tr). **332 Alamy Stock Photo:** Art Collection (br). 333 RMN: Grand Palais (MNAAG, Paris) / Thierry Ollivier / Paris, Musée Guimet - National Museum of Asian Arts (tr). **334 akg-images:** Pictures From History (b). **336 Wikipedia:** (tr). **337 Alamy Stock Photo:** Nik Wheeler (br). **338 Alamy Stock Photo:** Granger Historical Picture Archive (br). **339 akg-images:** Rabatti & Domingie (br). **340 Alamy Stock Photo:** Peter Horree (tr). **341 Alamy Stock Photo:** The Picture Art Collection (br). **342 Alamy Stock Photo:** Lou-Foto (tr). **343 Alamy Stock Photo:** Christian J Kober (b). **344 Alamy Stock Photo:** CPA Media Pte Ltd (br). **345 Alamy Stock Photo:** The History Collection (t). **346 Alamy Stock Photo:** CPA Media Pte Ltd (l). **347 akg-images:** Rabatti & Domingie (tr). **348 Alamy Stock Photo:** CPA Media Pte Ltd (bl). **349 akg-images:** Pictures From History (br). **350 Alamy Stock Photo:** Art Collection (bl). **351 akg-images:** Pictures From History (t). **352 akg-images:** Pictures From History (tl). **353 Getty Images:** Dea / G. Dagli Orti / De Agostini (br). **354 Alamy Stock Photo:** Granger Historical Picture Archive (br). **355 Alamy Stock Photo:** CPA Media Pte Ltd (tr). **356 John Aster Archive:** (bl). **358 Dreamstime.com:** Tktktk (br). **360 Alamy Stock Photo:** Darling Archive (br). **363 Alamy Stock Photo:** CPA Media Pte Ltd (br). **364 Alamy Stock Photo:** Art Collection 3 (bl). **365 Alamy Stock Photo:** Chronicle of World History (t). **366 Alamy Stock Photo:** Artokoloro (tr). **367 Alamy Stock Photo:** CPA Media Pte Ltd (br). **368 Bridgeman Images:** (bl). **369 Alamy Stock Photo:** CPA Media Pte Ltd (t). **370 Getty Images:** Martha Avery / Corbis Historical (tl). **372 Alamy Stock Photo:** The Picture Art Collection (tr). **373 akg-images:** Roland and Sabrina Michaud (br). **374 Alamy Stock Photo:** The Picture Art Collection (br). **375 Alamy Stock Photo:** agefotostock (tr). **376 Alamy Stock Photo:** Sonia Halliday Photo Library (tr). **377 Alamy Stock Photo:** Interfoto (br). **378 Alamy Stock Photo:** The Picture Art Collection (bl). **379 Alamy Stock Photo:** Granger Historical Picture Archive (t). **380 Alamy Stock Photo:** Art Collection 3 (bl). **381 Alamy Stock Photo:** CPA Media Pte Ltd (tl). **382 Alamy Stock Photo:** CPA Media Pte Ltd (tr). **383 Alamy Stock Photo:** CPA Media Pte Ltd (br). **384 Alamy Stock Photo:** CPA Media Pte Ltd (br). **385 Alamy Stock Photo:** History and Art Collection (tr).

Cover images: Front and Back: **The Metropolitan Museum of Art, New York:** 37.191.1 | Gift of Robert E. Tod, 1937; Spine: **The Metropolitan Museum of Art, New York:** 37.191.1 | Gift of Robert E. Tod, 1937